AF394686

Lorenzo Puglisi

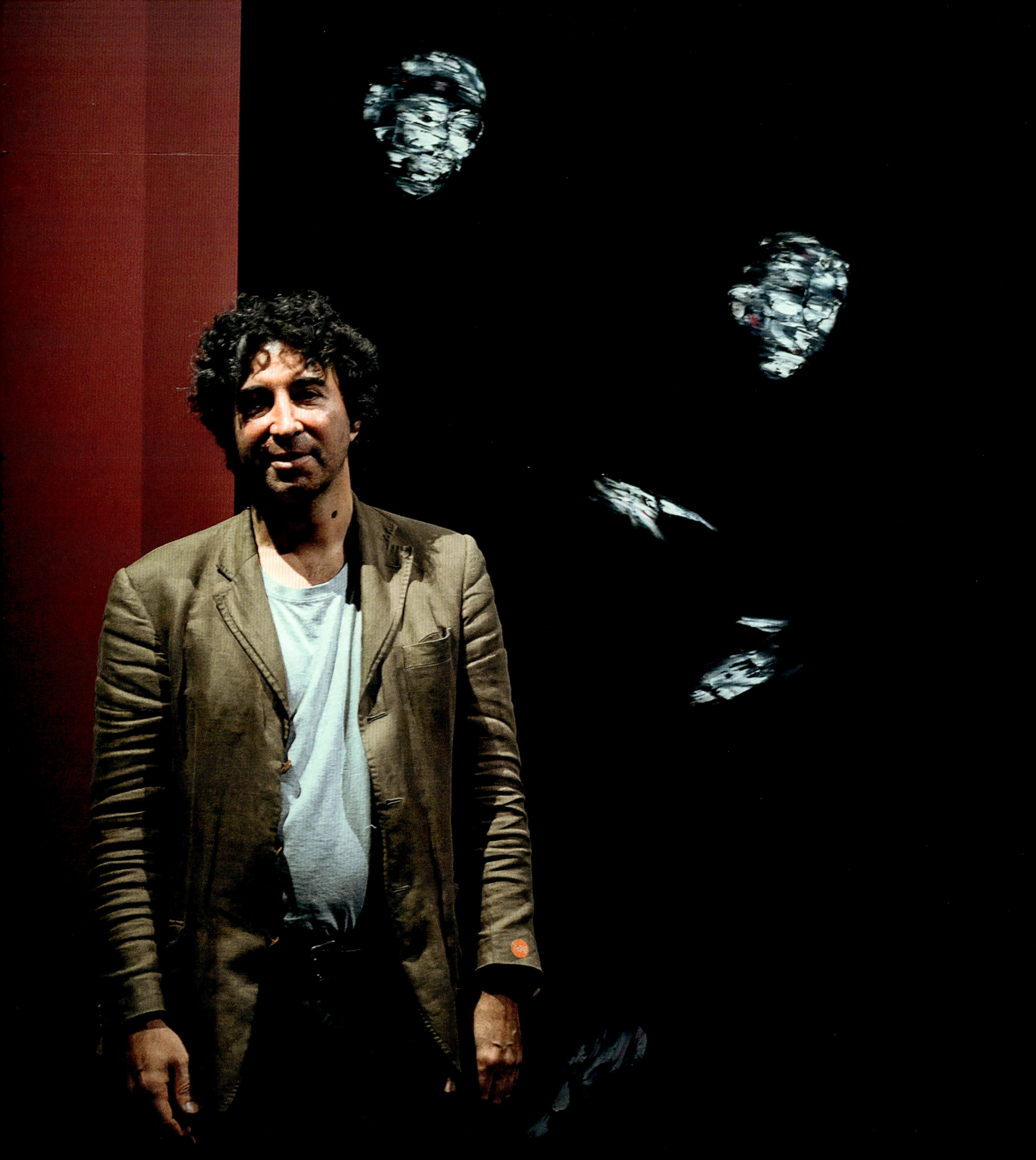

Marco Meneguzzo

Lorenzo Puglisi

SKIRA

In copertina / Cover
Annunciazione (particolare / detail), 2021
Olio su tela / Oil on canvas, 200 x 150 cm

Pagina / Page 2
Lorenzo Puglisi all'inaugurazione della
mostra / at the opening of the exhibition
Self-reflection, Art Museum Riga Bourse,
Riga, 2021

Design
Marcello Francone

Coordinamento redazionale /
Editorial coordination
Eva Vanzella

Redazione / Copy Editor
Filomena Moscatelli

Impaginazione / Layout
Paola Oldani

Traduzioni / Translations
Carol Lee Rathman

Crediti fotografici / Photo Credits
Stefano Ceretti
Marcello Daidone
Daniele Fregonese
Didzis Grodzs
Massimo Sgroi
David Terni
Andrea Valentini

First published in Italy in 2022 by
Skira editore S.p.A.
Palazzo Casati Stampa
via Torino 61
20123 Milano
Italy

Printed and bound in Italy. First edition

ISBN: 978-88-572-4867-7

Distributed in USA, Canada, Central & South
America by ARTBOOK | D.A.P.,
75 Broad Street, Suite 630, New York,
NY 10004, USA.
Distributed elsewhere in the world by
Thames and Hudson Ltd., 181A High
Holborn, London WC1V 7QX,
United Kingdom.

Finito di stampare nel mese di dicembre 2022
a cura di Skira editore, Milano
Printed in Italy

www.skira.net

Ringraziamenti / Acknowledgements
Patrizia Asproni
Gaia Bianchi
Ercole e / and Lucia Botto Poala
Giovanni Carretti
Davide Corradini
Marzia Faietti
Santo Ficara
Maria Fratelli
Vanessa Gavioli
Ettore Guastalla
Silvia Guastalla
Alberto Mazzacchera
Willy Montini
Alessandro Nitti
Stefano Orler
Astrida Rogule
Davide Rondoni
Guicciardo Sassoli
Francesca Sborgi
Eike Schmidt
Vittorio Sgarbi
Francesca Tommasi
Andrea Zardin

Questo volume è stato pubblicato
grazie al contributo di
This volume was published thanks to

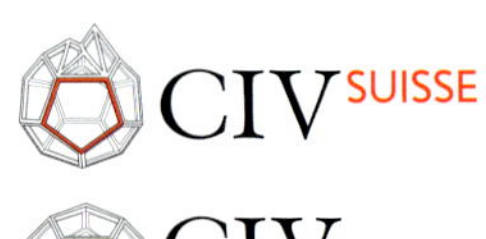

Sommario / Contents

Lorenzo Puglisi. Giving a Face to the Face

There are essentially two ways to look at Lorenzo Puglisi's works: one is inspired by nostalgia, the other by continuity. The first one is wrong, the second one right.

The fact that the artist takes his inspiration from classical themes, especially classical compositions (they are not the same thing, mind you…), has the great merit of reconciling those (few) diehards who think that contemporary art is a huge scam – as Salvador Dalí described it – with contemporary artists themselves, as if saying that some of them can recognise the primacy of classicism and try to approach it using up-to-date, modern languages. This attitude, too, which is a derivation of the nostalgic tendency mentioned above, seen within the context of a larger misinterpretation and a stubborn prejudice, shows a glimpse of truth. But let us proceed in the proper order of things.

Nostalgia for something concerns a state of mind that involves us, inasmuch as we no longer experience the present or the future as desirable, and we create for ourselves a brighter and more appealing image of the past, even if it does not correspond to the truth. Indeed, the vague nostalgia for the past tends to erase any negative element and make the "good old days" a place of order, tranquillity and happiness. This happens even – and perhaps all the more so – if we did not actually live in the moment for which we feel nostalgia. (The highly successful television sitcom of the eighties *Happy Days*, which was set in the fifties and revolved around the lives of a group of teenagers, attracted an audience that had not experienced that time, and even the nostalgic references to the seventies by many young artists of the present day, no older than forty, are grounded in the desire to return to the strong feelings and ideas that came with political protest, now extinct.) This kind of situation represents a sort of "projection" disguised as nostalgia, even if, on closer inspection, nostalgia is essentially always a projection. For art, things are a little more complicated because the overwhelming nostalgia for an ancient art – in other words, art from before the historical avant-gardes – does not only mean a longing for a representation of a better world, but is also a sharp rejection of contemporaneity, and above all, suggests a belief in the possibility of a return to those languages and a reaffirmation of the "true" art. It is a return that no other type of nostalgia could foresee, certainly not in literature, perhaps a bit in music, and not at all in architecture. Puglisi's work, however, seems to uphold this outlook.

The simplest approach to Puglisi's work consists, in fact, in identifying the model that has inspired it: recognising the pictorial work of the past from which it takes its inspiration is usually the first step, but it is often also the last and only one. Similar works are compared, and the mental reconstruction of the original and its derivatives suffices for our visual tranquillity, as if it were a sort of riddle, which once solved can no longer be proposed again, because we

Lorenzo Puglisi. Dare un volto al volto

Marco Meneguzzo

Ci sono sostanzialmente due modi per guardare le opere di Lorenzo Puglisi: uno ispirato alla nostalgia, l'altro alla continuità. Il primo è sbagliato, il secondo giusto.

Il fatto che il nostro artista si ispiri a temi classici, e soprattutto a composizioni classiche (non sono la stessa cosa, si badi…), ha il grande merito di riconciliare quei (pochi) irriducibili che pensano che l'arte contemporanea sia una grande truffa – come la definiva provocatoriamente Salvador Dalí – con gli artisti contemporanei, come a dire che qualcuno di loro sa riconoscere il primato della classicità e tenta di avvicinarvisi con linguaggi moderni e aggiornati. Anche questo atteggiamento, che è una derivazione dell'attitudine nostalgica di cui si parlava sopra, all'interno di un grande equivoco interpretativo e di un pregiudizio duro a morire, mostra qualche sprazzo di verità. Ma procediamo con ordine.

La nostalgia per qualcosa riguarda uno stato d'animo che ci coinvolge, nella misura in cui non sentiamo più come desiderabile il presente o il futuro, e costruiamo un'immagine del passato più luminosa e appetibile, anche se non corrispondente al vero. La generica nostalgia del passato, infatti, tende a cancellare ogni elemento negativo, e a fare del "bel tempo antico" un luogo di ordine, di tranquillità, di felicità. Ciò avviene anche se – e forse in misura maggiore – non abbiamo vissuto quel momento per cui proviamo nostalgia (la fortunata serie televisiva degli anni ottanta *Happy Days*, basata su un gruppo di giovani degli anni cinquanta, era seguita da chi non aveva affatto vissuto quel momento, e anche la citazione nostalgica degli anni settanta da parte di molti giovani artisti d'oggi, al massimo quarantenni, si basa sul desiderio di ritrovare sensazioni e temi forti, quali erano quelli della contestazione politica, oggi scomparsi), e in quel caso si tratta di una sorta di "proiezione" mascherata da nostalgia, anche se, a ben vedere, la nostalgia è sostanzialmente sempre una proiezione. Per l'arte le cose si complicano un po' perché la nostalgia totalizzante di un'arte antica – per intenderci precedente le avanguardie storiche – non significa soltanto vagheggiare una rappresentazione del mondo migliore, ma è un netto rifiuto della contemporaneità, e soprattutto considera possibile il ritorno di quei linguaggi e la riaffermazione della "vera" arte. Un ritorno che nessun altro tipo di nostalgia potrebbe prevedere, non certo in letteratura, un poco in musica, per niente in architettura. L'opera di Puglisi, tuttavia, sembrerebbe poter dar man forte a questo atteggiamento.

L'approccio più facile all'opera di Puglisi è infatti quello dell'identificazione del modello cui si ispira: riconoscere l'opera pittorica del passato da cui prende ispirazione di solito è il primo passo, ma spesso è anche l'ultimo e l'unico. Si confrontano gli elementi simili, e la ricomposizione mentale dell'originale e del derivato è sufficiente alla nostra tranquillità visiva, come se si trattasse di una sorta di indovinello, che una volta risolto non può più essere riproposto, perché già conosciamo la risposta. Al massimo lo si propone agli amici che ancora non sanno, per suscitare

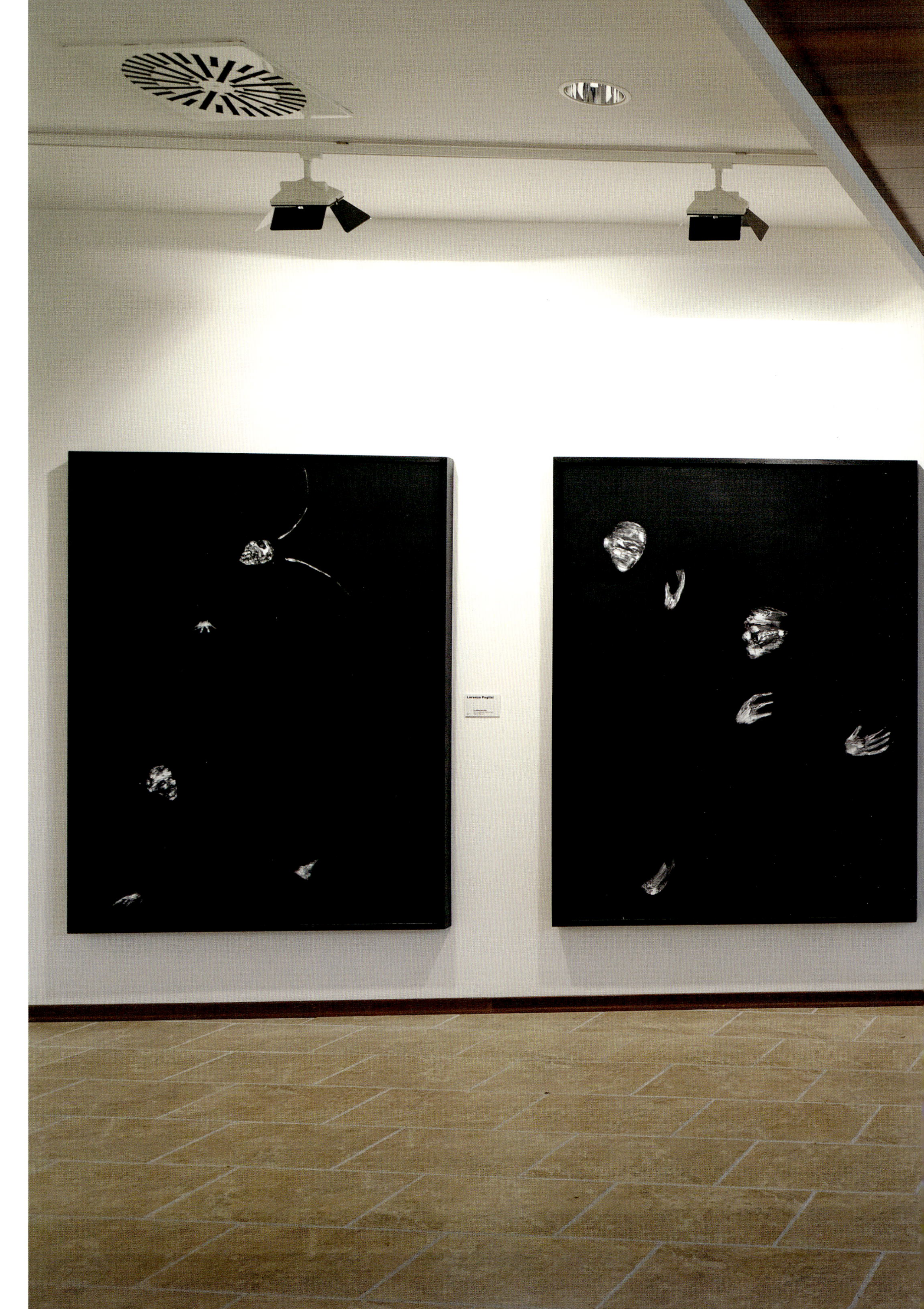

Lorenzo Puglisi. Viaggio al termine della notte, 59a Biennale di Venezia, 2022, interno del Padiglione Arabo/Siriano, sala di Lorenzo Puglisi / interior of the Arab/Syrian Pavilion, Lorenzo Puglisi's room

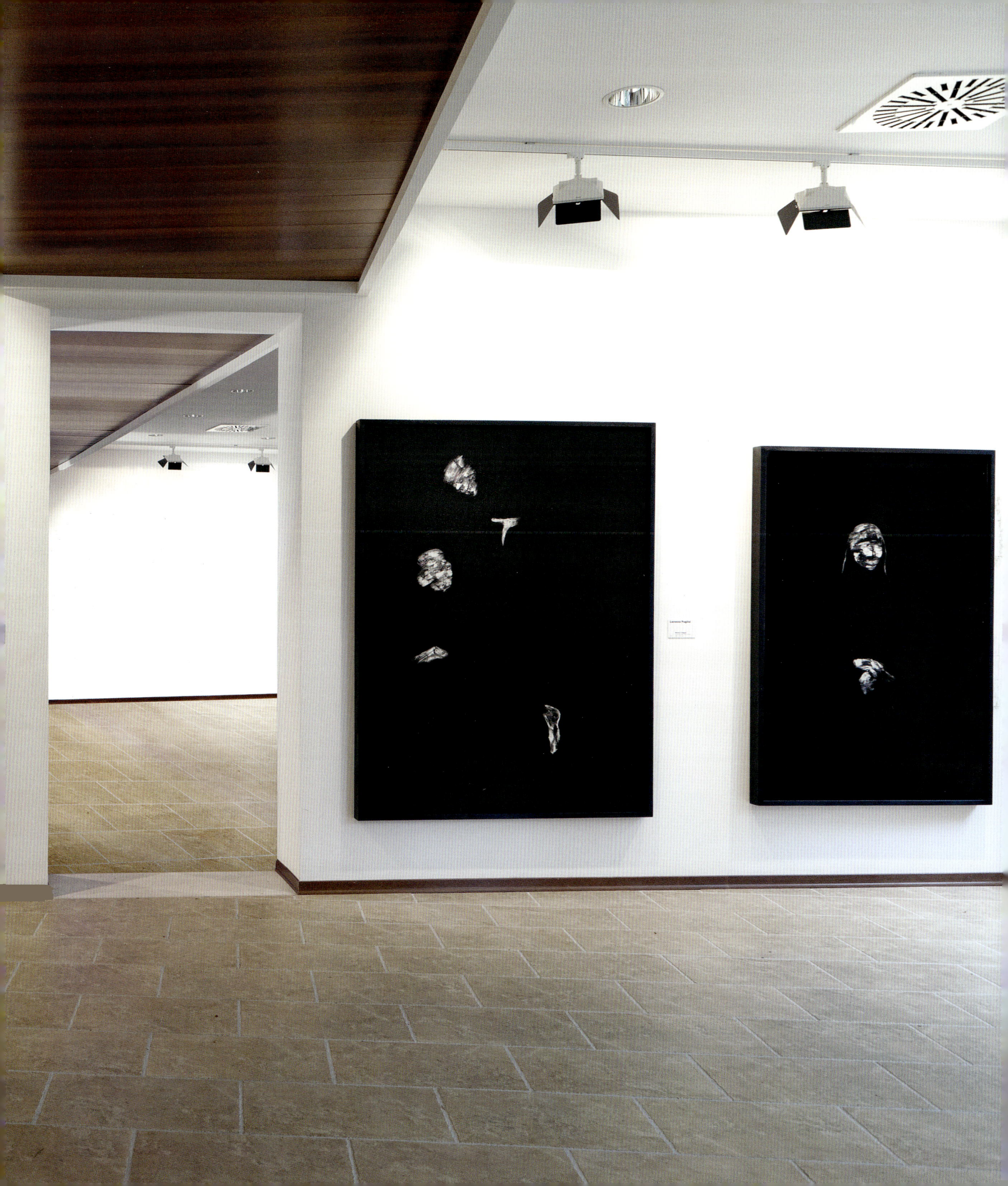
Lorenzo Puglisi

already know the answer. At best, it can be proposed to friends who do not know it, to produce that moment of wonder and surprise – to then move on to something else. But underlying this feeling, even if in many cases it is unconscious (because it is too intricate), is the idea that contemporary art is a deterioration of real art, a sort of senile decay. This is an opinion that Giorgio Vasari would probably have upheld. Moreover, there is also the question of technique, or rather, of technical ability, which we thought we had already overcome once and for all, but it has instead returned on the wave of globalisation, giving new life to those who, finding themselves before one of Lucio Fontana's slashes, exclaim "I can do this, too!", utterly convinced. It seems impossible, but much of the resistance to the language of contemporary art is still linked to the question of executive talent.

At this point, Puglisi would find himself described as a "follower" not so much of a single master, but of all the "old masters" of the painting tradition, and at the same time, he would become a prominent spokesperson for critics of the new artistic languages and for the avant-garde spirit that pervades our times: an exponent (legitimate, of course) of "reaction" or of the preservation of pictorial traditions that have been living with difficulty under the radar for a century and a half now, but which have numerous staunch silent supporters in the art world. Puglisi thus appears to be a champion of a strong ideological position, a representative of concepts that are at once conservative and antagonistic. This absolute contraposition, however, blinds the gaze and privileges the mind: one can be blind and defend this opinion with valid arguments, even if alien to the actual work, because in this case it is enough to be in the trenches to establish a belonging, to take sides. But Puglisi is certainly not this, if you know about the lucid attention he has paid to his life as an artist, as well as about the absolute distance that separates him from any ideological stance.

Furthermore, about the nostalgia that functions as the basso continuo of viewing, it would be best to check whether it is the nostalgia of the beholder or of the maker. These are two very different states of mind: the nostalgia of the observer could in fact be deliberately induced by the artist (the *Happy Days* effect…) through an intellectual act supported by the technique, for the calculated purpose of obtaining a sentimental appreciation from a well-identified audience, a coldly calculated move decided beforehand. It is quite another thing if it is the artist who feels nostalgia for a certain type of art and gives it expression in his works, thus arousing the empathy of the public, in a sort of shared feeling that ranges from the longing for the past to attempting to repropose it with updated styles. This approach is certainly "truer" than the first one discussed, from a human point of view, but not necessarily from a linguistic one: it is possible to achieve the effect of emotional involvement without being particularly emotionally invested – think, for example, of the various schools of theatre acting that maintain that it is not necessary to have cried to make the public cry – as long as you know the rhetorical devices for triggering crying or laughter, taken in this case as an example for the entire range of possible emotions. But, again, and more importantly, is this Puglisi's situation?

Some might say that feeling nostalgic for a period or a style and trying to reproduce them while updating them is not very different from the idea of stylistic continuity, which we placed at opposite ends of the spectrum at the beginning of this piece, and of course, admiration of great painting does not lie outside of Puglisi's reasons for being an artist. But, once again, we must distinguish between admiration and nostalgia. Nearly all contemporary artists feel

Ritratto

2006

Olio su tela / Oil on canvas,
40 x 35 cm

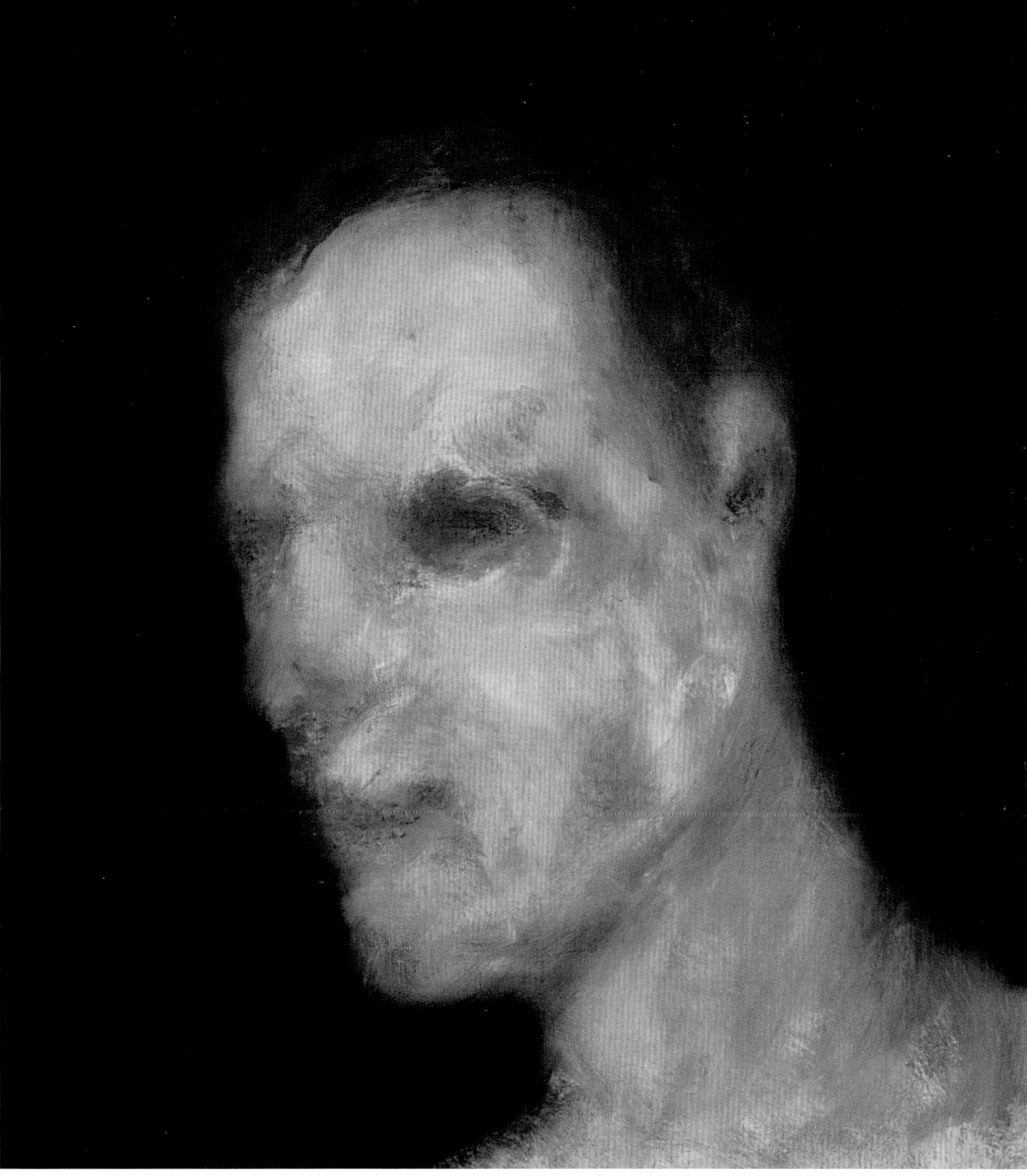

quell'attimo di stupore e di sorpresa per poi passare ad altro. Ma in fondo a questo sentimento, anche se in molti casi è inconsapevole (perché troppo elaborato), sta l'idea che l'arte contemporanea sia una degenerazione dell'arte vera, una specie di decadimento senile, posizione con cui Giorgio Vasari si sarebbe probabilmente trovato d'accordo. A corollario di questo, si trova la questione della tecnica, anzi dell'abilità tecnica, che pensavamo di aver definitivamente superato, e che invece ritorna sull'onda della globalizzazione, ritemprando coloro che di fronte a un "taglio" di Lucio Fontana esclamano convinti "questo lo so fare anch'io!". Sembra impossibile, ma molta della resistenza al linguaggio contemporaneo dell'arte è tuttora ancorata a una questione di virtuosismo esecutivo.

A questo punto, Puglisi si ritroverebbe ad essere definito un "seguace" non tanto di un singolo maestro, ma di tutti gli "antichi maestri" della tradizione pittorica, e contemporaneamente diventerebbe un portavoce di rilievo di quei contestatori dei nuovi linguaggi artistici e dello spirito d'avanguardia che pervade il nostro tempo: un esponente (legittimo, s'intende) della "reazione" o della conservazione di tradizioni pittoriche che vivono stentatamente sottotraccia ormai da un

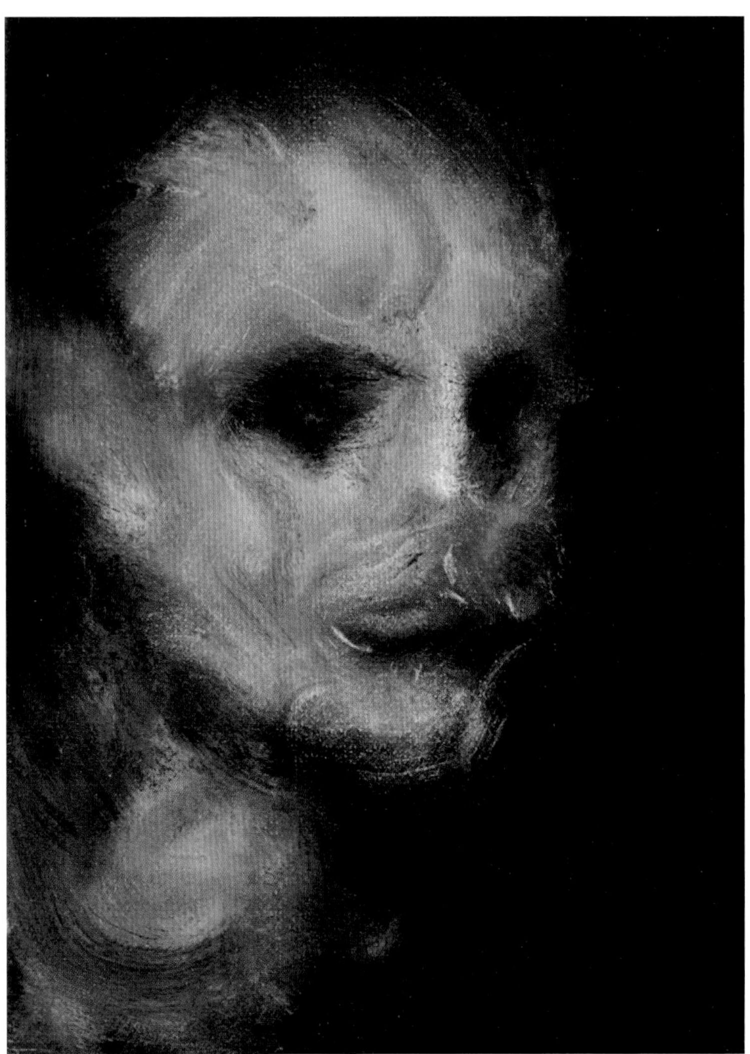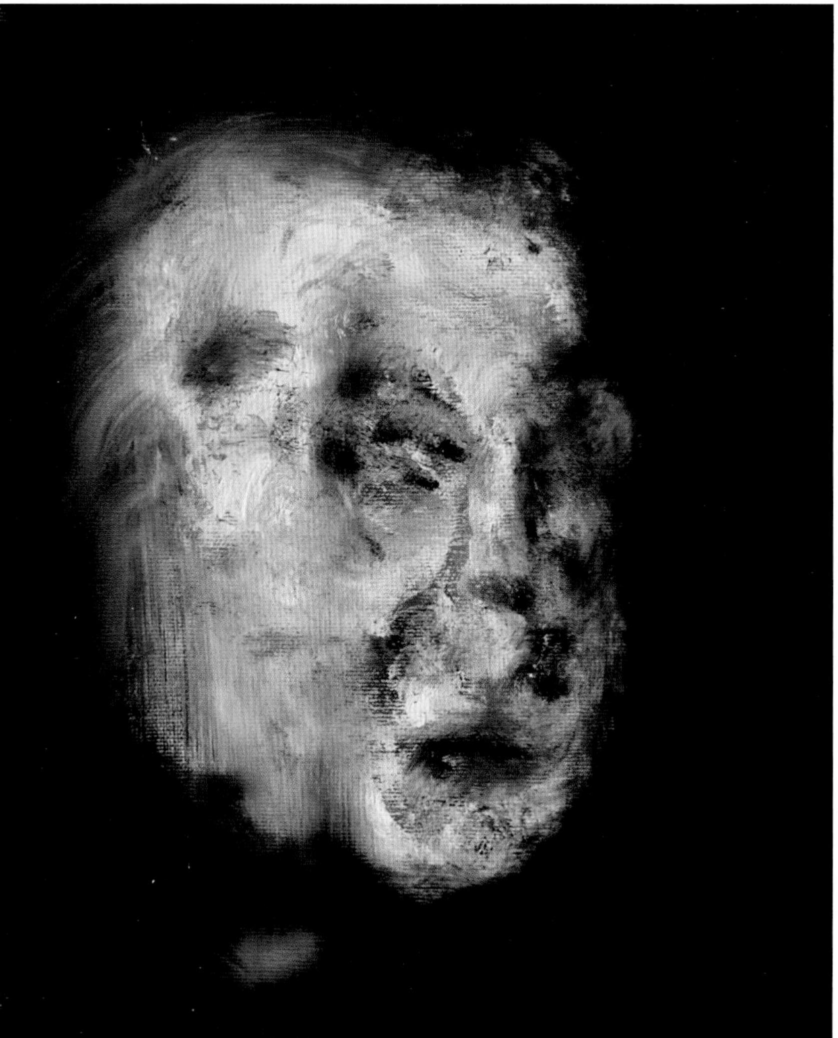

admiration for the great masters of the past, but hardly any of them feel nostalgia for them, and it is easy to understand because nostalgia is an unproductive and fundamentally solipsistic attitude (think of the difference between Leslie Howard/Ashley Wilkes and Clark Gable/ Rhett Butler in *Gone with the Wind…*), that has little to do with the need to produce and the egotism typical of artists. Instead, since, as Yves Klein said, "all art is contemporary", we can and must investigate the sense of continuity that Puglisi clearly points out to us as the main focus of his activity. Here, continuity does not at all mean pretending that nothing happened in the twentieth century, that the avant-gardes, the cinema, Duchamp, the possibility that any object could be a work of art, conceptualism, the dematerialisation of the work, etc. none of this took place. Indeed, it means verifying that "despite" the fact that all this happened, certain strands were never broken and that painting – not just the ancient sort – still occupies its place in the contemporary world, even after the iconoclastic fury of the neo-avantgardes of the sixties and seventies. Thus, this continuity is a condition that can look to the future, once the flood has subsided, and can even take on cultural globalisation (there are some similarities with the work of the Franco-Chinese artist Yan Pei Ming, for example, in the use of a range of greys to paint faces…). Puglisi looks to the promise of what is to come, and not to the past as a refuge; and only when his public, too, stops playing at revival or flaunting their own erudition, can we begin to truly see his works.

Ritratto I

2006

Olio su tela / Oil on
canvas, 35 x 25 cm

Ritratto III

2006

Olio su tela / Oil on
canvas, 30 x 24 cm

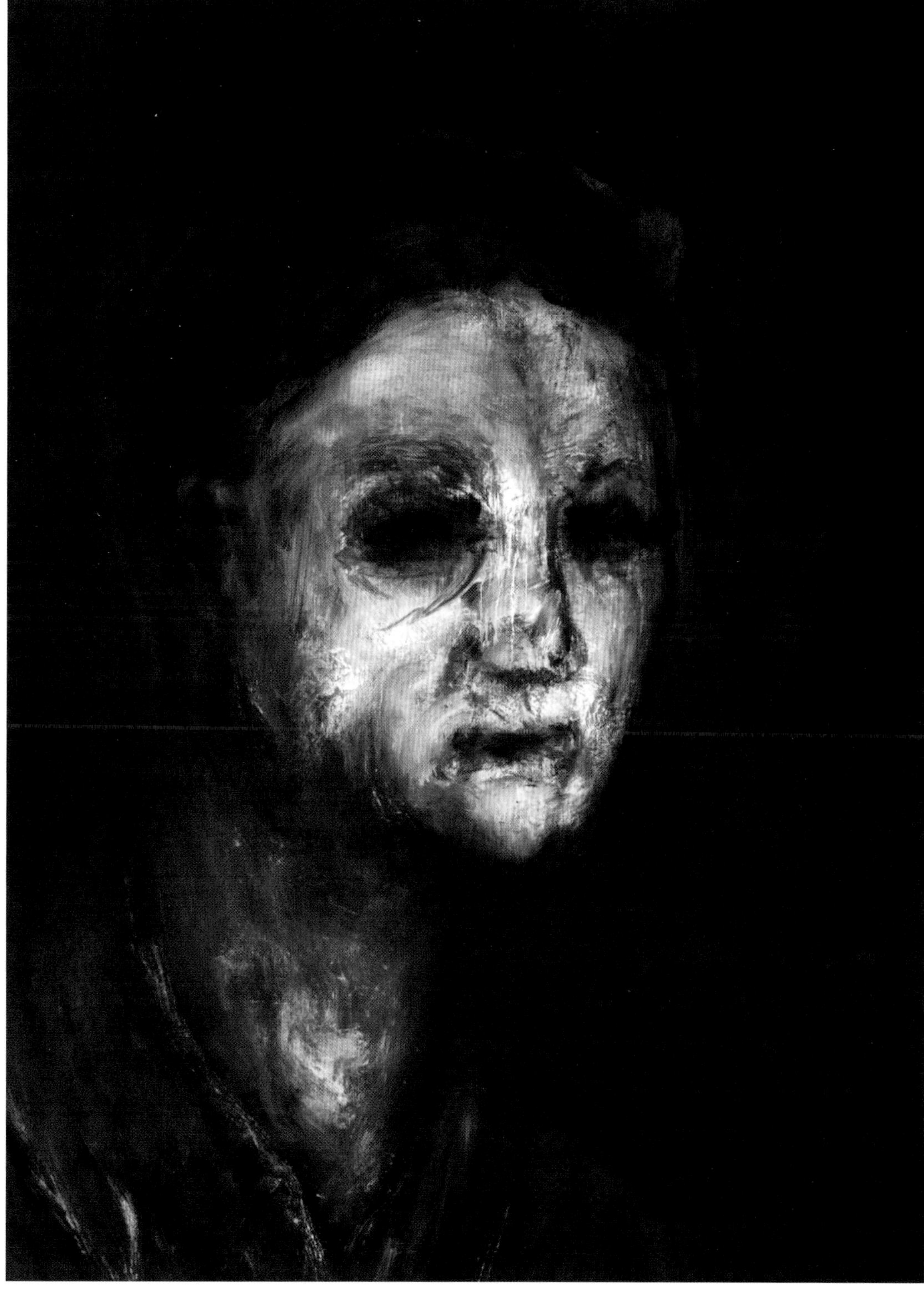

Ritratto II

2006

Olio su tela / Oil on
canvas, 70 x 50 cm

secolo e mezzo, ma che hanno numerosi e convinti sostenitori silenziosi tra il pubblico dell'arte.
Puglisi, dunque, come paladino di una posizione ideologica forte, rappresentante di concetti al
contempo conservatori e antagonisti. Questa posizione di contrapposizione assoluta, tuttavia,
acceca lo sguardo e privilegia la mente: si potrebbe essere ciechi e difendere questa opinione
con argomenti validi, anche se alieni dall'opera vera e propria, perché in questo caso è sufficiente
essere in trincea per stabilire un'appartenenza, per schierarsi. Ma Puglisi non è certo questo, a
conoscerne la limpida attenzione con cui vive il proprio essere artista, e anche l'assoluta distanza
che lo separa da ogni presa di posizione ideologica.

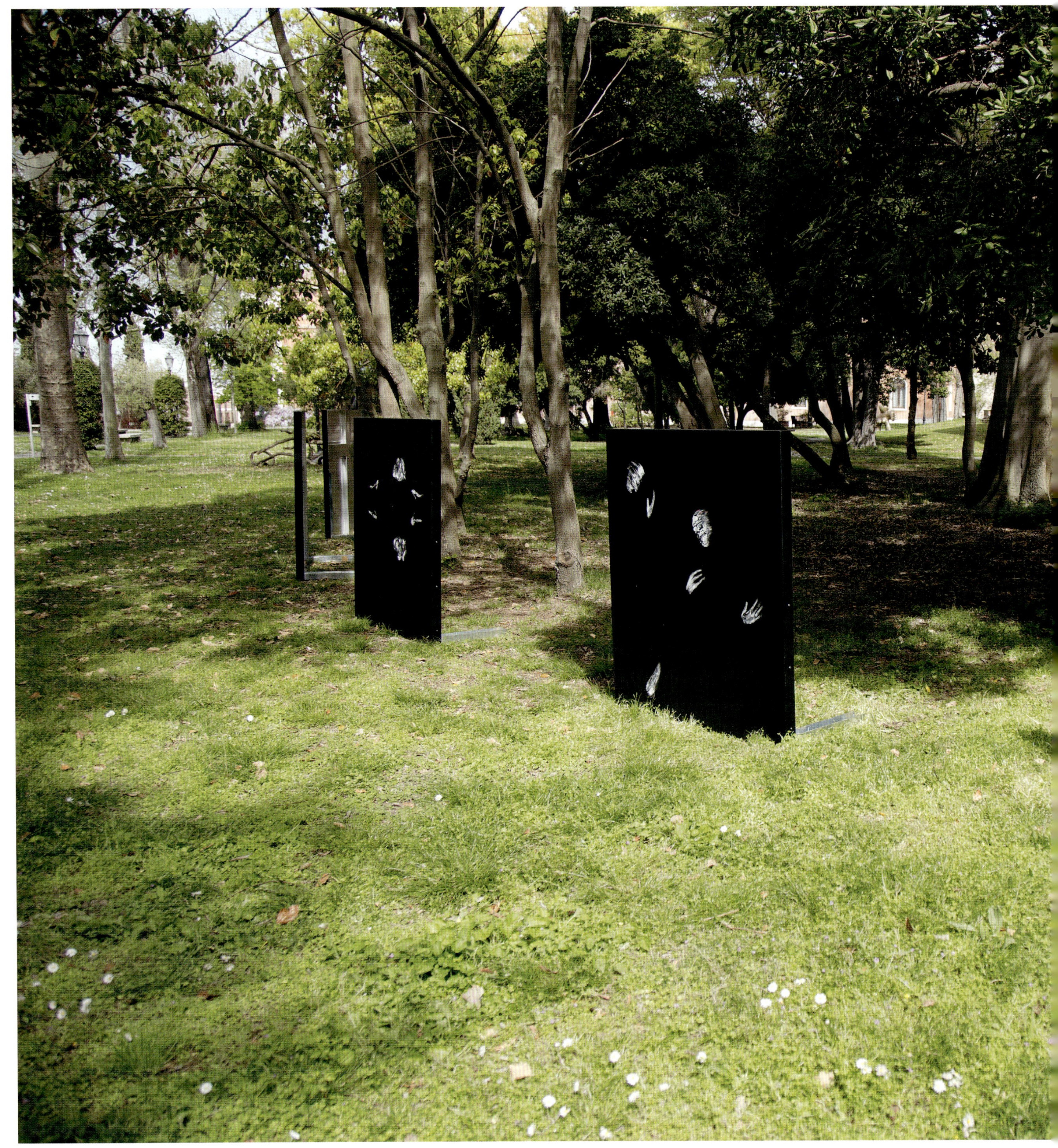

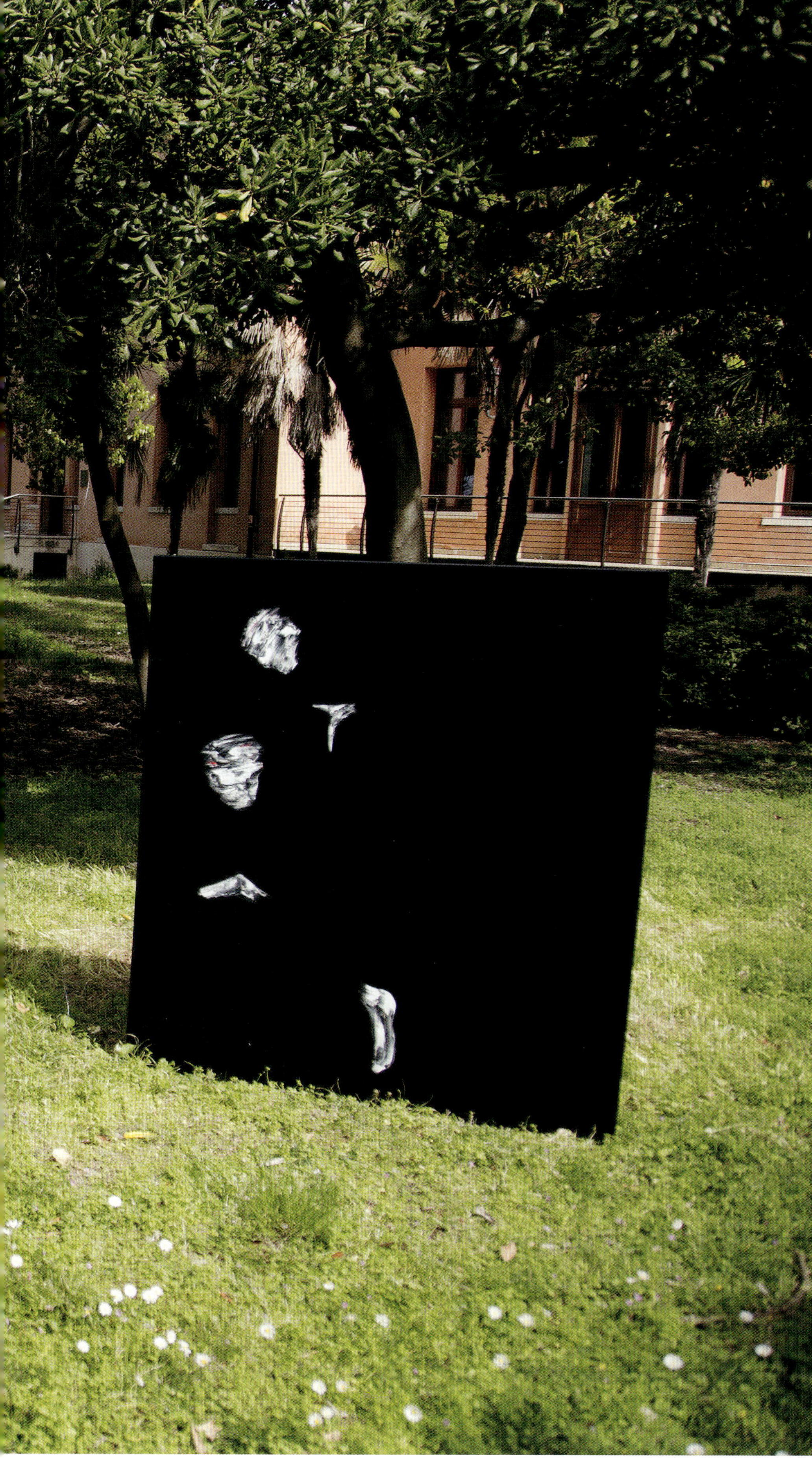

Lorenzo Puglisi. Viaggio al termine della notte, 59a Biennale di Venezia, 2022, installazione esterna, 5 tavole di alluminio / outdoor installation, 5 aluminium panels

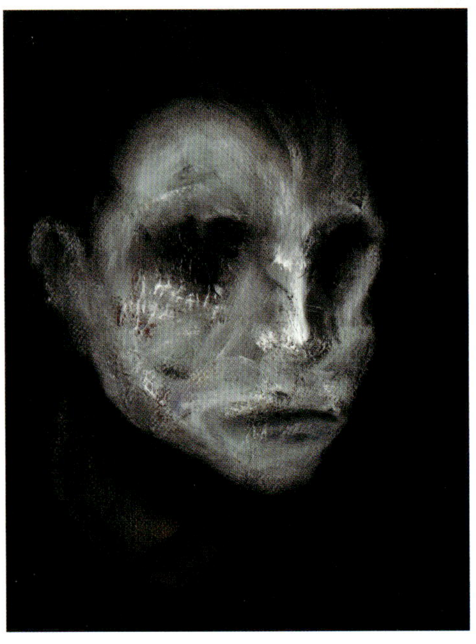 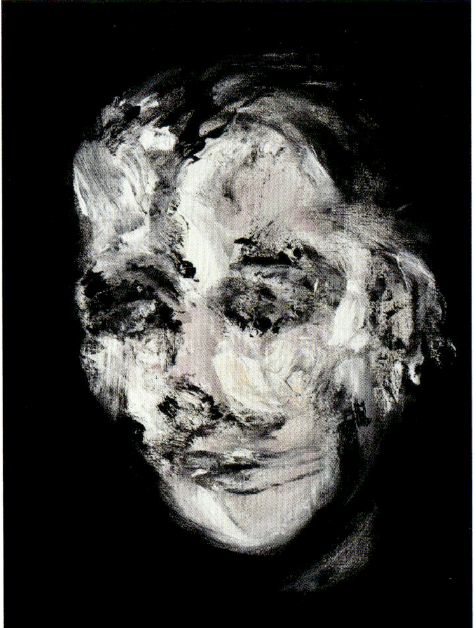 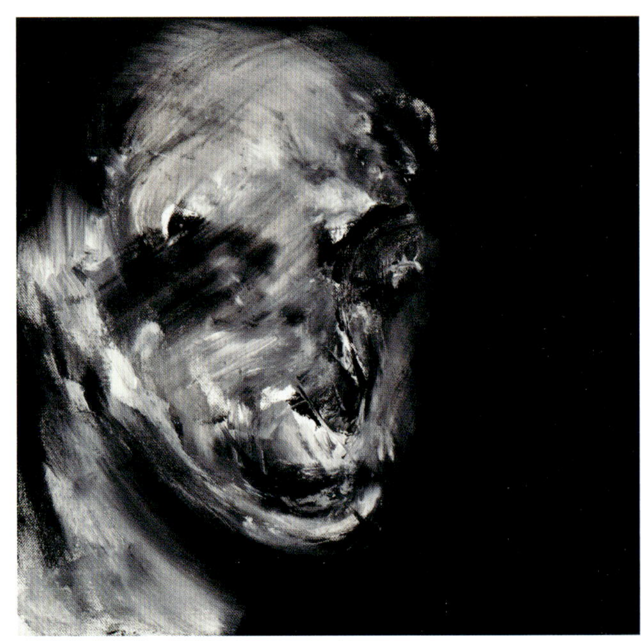

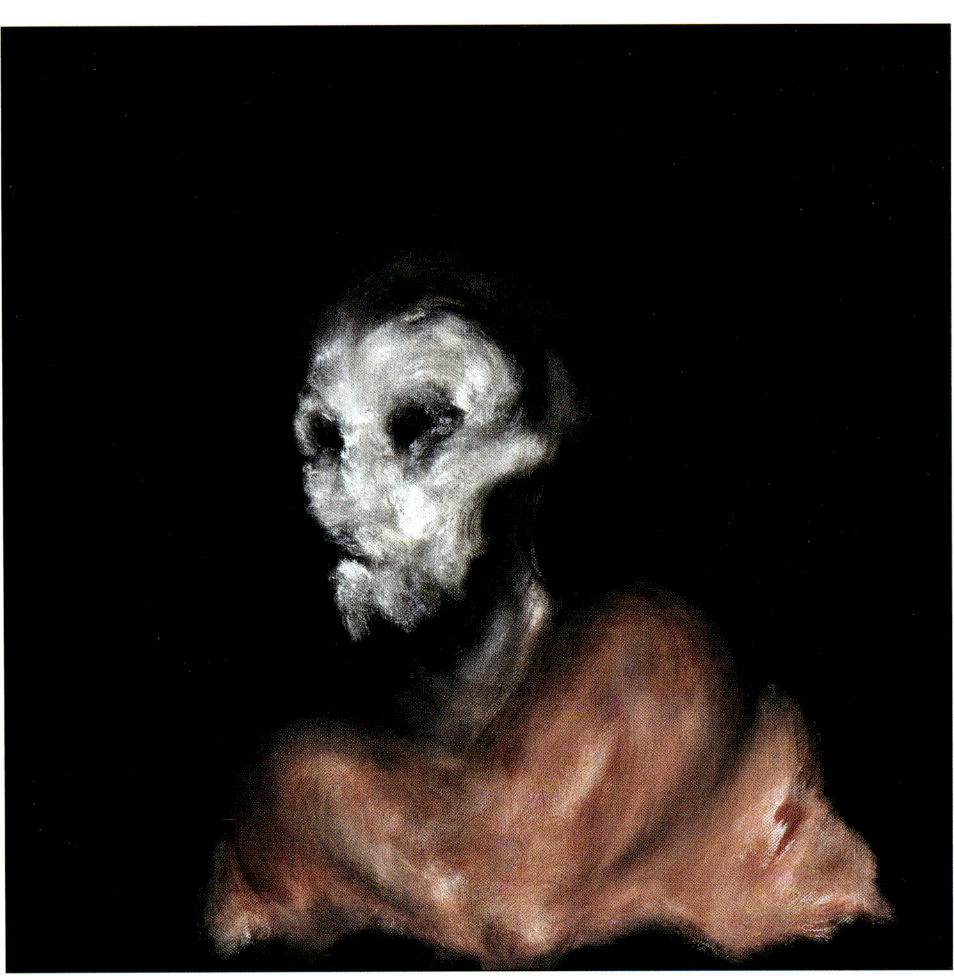

Ritratto LV

2009

Olio su tela / Oil on canvas, 40 x 30 cm

Ritratto LXXXXII

2010

Olio su tela / Oil on canvas, 40 x 30 cm

Ritratto LXXXXI

2010

Olio su tela / Oil on canvas, 50 x 50 cm

Figura XI

2009

Olio su tela / Oil on canvas, 50 x 50 cm

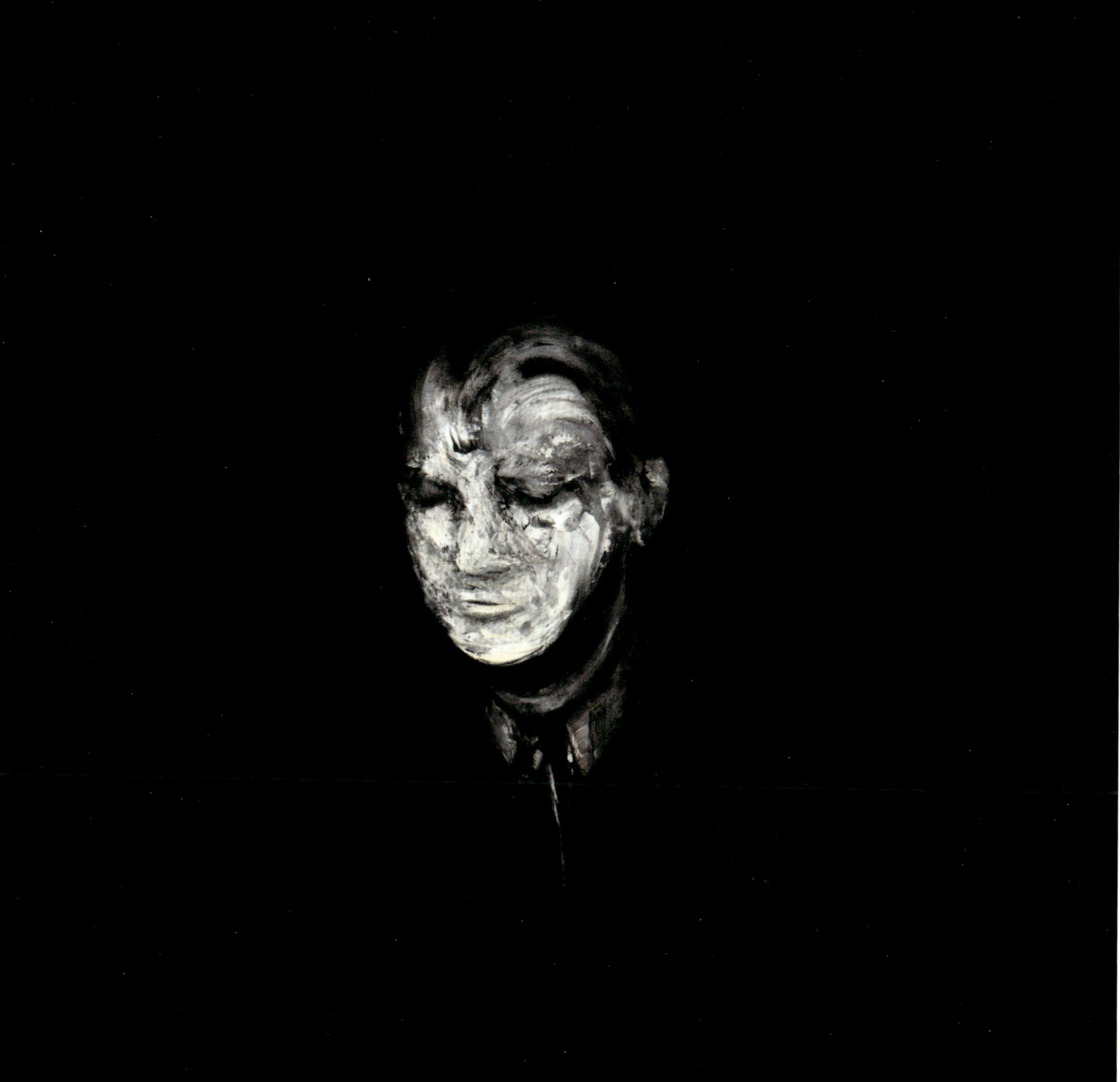

Di più, a proposito della nostalgia che farebbe da basso continuo alla visione, è bene verificare se si tratti della nostalgia di chi guarda o di chi fa. Si tratta di due stati d'animo decisamente differenti: la nostalgia in chi guarda potrebbe infatti essere volutamente indotta dall'artista (effetto *Happy Days*…) con un'operazione intellettuale sostenuta dalla tecnica, per un'intenzione studiata volta a ottenere un apprezzamento sentimentale da parte di un pubblico ben identificato. Operazione studiata freddamente "a tavolino". Diversa cosa sarebbe invece che l'artista provasse nostalgia di un certo tipo d'arte, la esprimesse nelle sue opere sino a raggiungere l'empatia col pubblico, in una sorta di comune sentire che va dal rimpianto per il passato al tentativo di riproporlo con stilemi aggiornati. Atteggiamento sicuramente più "vero" del primo dal punto di vista umano, ma non necessariamente da quello linguistico: si possono ottenere risultati di partecipazione emotiva senza essere particolarmente coinvolti emotivamente – si pensi, ad esempio, alle varie scuole di recitazione teatrale dove si afferma che non è necessario aver pianto per far piangere –, a patto di conoscere i meccanismi retorici per innescare il pianto o il riso, presi in questo caso a paradigma di tutta la gamma dei sentimenti possibili. Ma soprattutto, ancora, è questa la condizione di Puglisi?

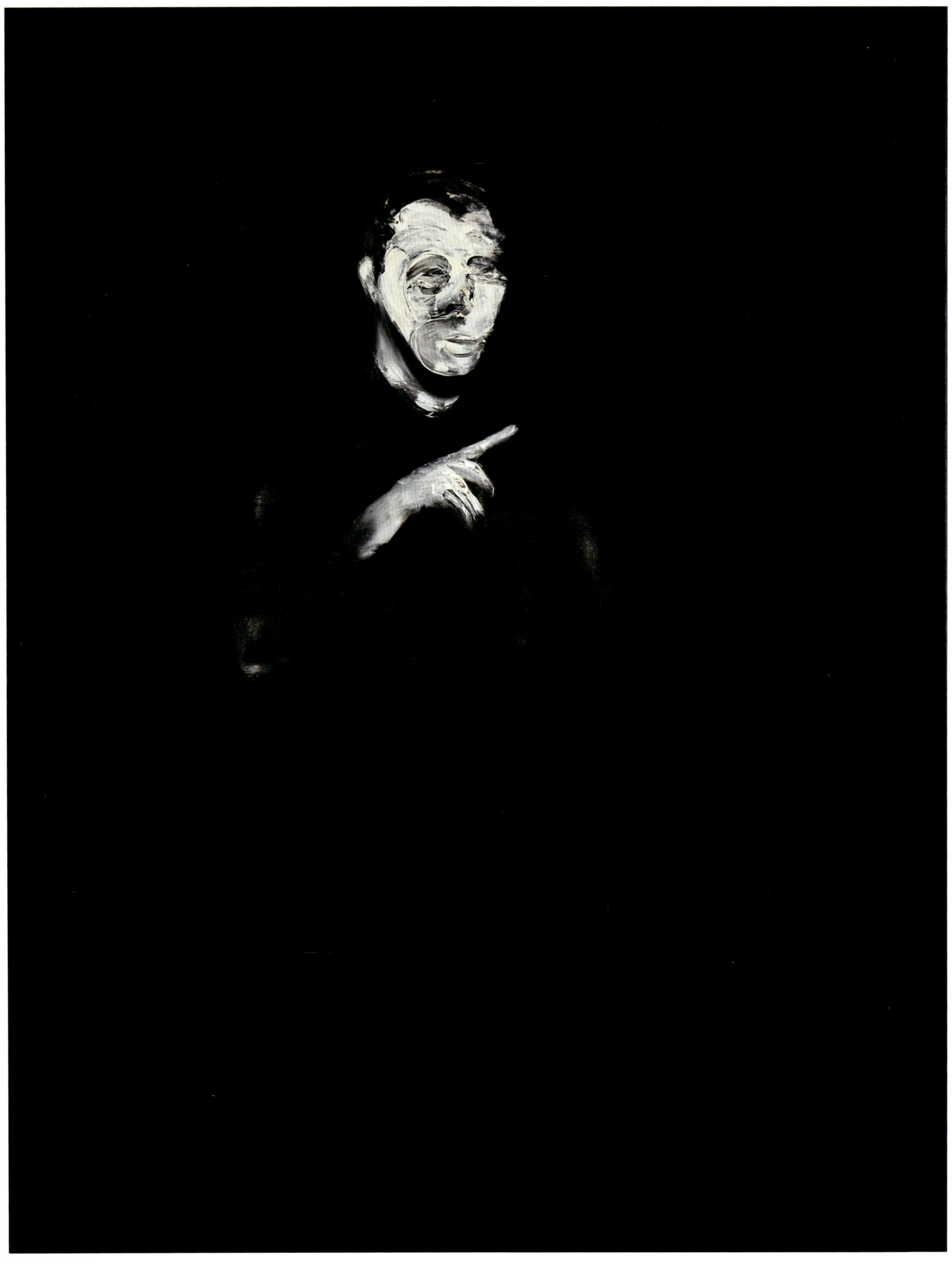

Qualcuno potrebbe dire che provare nostalgia per un'epoca o uno stile, cercando di riprodurli aggiornandoli, non è molto lontano dall'idea di continuità stilistica, che invece abbiamo definito come opposti all'inizio di questo scritto, e certamente l'ammirazione per la grande pittura non è estranea alle motivazioni dell'essere artista di Puglisi, ma, ancora una volta, bisogna distinguere tra ammirazione e nostalgia. Quasi tutti gli artisti contemporanei provano ammirazione per i grandi maestri, quasi nessuno prova nostalgia per loro, ed è comprensibile perché la nostalgia è un'attitudine poco produttiva e in fondo solipsistica (si pensi alla differenza tra Leslie Howard/Ashley Wilkes e Clark Gable/Rhett Butler in *Via col vento*…) che ha poco a che fare con la necessità di produrre e con l'egotismo tipici degli artisti. Invece, poiché, come diceva Yves Klein, "tutta l'arte è contemporanea", si può e si deve indagare sul senso di continuità che Puglisi evidentemente ci indica come fulcro della sua ricerca. In questo caso, continuità non significa affatto fingere che nulla sia accaduto nel XX secolo, che non ci siano state le avanguardie, il cinema, Duchamp, la possibilità che ogni oggetto diventi opera, il concettualismo, la smaterializzazione dell'opera eccetera, ma anzi significa verificare che "nonostante" sia accaduto tutto questo certi fili non si siano mai spezzati, e che la pittura – non solo quella antica – abbia ancora il suo spazio nella contemporaneità dopo la furia iconoclasta delle neoavanguardie degli anni sessanta e settanta. Questa continuità è dunque una condizione che guarda al futuro, una volta passato il diluvio, e anche alla globalizzazione culturale del pianeta (c'è qualche assonanza, per esempio nell'uso della gamma dei grigi per dipingere i volti, con il franco-cinese Yan Pei Ming…), e non al passato, come una promessa a venire e non un rifugio, e solo quando anche il suo pubblico smetterà

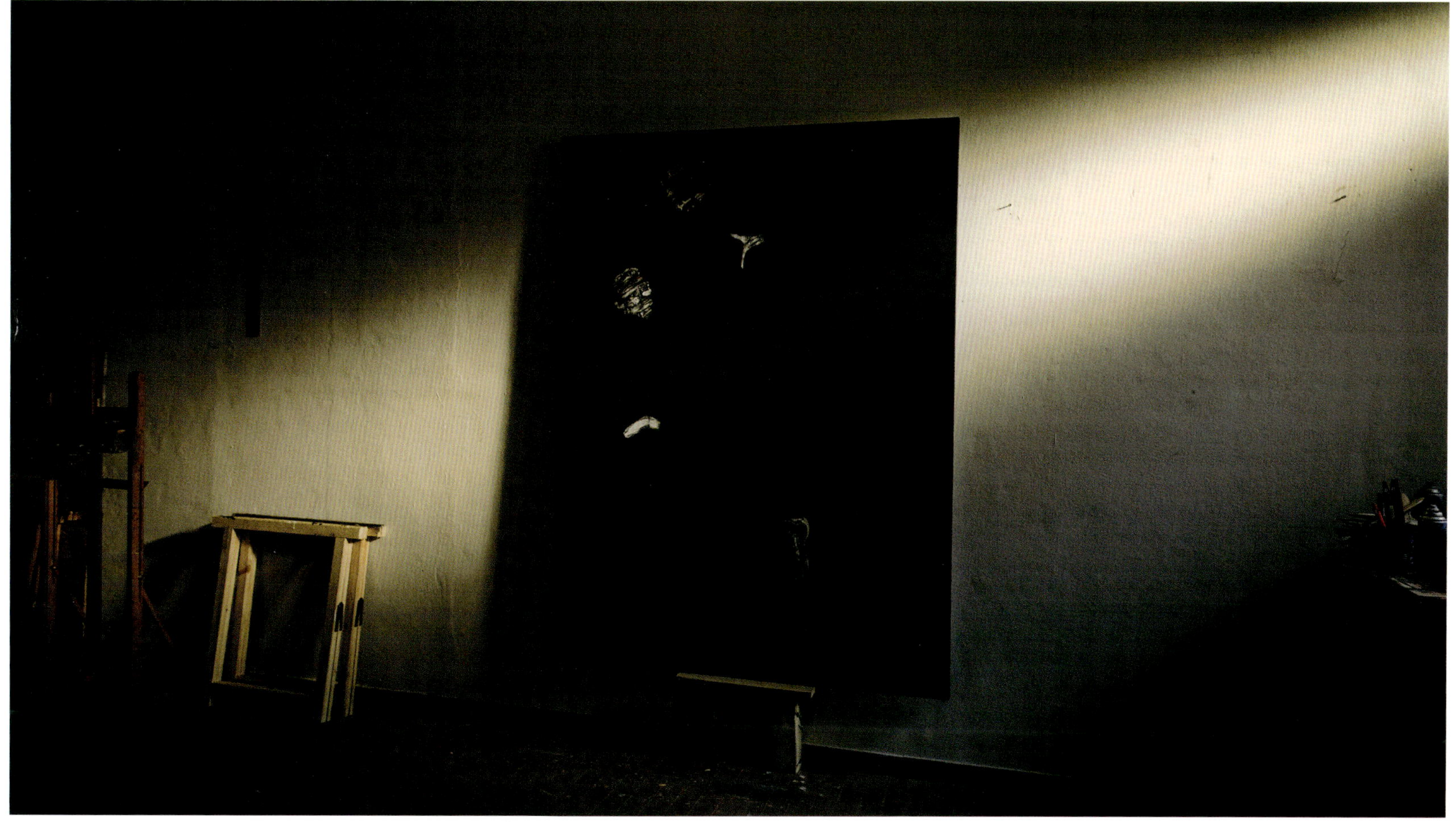

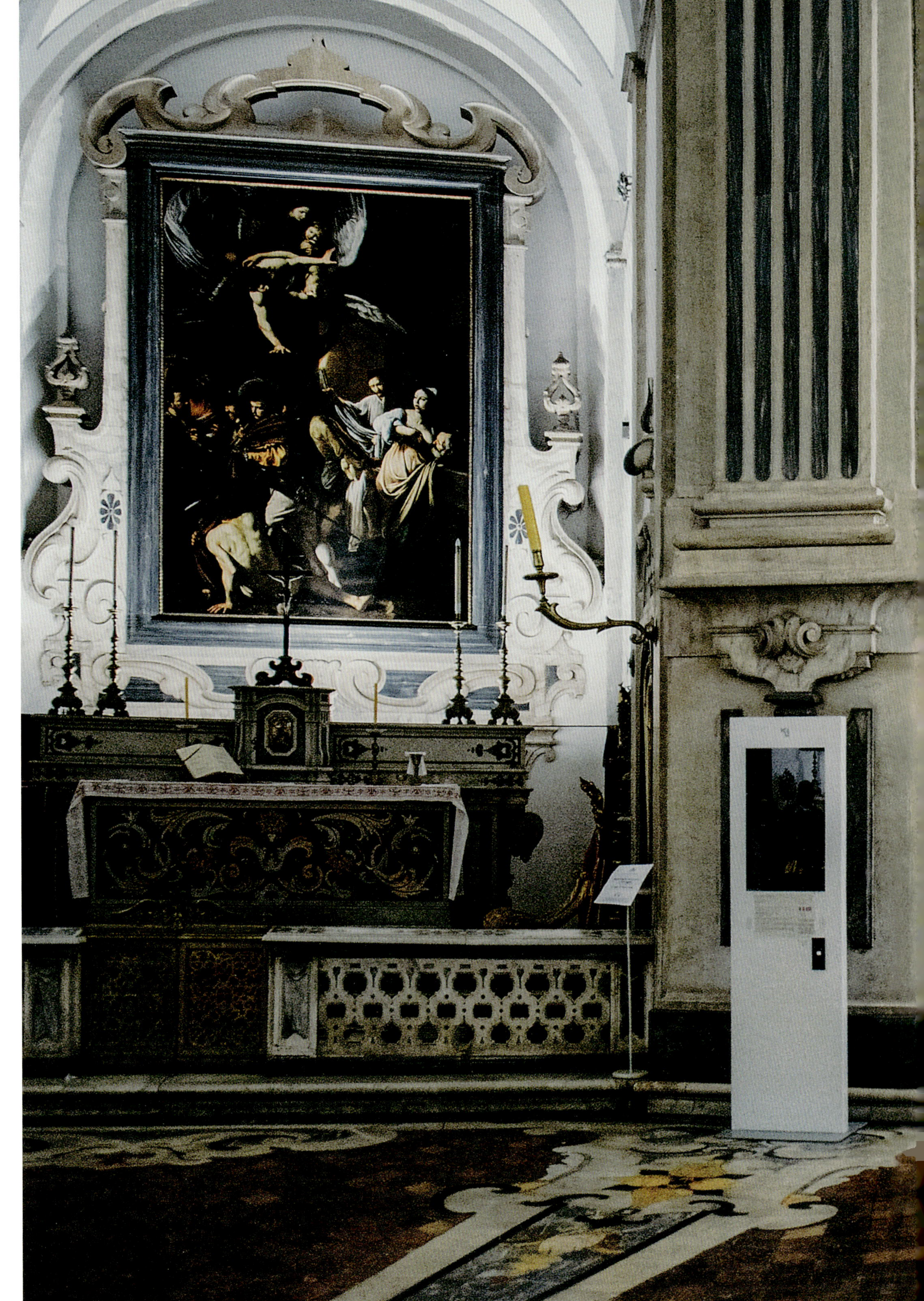

Veduta della mostra /
Exhibition view,
*Caravaggio, la verità
nel buio*, con *Le Sette
Opere di Misericordia*
di Caravaggio / with
Caravaggio's *Seven Acts
of Mercy*, Pio Monte della
Misericordia, Napoli /
Naples, 2017

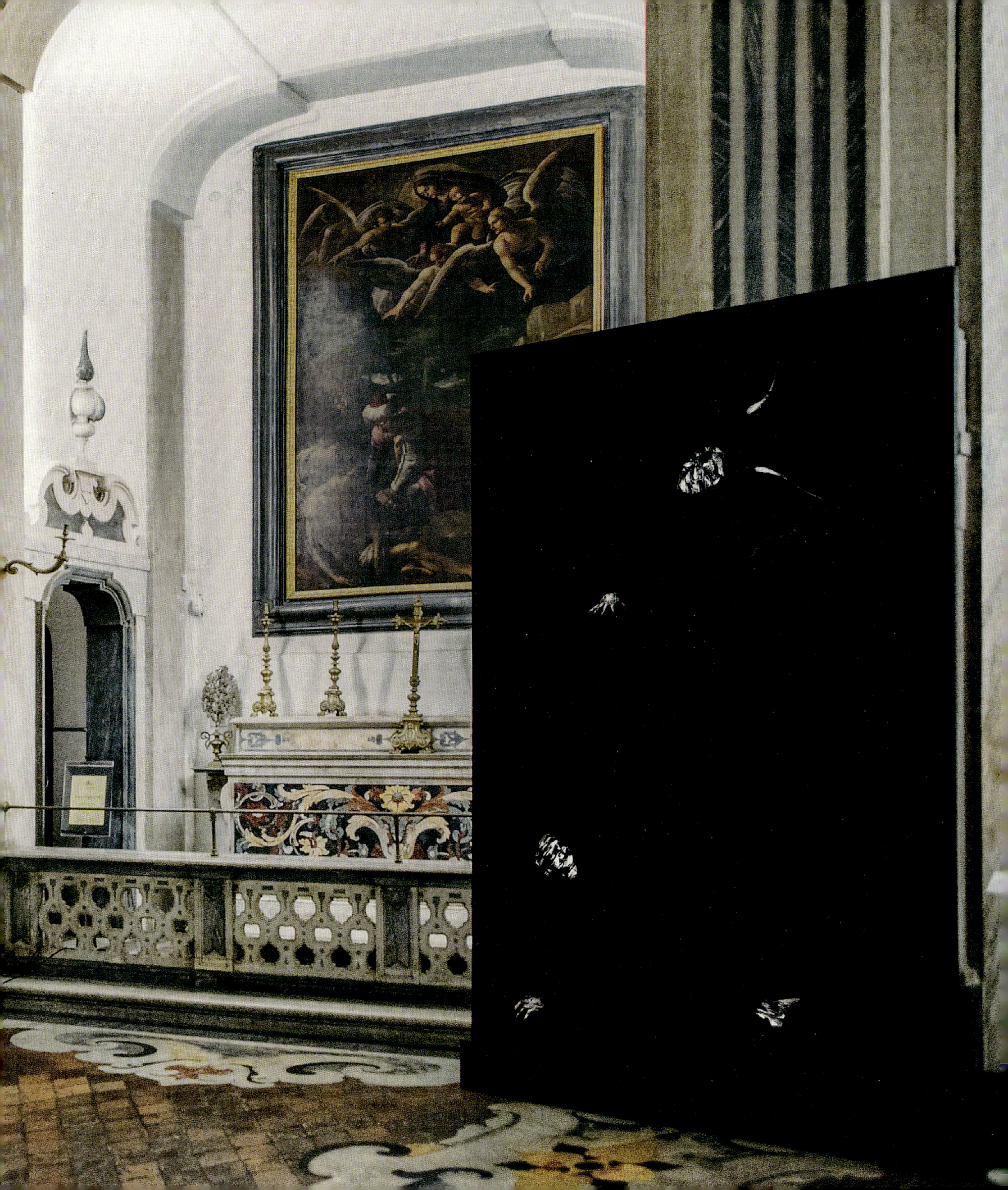

So why does he himself seem to be looking in this direction? He seems to be but is not. No artist has a critical purpose when creating a work and it is unlikely – with rare exceptions, headed up by Duchamp – for him to consider his creation a simple tool for demonstrating a thesis. Puglisi is no different. Of course, for him the past is a rich source of ideas not for replicating themes and subjects, but rather as a "repertoire" of postures. Centuries and centuries of painting, even as styles came and went, have, so to speak, "distilled" a repertoire of gestures, movements, faces, poses that belong to humans more than to the period in which they were painted. Thus, by eliminating from the composition everything that is contingent, that is, everything that is linked to the modes of representation typical of a period, as well as to its objects, what remains is the representation of what does not change, the human being remains, stripped of all historical attributes (paradoxically, exactly what we are looking for when we want to know which painting inspired this or that one of Puglisi's works …). Hence, as a corollary, it seems obvious that the artist's inspiration comes from the great masters rather than the minor ones: thanks to their greatness, these artists have overstepped their own historical moment and have captured the "timeless" human, the one who now represents and will represent in the future, the essence of humanity. To put it bluntly, they served to Puglisi on a silver platter what he otherwise would have had to distil on his own, perhaps with an analytical work – commendable for an art historian, essentially useless for an artist – on a plethora of minor artists, who in their turn had already taken their inspiration from the great ones. Better just to go straight to the source, then.

The rest will follow (so to speak). And in any case, this is the continuity that rises above the styles and trends, and that interests Puglisi: if there is a way to portray humans that transcends time, it is right to make use of it, and at least from a statistical point of view, it cannot be said that figure painting has not been able to bear the weight of the centuries. Thus, it is not a question of denying the worth of other modes of expression from an ideological point of view, but simply of taking what is best suited to oneself and one's own language (elements that overlap often, but not always). Among other things, Puglisi's post-ideological approach – which comes to him naturally, without the macerations of self-criticism and justification – is perfectly coherent, and contemporaneous, with what is going on in the rest of the globalised art world, where painting needs no self-justification, where citation is an element like many others, devoid of negative connotations – just think of the concept of the meme on the web! – and very widespread. In this way, Puglisi has found a portion of his work already done, and he realised that those positions of the faces and hand – the choice is limited to these elements, and it is enough – could also be our own, and those of the future, despite that tiny residue of rhetoric that every representation of something carries with it. This last aspect – a sort of portrait rhetoric, perceptible even in the absence of well-defined faces and identifiable gestures – completely belongs to the language of painting, and cannot and must not be eliminated, because it makes up the code of representation, which coalesces the thing and its image in a familiar or in any case understandable way. Puglisi, instead of reducing the rhetorical scope of the representation, exalts it, eliminating everything around it, and in so doing tests it, verifying its strength and endurance with respect to the composition on the canvas and the depth of the gaze. It is probably also for this reason that the observer, deep down, is afraid of venturing out into the open sea, and tries to do everything to remain anchored to what is familiar, to the work "underlying" the painting and the certainty of the old master, rather than wondering what *this* painting really is about.

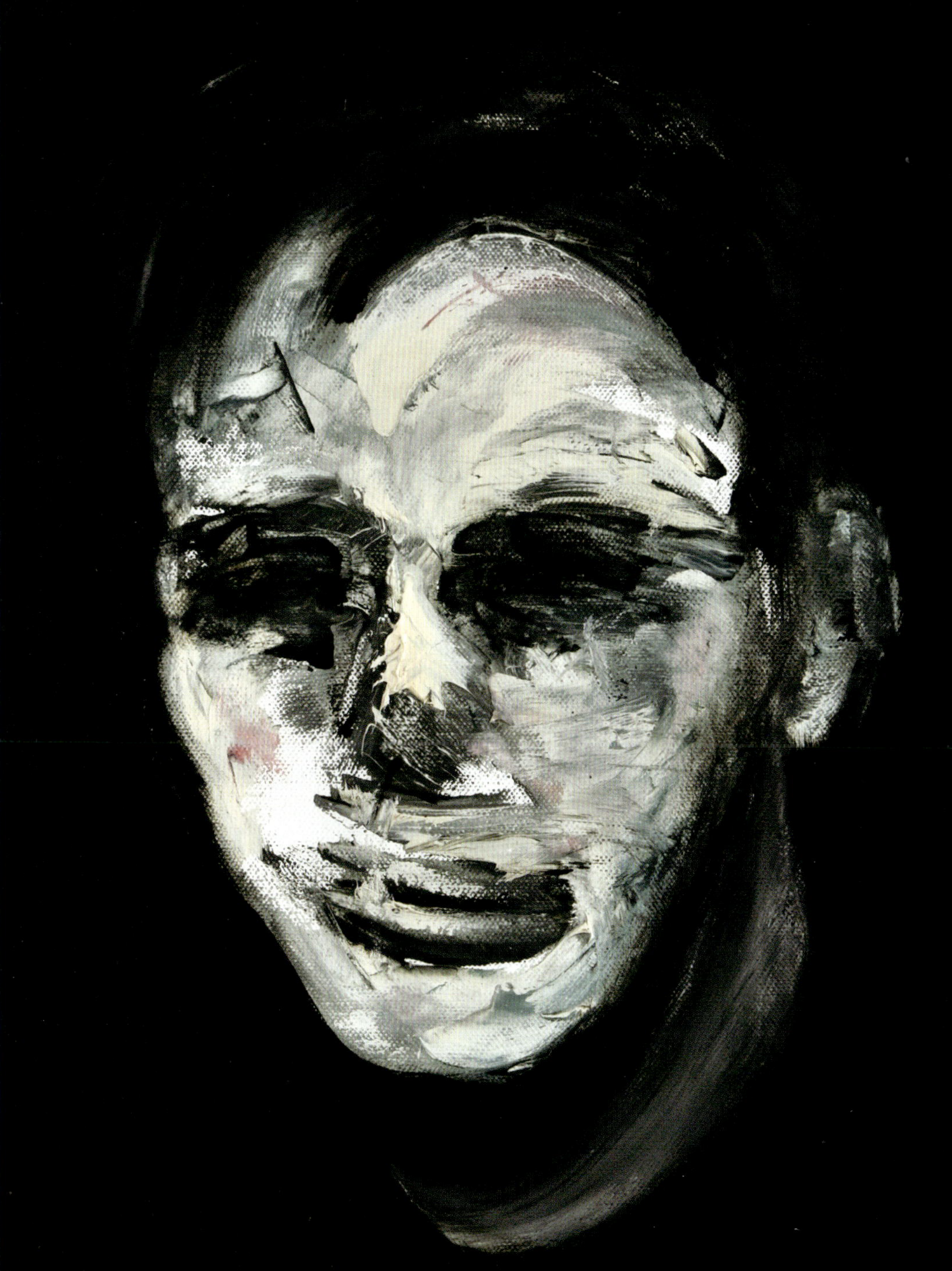

di giocare al ritrovamento, o a esibire la propria erudizione, si potrà cominciare a guardare davvero alle opere di Puglisi.

Allora, perché lui stesso sembra spingere lo sguardo in questa direzione? Sembra, ma non lo fa. Nessun artista si prefigge uno scopo critico nel momento in cui realizza un'opera e difficilmente – con rare eccezioni, Duchamp in testa – considera quest'ultima come un semplice strumento di dimostrazione di una tesi, e Puglisi non è diverso. Certo, per lui l'antico è una fonte ricchissima di spunti, non come imitazione di temi e soggetti, ma piuttosto come "repertorio" di atteggiamenti. Secoli e secoli di pittura, pur nel trascorrere degli stili, hanno per così dire "distil-

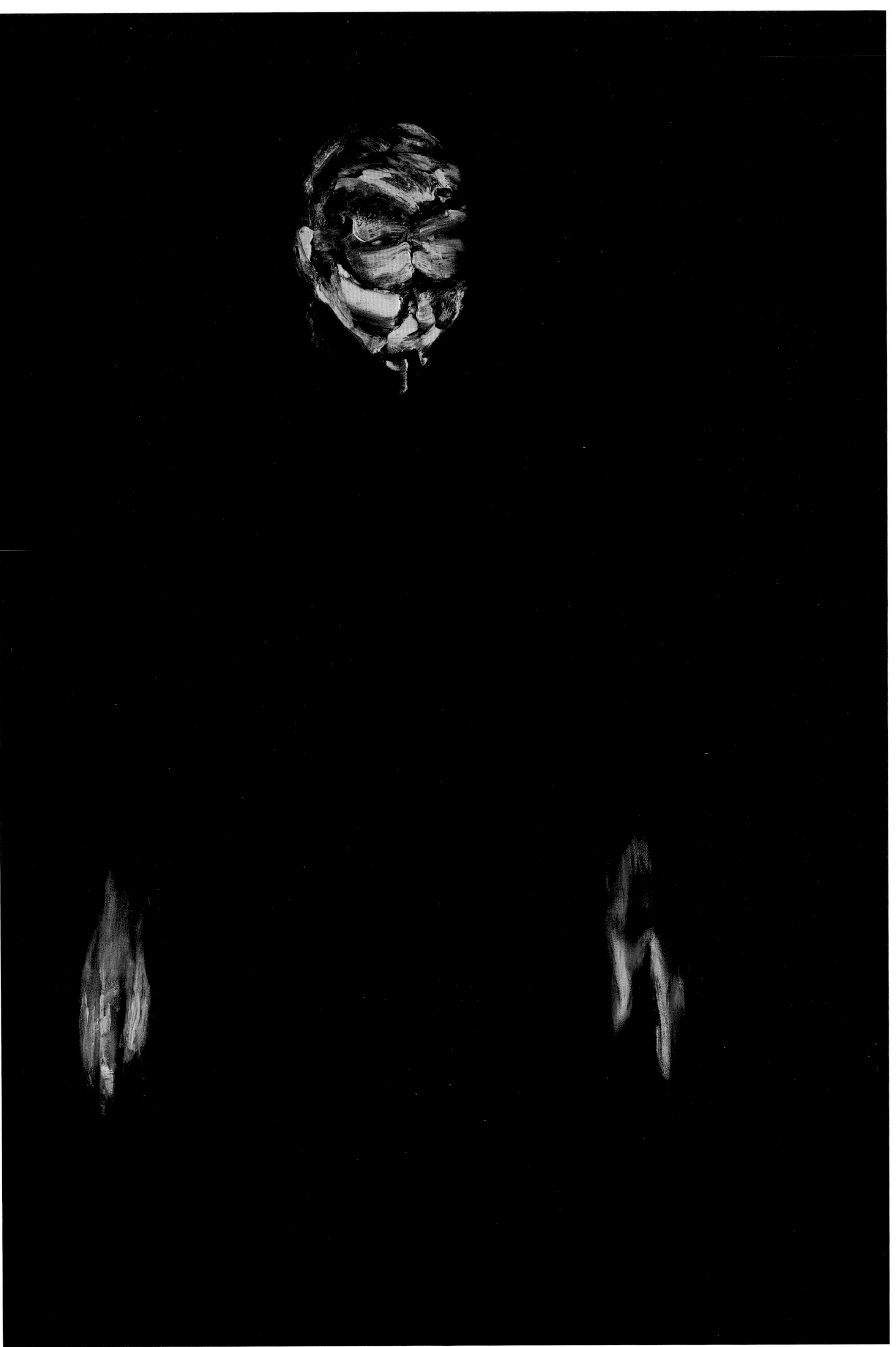

Ritratto 070514

2014

Olio su tela / Oil on
canvas, 150 x 100 cm

pp. 26-27
Veduta della mostra /
Exhibition view, *Lorenzo
Puglisi. Il Grande
Sacrificio*, Sagrestia del
Bramante, Chiesa di
Santa Maria delle Grazie,
Milano / Milan, 2019

lato" un repertorio, appunto, di gesti, di movimenti, di volti, di posizioni che appartengono all'umano, prima che all'epoca in cui sono stati dipinti. Così, eliminando dalla composizione quanto c'è di contingente, cioè di legato ai modi di rappresentazione tipici di un periodo, nonché ai suoi oggetti, rimane la rappresentazione di ciò che non cambia, rimane l'essere umano scevro da ogni attributo storico (paradossalmente proprio quello che andiamo a ricercare quando vogliamo sapere quale sia il quadro che ha ispirato questa o quell'opera di Puglisi…). Di qui, come corollario, appare evidente che l'ispirazione dell'artista si ritrovi piuttosto tra i grandi maestri che tra i minori: essi stessi per primi, grazie alla loro grandezza, hanno travalicato il loro momento storico, e hanno colto l'umano "senza tempo", quello che era e che sarebbe stata in futuro l'essenza dell'umanità. Per non essere troppo aulici, hanno servito a Puglisi su un piatto d'argento quel che altrimenti avrebbe dovuto distillare da sé, magari con un lavoro analitico – lodevole per uno storico dell'arte, sostanzialmente inutile per un artista – su una pletora di artisti minori, che a loro volta si erano già ispirati a quei grandi. Meglio andare direttamente alla fonte, allora.

Il resto vien da sé (si fa per dire). E comunque è questa la continuità che supera gli stili e le tendenze, e che interessa Puglisi: se esiste un modo di rappresentazione dell'umano che attraversa il tempo è giusto farne uso e almeno da un punto di vista statistico non si può dire che la pittura di figura non abbia saputo reggere il peso dei secoli. Non si tratta allora di negare valore ad altri modi espressivi da un punto di vista ideologico, ma semplicemente di prendere ciò che è più congeniale a se stessi e al proprio linguaggio (elementi che spesso coincidono, ma non sempre). Tra l'altro, questo atteggiamento post-ideologico di Puglisi – che gli viene naturalmente, senza le macerazioni dell'autocritica e della giustificazione – è perfettamente coerente, e contemporaneo, con quanto avviene nel resto del mondo artistico globalizzato, dove la pittura non deve autogiustificarsi, dove la citazione è un elemento come tanti altri, privo di accezioni negative – si pensi solo al concetto di "meme" nella rete! –, e diffusissimo. Così, Puglisi ha trovato già parte del lavoro fatta, e ha pensato che quelle posizioni dei volti e delle mani – la scelta si riduce a questi elementi, ed è sufficiente – potessero essere anche le nostre, e quelle del futuro, nonostante quel minuscolo residuo di retorica che ogni rappresentazione di qualcosa porta con sé. Quest'ultimo aspetto – una sorta di retorica del ritratto, percepibile anche in assenza di volti definiti e di gesti identificabili – appartiene in toto al linguaggio della pittura e non può e non deve essere eliminato, perché costituisce il codice della rappresentazione, ciò che accomuna la cosa e la sua immagine in un modo conosciuto o comunque comprensibile. Puglisi, invece di ridurre la portata retorica della rappresentazione, la esalta, eliminando tutto ciò che sta attorno, e così facendo la mette alla prova, ne verifica la forza e la tenuta rispetto alla composizione sulla tela e allo scandaglio dello sguardo. Probabilmente è anche per questo che chi guarda, in fondo, ha paura di uscire in mare aperto, e cerca in tutti i modi di restare ancorato al conosciuto, all'opera che crede ci stia "dietro", alla certezza dell'antico maestro, piuttosto che chiedersi cosa sia veramente "questa" pittura.

Per fare ciò esistono due approcci diversi, stavolta entrambi validi: l'approccio colto e l'approccio ingenuo. Il primo parte da ciò che si sa, il secondo da ciò che si vede. L'insieme dei due atteggiamenti dovrebbe fornire un risultato equilibrato, non troppo spostato verso la cultura, non troppo propenso al sentimento. La composizione, a un occhio appena allenato, è subito evocativa delle coordinate del ritratto classico, grazie soprattutto alla posizione delle mani, che sono anche l'unico elemento davvero riconoscibile come tale: non riconosceremmo l'impianto tradizionale dell'opera se le mani non fossero riconoscibili. A dir la verità, probabilmente non

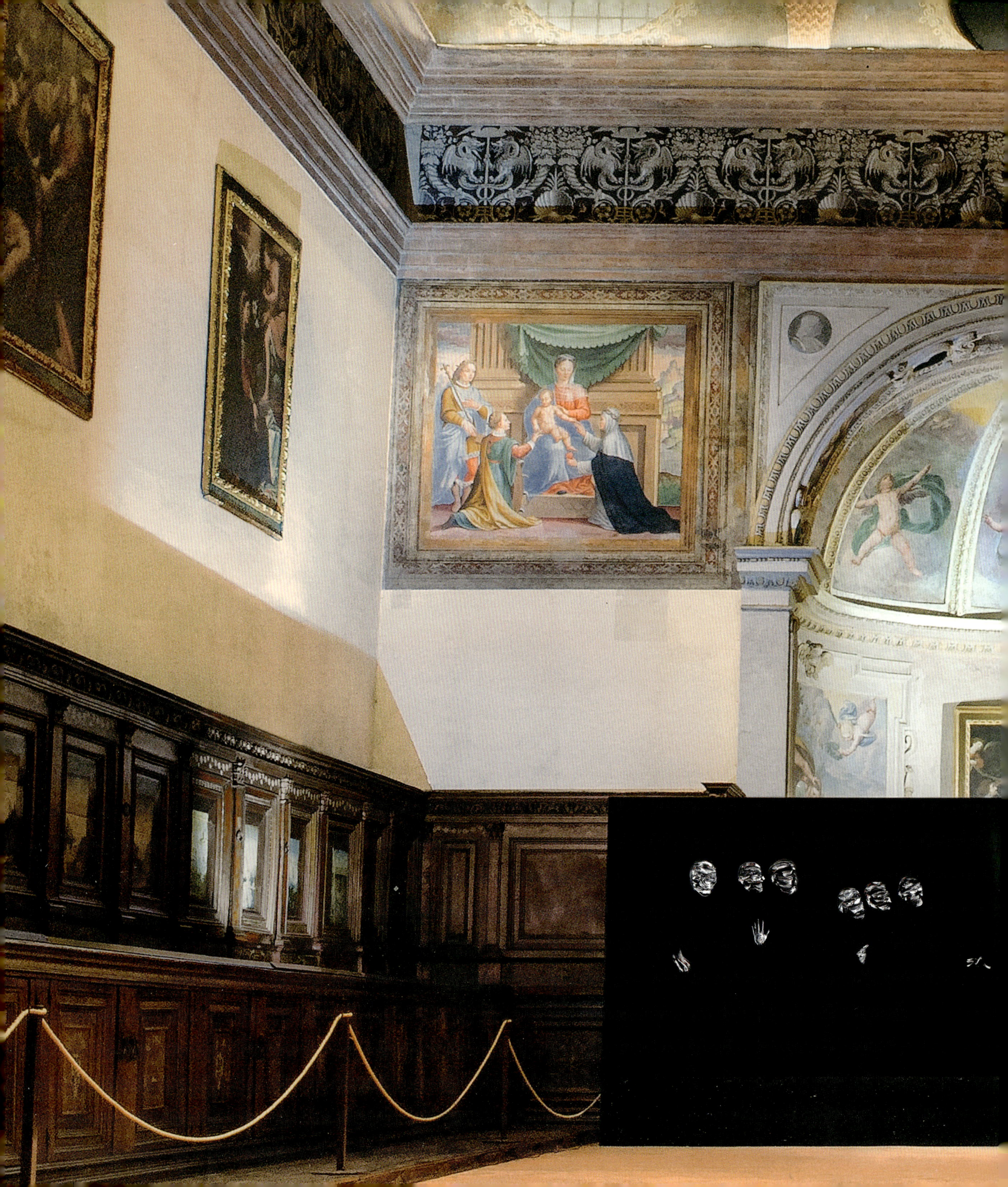

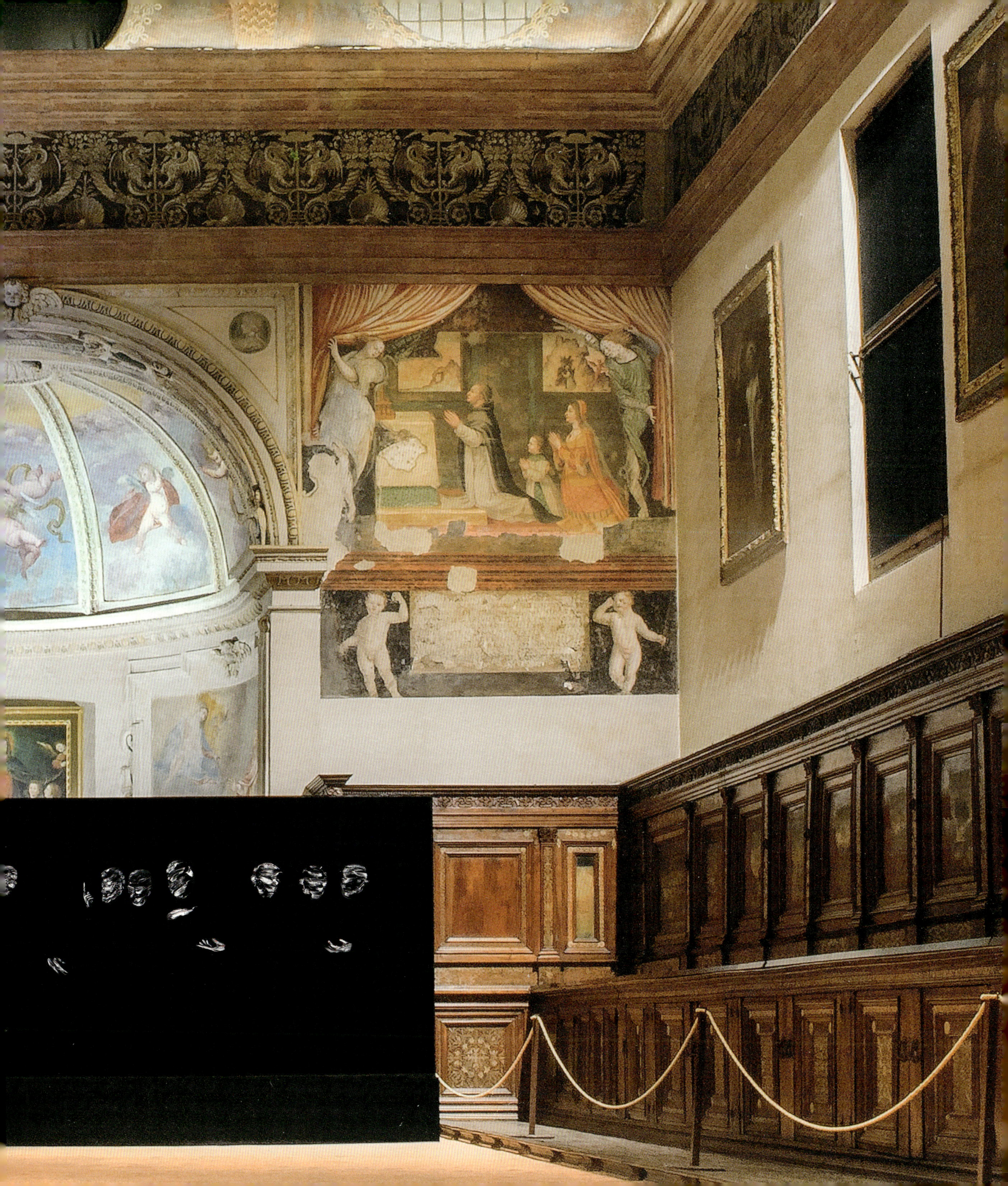

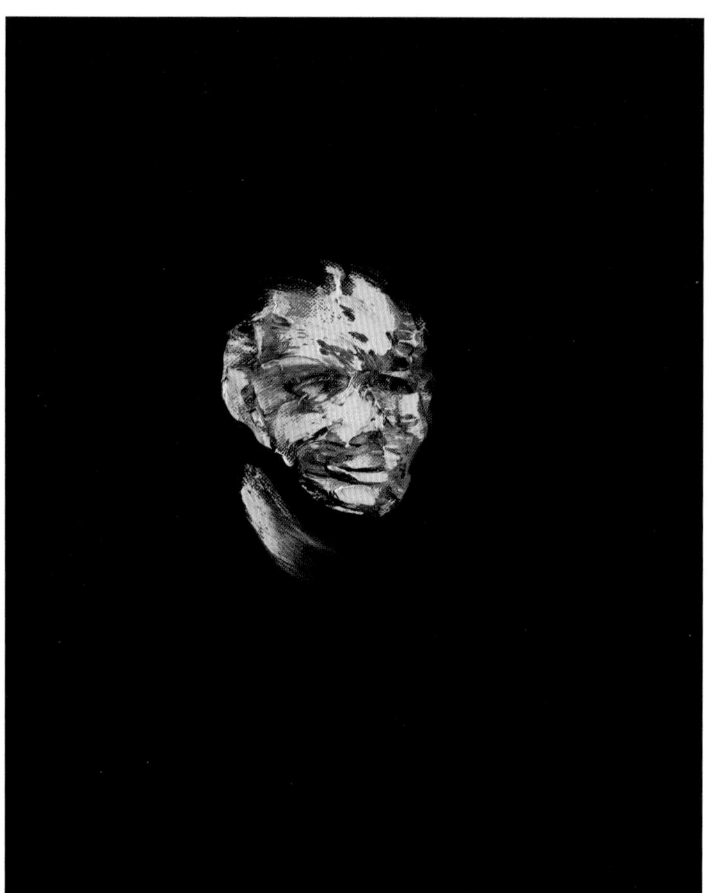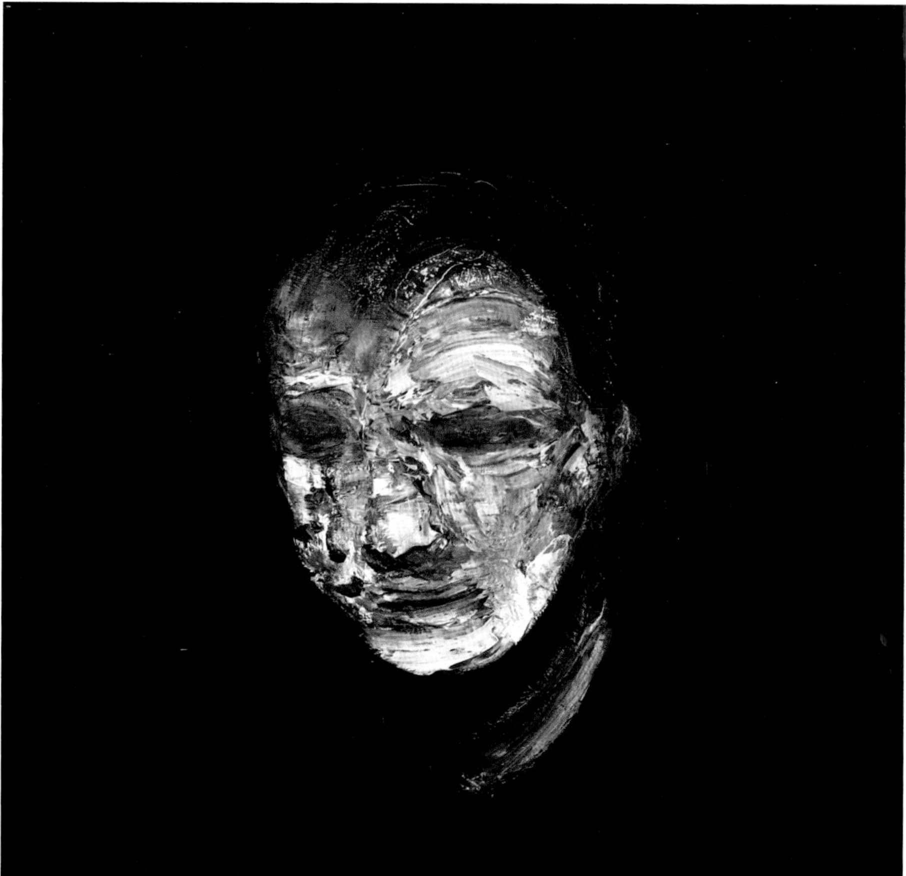

To do this, there are two different approaches, this time both valid: the sophisticated approach and the naïve approach. The first starts with what you known, the second with what you see. Taken together, the two positions should offer a balanced result, neither too weighted towards culture nor too inclined to sentiment. Even to an amateur eye, the composition immediately suggests the coordinates of the classical portrait, thanks to the position of the hands, which are also the only element that are actually recognisable as such: we would not recognise the traditional structure of the work if the hands were not recognisable. To tell the truth, we would not even think of anything figurative if it were not for those five fingers. The face exists not for itself, but thanks to the hands next to or below it: only after recognising the hands do we seek to "give a face to the face", simply because we understand that it really is a face and not a gesture, or a stroke of paint, a mark. In this, we can also see Puglisi's executive skill, how with a very limited palette – essentially black, white, and red – he manages to construct the features of a face taking shape, one that could be the face of anyone, indeed, of each one of us: all it takes is a vertical stroke of the palette knife on a horizontal ground, and here is a nose; a rippling of the paint in a circular movement, and here is an eye; a smudged red mark, a mouth… all it takes is an instant, and it seems impossible, because once the paint has been put on the canvas, what is there is there forever – but it is not so, because it is our gaze that is changeable, and you only have to move in closer for the figure-effect to vanish, replaced by disintegration, the return to the impasto and formlessness: you need to find a 'human' distance to see what is human, if you shift closer or farther, you cannot grasp – or indeed see – the theme. Here, this physical problem becomes a metaphor for a conceptual problem: the points of view are not infinite but only one, and the tolerance of perception and

penseremmo neppure a qualcosa di figurativo se non ci fossero quelle cinque dita. Il volto esiste non per sé, ma per le mani accanto o sotto di sé: solo dopo aver riconosciuto le mani, cerchiamo di "dare un volto al volto", semplicemente perché capiamo che si tratta veramente di un volto, e non di un gesto, non di materia, non di un segno. In questo si vede anche la sapienza esecutiva di Puglisi, che con una gamma molto ristretta di colori – essenzialmente nero, bianco, rosso – riesce a costruire le fattezze di un volto che si va formando, e che potrebbe essere il volto di chiunque, anzi, di ciascuno di noi: basta un colpo di spatola verticale su una stesura orizzontale, ed ecco un naso; un'increspatura materica dall'andamento circolare, ed ecco un occhio; un segno rosso sbavato, una bocca… è solo un attimo, e sembra impossibile, perché una volta fermata la pittura sulla tela, quel che c'è c'è per sempre, ma non è così, perché il nostro sguardo è mutevole e basta avvicinarsi perché l'effetto-figura svanisca e subentri il disfacimento, il ritorno della materia e dell'informe: bisogna trovare una distanza "umana" per vedere l'umano, se si è più vicino o più lontano non si riesce a cogliere il tema, anzi a "vederlo". Questa difficoltà fisica diventa a questo punto metafora di una difficoltà concettuale: non ci sono infiniti punti di vista, ma un punto di vista, e la tolleranza della percezione e della comprensione non è infinita, ma determinata e, anche se questo potrebbe apparire come un colpo al pluralismo delle interpretazioni, è meglio considerarlo come una precisa richiesta critica non tanto da parte dell'artista, ma addirittura della pittura. E questo è il punto concettuale che più lega Puglisi alla tradizione.

E poi, il nero.

In questo saggio ho promesso a me stesso che avrei ridotto al minimo le citazioni di artisti del passato, e ci sono quasi riuscito. Quasi, perché nel parlare del nero è impossibile non fare una carrellata su ciò che quel nero è stato in certe epoche artistiche, particolarmente amate da Puglisi. E allora bene il "tenebrismo" secentesco, le profondità nere di Rembrandt, Caravaggio e tutti coloro che sono giustamente stati citati a proposito (ricordo Leonardo, alla cui *Ultima Cena* Puglisi ha dedicato una grande opera, e Tiziano, e Bacon, e Freud…), o tutte le suggestioni che il nero evoca, prima fra tutte la "nigredo" alchemica. Tutto giusto, tutto acuto, tutto adeguato, tutto coerente. Ma questo è anche un "altro" nero, per cui, dati per scontati i precisi e indiscutibili riferimenti alla storia dell'arte, vale la pena di sbarazzarsi di questa sovrastruttura culturale – per quanto possibile – e vestire i panni dell'osservatore ingenuo. Solo così, infatti, si può provare ad andare oltre la pesante cortina di riferimenti storici che rischia di sviare dall'oggetto vero e proprio, che è la pittura di Puglisi, oggi.

La domanda, ingenua, è se le figure "sprofondano" nel nero o invece "emergono" dal nero. È una domanda che andrebbe posta a chi guarda, perché rivelerebbe lo stato d'animo dello spettatore, una sua attitudine caratteriale, che non è cosa secondaria quando si parla d'arte, che catarticamente fa emergere l'empatia con l'opera: sprofondare nel nero significa cancellare, significa la futura impossibilità di vedere, mentre l'emergere dal nero è un ritrovare, è la promessa di vedere di più. Un atteggiamento pessimista e uno ottimista, per definire grossolanamente la sensazione di inabissamento o di emersione dal nero, che però Puglisi lascia volutamente allo sguardo altrui. Lui, l'artista, usa il nero come strato-limite temporaneo, come ciò che in quell'attimo separa il dentro dal fuori, come il momento dell'apparizione, dell'epifania. È quell'attimo prima che tutto sprofondi nel nero, o che tutto emerga sgocciolante dalla pittura. Non accadrebbe con nessun altro colore, perché il nero prima di essere un colore – anche per il più intellettuale tra gli storici dell'arte – è il buio, e tutti gli abissi sono bui, e anche se la tela è delimitata dal suo perimetro, e

understanding is not infinite, but pre-determined, and even if this could appear as a blow to the pluralism of interpretations, it is better to consider it a precise critical request not so much by the artist, but by painting, actually. And this is the conceptual point that most binds Puglisi to tradition.

And then, the black.

In writing this piece, I promised myself that I would keep my references to artists of the past to a minimum, and I have almost succeeded. Almost, because in speaking about the use of black it is impossible not to include an overview of what that black represented in certain artistic periods dear to Puglisi. Well then, the seventeenth-century "Tenebrism", the black depths of Rembrandt, Caravaggio, and all the others who have been rightly mentioned in this regard (among them, Leonardo, to whom Puglisi paid homage with a great work of his own based on the *Last Supper*, and then Titian, and Bacon, and Freud…), or all the suggestions that the black conjures up, starting with the alchemical "Nigredo". All just right, all sharp, all fitting, all coherent. But this is also "another" black that, taking for granted the exact and indisputable art historical references, makes it worthwhile for us to get rid of this cultural superstructure – as far as possible – and assume the role of the naïve observer. Only in this way, in fact, can we try to get beyond the heavy curtain of historical references that risks distracting us from the real focus of our examination, which is Puglisi's painting, today.

The innocent question is whether the figures are "swallowed up" by the black or do they "emerge" from it? It is a question that should be asked of the observer, because it would reveal something about their state of mind, their character, which is not a secondary thing when talking about art that cathartically brings out identification with the work: to be swallowed up by the black means being cancelled, it means the future impossibility of seeing, while emerging from the black is a rediscovery, it is the promise of seeing more. One attitude is

Lorenzo Puglisi. Il Grande Sacrificio, allestimento / installation, Sagrestia del Bramante, Santa Maria delle Grazie, Milano / Milan, 2019

L'artista nel suo studio / The artist in his studio, Casalecchio di Reno (Bologna), 2018

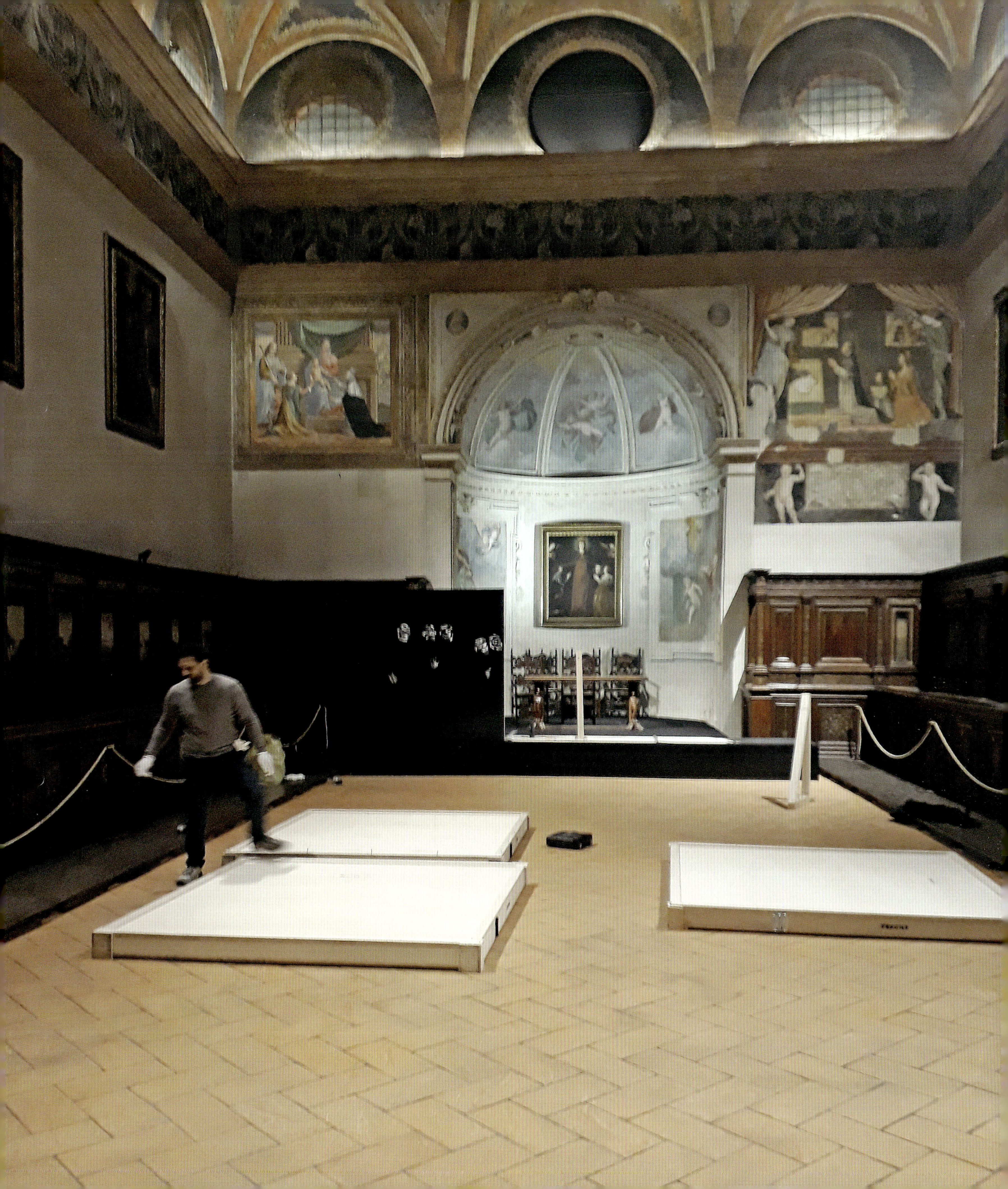

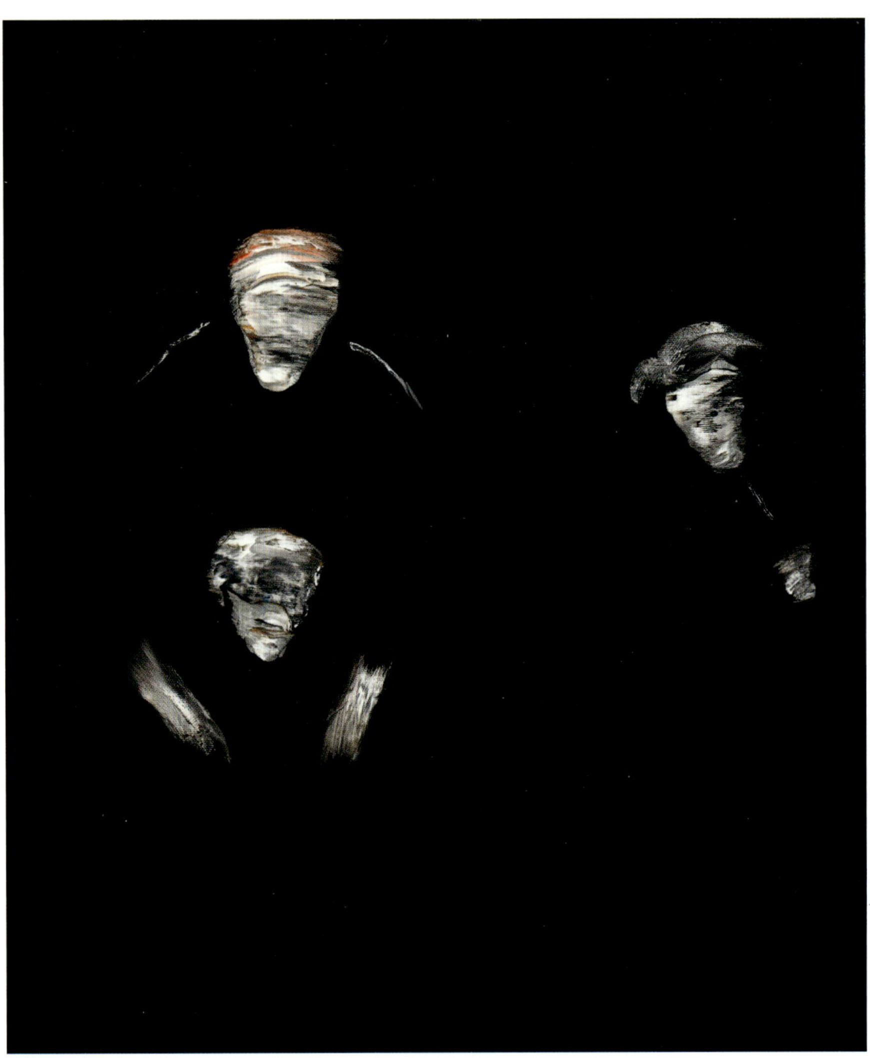 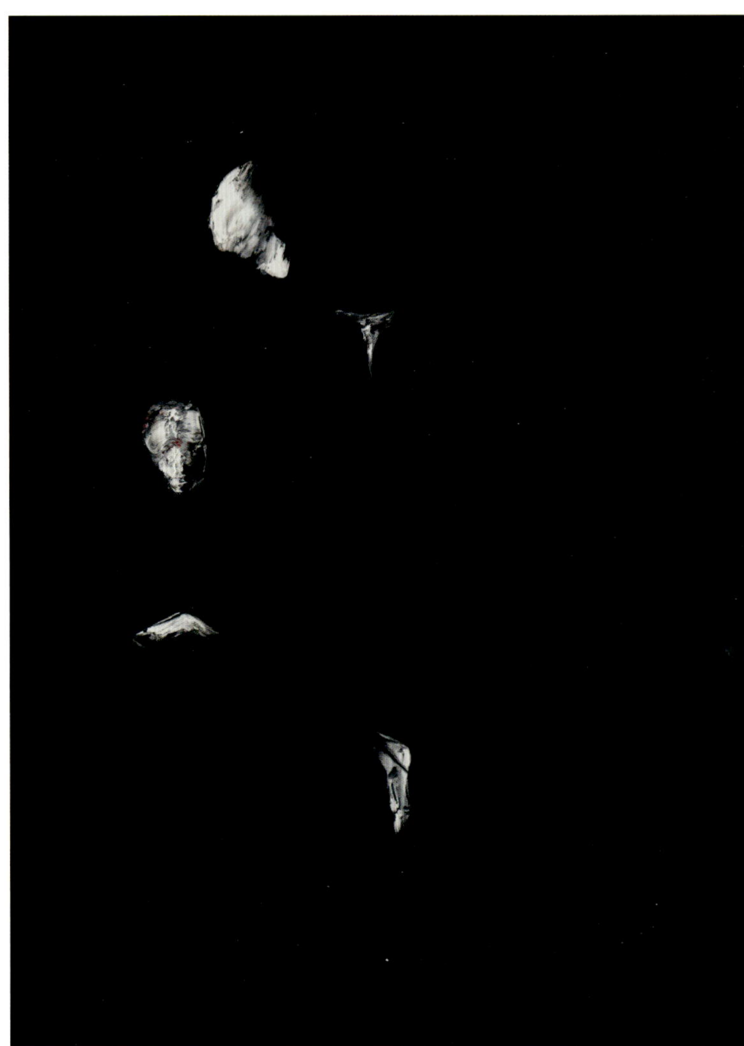

pessimistic and the other optimistic, to broadly define the sensations of being submerged in or emerging from the black, which, however, Puglisi intentionally leaves to the gaze of others. He, the artist, uses the black as a temporary boundary layer, as what at that instant separates the inside from the outside, as the moment of the apparition, of the epiphany. It is that instant before everything sinks into the blackness, or it emerges dripping wet from the painting. This would not happen with any other colour, because black, before becoming a colour – even for the most intellectual of art historians – it is the darkness, and all abysses are dark, and even if the canvas is bounded by its perimeter, and the room where it hangs is already filled with light, the surface that we can actually touch opens to a depth that blinds us, because it is immeasurable. Everything is fixed, immobile on the canvas, but at the same time it is also extremely mobile, because the face is not defined and the black it is submerged in is immense, that is, immeasurable. Here then is the whole of the indistinct face, which can assume any expression, not having one at all if not a vague suggestion – sad, lost in thought, absorbed, brooding … – alongside the need mentioned earlier for a perceptive distance from the painting that can be lost by moving just a few dozen centimetres closer to or further from the surface, together with the very "liquid" feel of the composition in the blackness, prone to disappear, appear, anyway change, makes the work mobile and mutable. The human – which, let us not forget, is the true subject of Puglisi's work – is no longer "posing".

la stanza dove giace è piena di luce, quella superficie che possiamo addirittura toccare si apre in una profondità che ci rende ciechi, perché è incommensurabile. Tutto è fissato e fermato sulla tela, ma allo stesso tempo è anche mobilissimo, perché il volto non è definito e il nero in cui è immerso è smisurato, cioè senza misura. Ecco allora che l'insieme del volto indistinto, che può assumere qualunque espressione non avendone se non un vago suggerimento – triste, assorto, pensieroso… –, accanto alla necessità di cui si parlava prima di una distanza percettiva dal quadro, che si può perdere spostandosi solo di qualche decina di centimetri rispetto alla superficie, insieme alla sensazione tutta "liquida" della composizione nel nero, pronta a scomparire, apparire, comunque modificarsi, rendono l'opera mobile e mutevole. L'umano – che, ricordiamoci, è il vero soggetto del lavoro di Puglisi – non è più "in posa".

Il Prodigo

2021

Olio su tela / Oil on canvas, 60 x 50 cm

Matteo e l'angelo

2022

Olio su carta / Oil on paper, 70 x 50 cm

Vuelo de brujas

2022

Olio su tavola / Oil on panel, 67 x 87 cm

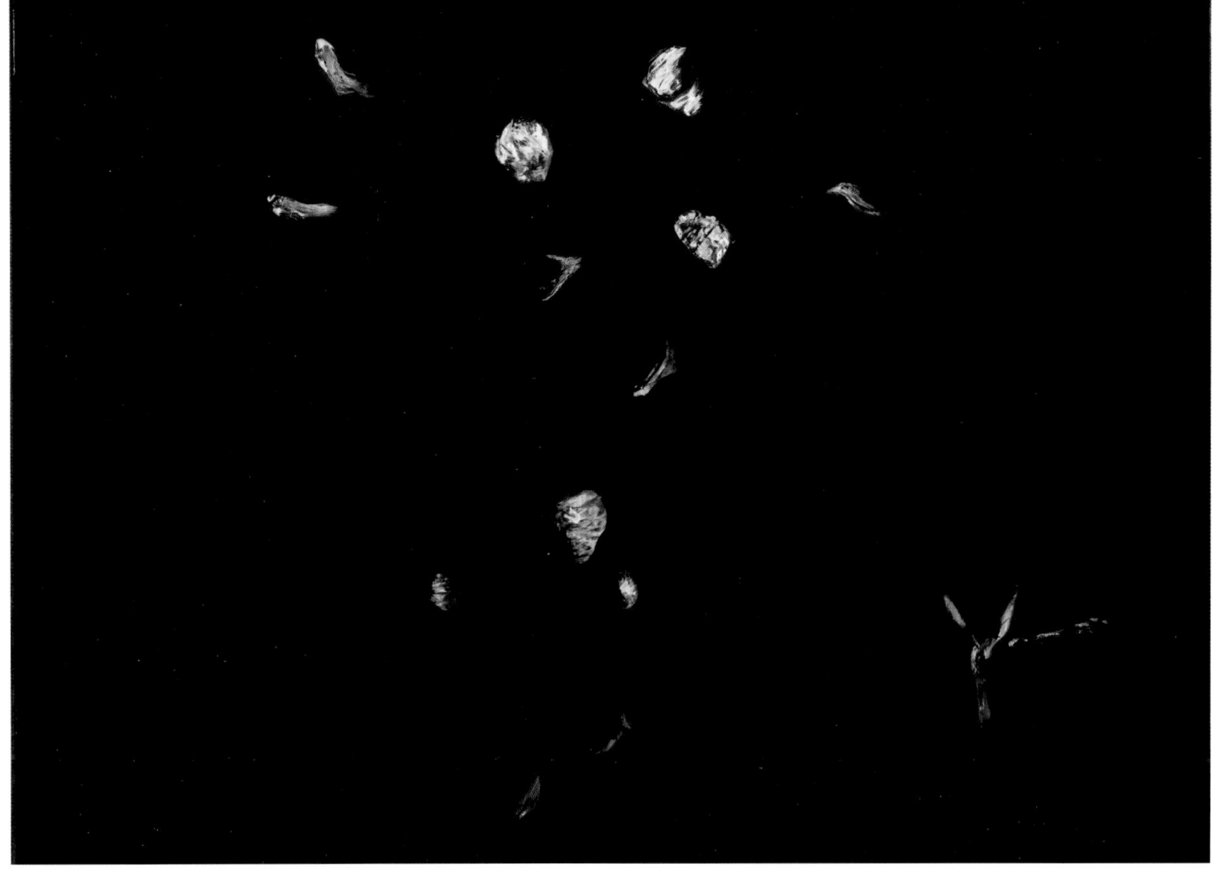

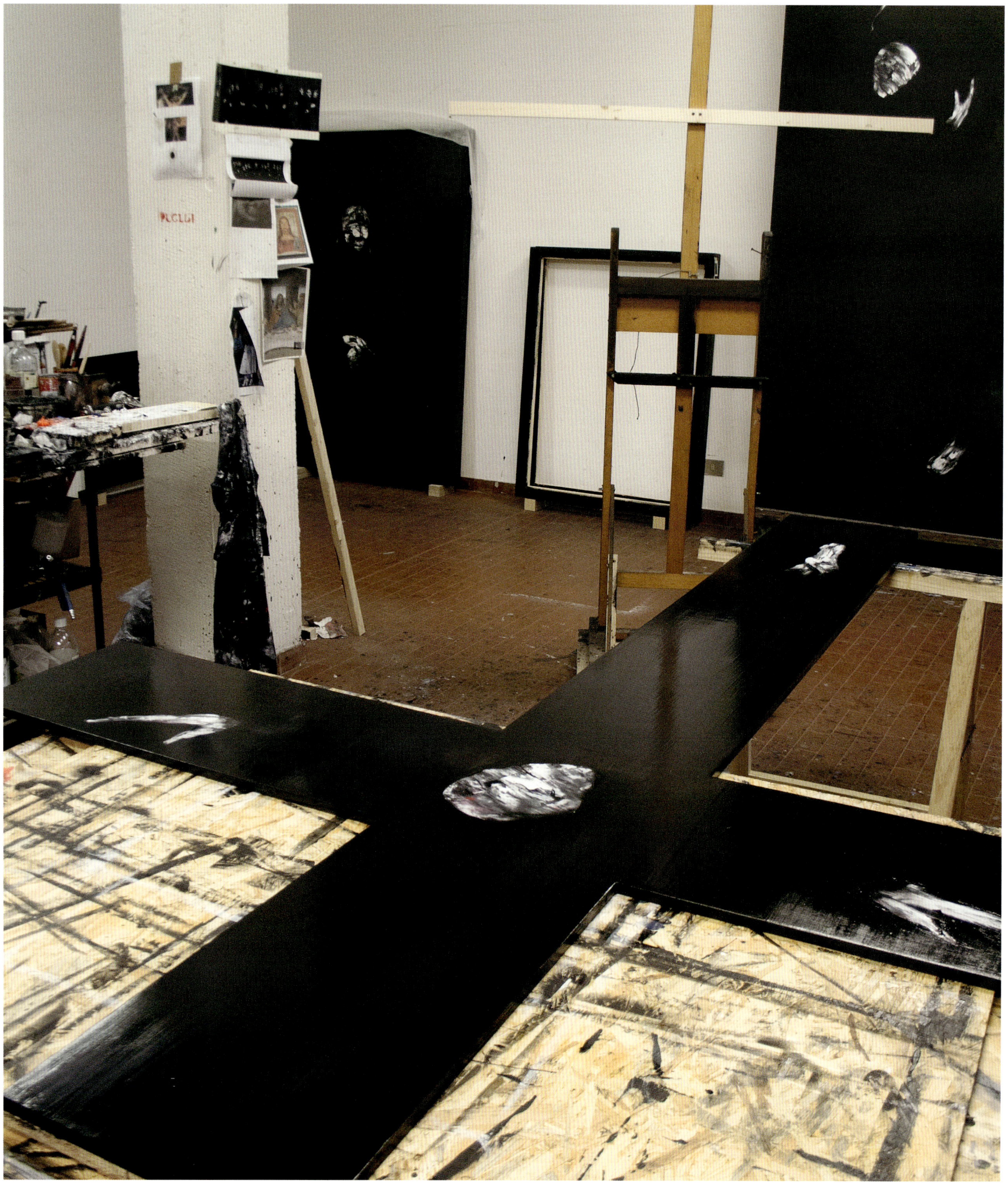

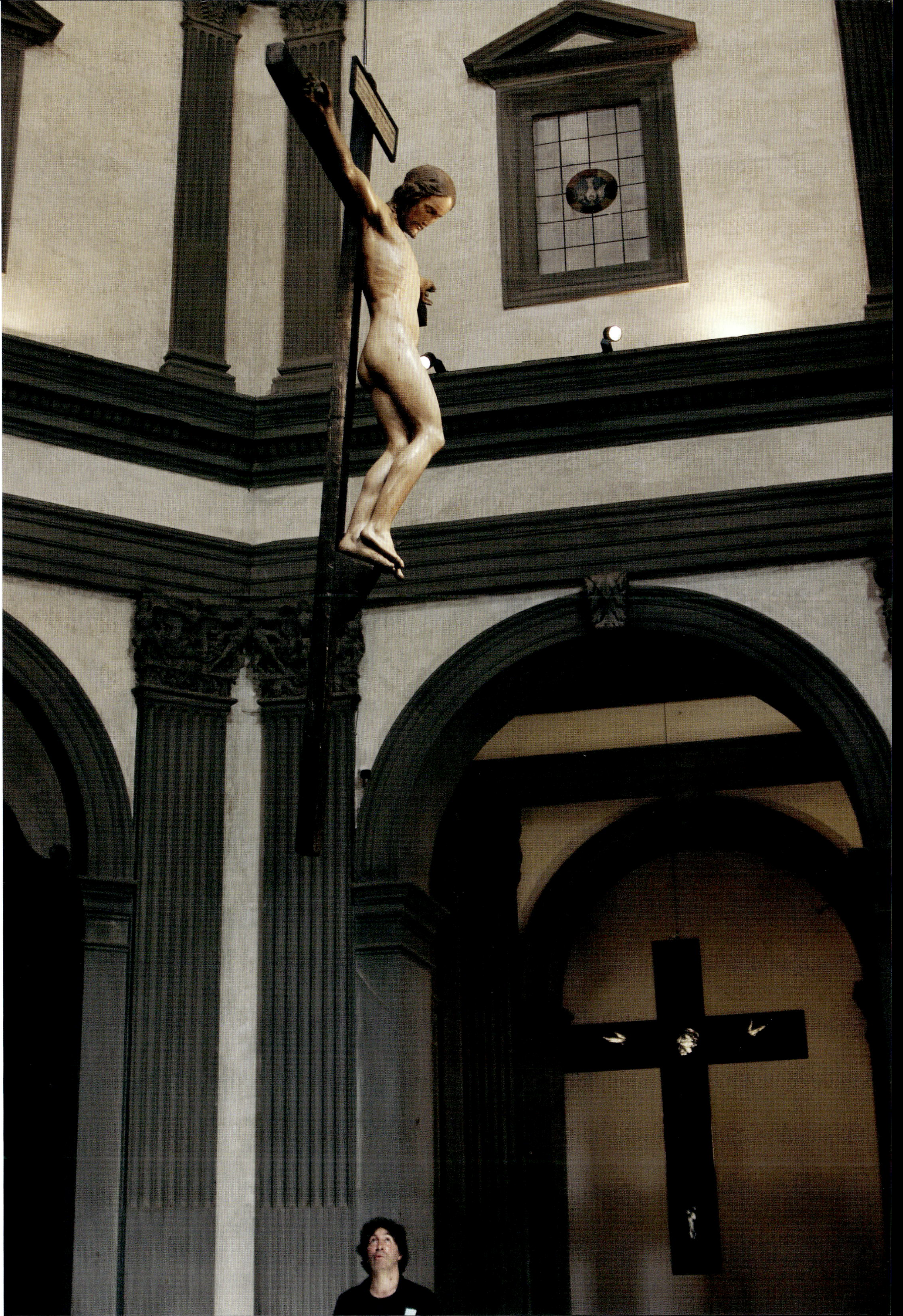

Crocifissione, 2020,
opera in fase di
lavorazione / work In
progress

*Lorenzo Puglisi.
Davanti a Michelangelo.
Crocifissione, Umanità,
Mistero*, veduta
dell'installazione /
installation view,
Basilica di Santo Spirito,
Firenze / Florence, 2020

An Almost Technical Dialogue

Marco Meneguzzo: *I'd like to start by talking about technique, to see if by beginning with a factual reality we can arrive at an ideal sentiment, that is, if we can understand the connection between the tool and its purpose, and how they influence one another. In other words, how does your work originate? You find yourself before a white canvas, you make a sketch, you start with the black…*

Lorenzo Puglisi: The work developed gradually, of course. At first, I made a preparatory sketch or several of them, a path that in time became a rough drawing on the canvas, a point of reference that reassured me. After a while, I would start work directly on the white canvas, and sometimes I tried starting with the black. Then came the selection of the elements from the painting, perhaps preceded by some drawings, or by smaller paintings, which are not tests or trial runs, but research leading me to the most intense image possible. During the process, I am interested above all in the question of the material making up the hands and the faces, its density and colours. Manipulating the oil paint with a certain detachment – I'd say I am at once and actor and a spectator – if something appears, I try to nudge it a little, to make it more intense also taking advantage of the black ground, a mix of blacks, reds, browns, sometime even blues: with the atmosphere that is created, I enclose the figures first, and then little by little the entire canvas. Then it takes some time to dry, maybe three or four days, and this allows me to look at the work calmly and to apply the black again in various layers, in a drying and drafting process that lasts a few weeks: this way I can obtain particular densities and tonalities, and at the same time, inevitably, modify the outlines of the figures, sometimes the figures themselves; that is, it allows me to "picto-sculpt" the appearances that have appeared with a darkness that invades the field. This is more or less what happens when I paint

M.M.: *So you're telling us that the classical model that often inspires you is modifiable…*

L.P.: Yes, absolutely. I have said it other times, perhaps too timidly, but the pictorial scene of the past is a deeply rooted question, of cultural respect, of memory, where there is much to learn and to draw on, but, in any case, it is a pretext for practising my painting, in every direction: that is, the margin for experimentation is very broad, and even if I have lingered over certain scenes that particularly affected me, continuing to work on them, trying and trying again – in this, I'm a bit fussy and obsessive – the wonderful thing about painting is that if you do it with sincerity, you never know what is going to happen: this is where the meaning of the endeavour lies, right here, the game, too, of this journey towards the unknown, and above all, of experience; what happens is only minimally conscious, all the rest is, I would say, subconscious activity, coming from the truest part of myself, and whoever else takes

Un dialogo quasi tecnico

Marco Meneguzzo

Marco Meneguzzo: *Vorrei cominciare dalla tecnica, per vedere se si riesce a partire da un dato reale per arrivare a un sentimento ideale, cioè per capire il nesso tra lo strumento e il fine, e come questi si influenzino a vicenda. In altre parole, come nasce un tuo lavoro? Ti trovi di fronte alla tela bianca, crei una sinopia, parti dal nero…*

Lorenzo Puglisi: Il lavoro si è sviluppato per gradi, naturalmente. Prima facevo un disegno o più disegni preparatori, un percorso che poi diventava una traccia sulla tela, un punto di riferimento che mi rassicurava. Dopo un po' di tempo ho iniziato a partire direttamente dalla tela bianca, e in qualche occasione ho provato a cominciare dal nero. Poi viene la scelta degli elementi del quadro, magari preceduta da disegni, da quadri più piccoli, che non sono delle prove, ma la ricerca di un'immagine il più intensa possibile. Durante la lavorazione sono interessato soprattutto alla questione della materia che compone le mani, i volti, la sua densità e coloristica. Manipolo questa sostanza del colore ad olio con un certo distacco – direi che sono al contempo attore e spettatore – e, se appare qualcosa, cerco di sospingerlo, di renderlo più intenso utilizzando anche la pittura nera del fondo, una miscela di neri, rossi, bruni, talvolta anche di blu; con l'atmosfera che si crea racchiudo dapprima le figure e poi man mano tutta la tela. Quindi ci vuole l'attesa dell'asciugatura, che può durare tre, quattro giorni, e che mi permette di riguardare il lavoro con calma e di ristendere il nero in varie stratificazioni, in un processo di asciugatura e stesura che dura alcune settimane: questo mi consente di ottenere densità e tonalità particolari, e allo stesso tempo, inevitabilmente, di modificare il contorno delle figure, talvolta le figure stesse; consente cioè di "pitto-scolpire" le sembianze apparse con una oscurità che invade il campo. Questo è a grandi linee ciò che accade quando dipingo.

M.M.: *Ci stai dicendo allora che il modello classico cui spesso ti ispiri è modificabile…*

L.P.: Assolutamente sì. L'ho detto forse troppo timidamente anche altre volte, ma la scena pittorica antica è questione radicata, di rispetto culturale, di memoria, dove c'è molto da imparare e attingere, ma è comunque un pretesto per praticare la mia pittura, in ogni direzione: il margine di sperimentazione è cioè molto ampio, e anche se mi sono soffermato su alcune scene particolarmente toccanti, continuando a lavorarci, tentando e ritentando – in questo sono un po' pignolo e ossessivo – la cosa più bella della pittura è che se la si pratica con sincerità non si sa mai cosa accadrà: proprio qui è il senso del tentativo, del gioco anche, di questo viaggio verso l'ignoto, ma soprattutto dell'esperienza; ciò che accade è solo in minima parte cosciente, tutto il resto è azione direi subcosciente, della parte più vera di me, e di chiunque si applichi alla disciplina della pittura. C'è come una sorta di filtro iconografico nel mio sguardo che può far accadere cose interessanti rispetto alla figura originaria, ma poi tutto si slega dal modello a cui

up the discipline of painting. There is a sort of iconographic filter in my gaze that can make interesting things happen with respect to the original figure, but then everything breaks free of the model I am drawing on, you reach an agreement with yourself, with the world, the human condition in general, the mystery of existence.

M.M.: *So, the "pickets" of your painting, which seem so respectful of the model, are not so rigid, after all…*

L.P.: They are not at all rigid, and even if they can seem like a limit, a jail, they are actually like life: obstacles can become opportunities, generating a freedom that has to be conquered over and over again, without advancing in the same direction, but letting go of stereotypes, mechanisms, habits: relying on something known, is comfortable, but it does not help with the research. You must dare. In the painting medium as well as in the variety of figures and in its infinite positions, I keep discovering unprecedented technical possibilities. For example, depending on how you paint the parts, you can create depth: from the flatness of the black ground, unimaginable depths and perspective planes can be made to appear, obtained through the contrast created by two different ways of realising the figure, immediately recognised by the eye, and not by the mind. The margin for improvement and exploration is enormous.

M.M.: *What everyone calls the ground is not really behind the figure, but rather "encloses" it.*
L.P.: … it's the place where something appears, there is a true apparition…

M.M.: *… But it is difficult to "appear" against the ground of the white canvas, that is, to decide when the quality of the figure has reached that point in the nudity of the ground, while it is different with the black. However, once you decide you have reached a good quality with the figure, you work with the black. A little while ago you said that your dark matter is also made up of reds, browns, blues: how do you choose these shades – if you can call them that – of black?*

L.P.: Around the quality of the figure there is always desire and frustration. When I've found a head, a hand that has a particularly vibrant appearance, I'd like to reproduce it infinitely and to be able to experiment with different types of ground on those image qualities, and not just. But not being able to try them all out and knowing this full well – I prefer to leave them to chance: not being able, I surrender, I no longer seek control, and whatever happens, happens.

M.M.: *However, you have demonstrated that you have favourite subjects and the variations on a single subject show up frequently in your work…*

L.P.: It is inevitable that they do. Just think of the level of statistical probability, of the enormous difficulty in realising a painting in which the four or five elements that make it up have an exceptional pictorial quality – and here I am really very exacting – and about having visual control and the same freedom of execution in all these elements: I can assure you that it is truly very difficult. Everything must occur at the same time, otherwise the final quality will be compromised.

M.M.: *Throughout the ages, including the contemporary one, there are variations on the same subject – perhaps at one time there were more artists who painted series of similar*

Ritratto 191115

2015

Olio su tela / Oil on canvas,
120 x 100 cm

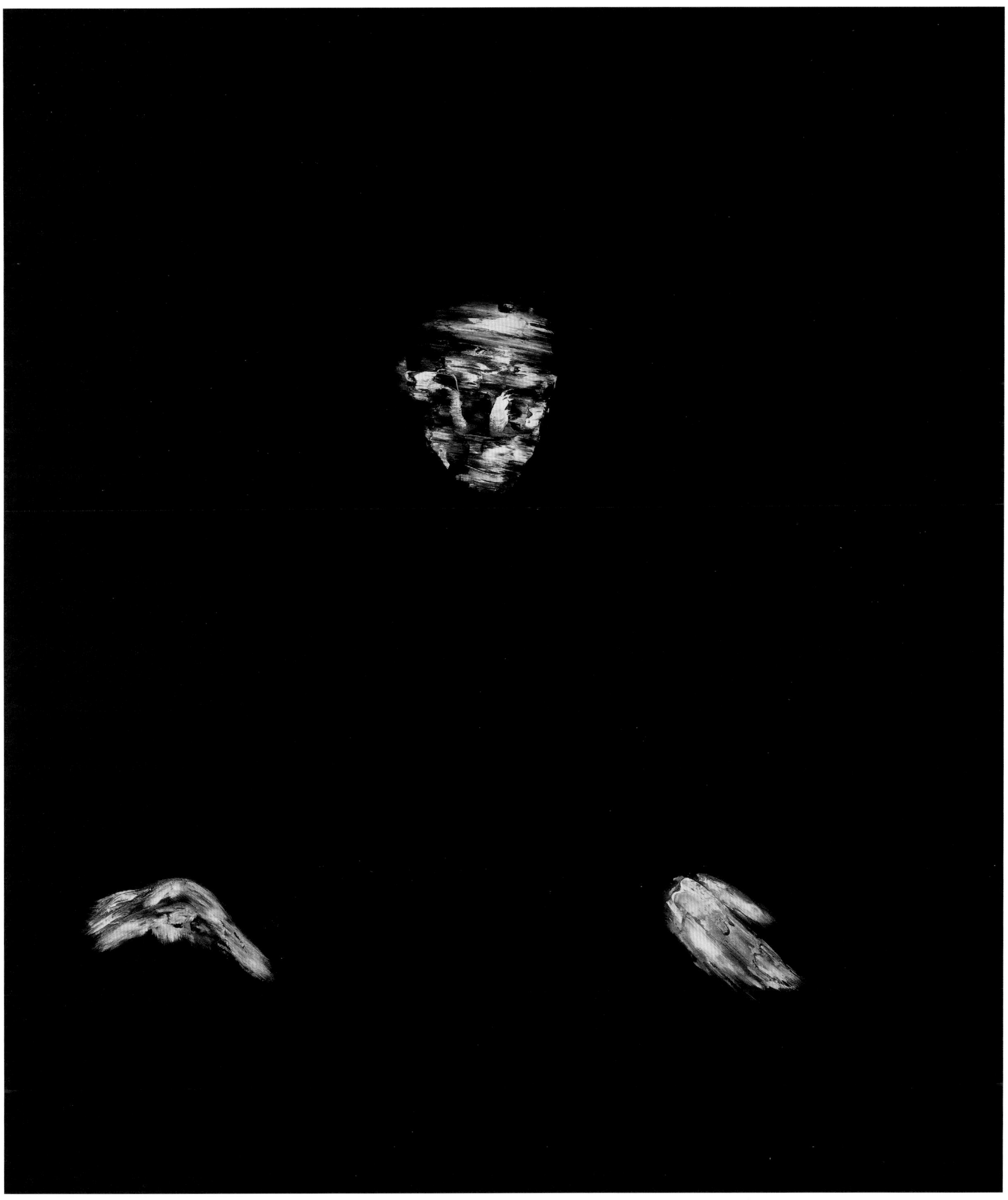

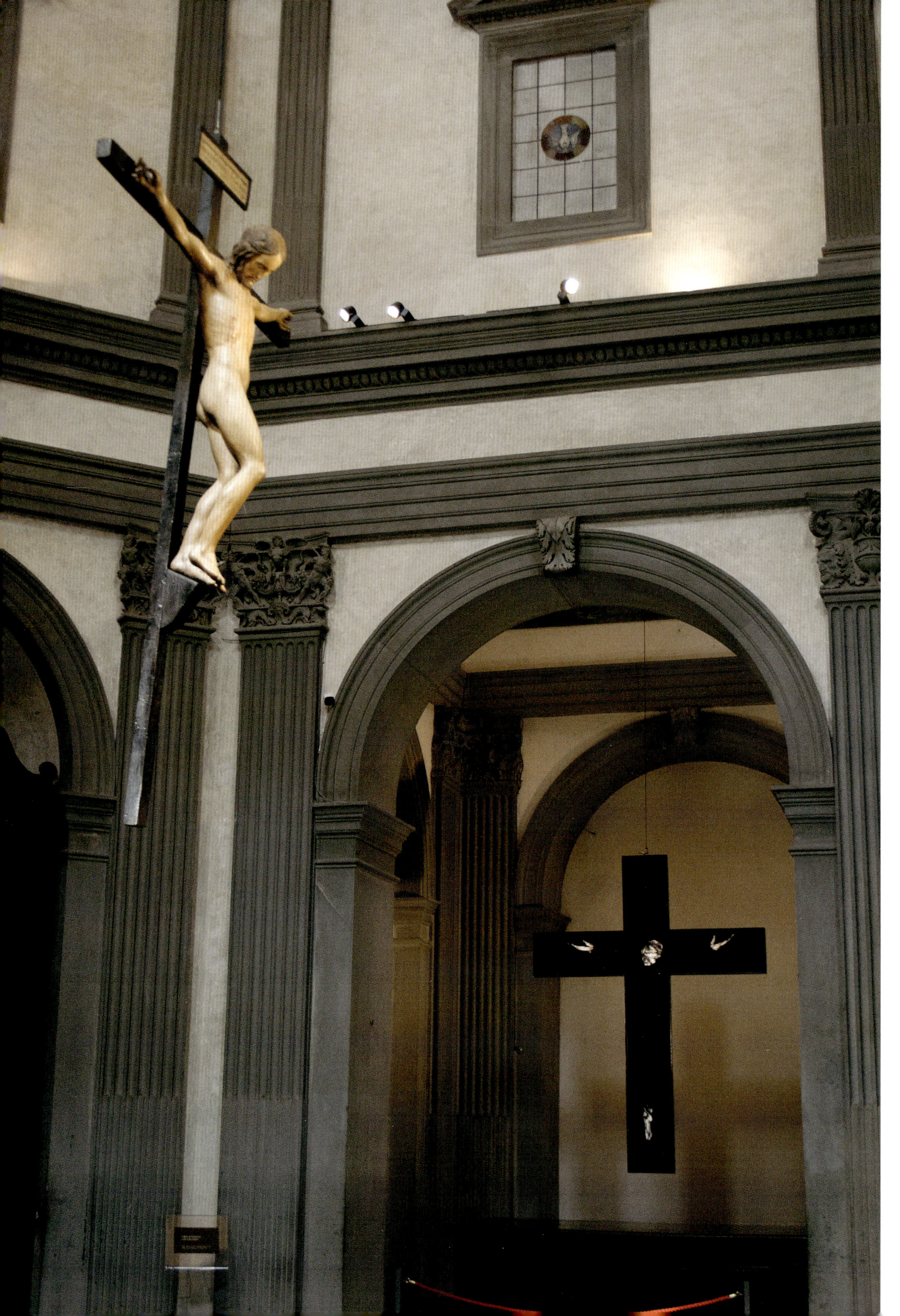

Vedute della mostra / Exhibition views, *Lorenzo Puglisi. Davanti a Michelangelo. Crocifissione, Umanità, Mistero*, Basilica di Santo Spirito, Firenze / Florence, 2020

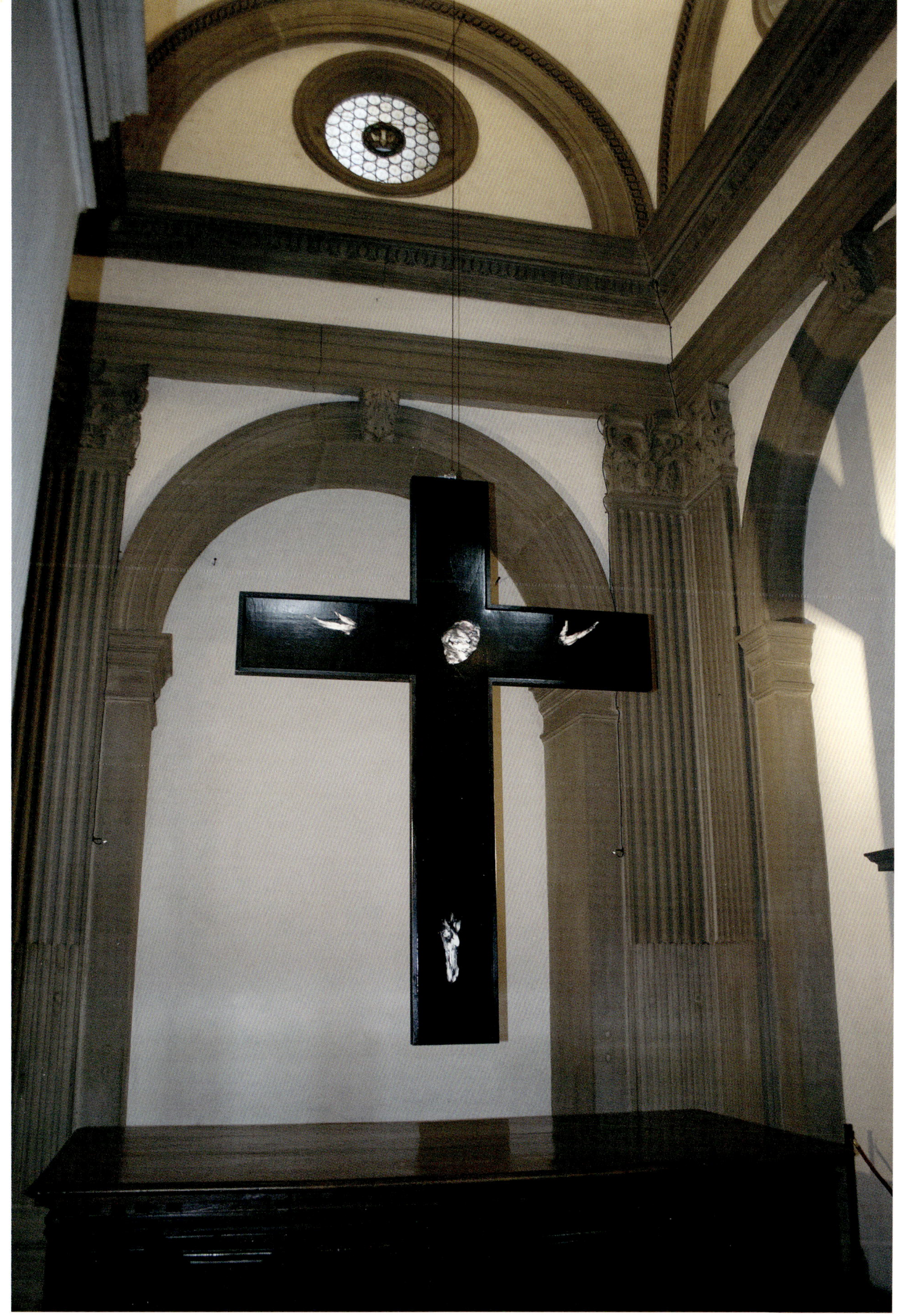

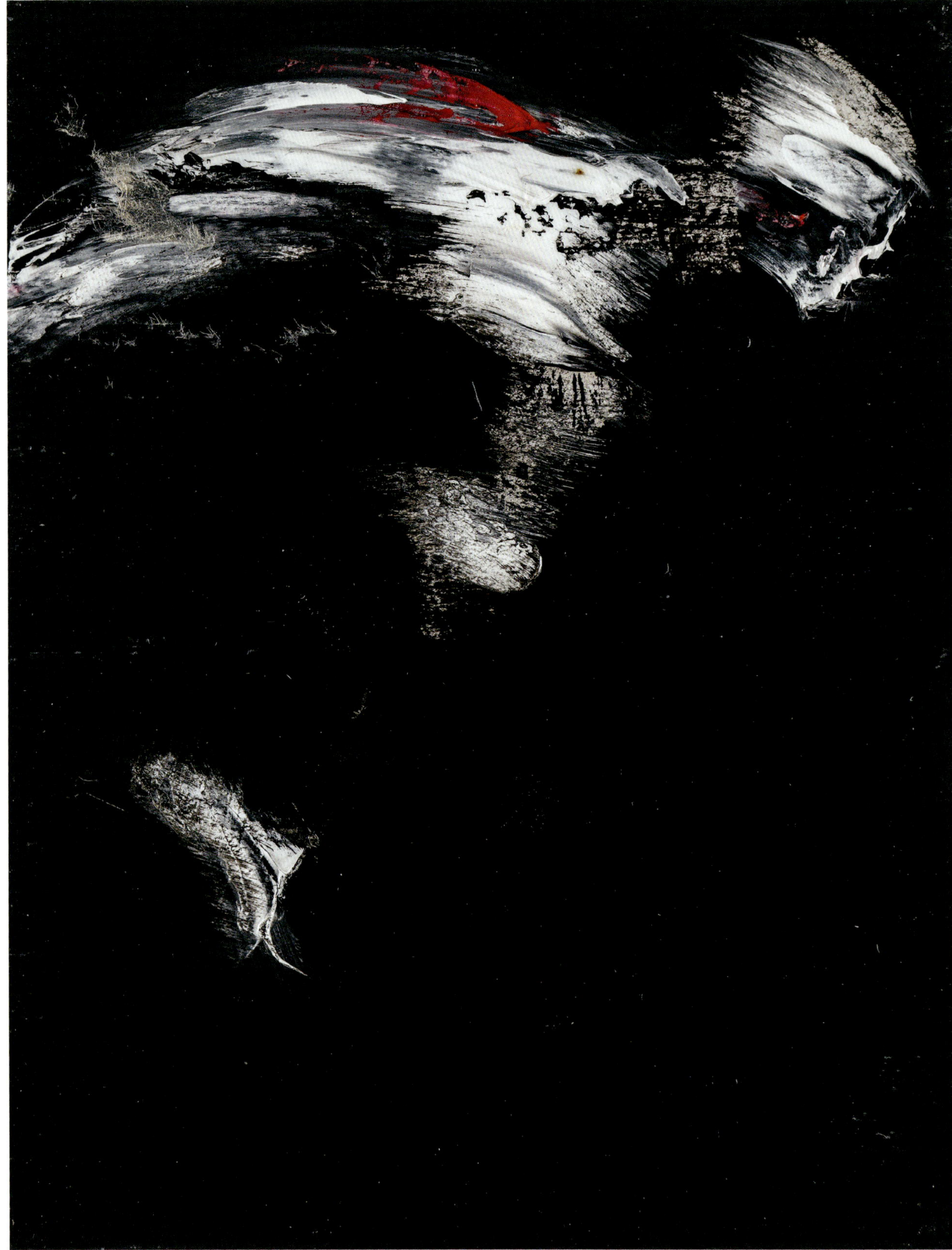

Angelo caduto

2017

Olio su tavola / Oil on panel, 19 x 14 cm

attingo, si arriva alla relazione con se stessi, con il mondo, alla condizione umana in generale, il mistero dell'esistere.

M.M.: *Dunque i "paletti" della tua pittura, che sembrano così rispettosi del modello, non sono poi così rigidi…*

L.P.: Non sono per nulla rigidi, e anche se possono sembrare un limite, una prigione, in realtà sono come le cose della vita: gli ostacoli possono diventare occasioni, generare una libertà che va conquistata di volta in volta, senza percorrere la stessa direzione ma liberandosi di stereotipi, di meccanismi, di abitudini. Appoggiarsi a qualcosa di conosciuto è confortevole ma non aiuta nella ricerca. Bisogna osare. Nella materia pittorica così come nella varietà di figura e nelle sue infinite posizioni, continuo a scoprire possibilità tecniche inaudite. Ad esempio, a seconda di come si dipingono le parti si può creare la profondità: dalla piattezza del fondo nero possono apparire profondità e piani prospettici impensabili, ottenuti con il contrasto creato da due modi differenti di realizzare la figura, immediatamente riconosciuti dall'occhio, e non dalla mente. Il margine di miglioramento e di esplorazione è enorme.

M.M.: *Quel che tutti definiscono fondo in realtà non sta dietro la figura, ma la "racchiude"…*
L.P.: … è il luogo dove qualcosa appare, c'è una vera apparizione…

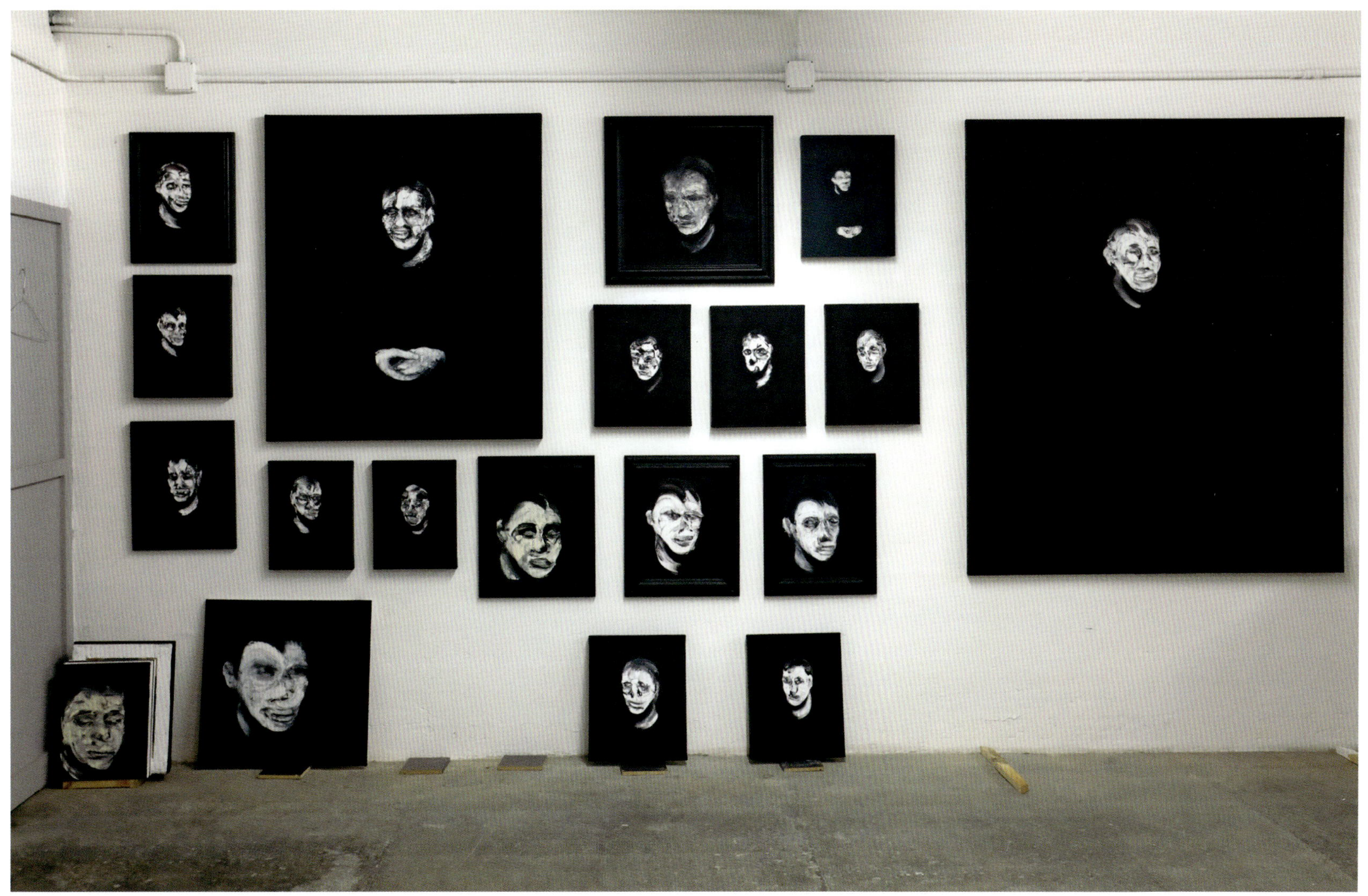

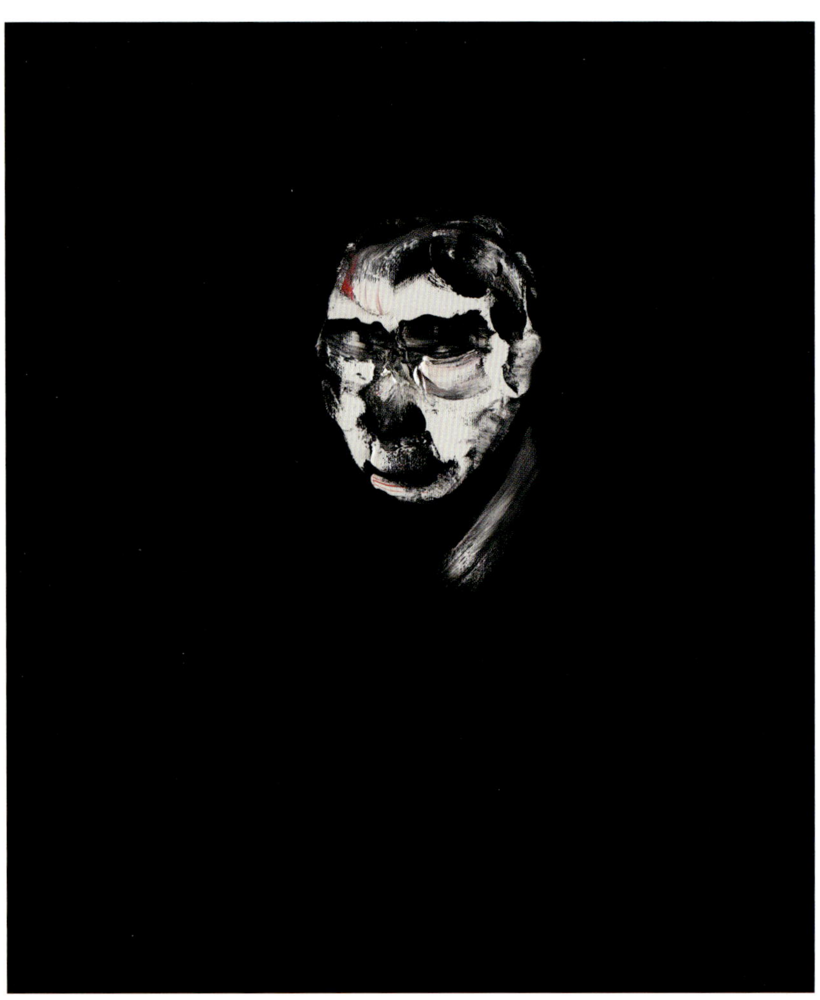 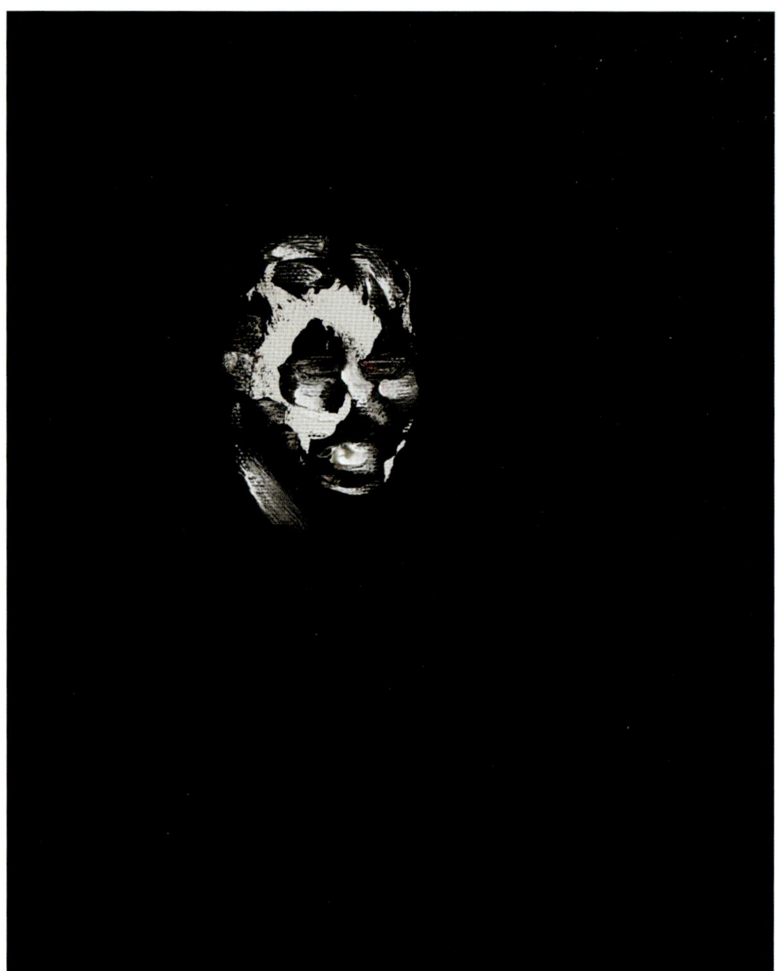

*subjects, which usually enjoyed success, while today, the minimal variations involve con-
ceptual artists in particular… – and as far as you're concerned, the work* Narcissus *from
2018, borrowed from Caravaggio, comes to mind: the title also influences our way of seeing
it, because in those lumps of paint you want to see a figure bending over and looking in a
mirror, self-referential, but also open to different variations on the theme, which is not that of
a face or a hand, but of a body curled up on itself. In this case, the reworkings are practically
obligatory…*

L.P.: In fact, it has taken me several tries to realise such a painting. But the variations
are in the materials and the dimensions – a work that is twenty by twenty centimetres is
one thing, two metres by two is another… The work can be vertical or horizontal, with
the upper part more defined and the lower faded, suggesting water, or a more symbolic
double image; I could go on forever. Even if this is not what I will do. New subjects are
appearing, and it may be that at some point I'll work on my own structure, I don't think
I'm far from that time: it is emerging. I am aware that this path has a very, very broad
spectrum of activity.

M.M.: *It is curious that you consider the structure, the pictorial structures that you use,
yours and not yours, in the sense that you take a fragment from someone else, but then it becomes yours. After all, artists have always "stolen" from other artists: it is the language game!*

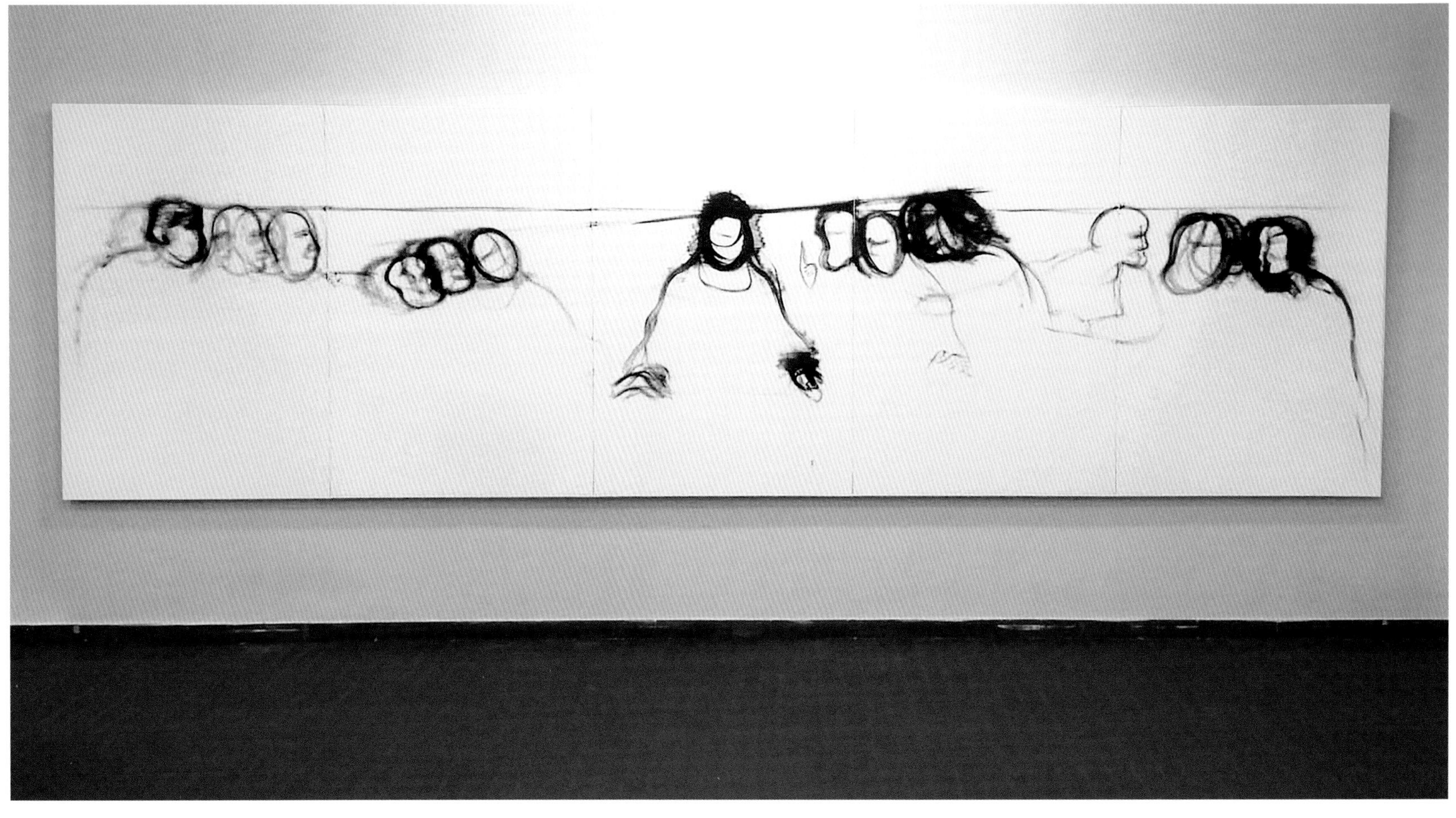

You say that you aren't ready yet for a structure of your own, but perhaps you are like the Zen master who finally felt ready only when he had reached the end of his days…

L.P.: I think it is something like that… it probably is just so. There is this tension that moves me, an exploration where, sometimes inexplicably, harmonies take form and grow, and they immediately stand apart from other attempts that may be good but are not as efficacious. There is quality that sometimes emerges, and that is what interests me, as if it were an artistic "peak", a higher level: as in mountaineering, where this peak that once appeared challenging can become, after years of practice, perhaps, the new "base camp", the new standard level from which to set out looking for another peak. In this sense, the structure also becomes mine, because there is an obsessive desire in me to dig deeper, using the discipline of painting and within the same scheme, into the same subject… To find, or to be found by, a new apparition on the canvas.

M.M.: *Changing the subject, and going even deeper into your roots, I remember that you started out with small portraits, in 2006, and that you were in the habit of numbering them, rather than identifying the person portrayed…*

L.P.: The subjects of those portraits came from photos or from memory: what I was interested in was that they reach a "non-linear", vital quality, that they could express something that I hadn't already seen, something that could amaze me. The canvases were small because the economic possibilities were limited: what to paint? Nothing more interesting and vital than a human head, which deeply touches me, which reminds me of the fact of existing, life itself… As for the numbering, I wouldn't know how else to identify them, titles have never

Il Grande Sacrificio
(bozzetto / sketch), 2015
Olio su tela / Oil on
canvas, 150 x 500 cm

**Ritratto 270418
(autoritratto)**

2018

Olio su tela / Oil on
canvas, 120 x 100 cm
Collezione Le Gallerie degli
Uffizi, Firenze / Florence

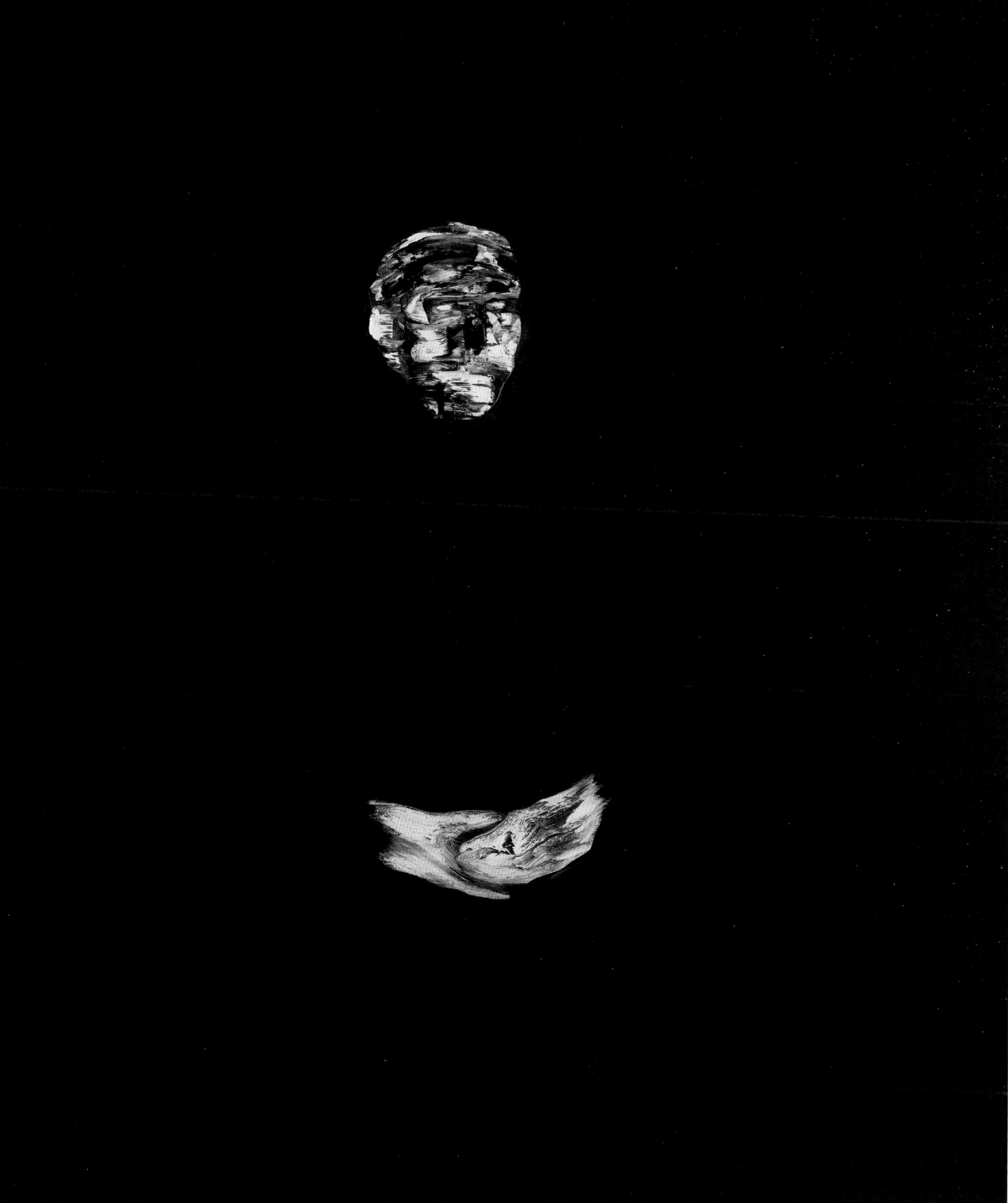

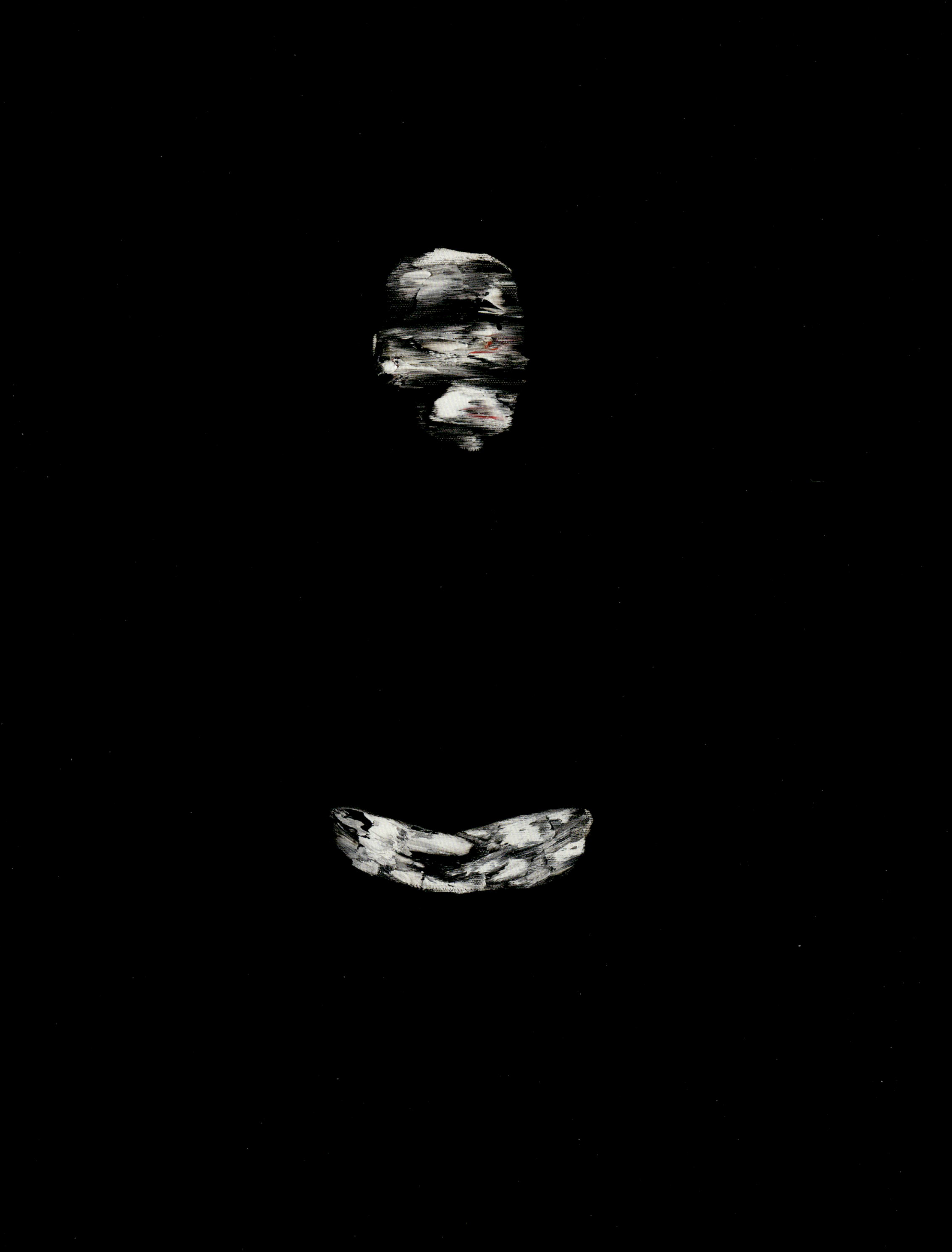

M.M.: *… ma è difficile l'"apparizione" sullo sfondo della tela bianca, cioè decidere quando la qualità della figura ha raggiunto quel grado nella nudità dello sfondo, mentre è diverso col nero. Comunque, quando tu decidi che hai raggiunto una buona qualità di figura, intervieni col nero. Poco fa hai detto che la tua materia scura è fatta anche di rossi, di bruni, di blu: come scegli questa tonalità – se così si può dire – di nero?*

L.P.: Sulla qualità della figura c'è sempre un desiderio e una frustrazione. Quando ho trovato una testa, una mano che abbia la sembianza particolarmente vitale, mi piacerebbe riprodurle all'infinito e poter sperimentare su quelle qualità di immagine diverse tipologie di fondo, e non solo. Ma non potendo, e sapendo di non poterle sperimentare tutte, preferisco abbandonarle al caso: non potendo soccombo, non cerco più il controllo, e accade ciò che accade.

M.M.: *Però hai mostrato di avere soggetti privilegiati, che le varianti di uno stesso soggetto sono anche molto presenti nel tuo lavoro…*

L.P.: Inevitabilmente lo sono. Pensa solo al livello di probabilità statistica, all'enorme difficoltà di realizzare un dipinto in cui i quattro o cinque elementi che lo compongono abbiano un estremo grado di qualità pittorica – e qui sono davvero molto esigente –, al poter avere il controllo visivo e la stessa libertà di esecuzione in tutti questi elementi: ti assicuro che è davvero molto difficile. Tutto deve accadere allo stesso tempo, altrimenti la qualità finale viene mistificata.

M.M.: *In tutte le epoche, compresa la contemporanea, esistono le varianti di uno stesso soggetto – magari un tempo erano più i pittori a realizzare serie di soggetti simili, solitamente di successo, mentre ora le minime varianti coinvolgono soprattutto gli artisti concettuali… –, e per quanto ti riguarda mi viene in mente l'opera* Narcissus *del 2018, mutuata dal Caravaggio: il titolo è condizionante, perché in quei grumi di materia vuoi vedere una figura che si piega su se stessa e si specchia, autoreferente, ma è anche aperto a diverse varianti sul tema, che non è quello di un volto o di una mano, ma di un corpo racchiuso in se stesso. In questo caso le varianti sono quasi un obbligo…*

L.P.: In effetti, ho fatto più tentativi di realizzare un quadro del genere. Ma le varianti sono di materiali e di dimensioni – una cosa è un lavoro di venti per venti centimetri, un'altra è un'opera di due metri per due… –, possono essere verticali o orizzontali, con la parte superiore più definita e l'inferiore slavata a evocare l'acqua oppure una doppia immagine più simbolica; potrei continuare all'infinito. Anche se non è questo che farò. Stanno apparendo nuovi soggetti ed è possibile che a un certo momento lavorerò su una struttura mia, non credo di essere lontano da quel momento: sta emergendo. Ho la consapevolezza che questo percorso abbia uno spettro d'azione molto, molto vasto.

M.M.: *È singolare che tu consideri tua e non tua la struttura, le strutture pittoriche che stai usando, nel senso che tu prendi un frammento di qualcun altro, ma poi diventa tuo. E poi, tutti gli artisti hanno sempre "rubato" ad altri artisti: è il gioco del linguaggio! Dici che non sei ancora pronto per una tua struttura, ma forse è come l'atteggiamento del maestro zen che è finalmente pronto solo alla fine dei suoi giorni…*

L.P.: Penso sia qualcosa del genere… probabilmente è proprio così. C'è questa tensione che mi muove, una ricerca in cui, a volte inspiegabilmente, nascono e crescono armonie che si distinguono subito da altri tentativi magari buoni, ma non così riusciti. C'è una qualità che talvolta

Ritratto 050915

2015

Olio su tela / Oil on canvas, 80 x 60 cm

pp. 50-51
Veduta della mostra / Exhibition view, *Lorenzo Puglisi. La pittura e l'orizzonte degli eventi*, Galleria Santo Ficara, Firenze / Florence, 2022

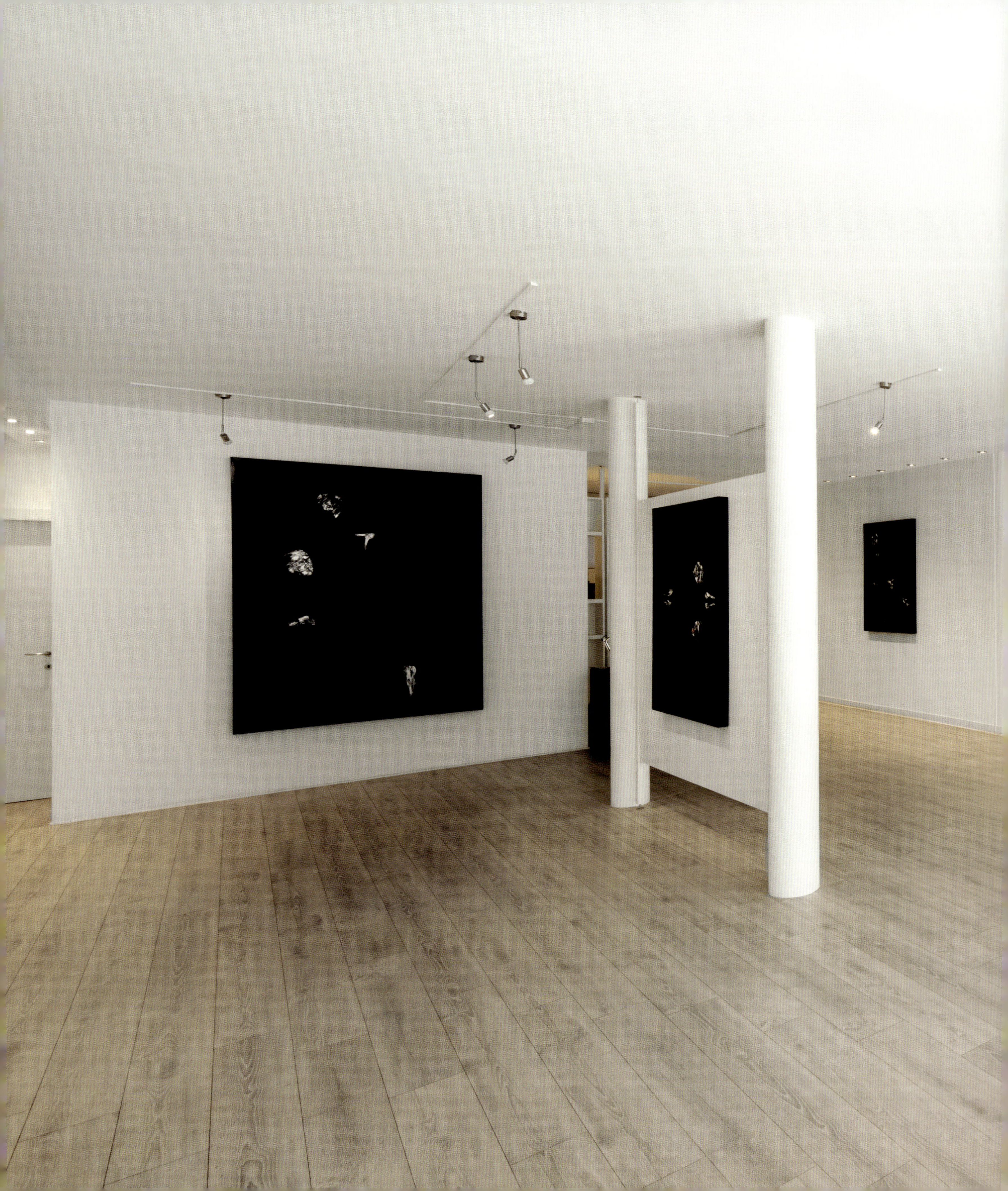

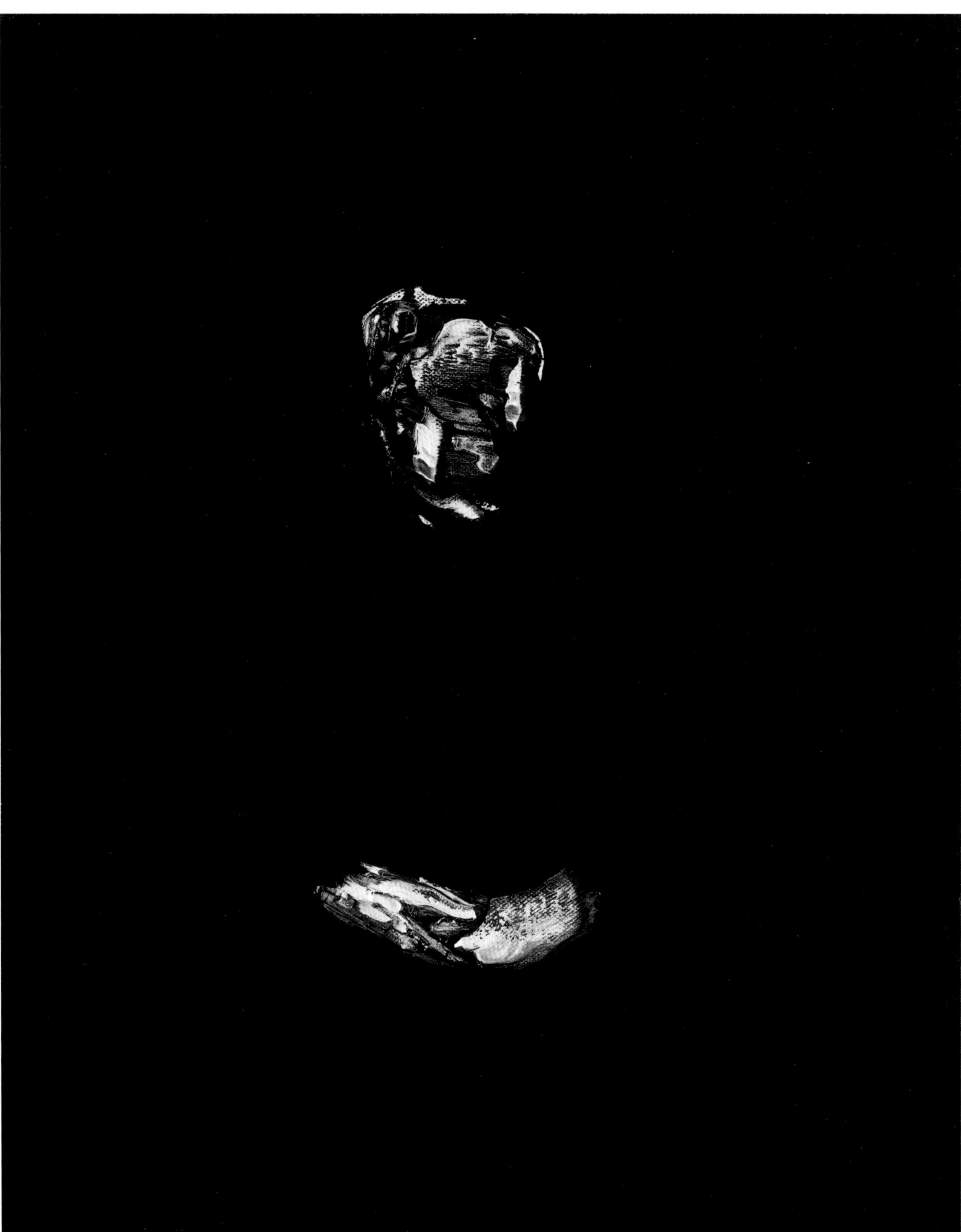

**Ritratto 100915
(autoritratto)**

2015

Olio su tela / Oil on
canvas, 51 x 40 cm

Ritratto 130915

2015

Olio su tela / Oil on
canvas, 120 x 100 cm

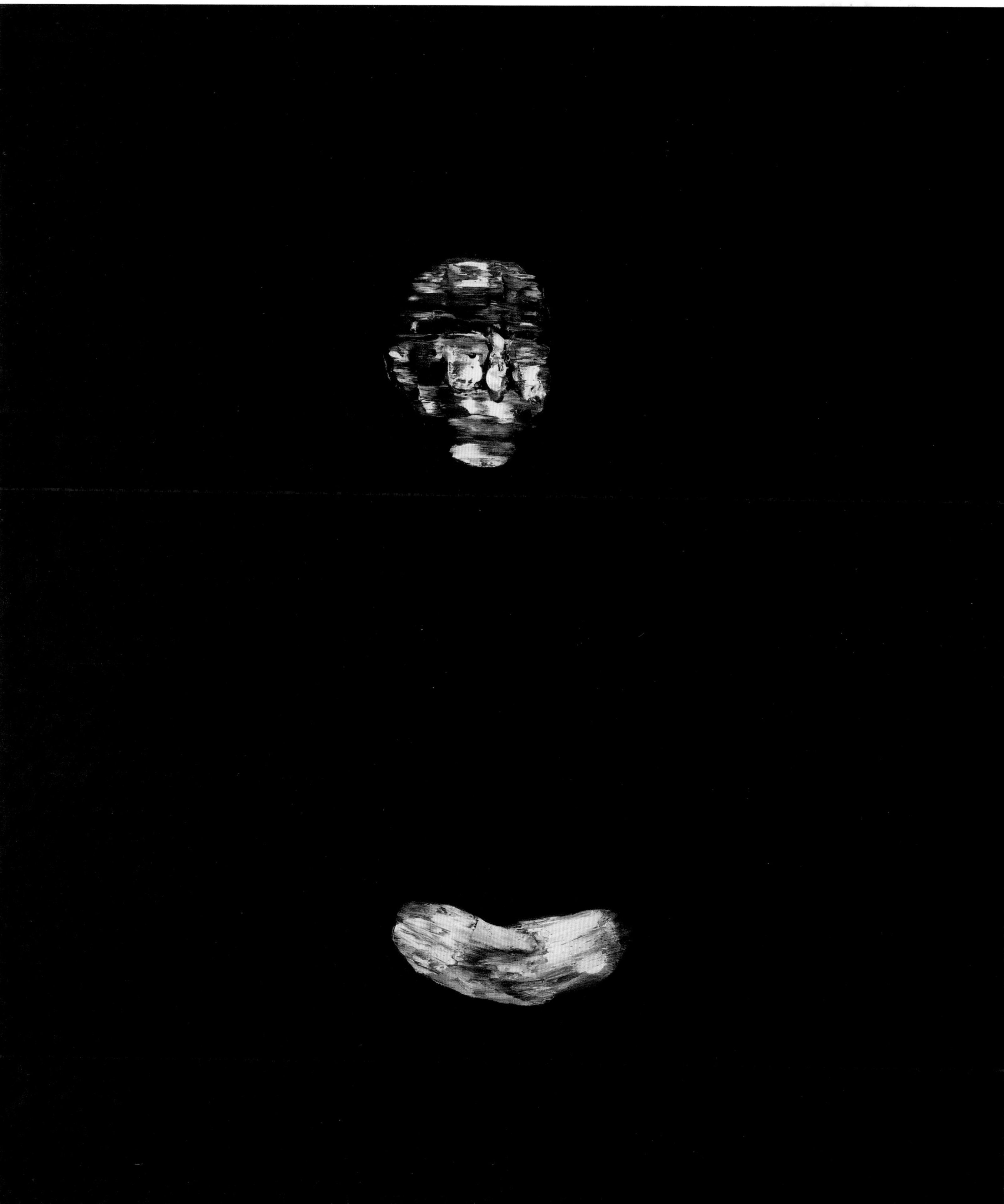

been important to me, at least up to the paintings that I call "onstage", where I used the title to suggest where the attempt came from, what the source and the connection were.

M.M.: *So, whose portrait it is doesn't matter much.*

L.P.: Not necessarily. Had the work been commissioned, I would have sought a resemblance, as happened to me recently, but in reality, portraying or painting a head that has a live quality, already comprises everything that I am: a portrait is something that depicts both the person who is making it and the person being portrayed; it is the painter's pursuit of the unique vital quality that all human beings share. Painting is just an attempt to render this vitality, which compared to the reality, is a poor substitute, even in the case of the great masters of the past. Perhaps only Rembrandt van Rijn, who for me was by far the greatest, managed to instil so much vitality in his paintings that he came close to real life.

M.M.: *But he had quite a lot of practice doing portraits and especially self-portraits! I also like Titian's effortlessness in his portrait-making, which he could do based on a rough description of the subject: after all, he portrayed that shared human quality that you mentioned… Bacon is another thing, where the portraits are real portraits recognisable even in the details of the clothing… Might you be seeking a combination of these approaches?*

L.P.: I would very much like to be able to see a portrait by the late Titian, the Titian of the *Pietà*… As for the rest, I am pictorially still a child, and as a son of my own times, I have not yet developed the necessary human qualities. I know it will take decades if I am lucky and continue to work intensely; as I said before, the margin for improvement is enormous…

Milan/Bologna, September 2022

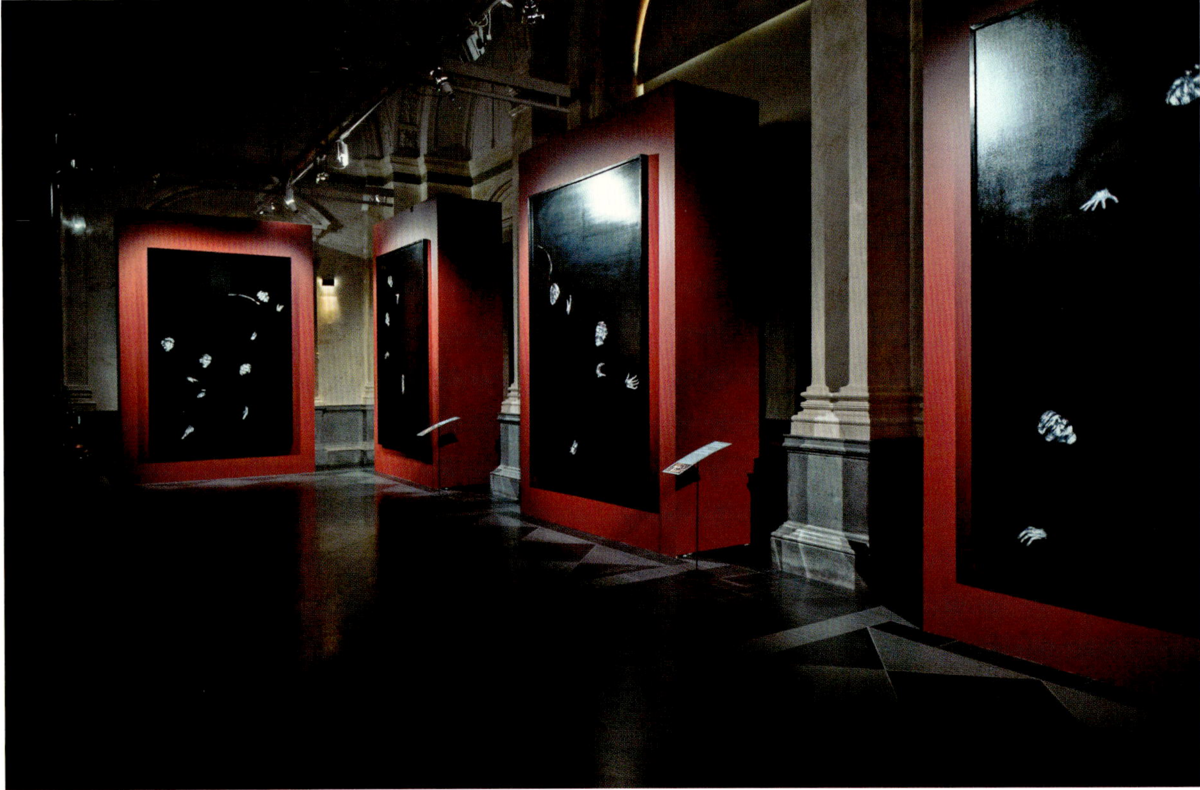

Veduta della mostra / Exhibition view,
Self-reflection, Art Museum Riga Bourse,
Riga, 2021

pp. 56-57
Veduta della mostra / Exhibition view,
Caravaggio, la verità nel buio,
Cappella dell'incoronazione, Museo Riso,
Palermo, 2016

si manifesta, ed è quella che a me interessa, quasi fosse un "picco" pittorico, un livello più alto: come in alpinismo, dove poi questo picco apparso una volta può diventare, magari dopo anni di pratica, il nuovo "campo base", il nuovo livello standard da cui partire per cercare un altro picco. In questo senso la struttura diventa anche mia, perché c'è un desiderio ossessivo di scavare più a fondo in me con la disciplina della pittura e all'interno di uno stesso schema, di uno stesso soggetto. Per trovare, o farsi trovare da un'apparizione nuova sulla tela.

M.M.: *Cambiando argomento, e andando ancor più alle tue radici, ricordo che hai cominciato con piccoli ritratti, nel 2006, e che avevi l'abitudine di numerarli, piuttosto che identificare la persona ritratta…*

L.P.: I soggetti di quei ritratti venivano da foto o dalla memoria: mi interessava che raggiungessero una qualità non "lineare", vitale, che potessero esprimere qualcosa che non avevo già visto prima, qualcosa che potesse stupirmi. Si trattava di tele piccole, perché piccole erano le possibilità economiche: che cosa dipingere? Nulla di più interessante e vitale di una testa umana, che mi tocca nel profondo, che mi ricorda il fatto di esistere, la vita stessa… quanto alla numerazione, non avrei saputo come altro identificarli, i titoli per me non sono mai stati importanti, almeno fino alla pittura che io chiamo "di scena", dove li ho utilizzati per far comprendere da dove venisse il tentativo, quale fosse la fonte e il collegamento…

M.M.: *Quindi non è neanche importante "chi" si ritrae…*

L.P.: Non necessariamente. Avessi avuto una committenza avrei cercato la sembianza, come mi è successo di recente, ma in realtà il ritrarre o il dipingere una testa che abbia una qualità vivente contiene già ciò che sono: un ritratto è qualcosa che raffigura sia chi lo esegue sia la persona che è ritratta, è la ricerca pittorica di quella qualità vitale che accomuna tutti gli esseri umani. La pittura è solo un tentativo di restituire questa vitalità, che paragonata al reale è poca cosa, anche nel caso di grandissimi maestri del passato. Forse solo Rembrandt van Rijn, che per me è stato di gran lunga il più grande, è riuscito a infondere tanta vitalità da essere prossimo alla vita vera…

M.M.: *Lui però nei ritratti, anzi negli autoritratti, si era esercitato davvero tanto! A me piace anche la disinvoltura di Tiziano nei ritratti, che poteva farne uno sulla base di una approssimativa descrizione del soggetto: in fondo ritraeva quella qualità umana comune di cui parlavi… altro invece è Bacon, dove i ritratti sono veri ritratti identificabili persino dai dettagli dei vestiti… Forse tu cerchi una combinazione tra questi atteggiamenti…*

L.P.: Mi piacerebbe molto poter vedere un ritratto dell'ultimo Tiziano, del Tiziano della *Pietà*… Quanto al resto, io sono pittoricamente ancora un bambino e da figlio del mio tempo non ho ancora sviluppato le qualità umane necessarie. So che ci vorranno decenni se sarò fortunato e continuerò a lavorare intensamente; come dicevo prima il margine di miglioramento è enorme…

Milano/Bologna, settembre 2022

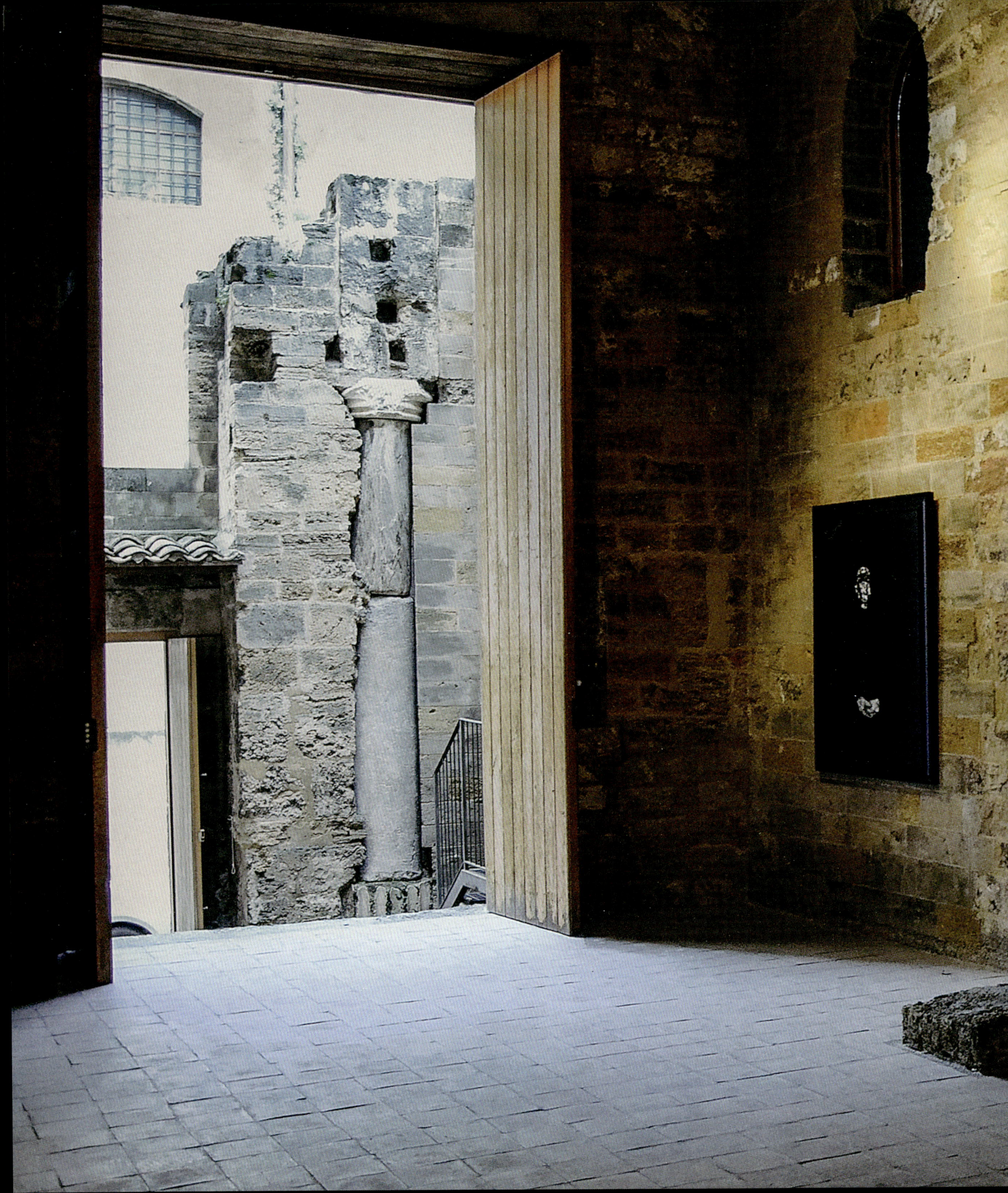

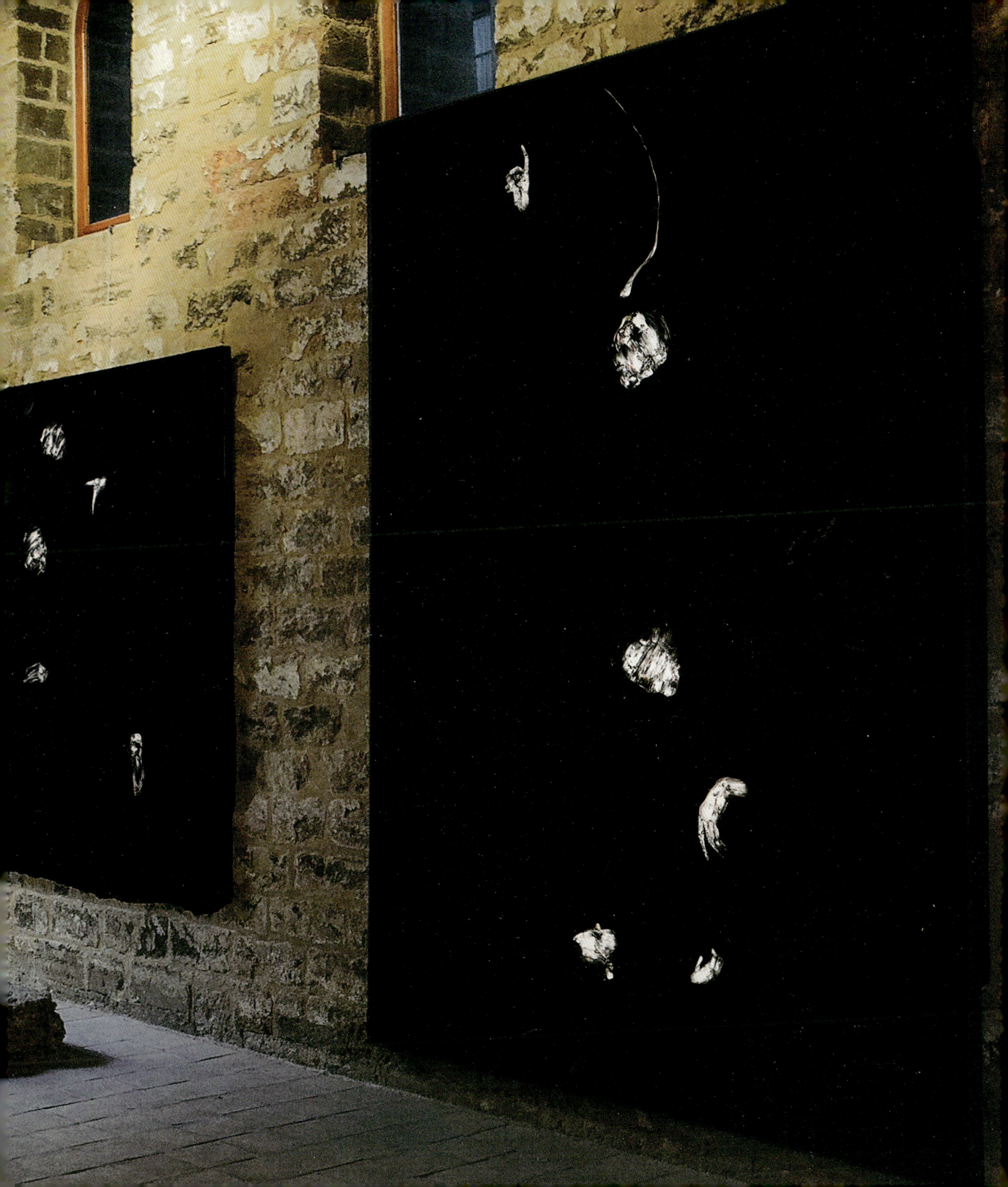

Works and Essays

Crespi 2014

… Of course, black is unavoidable in painting, because it is against a black ground that the figures loom out and come to life; this is how it has been at least since the wall paintings of Pompeii, passing through the art of Caravaggio and Goya, and on to the days of black and white photography, where the shadow is just as important as the light. No image exists that is not the result of the interaction between the two. In his research, Lorenzo Puglisi takes his inspiration from this principle, so that his portraits emerge from the darkness, almost like ectoplasms, but made of solid matter, with vigorous brushstrokes that gain strength through the contrast with the anodyne ground. And more than a transition from colour to colourless, a vanishing act, they seem, instead, to have been captured in the overwhelming moment of becoming, when being conquers nothingness and things acquire their definitive shape.

Thus, it is a birth and not a death that Puglisi proposes; in a re-shuffling of memories, a sort of biography of the unconscious, he pursues a personal obsession: the understanding of the world on the edge of the blackness, on the "border", which is an opening – in the Jüngerian sense – to something else, and not a closure on what has been. And it does not matter that the reference to Bacon's transfigurations is constant, his portraits that are in constant mutation and have not yet found a sure identity; in his own way reflecting on his teacher, Puglisi goes one step further towards an as-yet unknown destination. Besides, the analysis of the human face, of the decay or the reconfirmation of the features familiar to us, is common to many young contemporary painters who, although distant in their points of departure and in their solutions, seem to act under similar impulses, of a sort of third expressionism that investigates (perhaps grotesque in form but never ironic) the human condition. …

(Angelo Crespi, "Sulla linea del nero" ["Along the black thread"], in *Lorenzo Puglisi*, exhibition catalogue, Villa Cusani Tittoni Traversi, Desio, 2014.)

Corà - Puglisi 2014

… **Bruno Corà:** So you are introducing the figure aspect, because you talked about the face, you spoke of presence… Is painting for you almost exclusively evocative of the anthropological dimension, or can it also be the vehicle of something going beyond man?

Lorenzo Puglisi: Absolutely yes: it is something very ambitious, which could sound also presumptuous… But if one is touched by, then there is something that can be reached… if one can create a bit of inner space, leaving oneself aside for a moment and looking for something that… It is an ambition, a direction, it is a point of arrival, it is not what I believe to get today; but the purpose should be to make the observer feel the presence that one can feel naturally looking at trees, at animals, at human beings… sometimes we are able to, at least I am able to, feel… the presence of some force, an energy… that raises a big question about the mystery of why we are here… The light, in the darkness, is something that begins to appear shyly out of nothing – this nothing is my condition.

B.C.: Trying to get more deeply into your way of expression through painting, I ask you: a presence, an identity at first seem to emerge from the dark background. It could also be a self-portrait or an ideal portrait, a portrait made as freely as possible; therefore you place human identity, anthropology, at the centre of the meditation about space-time. Which was the artist who, in some way, accompanied you before you reached your code?

L.P.: There have been many… I was very touched by the question of darkness in seventeenth century painting, in some Rembrandt's portraits and self-portraits: these figures so alive, so real, shrouded in the darkness as in the portrait of Jan Six. I recognised a certain kind of strong feeling towards some painters in history, such as Goya; then Cézanne's work, with its great life, perceptible, palpable, and also the work of the Impressionists, of Monet… Picasso's expressive force, these gestures so simple, so basic, that brought painting to a simplicity too often misunderstood, where actually a shocking amount of truth and life hides… Then Francis Bacon, the last great painter of the past in my opinion, whose works are full of elements of historicity and by whom I am seduced; I appreciate his remarkable ability to merge all the painting knowledge in a force of the moment, as all the great painters of the past did, managing to get what was their attempt to live in the present. Above them all, however, I would not forget Leonardo da Vinci, for me the greatest painter of all times; although he has created very few works, he has left something… there is a deep message of a higher nature… I think of his *St. John the Baptist*… Sure, what I say is very superficial, but these are the references for me, and they are mainly visual; it is difficult to put into words all this incredible world that was synthesised by the great art of the past… I feel I am very far from all this.

B.C.: Among the painters you have mentioned in your current lexicon, those who have made a great use of chiaroscuro, such as Rembrandt and Leonardo, Goya and Bacon, are certainly the most prominent; how-

Opere e testi

Crespi 2014

… Certo è che in pittura il nero è imprescindibile, poiché dal nero si accompagno le figure e prendono vita, così almeno dalle pitture pompeiane passando per Caravaggio e Goya, fino ai giorni della fotografia in bianco e nero, per cui le ombre sono altrettanto importanti delle luci e non esiste immagine che non sia frutto dell'interazione delle due. A questo principio si ispira la ricerca di Lorenzo Puglisi i cui ritratti appaiono dall'oscurità, quasi ectoplasmi ma di materia solida, fatti di pennellate vigorose, che acquistano forza proprio in un confronto con lo sfondo anodino. E più che una riduzione dal colore all'incolore, uno svanimento, sembrano, al contrario, presi nel momento del loro prepotente farsi, quando l'essere vince sul nulla e le cose prendono definitiva forma.

Dunque è una nascita e non una morte quella proposta da Puglisi che in un rimescolarsi di ricordi, una sorta di biografia dell'inconscio, segue una personale ossessione: la comprensione del mondo sul limitare del nero, sul "confine" che è un'apertura – jungerianamente intesa – verso qualcosa d'altro, e non una chiusura di quello che è stato. E non importa che il richiamo alle trasfigurazioni di Bacon sia costante, quello di ritratti che sono in perenne mutazione e non hanno ancora trovato identità sicura; Puglisi a suo modo riflettendo sul maestro fa un passo ulteriore verso una destinazione ancora sconosciuta. D'altronde l'analisi sul volto umano, sul disfacimento o sulla riconferma delle fattezze a noi familiari, accomuna tanti giovani pittori contemporanei che pur distanti nella partenza e nelle soluzioni sembrano agire sotto impulsi simili, di una sorta di terzo espressionismo che indaga (in forma anche grottesca ma mai ironica) sulla condizione umana. …

(Angelo Crespi, *Sulla linea del nero*, in *Lorenzo Puglisi*, catalogo della mostra, Villa Cusani Tittoni Traversi, Desio 2014.)

Corà - Puglisi 2014

… **Bruno Corà:** Dunque hai introdotto in questo momento l'aspetto della figura, perché hai parlato di volto, hai parlato di presenza… La pittura è per te quasi esclusivamente evocativa della dimensione antropologica, oppure può essere anche il veicolo di qualche cosa che non è l'uomo in quanto tale?

Lorenzo Puglisi: Assolutamente sì; è qualcosa di molto ambizioso e anche, devo dire, presuntuoso… Però è qualche cosa da cui, se si è toccati, si può lasciare un po' da parte se stessi e cercare di… è un'ambizione, è un punto di arrivo, non è quello che io credo di ottenere oggi, però la direzione sarebbe proprio di far sentire la presenza che, naturalmente, guardando gli alberi, gli animali, gli esseri umani, talvolta ci è dato, almeno mi è dato, di sentire… la presenza di qualche forza, un'energia, una grandezza… che pone una grande domanda sul mistero del perché siamo qui… Per me anche la luce, nell'oscurità, in realtà è qualche cosa che inizia timidamente ad apparire – dal nulla – che è la mia condizione, ecco.

B.C.: Entrando più nel vivo della tua modalità di esprimerti attraverso la pittura, ti domando: all'inizio sembrano emergere dai fondi oscuri delle presenze, identità che potrebbero essere anche autoritratti o ritratti ideali, nel senso più libero possibile, e questo quindi pone al centro della riflessione spazio-tempo ancora una volta l'identità umana, l'antropologia; qual è stato l'artista che ti ha in qualche modo accompagnato prima che tu arrivassi al tuo codice?

L.P.: Ce ne sono stati numerosi… A me ha toccato moltissimo la questione dell'oscurità nella pittura seicentesca, in certi ritratti e autoritratti di Rembrandt, queste figure così vive, così vere, avvolte nel buio… Mi viene in mente il suo ritratto di Jan Six: c'è come un riconoscere un certo tipo di sentimento più forte verso alcuni

pittori della storia, tra questi Goya, poi si arriva alla gran vita che è percepibile, palpabile nei lavori di Cézanne e in certi lavori degli impressionisti, prediligo Monet… Picasso, con una forza espressiva, in questi gesti così semplici, così essenziali, che ha portato la pittura a una sintesi troppo spesso fraintesa, dove in realtà si nascondono una vita e una verità per me sconvolgenti… Poi c'è quello che ritengo l'ultimo grande pittore del passato, Francis Bacon, nel quale vi sono degli elementi di storicità molto profondi e dal quale io sono sedotto; apprezzo la sua straordinaria capacità di fondere tutto il sapere e lo scibile pittorico in una grande forza del momento, come accade per tutti i pittori che riescono a far vivere nel presente quello che è il loro tentativo. Sopra a tutti non vorrei dimenticare però quello che reputo il più grande pittore che ci sia stato, Leonardo da Vinci, che, pur avendo creato pochissimi lavori, ha lasciato qualche cosa che… c'è un profondo messaggio, di una natura superiore… se penso al suo *San Giovanni Battista*… Certo è molto superficiale quello che dico, ma i riferimenti sono questi, e sono per me soprattutto visivi; difficile mettere in parole tutto questo mondo incredibile che viene sintetizzato dalla grande pittura del passato… mi sento molto lontano da tutto questo.

B.C.: Nell'excursus che hai fatto, tra i pittori evocati nel tuo attuale lessico, sembrano certamente evidenziarsi, permanere, quelli che hanno fatto molto uso del chiaroscuro e della figura, come possono essere Rembrandt oppure Leonardo stesso, Goya e poi appunto Bacon. Però in realtà tu riduci molto spesso questa modalità al problema del volto più che del corpo, mentre gli altri pittori hanno fatto anche molto lavoro intorno al corpo. Come mai tu operi solo sul volto e non su tutto il corpo?

L.P.: Per il momento direi, per il momento, perché comunque il volto è quella parte

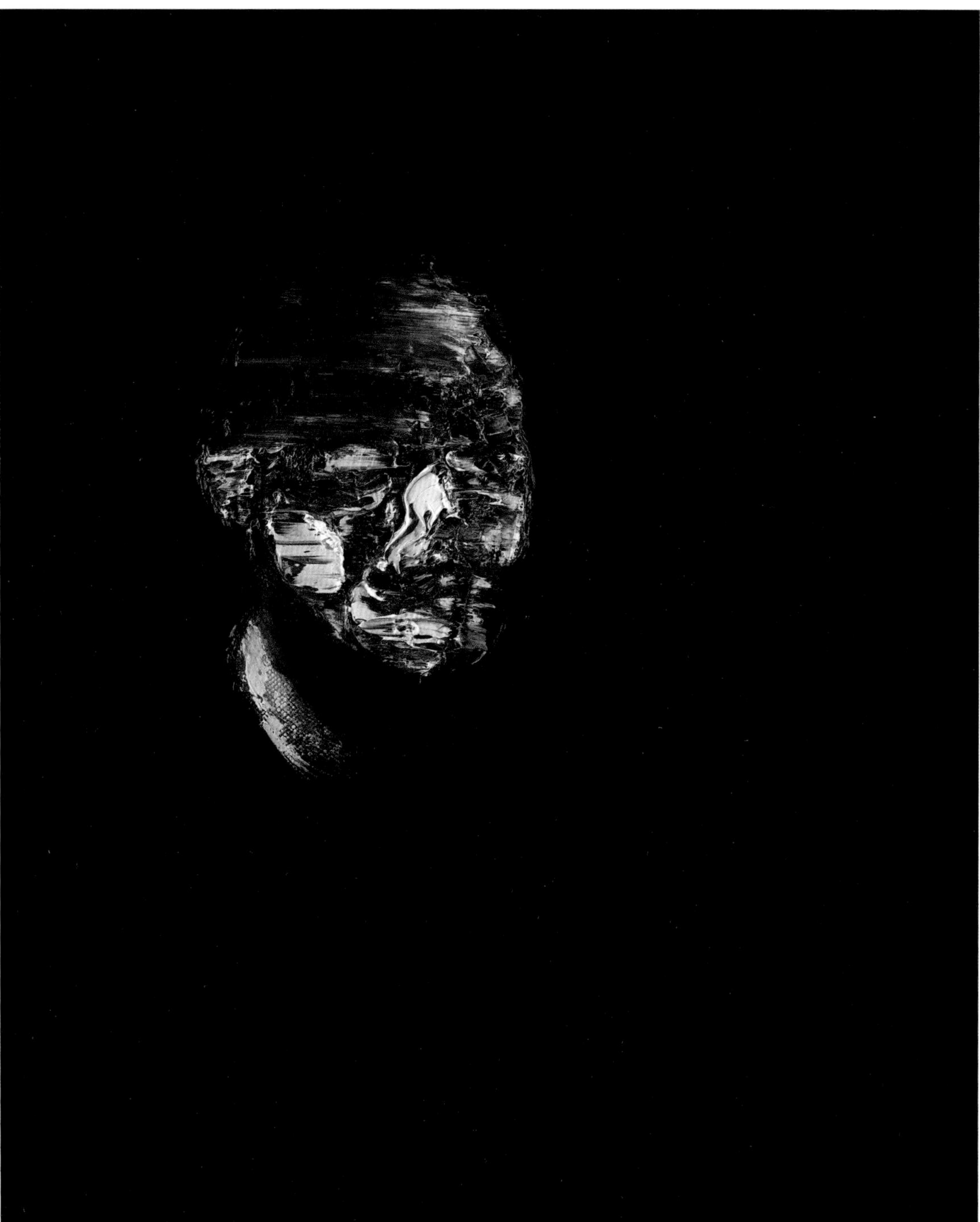

ever, you often focus this modality onto the face rather than the body, while the other painters have also done a lot of work about the body. Why your main interest for the face and not the body?

L.P.: I would say now, just now, mainly because the face is the most expressive part of interiority and the deepest motion of human nature. Hands also express a lot, in fact in some works I try to portray, to paint the hands, with their motility, their life… But the face is the part that strikes me most in a human being, this whole expression and strength… The body, well, maybe I feel very distant from it, maybe I feel I am a very cerebral person.

B.C.: As we know, painting in the 20th century was not only figuration, it was also abstraction, it was thought, it was carried out with other patterns, other conceptions, while you basically prefer the figurative one. Which are the reasons of your choice?

L.P.: I really appreciate, for example, a certain kind of work that has been done: Mondrian's work immediately comes to my mind, he slowly reduced an image until it be-

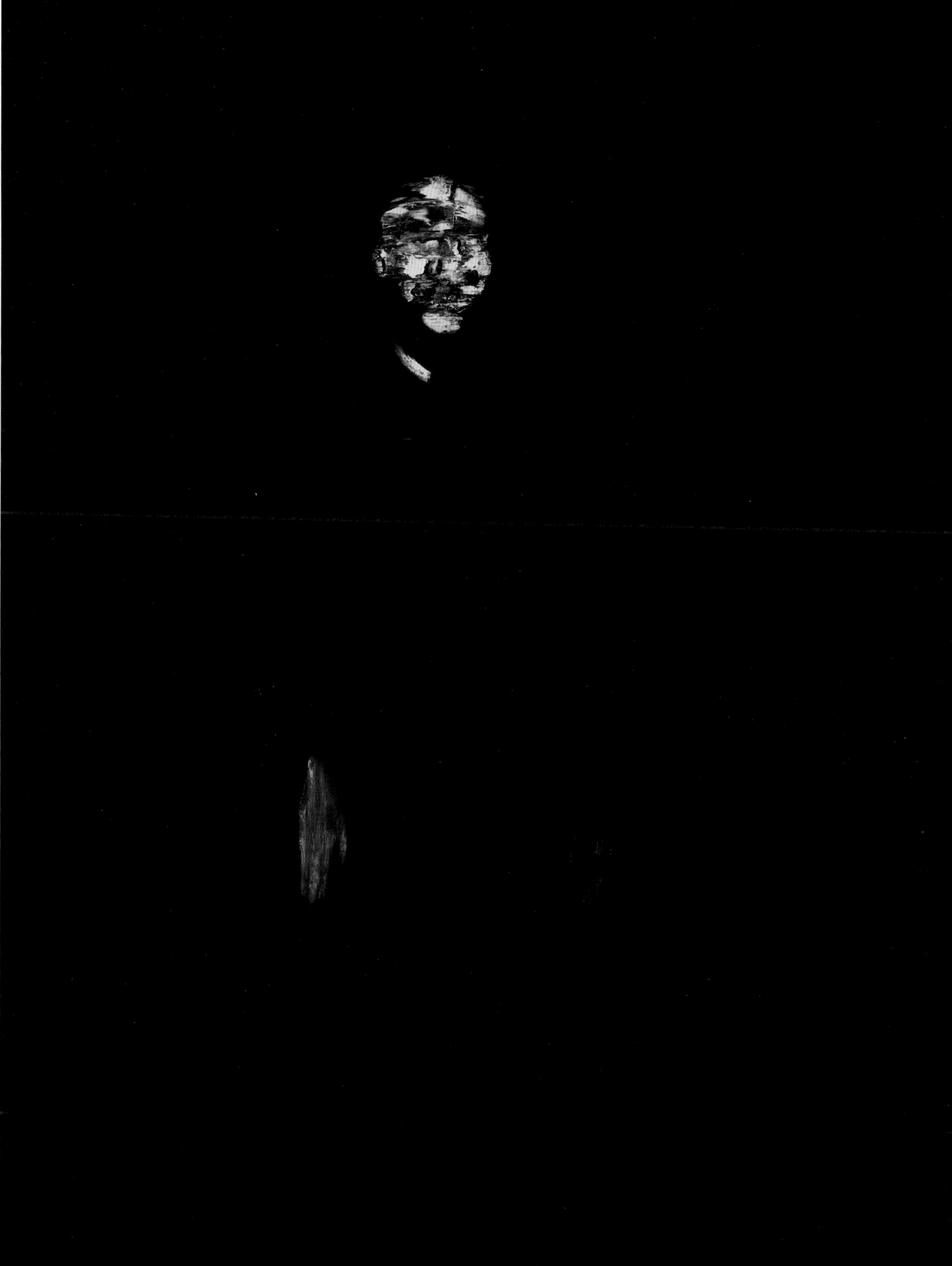

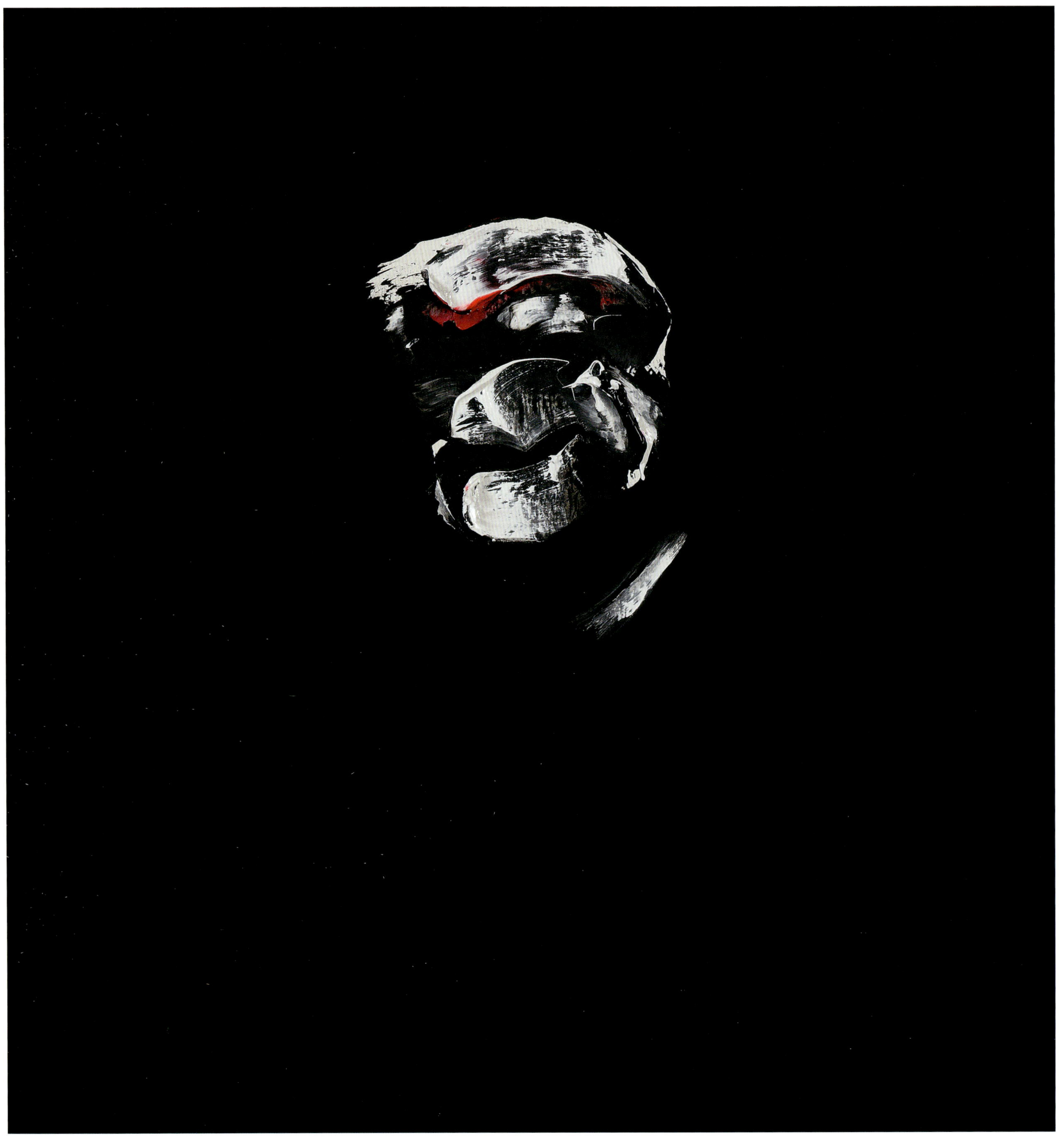

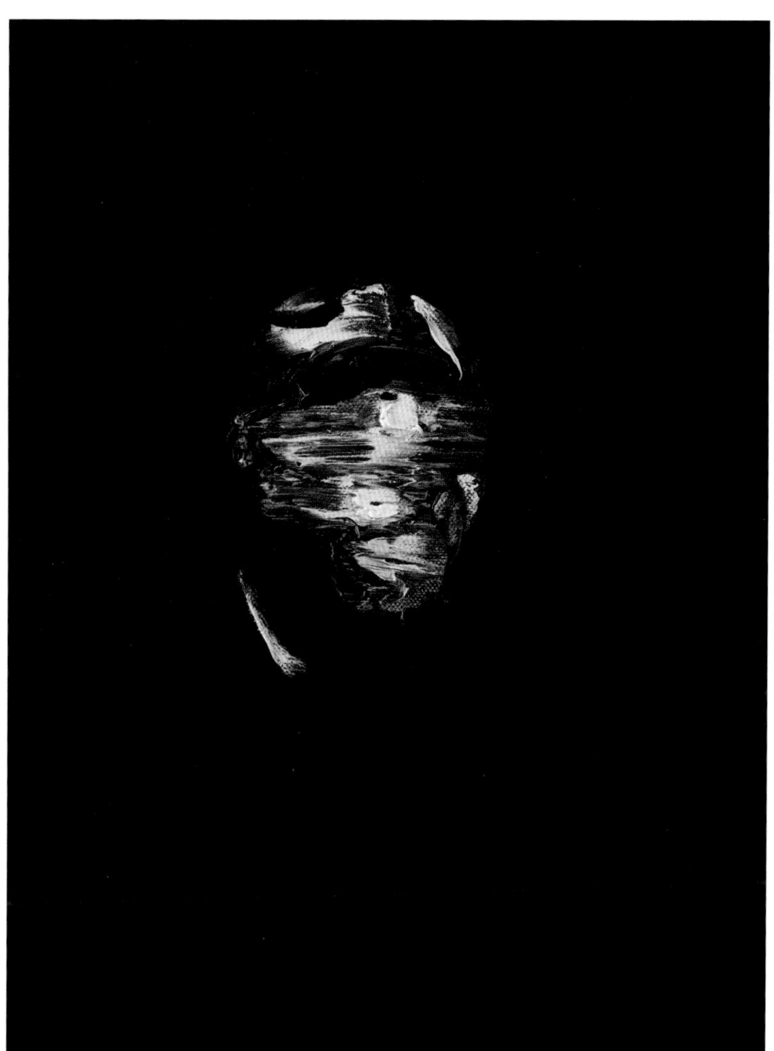

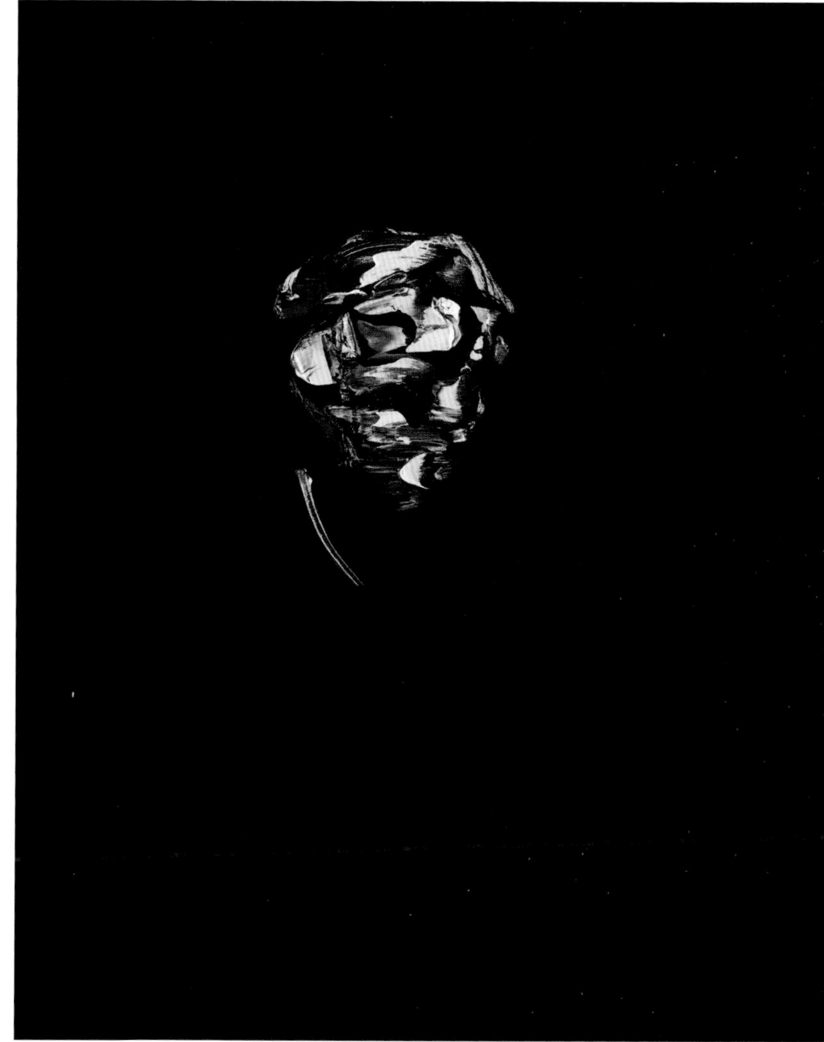

Ritratto 311017

2017

Olio su tavola / Oil on panel, 51 x 50 cm

Ritratto 101117

2017

Olio su tela / Oil on canvas, 40 x 30 cm

Ritratto 141117

2017

Olio su tavola / Oil on panel, 54 x 45 cm

più espressiva del moto, dell'interiorità e della natura umana più profonda; anche le mani esprimono moltissimo, infatti in qualche lavoro, quelli a mezza figura o a figura intera, tento di raffigurare, di dipingere anche le mani, che hanno questa motilità, questa vita… Però il viso è la parte che mi colpisce di più in un essere umano, tutta questa intensità e questa forza… Il corpo, ecco, forse lo sento molto distante, forse mi sento molto cerebrale come individuo.

B.C.: La pittura però nel XX secolo non è stata solo, come sappiamo, figurazione, è stata anche astrazione, è stata pensiero, è stata svolta con altri pattern, altri modelli, altre concezioni; e invece sembra che tu prediliga fondamentalmente quella figurale. Quali sono le ragioni di questa scelta?

L.P.: Apprezzo molto, per esempio, un certo tipo di lavoro che è stato fatto… mi viene in mente subito il lavoro di Mondrian, il suo ridurre una sembianza lentamente fino a trasformarla in un'immagine estremamente essenziale e geometrica… Apprezzo tutto questo, però il mio pensiero… molte volte vedo una macchia su un muro, qualche cosa che la natura ha costruito… eppure se quella macchia ha la forma di una testa, non so perché ma a me interessa di più, mi tocca, mi smuove… è come se mi riconoscessi più facilmente in questo tutto che ci avvolge; per esempio nel rapporto con gli esseri umani mi trovo molto più in difficoltà che con un animale o con un bambino, più vicini alla natura… Ecco, penso che questo riconoscermi sia importante, mi ha sempre affascinato, anche nei sassi, quando accidentalmente qualche cosa mi ricorda me stesso, mi ricorda la mia esistenza.

B.C.: Chiaro. Adesso però c'è un punto su cui dobbiamo fare una riflessione, cioè, la pittura, di cui hai fatto anche un excursus tu stesso dal punto di vista dei tuoi interessi, ha fornito una serie di esiti come quello di Rembrandt, di Cézanne o Monet, di Goya e così via fino a

came extremely essential and geometric… I appreciate all this, however, my thought… Sometimes I see a stain on a wall, something that nature has built up and yet if that spot has the shape of a head, I do not know why but I'm more interested, it touches me, it moves me… as if I could recognise myself more easily in this whole that surrounds us; for example, I am much more distressed in dealing with human beings than I am with an animal or a child, which are closer to nature… I think that recognising myself is important, has always fascinated me, even in the stones, when something accidentally reminds me of myself, reminds me of my existence.

B.C.: Clear. Now, however, there is one point we have to deal with: painting, which you talked about from the point of view of your interests, has provided a range of outcomes such as Rembrandt's, such as Cézanne's or Monet's, Goya's, Bacon's and so on until today. Now the question is how do you think to bring about your contribution to this language transformation in a clearer way, since those models have already been in some way recognised? How will you act?

L.P.: I find myself today at this crucial point and I think that there are many possible directions; what I have done so far has reduced everything to an extreme essentiality and I feel I am at a turning point; I am trying, after a very interesting conversation with you, to overlap a darkness to a darkness, exploiting in an extreme way this mysterious tool that fascinates me so much, also on the structure of the face; this is in today's practice… In general, the best thing I can do is to start all over again, closing a period… and this will happen, it will not be an instant decision, but will be perfected through a working path, through a long process; I think I will be able, with a little luck, a little stubbornness, to come to something else… surely it is necessary.

B.C.: The darkness you speak of is a very sought after dimension nowadays, we are facing an era in which quantum physics tells us about black holes, about the dark substance, the black energy and then about the fact that there is a large part of the universe that we do not know; paradoxically, this can be useful for a meditation about the space in painting, in your case a painting coming out of the darkness, out of the gloom. It would be interesting to ponder the relationship with science, the dark dimension related to the pictorial space.

L.P.: Surely, because painting – but I don't know if this is my case – could be used as a tool to learn, to know reality better. I have read that there are many philosophies speaking of the fact that man searches the immensity of the outer space when the great truths of the cosmos, the great mysteries of existence are enclosed in him… Science, then, seen as an attempt to know… And now I get back once again to Leonardo, whose work and personality are almost unknown to me, since I can only sense at times, perceive… With him, we get back to this unknown energy, to this link between science and art, because the great art – and I am thinking of the pyramids, of creations that have been made in the past and which suggest a different quality of man – is linked with mathematical laws; the scientific matter is definitely connected with art… for example the golden section, or very precise links inside nature and in the human being, quantifiable in terms of numbers, but being beyond my understanding. On the other hand, I do not forget in my view, that I try to keep as simple as possible, Lascaux caves or other places where they discovered the first human attempts to portray reality. I don't forget either the strong thought of Picasso, thinking of painting as an exorcism, as a way to win, to try and address and overcome the fear of existence; in the case of the caves, it was clear, so they say at least, that there was a symbolical attempt to possess the prey before fighting with it, putting one's life at stake… Some sort of knowing what lies ahead, then; in my case I would like to know what surrounds me, what I am… …

(Bruno Corà, "A talk between Bruno Corà and Lorenzo Puglisi", in *Lorenzo Puglisi*, exhibition catalogue, Museo del Territorio Biellese, Biella, 2014.)

Borghi 2016

… On the other hand, Lorenzo Puglisi's painting has a resolutely a-dogmatic nature. In some respects, indeed, his works tend to sabotage perceptive certainties. Let's take the case of the relationship between light and dark: the darkness is canonically understood as absence, subtraction of light; to the contrary, the darkness that pervades Puglisi's

Salvator

2018

Olio su tavola / Oil on panel, 110 x 85 cm

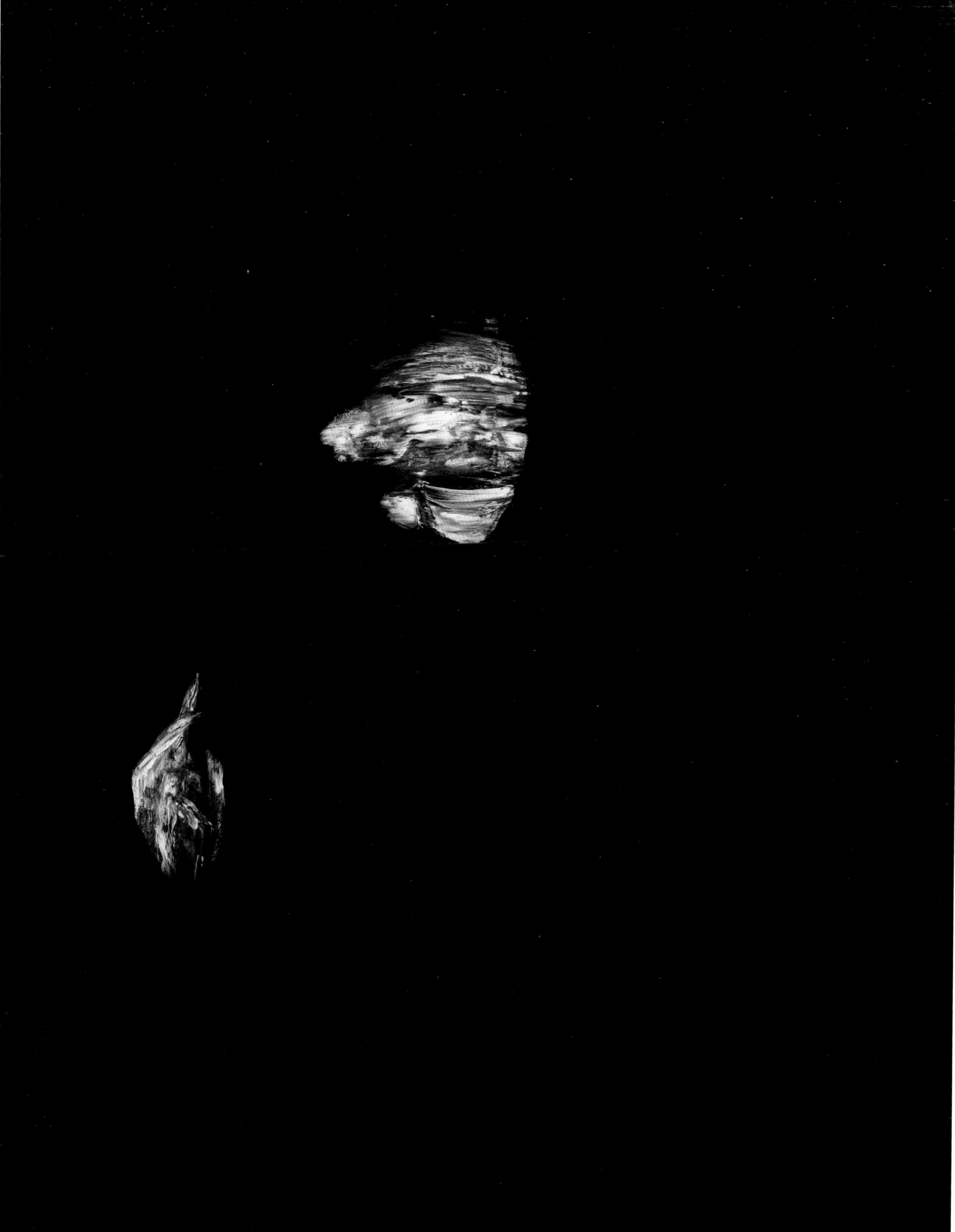

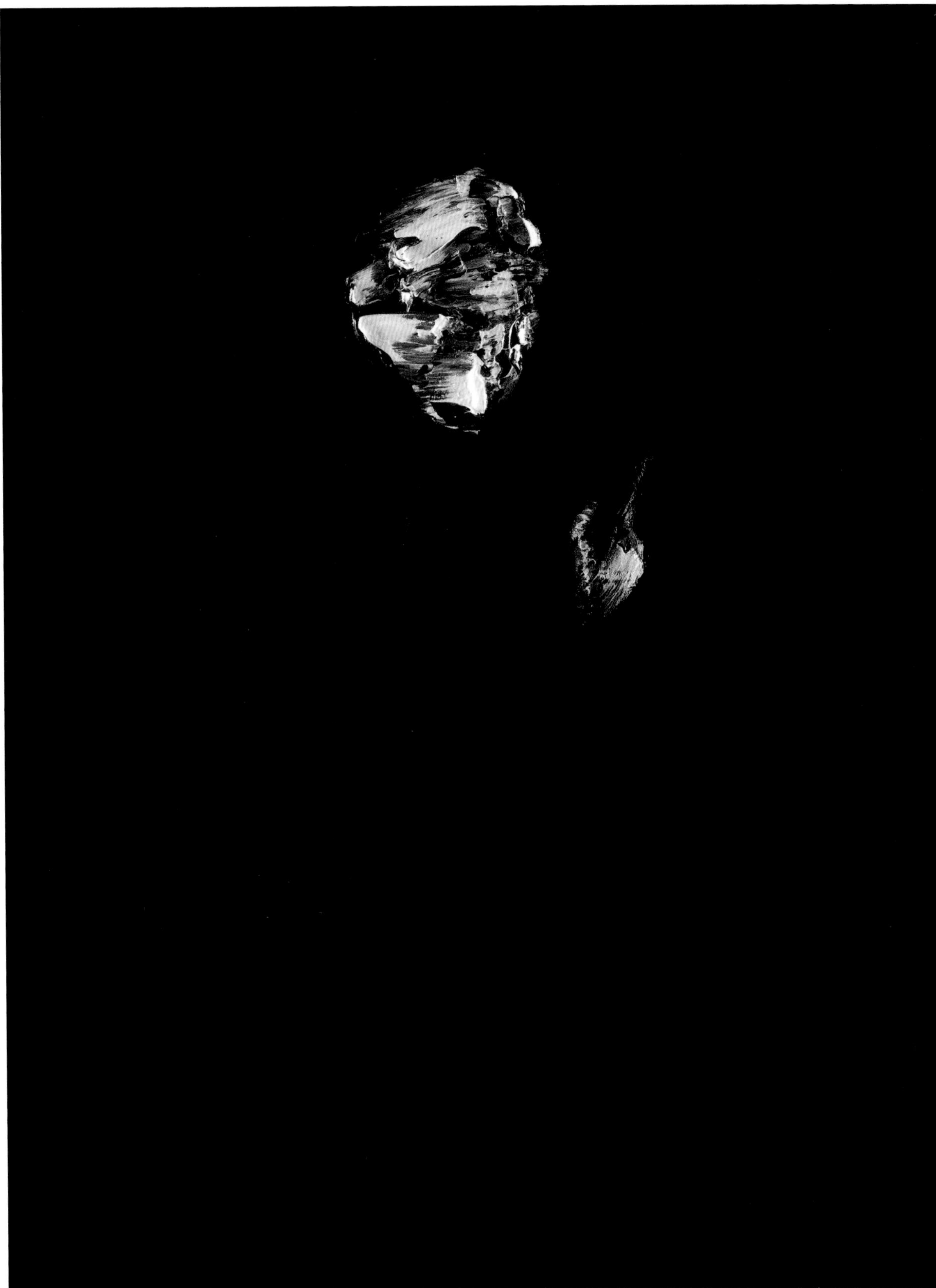

San Giovanni

2017

Olio su tavola / Oil on panel, 49 x 38 cm

San Giovanni

2020

Olio su carta applicata su tavola / Oil on paper mounted on panel, 100 x 70 cm

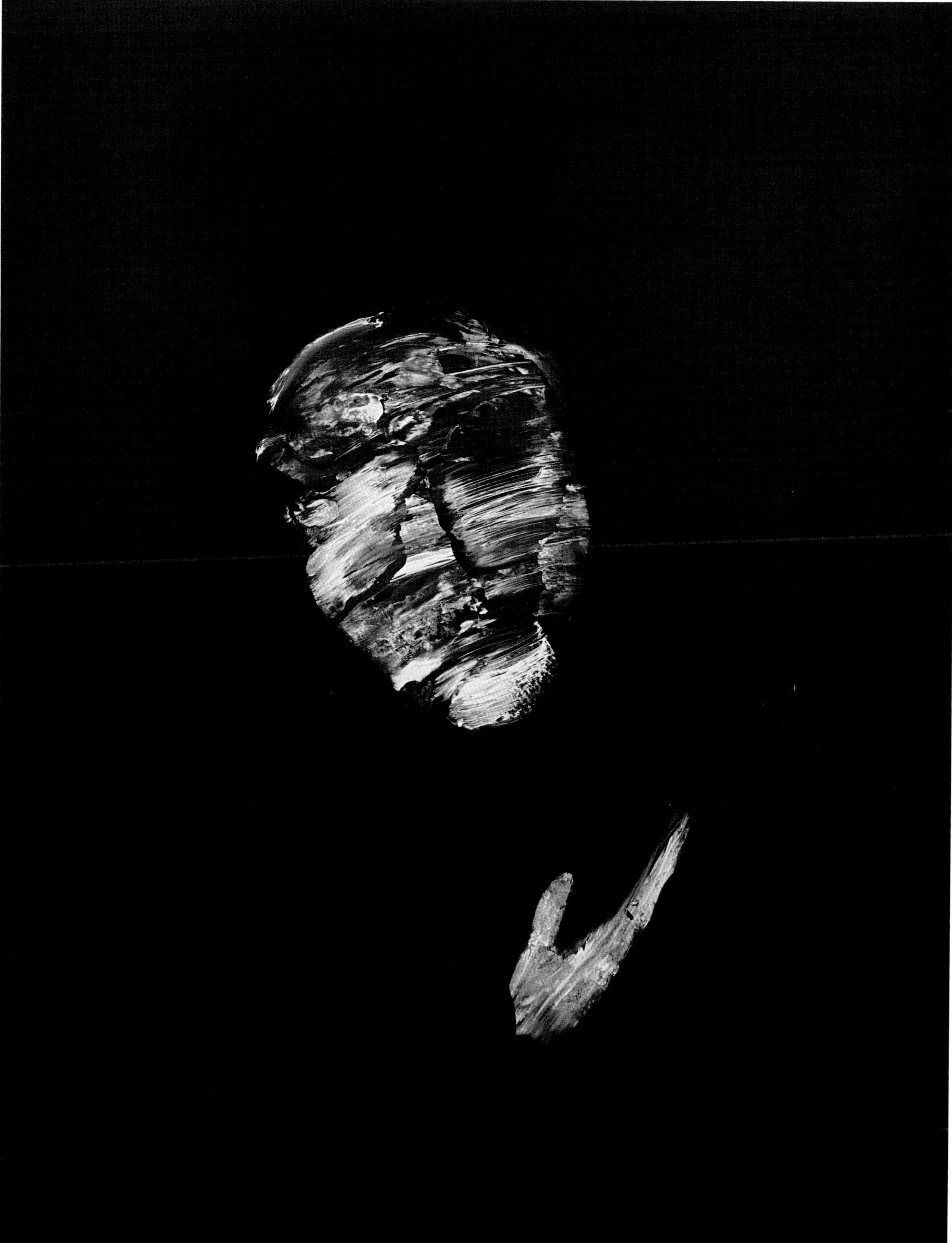

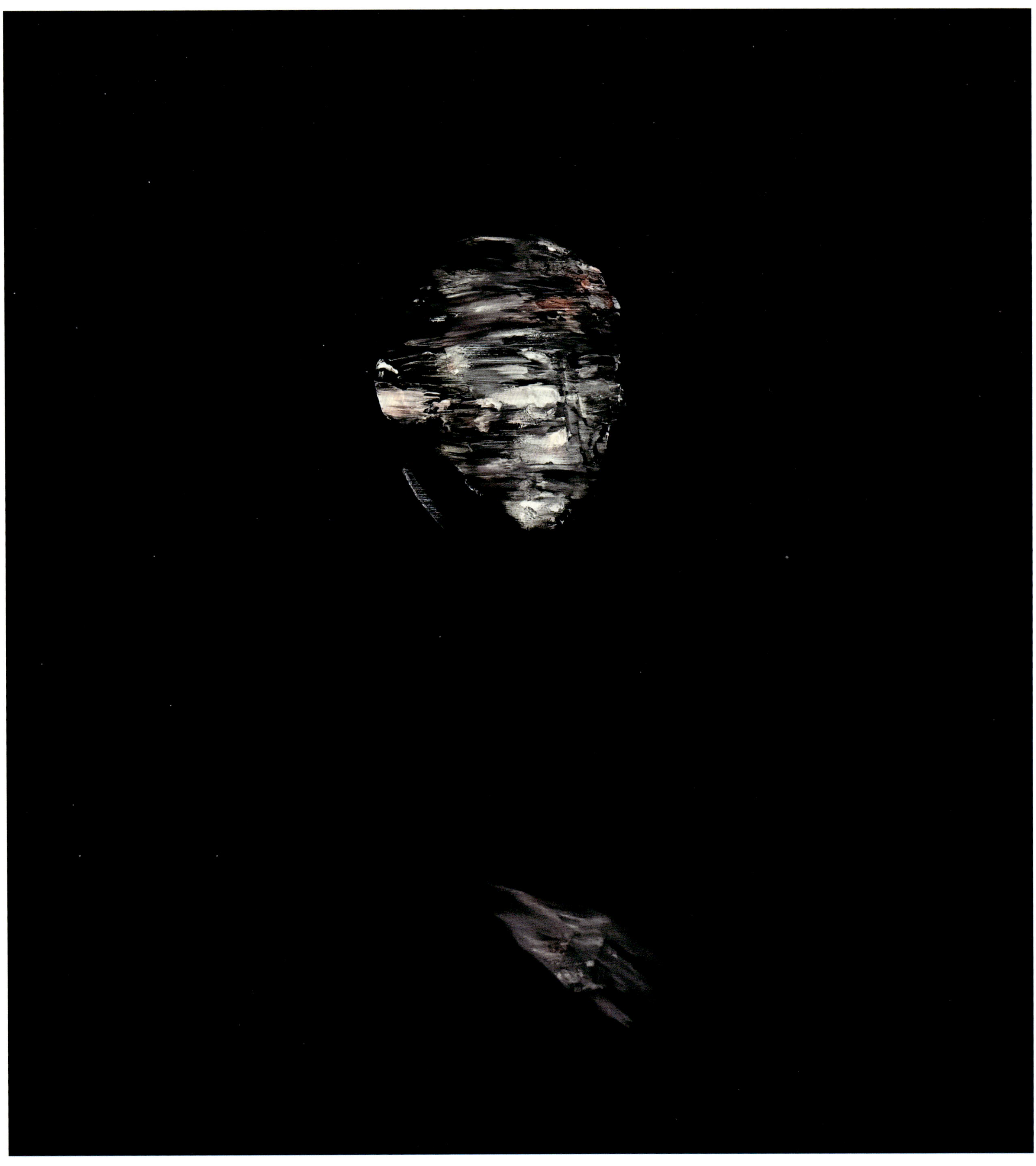

Bacon e fino a oggi. Ora il problema è come tu pensi di doverti confrontare per portare in modo più evidente il tuo contributo a questa trasformazione del linguaggio: perché quei modelli sono già stati in qualche modo da noi riconosciuti; c'è il problema di come tu porti il contributo a questo sviluppo, come pensi di agire?

L.P.: Questo è un punto cruciale nel quale mi trovo oggi. Devo dire che le strade sono molte; ciò che ho fatto fino ad ora ha ridotto tutto a un'essenzialità estrema e mi sento direi a un punto di svolta; sto tentando, dopo un colloquio molto interessante con te, di sovrapporre un'oscurità a un'oscurità, quindi di utilizzare in modo estremo questo strumento misterioso, dal quale sono affascinato, anche sulla struttura stessa del volto; questo nella pratica di oggi… In generale, la miglior cosa che potrò fare sarà di ricominciare daccapo, cioè chiudere come un momento… e questo avverrà, non sarà una decisione immediata, con un percorso attraverso un lavoro, attraverso un lungo lavoro. Penso che potrò, con un po' di fortuna, un po' di caparbietà, approdare a qualche cosa d'altro… sicuramente è necessario.

B.C.: L'oscurità di cui parli è una dimensione che oggi è molto indagata perché siamo di fronte a un'epoca in cui anche la fisica quantistica ci parla dei buchi neri, ci parla della materia oscura, ci parla dell'energia nera e quindi del fatto che esiste una grande parte dell'universo che noi non conosciamo, e paradossalmente questo può tornare a essere utile per la riflessione sullo spazio della pittura, nel tuo caso la pittura che esce dal buio, che esce dall'oscurità… Sarebbe interessante fare una riflessione in rapporto con la scienza, la dimensione dell'oscurità in relazione allo spazio pittorico…

L.P.: Sicuramente, perché la pittura può davvero – non so se questo sia il mio caso – però potrebbe essere utilizzata come uno strumento per conoscere. Ho letto qualche cosa: ci sono numerose filosofie che parlano del fatto che l'uomo va a cercare nelle immensità del cosmo quando le grandi verità, i grandi misteri dell'esistere, del Tutto, sono racchiusi dentro di lui… La scienza, allora, se intesa come tentativo di conoscere… Ritorno a Leonardo, che non mi è dato di comprendere nel suo essere, nella sua opera, e che posso solo talvolta intuire, sentire… Con lui, si torna a questa forza, a questo legame tra scienza e arte, perché la grande arte – penso alle piramidi o comunque a strutture, a creazioni che sono state fatte nel passato e che fanno supporre una qualità di uomo diversa da quella che io conosco – è legata a leggi matematiche. La questione scientifica è sicuramente molto collegata con l'arte… C'è ad esempio la sezione aurea, ci sono dei legami molto precisi dentro la natura e dentro l'essere umano, quantificabili in termini numerici che a me sfuggono. D'altra parte non dimentico nella mia visione, che cerca di essere la più semplice possibile, le grotte di Lascaux o comunque i luoghi dove hanno trovato le prime incisioni o i primi tentativi di raffigurare esseri umani; e anche il pensiero forte di Picasso, nel senso della pittura come esorcismo, come un modo di vincere, di cercare di affrontare e vincere la paura dell'esistere. Nel caso delle grotte era chiaro – almeno così dicono – il tentativo di possedere la preda prima di affrontarla con un rischio della vita, quindi c'era un modo come di conoscere quello che ci aspetta… Nel mio caso vorrei conoscere quello che mi circonda, quello che sono… …

(Bruno Corà, *Conversazione tra Bruno Corà e Lorenzo Puglisi*, in *Lorenzo Puglisi*, catalogo della mostra, Museo del Territorio Biellese, Biella 2014.)

Borghi 2016

… La pittura praticata da Lorenzo Puglisi invece ha un carattere risolutamente adogmatico. Per certi versi anzi le sue opere tendono a sabotare delle certezze percettive. Prendiamo il caso del rapporto tra luce e buio: l'oscurità viene canonicamente intesa come assenza, sottrazione di luce; al contrario il buio che pervade i dipinti di Puglisi sembra generato da un ispessimento della luce. È come se il bagliore si accumulasse, si addensasse sulla superficie pittorica, e questa esagerazione luminosa conducesse all'implosione. Le zone dei dipinti asperse di luce – un chiarore perlopiù lunare e conturbante – sembrano a loro volta scavate all'interno dell'oscurità. Anche in questo caso il rapporto tra luce e buio si presenta capovolto: la luce qui nasce attenuando, sottraendo il buio, anche se ne conserva una metaforica impronta nelle espressioni contratte e indecifrabili dei volti. Se volessimo dare un nome a questa peculiare oscurità, avremmo ragioni attendibili per chiamarla *tenebra*. Nella radice sanscrita della parola, TAM-RA, è presente un senso di immobilità o, più precisamente, di stagnazione del movimento che non è estraneo alla pittura

Ritratto 110520

2020

Olio su tela / Oil on canvas, 90 x 80 cm

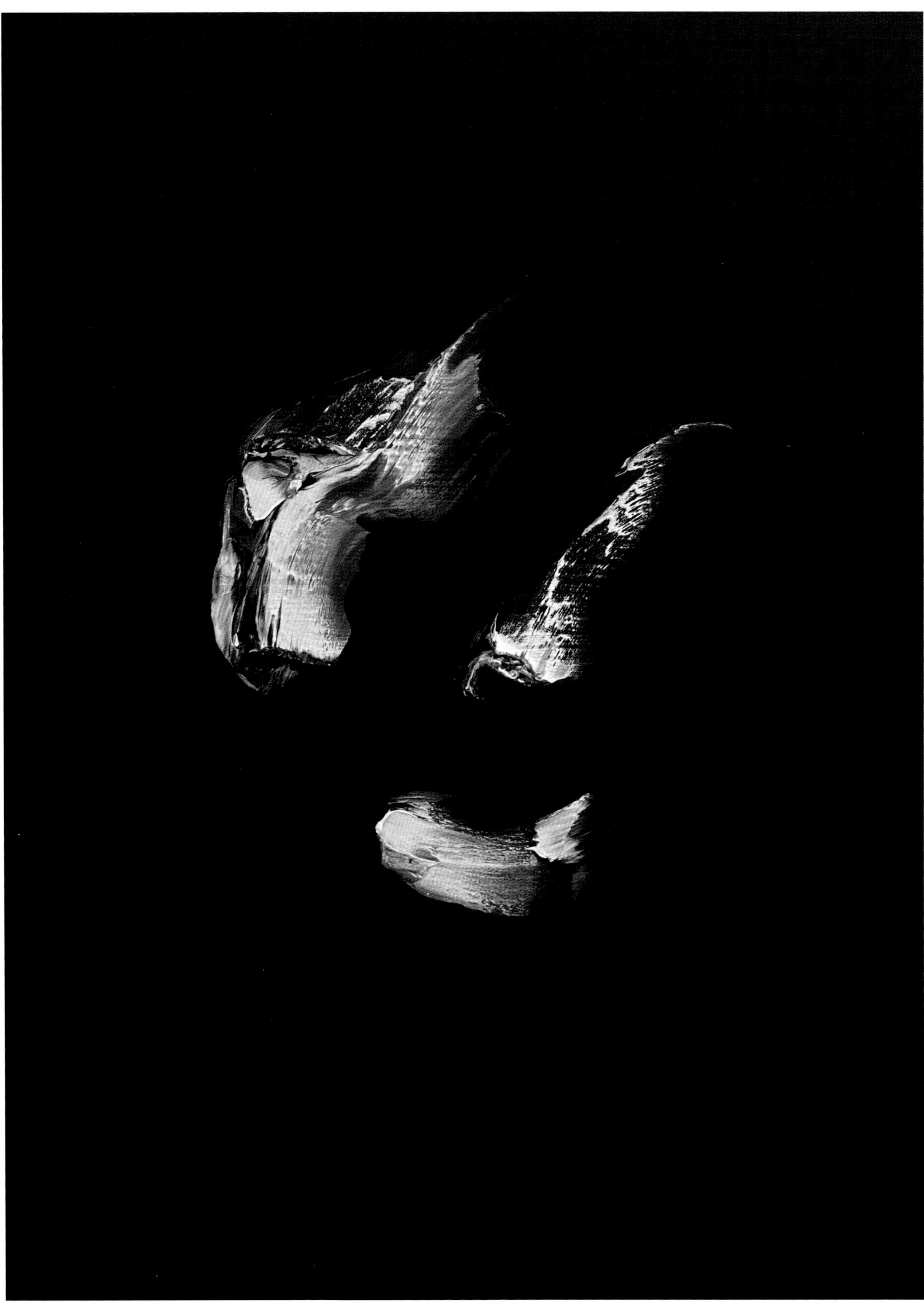

Ritratto 210320

2020

Olio su tavola / Oil on panel, 66 x 46 cm

Ritratto 230320

2020

Olio su tavola di pioppo / Oil on poplar panel, 52 x 40 cm

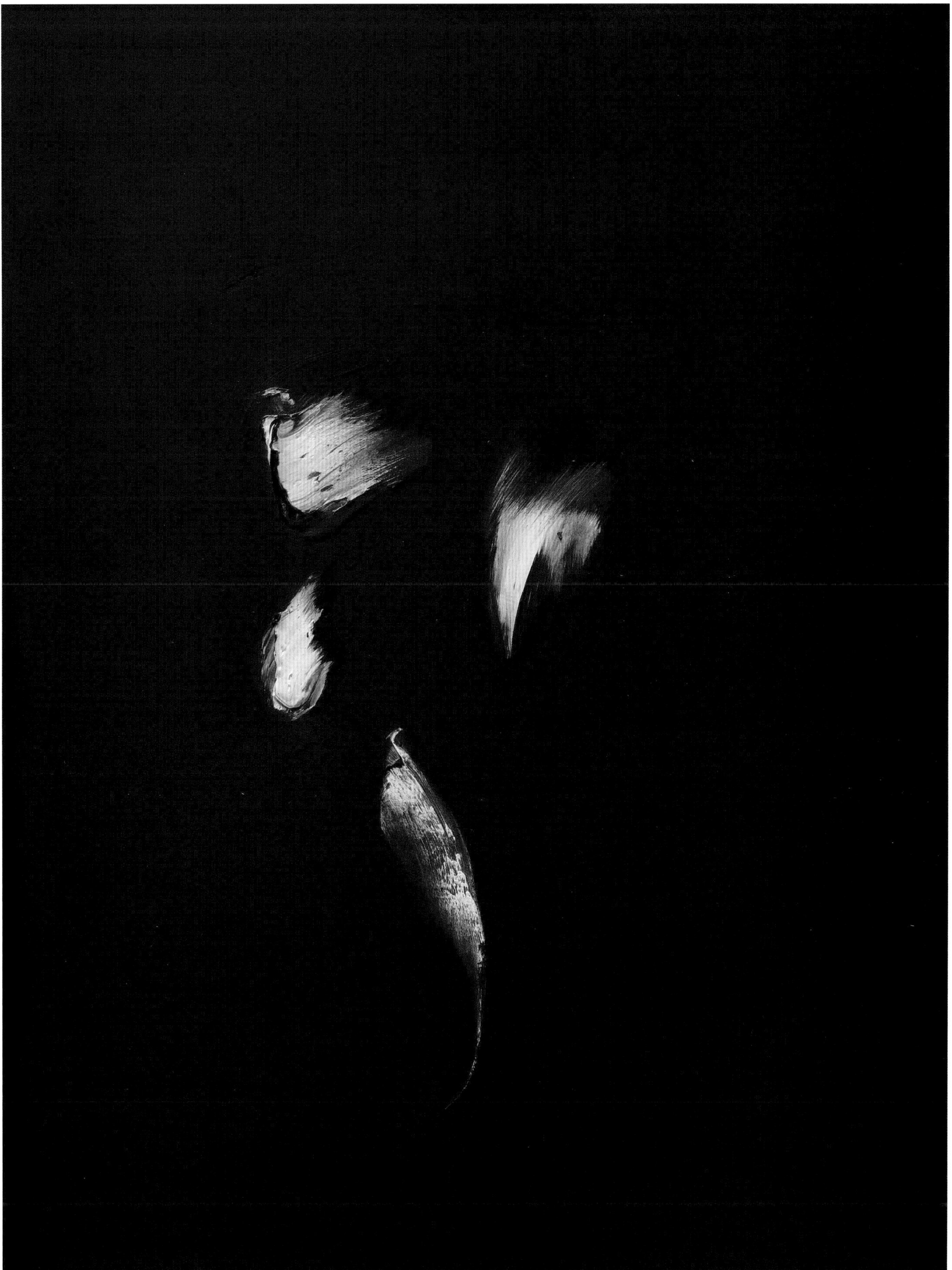

paintings seems to have been generated by a thickening of the light. It is as if the glow had accumulated, had thickened on the painted surface, and this luminous excess had led to an implosion. The areas of the paintings scattered with light – for the most part, a lunar and disturbing light – seem in turn carved out from the darkness. In this case, as well, the relationship between light and dark seems reversed: the light here originates from the diminishment, the subtraction of the darkness, even if it conserves a metaphoric impression of it in the contracted and indecipherable expressions on the faces. If we wanted to give a name to this strange darkness, we would have plausible reasons for calling it *tenebra*. In the Sanskrit root of the word, TAM-RA, there lies a sense of immobility, or more precisely, of stagnation of the movement that is not foreign to Puglisi's painting. The density of the darkness envelops and immobilises the bodies that we presume are inside it: the darkness, in short, creates enigmatic still images similar to those that emerge from the paintings.

Within the history of Western painting, Puglisi seems to have carved out his own dark tradition. This hypothetical trend ranges at least from Leonardo to Goya, with a bulwark in Caravaggio and a fertile ground in the baroque overall – and, hypothesis within an hypothesis, it could find in Ad Reinhardt a not-too heterodox prosecutor. While observing Puglisi's revisitations of paintings from the past, it is tempting to believe that the image the artist began with was reworked, *extending the shadow*, permitting that darkness, so meticulously dosed within, to spill over. If this were the case, the bulk of the artist's work would consist in the act of excavating, *bringing to light* certain details that, in this context, could not fail to have the appearance of artefacts. Indeed, faces, hands, and feet reappear modified by the incursion of the shadow; sometimes they are eroded, other times petrified, they always literally *disfigured*, that is, lacking that configuration that allowed us to recognise them and, ultimately, to *know* them. In Puglisi's works, the anatomical fragments thus become *unknowable*, *unknown*, even if they are not hidden from the gaze at all, they are in no way concealed, indeed they leap to the eye: thus a sense of the unknown is created that, paradoxically, ostentatiously

appears, and in this way emphasises its oracular tenor. …

(Roberto Borghi, "La consolazione dell'ignoto" ["The comfort of the unknown"], in *Lorenzo Puglisi. L'ignoto che appare*, exhibition catalogue, Galleria Il Milione, Milano, Bollettino del Milione Edizioni, Milan, 2016.)

Gisbourne 2016

… Ghosts are apparitions by another name, similarly spectres, phantoms, wraiths, spirits, presences, or visions, and there are many other popular and adaptable epithets that might also be applied. But the most important aspect is as to whether the ghosts are possessed of a psychologically revenant nature or merely those of purely fictional projection. In other words are they apparitions with resonant aspects as distinct from mere fanciful constructions. The ghostly part-figures that are seen in Puglisi's paintings are often intended to be self-revealing psychical doubles of themselves. They are spectral appearances that have a presence and historical relevance as autonomous paintings, and at the same time they are often opaque but complex metaphors to paintings of pre-existence. Hence they operate within an internalised visual sphere of simultaneous text and context – as optical projections of both things seen and things psychically imagined. As material *doppelgängers* the paintings generate allusions to an alternative world through the presentation of the part-object. What Jacques Lacan called the *Objet petit a* as the cause of desire, which is to say by extension the aesthetic impulse. Puglisi frequently expresses the idea of finding the sensory condition of an aesthetic presence, and the French structural-psychoanalyst stressed this impulse as the underpinning psychological structure of the gaze in daily life – as the true and determining nature of looking. If we take for example paintings like *Portrait 191115* [p. 39] and *Portrait 281115*, what we see is the head and the hands of a sitter apparently emerging from within the black void of what would otherwise be a monochrome painting. Yet what might initially appear simple is fraught with inferences, and putting aside for a moment the art historical references to former painter-workshop practices of head and hands painting, we find in the emaciated human part-objects as de-

picted punctuated presences that question the conventional nature of portraiture itself. While on the one hand there is an absorbing sense of Baroque blackness, the artist claims "the stranger the head the darker the background", there is also, perhaps, another indirect expressive allusion through the brush strokes and palette-knife thickness of paint applied to the allusive heads depicted, an associative reference to the skulls of vanitas imagery. Whether this is intended or not remains relevant insomuch as it extends the spectral metaphor and materialised sense of ghostly presence.

An influence embracing the opaque qualities of pictorial sfumato (vague, shrouded, or blurred) from the Baroque period of art is freely acknowledged by Puglisi. As he has claimed "I was very touched by the matter of darkness in seventeenth century painting." But it is not just that darkness represents a specific art historical convention as such, so much as the aesthetic continuity it supposes for the artist. It is a sense of a continuous trace that fuses the creative application and revelation of his present images with those of the past. There is a marked difference, however, for this contemporary artist, since and whereas in the seventeenth century darkness is tied to an increasing sense of tenebrism and to narrative realism, in the case of Puglisi the black surface is punctured vigorously by forms of sometimes severely edited expressive facture. And neither does the artist follow the theatricality of many of the chosen compositional strategies common to the seventeenth century. It is not so much a contrast of light and dark, but a conversion of textured and expressive head and hands forms as against the absorbing flatness of blackness. These formal and notional contraries of the use of absorption or matt blackness and the creative textured use of the brush, ferrule, or spatula, only heighten the sense of the painting as both an autonomous entity and a residual trace, an abraded palimpsest of layered and accumulated references – a sort of reduced state of pictorial continuity. The psychical interiority of paintings like the large and smaller versions of *Matteo e l'angelo* [*Matthew and the Angel*] is, perhaps, a notable case in point. While the artist obviously makes an indirect quotation of the famous Caravaggio painting (1602), he does so not

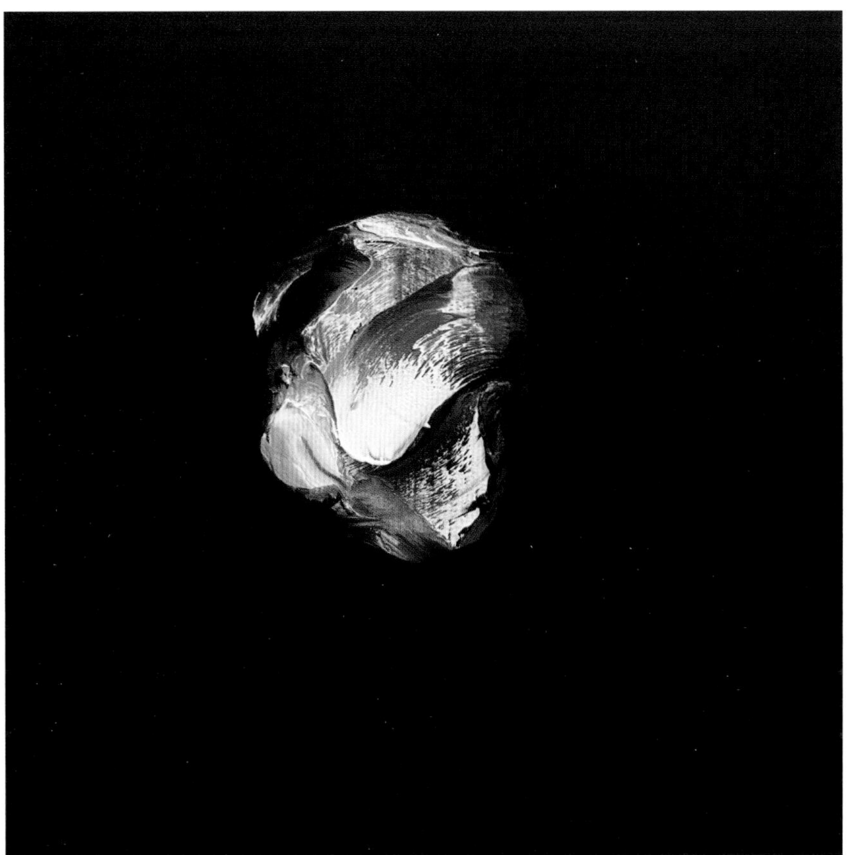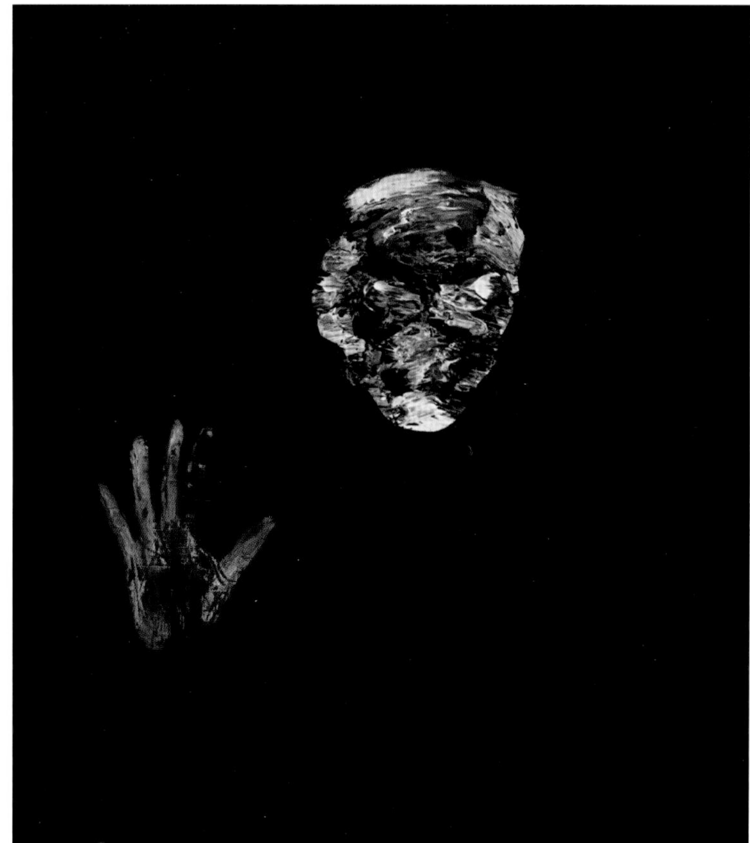

Ritratto 180520

2020

Olio su tavola / Oil on
panel, 33 x 33 cm

Ritratto 030721

2021

Olio su tavola di pioppo /
Oil on poplar panel,
60 x 50 cm

di Puglisi. La densità del buio avvolge e immo-
bilizza i corpi che presumiamo si trovino al suo
interno: la tenebra insomma crea enigmatici
fermo-immagine simili a quelli che affiorano dai
dipinti.

All'interno della storia della pittura occidentale Puglisi si è come ritagliato una sua personale *tradizione oscura*. Questa ipotetica cor-
rente spazia perlomeno da Leonardo a Goya,
ha in Caravaggio un baluardo e nel Barocco nel
suo complesso un territorio d'elezione – e, ipotesi per ipotesi, potrebbe avere in Ad Reinhardt
un prosecutore nemmeno troppo eterodosso.
Mentre si osservano le rivisitazioni di quadri del
passato dipinte da Puglisi, si è tentati dal crede-
re che l'immagine di partenza sia stata rielabo-
rata *estendendo l'ombra*, lasciando tracimare
quel buio che al suo interno è minuziosamente
dosato. Se così fosse, l'intervento sostanziale
dell'artista consisterebbe in un'azione di sca-
vo, in un *riportare alla luce* alcuni dettagli che,
in base a tali premesse, non potrebbero non
avere la parvenza di reperti. E infatti volti, mani e piedi riappaiono modificati dall'invasione
dell'ombra, a volte erosi, altre volte pietrifica-
ti, sempre letteralmente *sfigurati*, cioè privi di
quella configurazione che ci permetteva di
riconoscerli e, in ultima analisi, di *conoscerli*.

Nelle opere di Puglisi i frammenti anatomici diventano quindi *non conoscibili, non noti*, anche
se non si celano affatto allo sguardo, non sono
per nulla occultati, anzi spiccano: si crea per-
ciò un senso di ignoto che paradossalmente,
ostentatamente appare, e che accentua così il
suo tono oracolare. …
(Roberto Borghi, *La consolazione dell'ignoto*, in
Lorenzo Puglisi. L'ignoto che appare, catalogo
della mostra, Galleria Il Milione, Milano, Bollettino del Milione Edizioni, Milano 2016.)

Gisbourne 2016

… I fantasmi sono apparizioni cui si dà un altro
nome, così come spettri, spiriti, presenze, entità eteree o visioni e l'elenco dei nomi potrebbe
essere molto più lungo visto il numero di epiteti
noti o adattabili. Ma l'aspetto più importante è
se i fantasmi posseggano una natura psicologica ancora vitale oppure solo quella imma-
ginaria di una mera proiezione. In altre parole
se siano apparizioni con aspetti risonanti che li
distinguano da pure costruzioni di fantasia. Le
mezze figure spettrali che si vedono nei dipinti di Puglisi sono spesso pensate per essere
dei doppi psicologici autorivelatori di loro stessi. Sono apparizioni spettrali che hanno una
presenza e una rilevanza storica attuale come

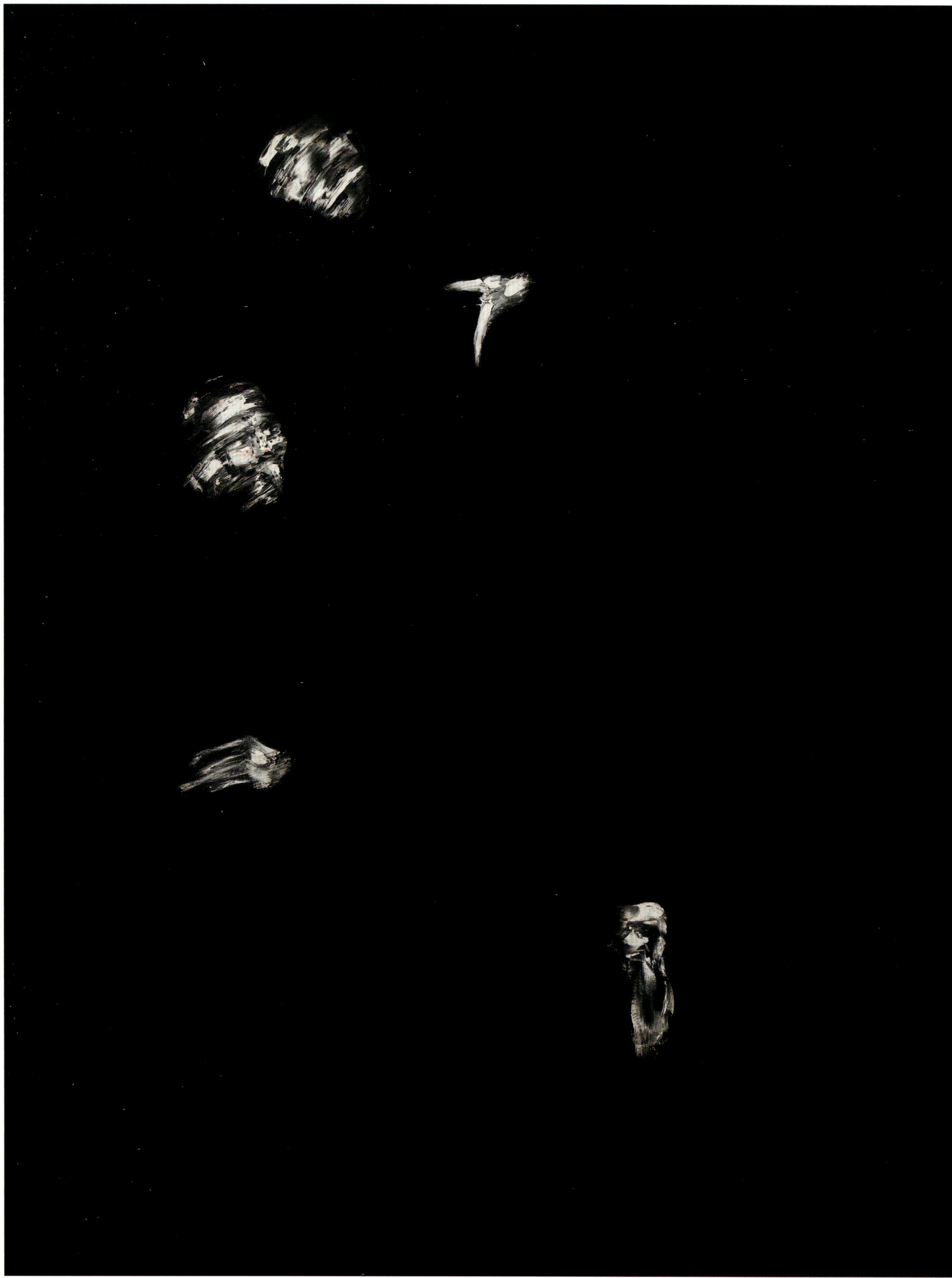

Matteo e l'angelo
(intero e particolari / full view and details)

2015

Olio su tela / Oil on canvas, 200 x 150 cm

dipinti autonomi, e allo stesso tempo sono spesso ermetiche ma complesse metafore di dipinti preesistenti. Di conseguenza operano nell'ambito di una sfera visiva interiorizzata, dove testo e contesto convivono simultaneamente – proiezioni ottiche di cose viste e cose immaginate con la mente. Veri e propri *Doppelgänger* materiali, quindi, i dipinti generano allusioni a un mondo alternativo attraverso la presentazione di un oggetto parziale. Quanto Jacques Lacan chiamava *Objet petit a* definendo così l'oggetto della pulsione, del desiderio, ovvero per estensione l'impulso estetico. Puglisi esprime frequentemente l'idea di aver trovato la condizione sensoriale di una presenza estetica, e lo psicoanalista francese evidenziò questo impulso come la struttura psicologica fondante dello sguardo nella vita quotidiana – come la vera e determinante natura del guardare. Se per esempio prendiamo dipinti come *Ritratto 191115* [p. 39] e *Ritratto 281115*, vediamo la testa e le mani della persona ritratta che paiono emergere dal vuoto nero di quanto sarebbe altrimenti un dipinto monocromo. Tuttavia quello che potrebbe inizialmente sembrare semplice è saturo di inferenze e rimandi e, mettendo per un momento da parte i riferimenti storici alle passate pratiche pittoriche di testa e mani tipiche delle botteghe antiche, troviamo nelle emaciate parti da lui dipinte presenze estremizzate che mettono in discussione la natura convenzionale della ritrattistica stessa. Mentre da un lato sussiste un significato inglobante di oscurità barocca – l'artista afferma che "più inconsueta è la testa, più scuro è lo sfondo" – dall'altro c'è anche, probabilmente, un'altra allusione espressiva indiretta attraverso la densità delle pennellate e lo spessore del colore applicato con la spatola a coltello alle teste dipinte, un chiaro rimando ai teschi, elementi fondanti la simbologia della *vanitas*. Che ciò sia voluto o no, rimane pertinente in quanto amplia la metafora del fantasma e il senso materializzato della presenza spettrale.

Puglisi riconosce apertamente un'influenza che abbraccia le qualità misteriose dello *sfumato* pittorico (vago, velato, sfocato) del periodo barocco dell'arte. Come afferma lui stesso: "A me ha toccato moltissimo la questione dell'oscurità nella pittura seicentesca". Non tanto l'oscurità come specifica convenzione nella storia dell'arte, quanto piuttosto per la continuità estetica che presuppone per l'artista. Si tratta di una traccia continua pregna di significato,

che fonde con il passato l'applicazione creativa e la rivelazione delle sue immagini presenti. Tuttavia si assiste a una differenza marcata in questo artista contemporaneo, dato che, mentre nel XVII secolo l'oscurità è legata a un crescente senso di tenebrismo e a un realismo narrativo, nel caso di Puglisi la superficie nera è interrotta vigorosamente da forme di fattura espressiva talvolta severa. Né l'artista segue la teatralità di molte delle strategie compositive diffuse nel XVII secolo. Non si tratta tanto di un contrasto tra luce e ombra, ma di una trasformazione di testa e mani in una struttura espressiva in contrasto con la piattezza assorbente del nero. Questi contrari formali e concettuali creati dall'uso dell'assorbenza del nero opaco e dall'utilizzo creativo materico del pennello, del puntale o della spatola, da soli aumentano il significato del dipinto, sia come entità autonoma che come traccia residuale, vero e proprio palinsesto abraso di riferimenti stratificati e accumulati – una sorta di microsituazione della continuità pittorica. Sotto questo aspetto l'interiorità psichica dei dipinti, come la versione grande e più piccola di *Matteo e l'angelo*, è probabilmente un esempio molto significativo. Mentre l'artista propone palesemente una citazione indiretta del celebre dipinto caravaggesco (1602), non fa semplicemente riferimento al dipinto per il gusto di farlo, ma per esprimere al contempo il fatto che celebri dipinti storici rimangono incastonati nella consapevolezza di un artista e diventano cifre fantasmatiche o perpetue in sé. Si spostano come apparizioni insolite e stranianti all'interno della psiche del pittore, affiorano imprevedibilmente alla mente attraverso la memoria involontaria o il ricordo fortuito. Un pittore trascorre parecchio tempo nel suo studio, luogo di particolare solitudine e di abituale introspezione, e per un pittore italiano i celebri dipinti del passato sono tutti interiormente incisi nella coscienza. Tuttavia l'impegno di Puglisi nei confronti del passato rinascimentale e barocco è sia di autoriconoscimento che di critica, come è evidente nel *Grande Sacrificio*, opera di grandi dimensioni su cinque tele congiunte, che omaggia l'*Ultima Cena* di Leonardo, il celebre dipinto parietale a secco che il maestro fiorentino dipinse per la chiesa di Santa Maria delle Grazie a Milano. Come in *Matteo e l'angelo*, e come nei vari ritratti da questo derivanti, utilizza un ampio repertorio di teste e mani, anche se il numero di mani utilizzate è stato modificato rispetto all'opera originale. Il dipinto di Leonardo

è abraso in alcuni punti ed è stato restaurato in numerose occasioni, un punto di partenza appropriato e simile di riduzione dell'immagine per il soggetto scelto ed eseguito da Puglisi. Eppure quel che emerge veramente è un'attenzione sulla natura di testa e mani, nei gesti che elevano e modificano la qualità della nostra comprensione del significato dell'opera. Il senso della narrativa religiosa è sostituito, per opera dell'antropologia apparizionale, da una sorta di contenuto psico-antropologico autoriflessivo, cambiamento che rivela aspetti incorporei di richiamo mnemonico. Perché ciò che ricordiamo del passato non sono sempre i tratti del viso e gli atteggiamenti di coloro che abbiamo conosciuto e/o il ricordo di immagini che abbiamo veduto. Ed è lo stesso con Puglisi, in quanto nell'immagine storica "il volto è la parte più espressiva e di più profonda manifestazione dell'emozione umana: anche le mani esprimono molto… il viso è la parte che mi colpisce di più in un essere umano, tutta questa espressività e questa forza… il corpo, ecco, forse sento di esserne molto distante". Non sorprende quindi che Leonardo sia tra gli artisti prediletti di Puglisi, e che l'impiego della gestualità da parte del grande maestro italiano in opere come il *San Giovanni Battista* (1513-1516) sia parte della consapevolezza intima, della conoscenza di Puglisi. Leonardo fu l'artista che per primo accostò gesto e coscienza in una espressione integrata dello spirito umano. Riferendosi alla propria *Ultima Cena*, lo stesso Leonardo palesa il significato della resa interattiva di mani e volti nei suoi personaggi: "Uno che stava bevendo e ha lasciato il suo bicchiere dove si trovava ha girato la testa verso chi parla. Un altro si volta con espressione seria e corrucciata verso il suo compagno mentre si torce le dita. Un altro ancora con le mani aperte mostra le palme, e scrolla le spalle sollevandole fino alle orecchie, atteggiando la bocca a stupore. Un altro parla nell'orecchio del suo vicino". In ogni figura creata la relazione tra gestualità ed emozione è la prima preoccupazione del maestro.

In tutti i dipinti di Puglisi è evidente la ricerca della natura interiore (meglio definita come "interiorità psichica") dell'antropologia umana collegata alla resa di testa e mani. Il dipinto *Il Grande Sacrificio* può essere visto come una forma sincopata e tuttavia concentrata di espressione incorporea, distribuita su cinque tele unite. Una lettura del dipinto deve essere fatta da sinistra verso destra o da destra verso sinistra, ovvero

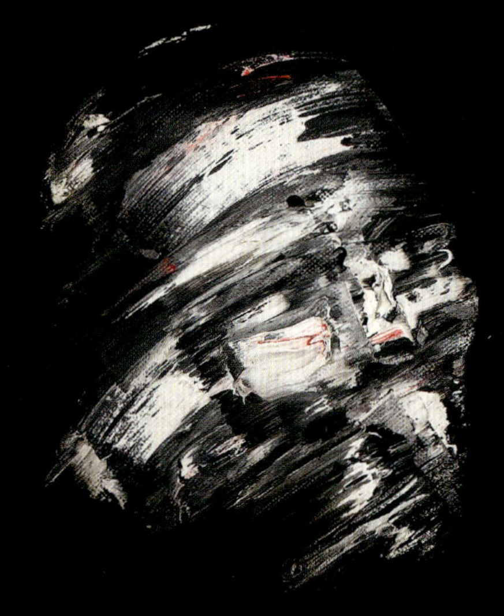
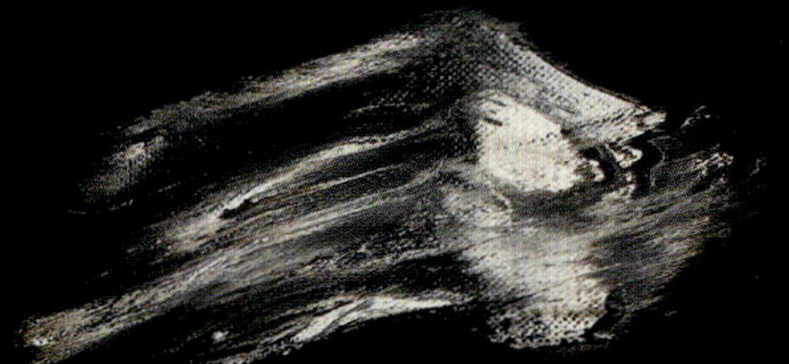

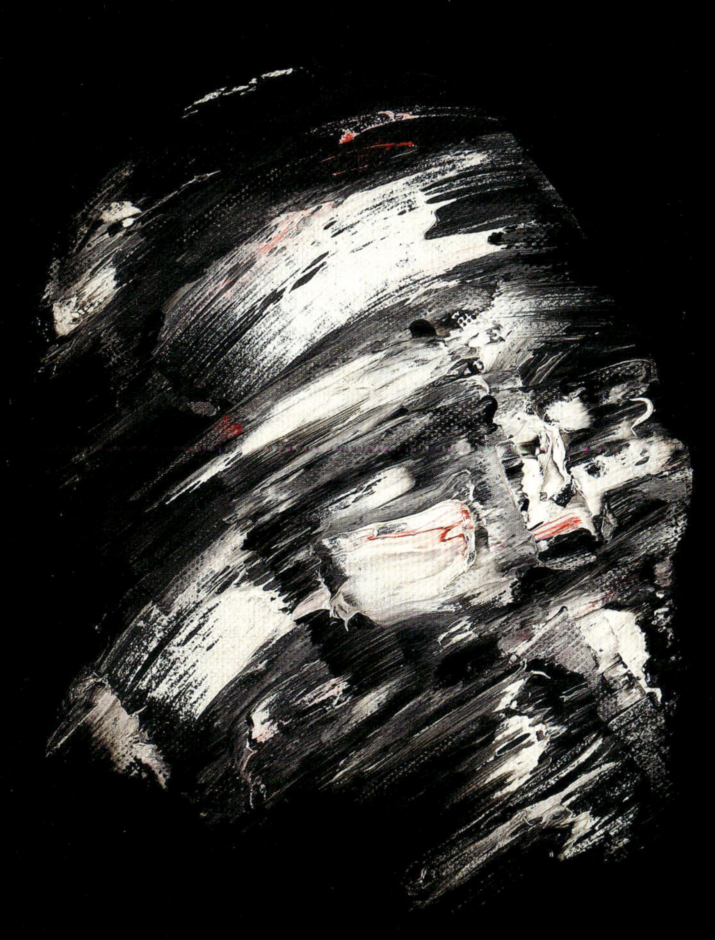

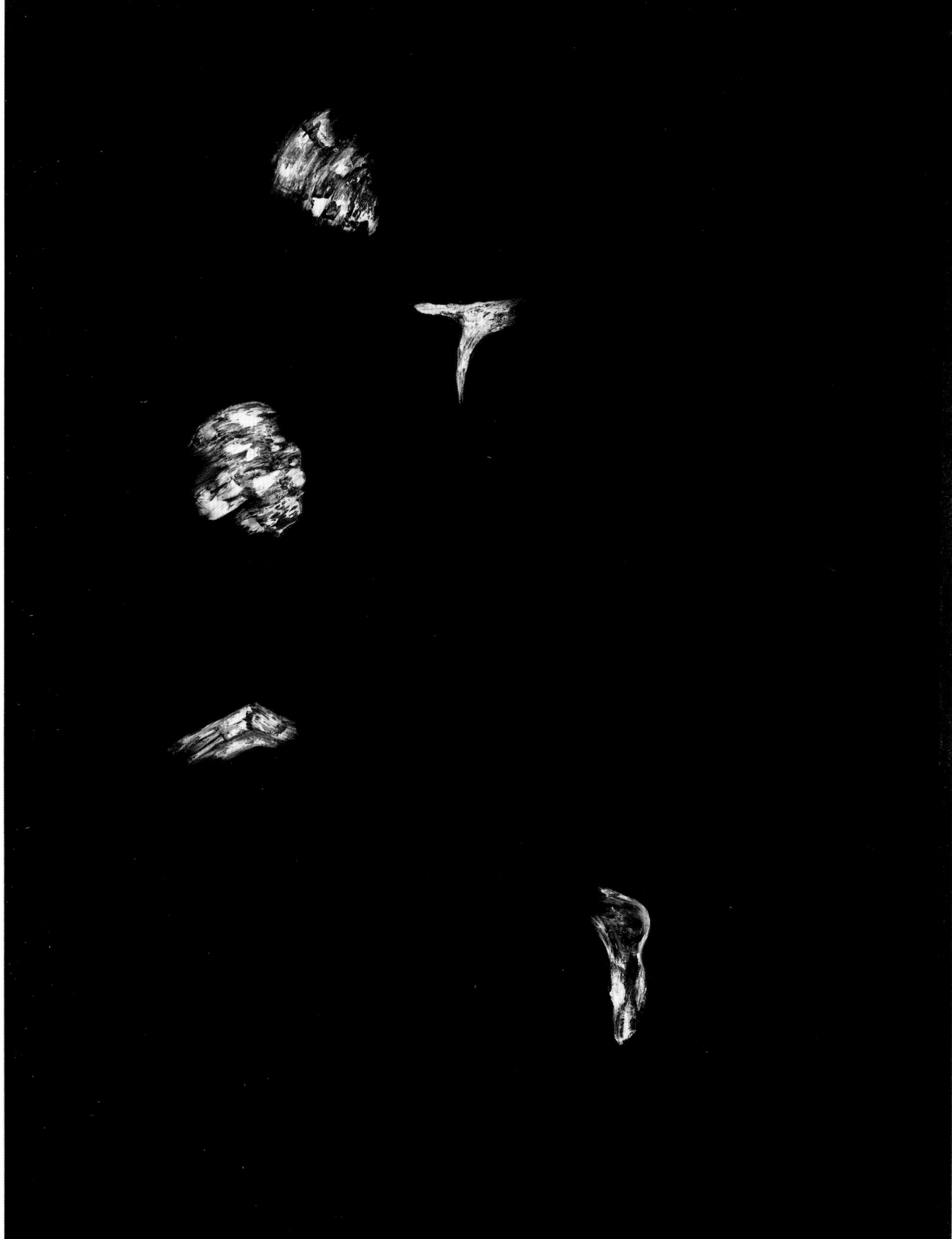

Matteo e l'angelo
(intero e particolari / full view and details)

2021

Olio su tela / Oil on canvas, 200 x 150 cm

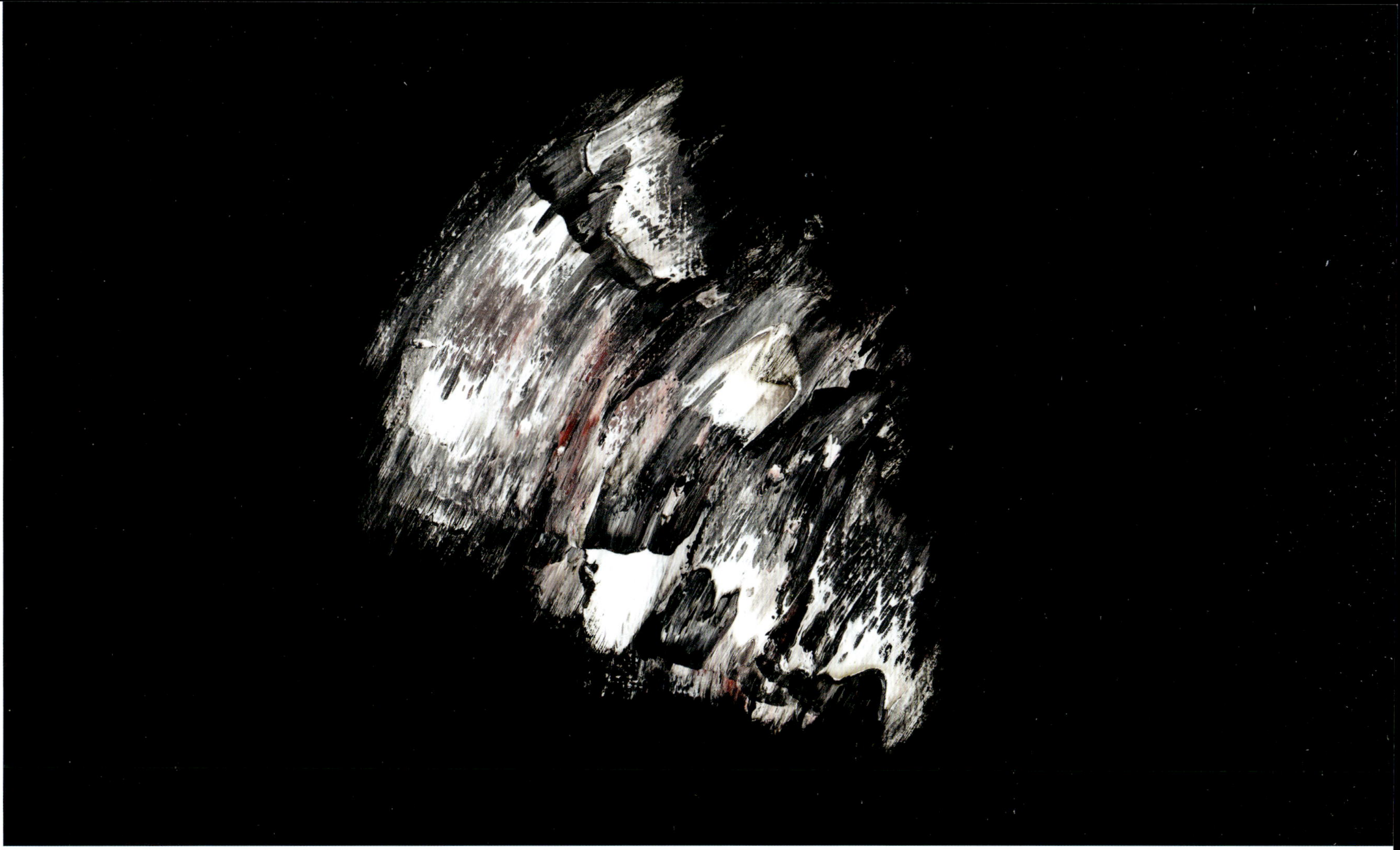

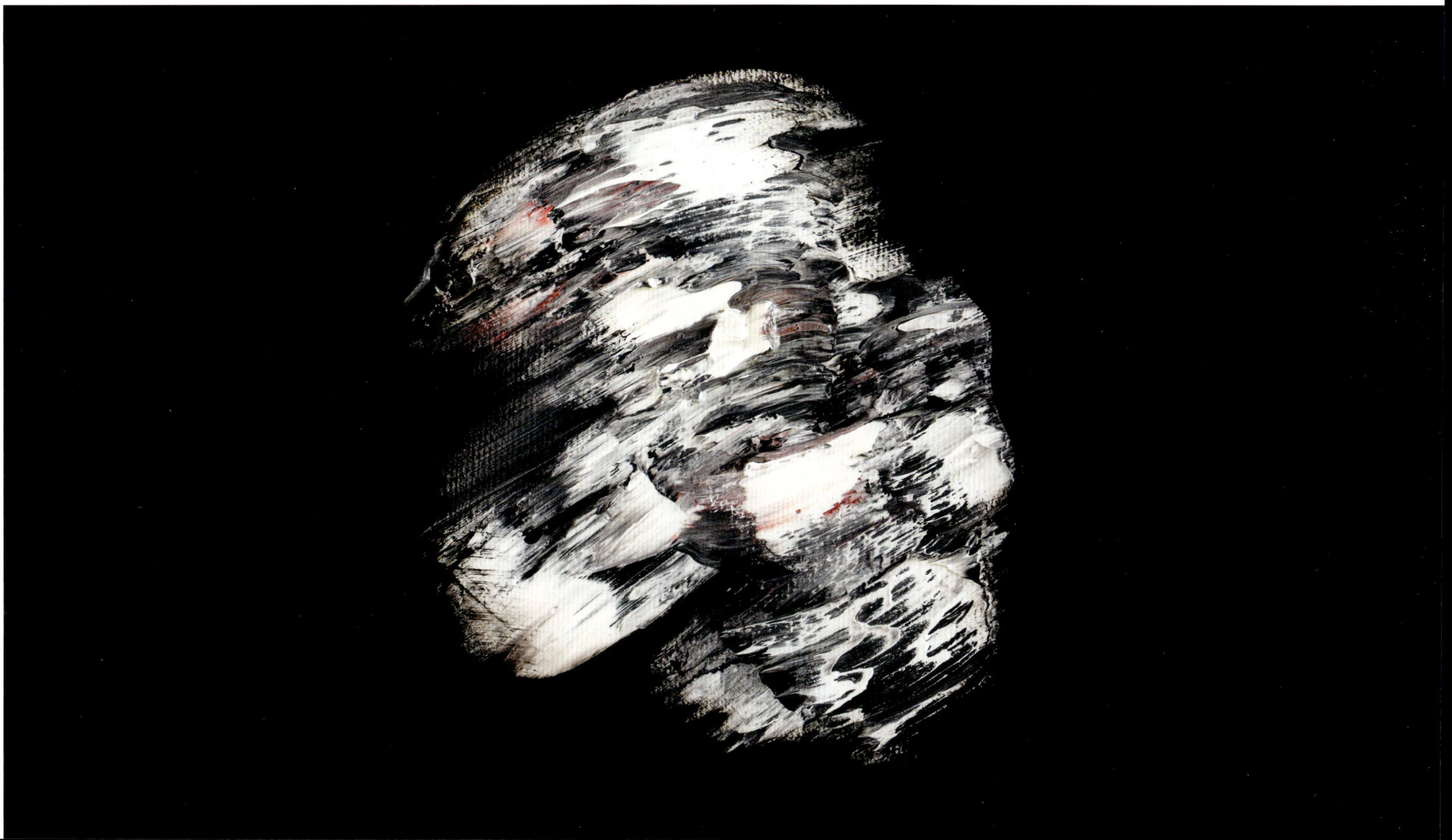

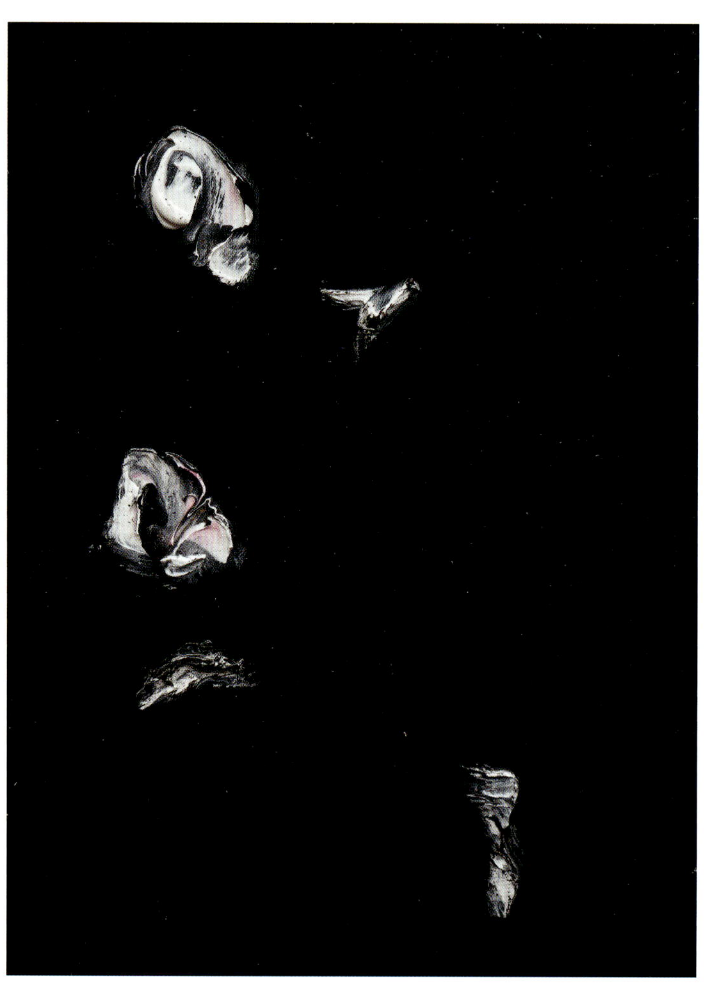 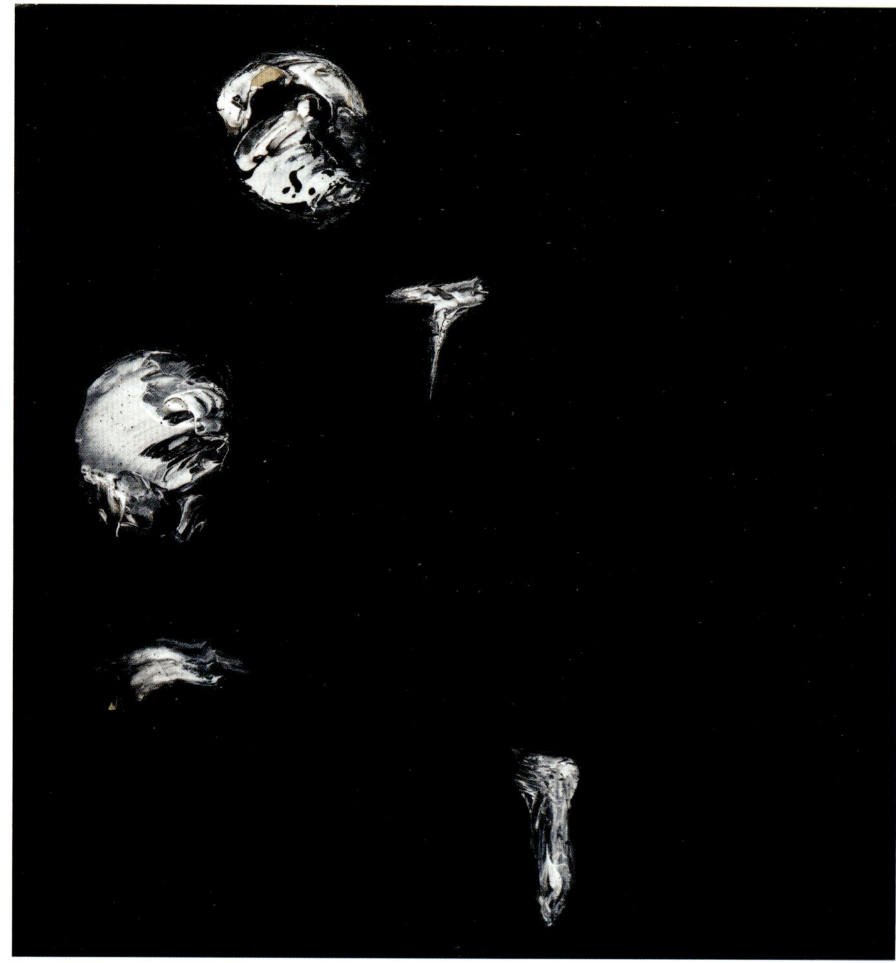

simply to make a reference to the painting for its own sake, but to express at the same time the fact that famed historical paintings remain embedded within an artist's consciousness and become ghostly or perpetual ciphers of themselves. They drift like strange apparitions within the human psyche of the painter, and unpredictably come to mind through the condition of involuntary memory or chance recollection. A painter spends a considerable time in his studio, a site of particular solitude and conditioned introspection, and for an Italian painter the famous paintings of the past are all but internally inscribed into their consciousness. But Puglisi's engagement with the Renaissance and Baroque past is one of both self-acknowledgement and critique, as is evident in his conjoined large five canvas work called *Il Grande Sacrificio* [literally, *The Great Sacrifice*], that homages Leonardo's *The Last Supper*, the famous hybrid al secco wall painting the Florentine master painted for the Church of Santa Maria delle Grazie, in Milan. Like the *Matteo e l'angelo*, and as in the various extracted portraits, he uses an

extended array of heads and hands, though the number of hands used has been edited as regards the original painting. The painting by Leonardo is technically abraded and in part has, at various different times, been over-painted, an appropriate simile and point of reduced departure for the subject chosen and executed by Puglisi. Yet what really emerges is a focus on the nature of head and hands, on gestures that both heighten and change the nature of our understanding of the painting's contents. The sense of religious narrative is displaced by apparitional anthropology, and what replaces it is a sort of self-reflexive psycho-anthropological content, changes that reveal disembodied aspects of memorial recollection. For what do we remember of the past, is it not always the facial features and human gestures of those we have known and/or the recalled of images that we have seen. And so it is with Puglisi, for in the historical image, "… the face is the most expressive part and of the deepest emotion of human nature: the hands also express a lot… the face is the part that strikes

me most in a human being, the whole expression and strength… the body, well, maybe I feel I am very distant from it…" It is not surprising therefore that Leonardo is among the favourite artists of Puglisi, and that the great Italian master's use of gesture in works like *St John the Baptist* (1513-1516) are part of Puglisi's intimate awareness and considered knowledge. Leonardo was the artist who first allied gesture and consciousness into an integrated expression of the human spirit. And when referring to his painting of the *Last Supper*, Leonardo himself makes the meaning of depiction of his figures interactive head and hands apparent, "One who was drinking and has left his glass in its position has turned his head towards the speaker. Another twisting the fingers of his hands turns with stern brows to his companion. Another with his hands spread show the palms, and shrugs his shoulders up to his ears, making a mouth of astonishment. Another speaks into his neighbour's ear…" In each composed figure the gesticulating and emotional interplay is the master's uppermost concern.

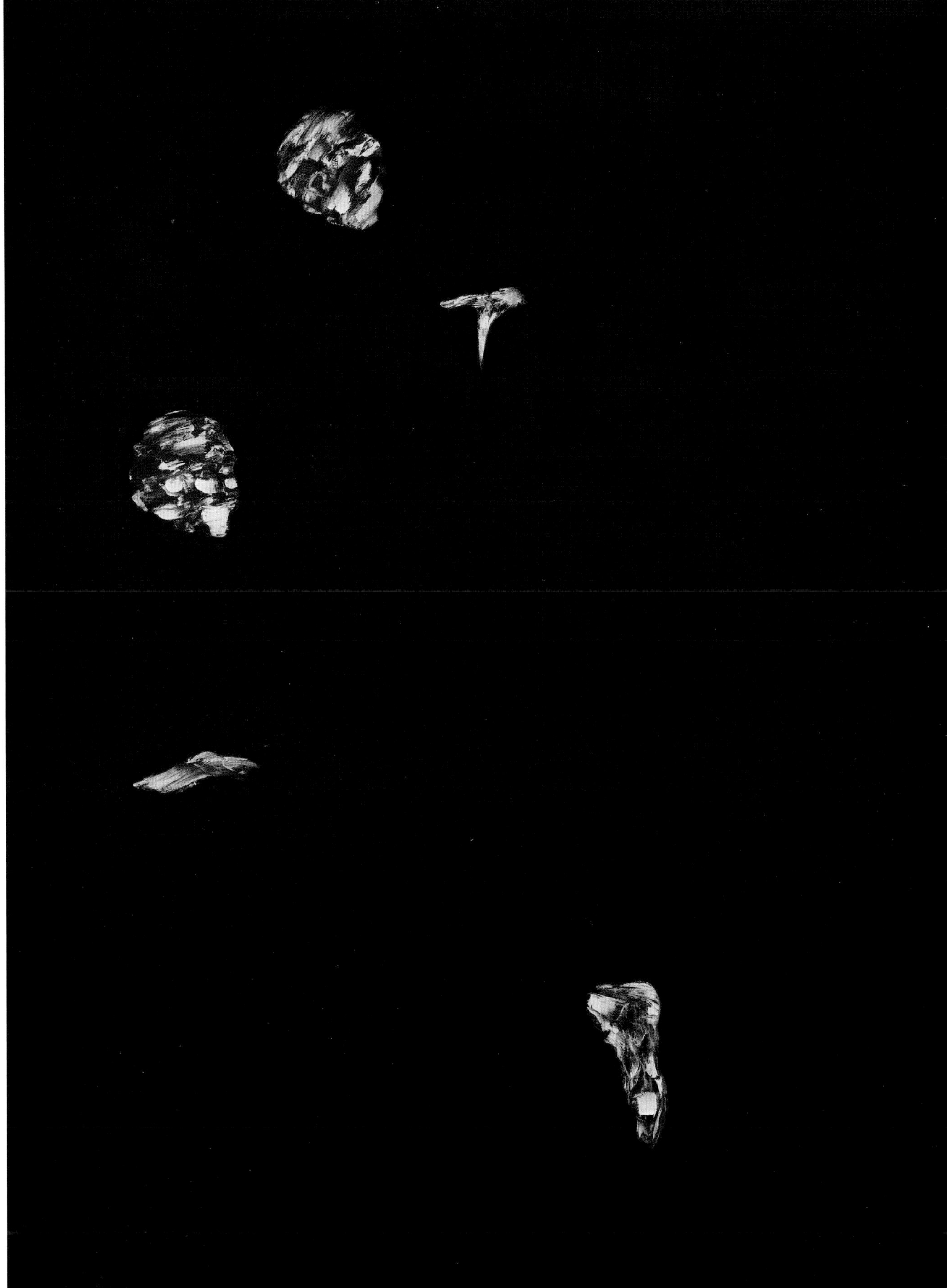

Matteo e l'angelo

2018

Olio su tavola / Oil on panel, 11 x 9,5 cm

Matteo e l'angelo

2018

Olio su tavola / Oil on panel, 15 x 14 cm

Matteo e l'angelo

2018

Olio su tavola di pioppo / Oil on poplar panel, 200 x 150 cm

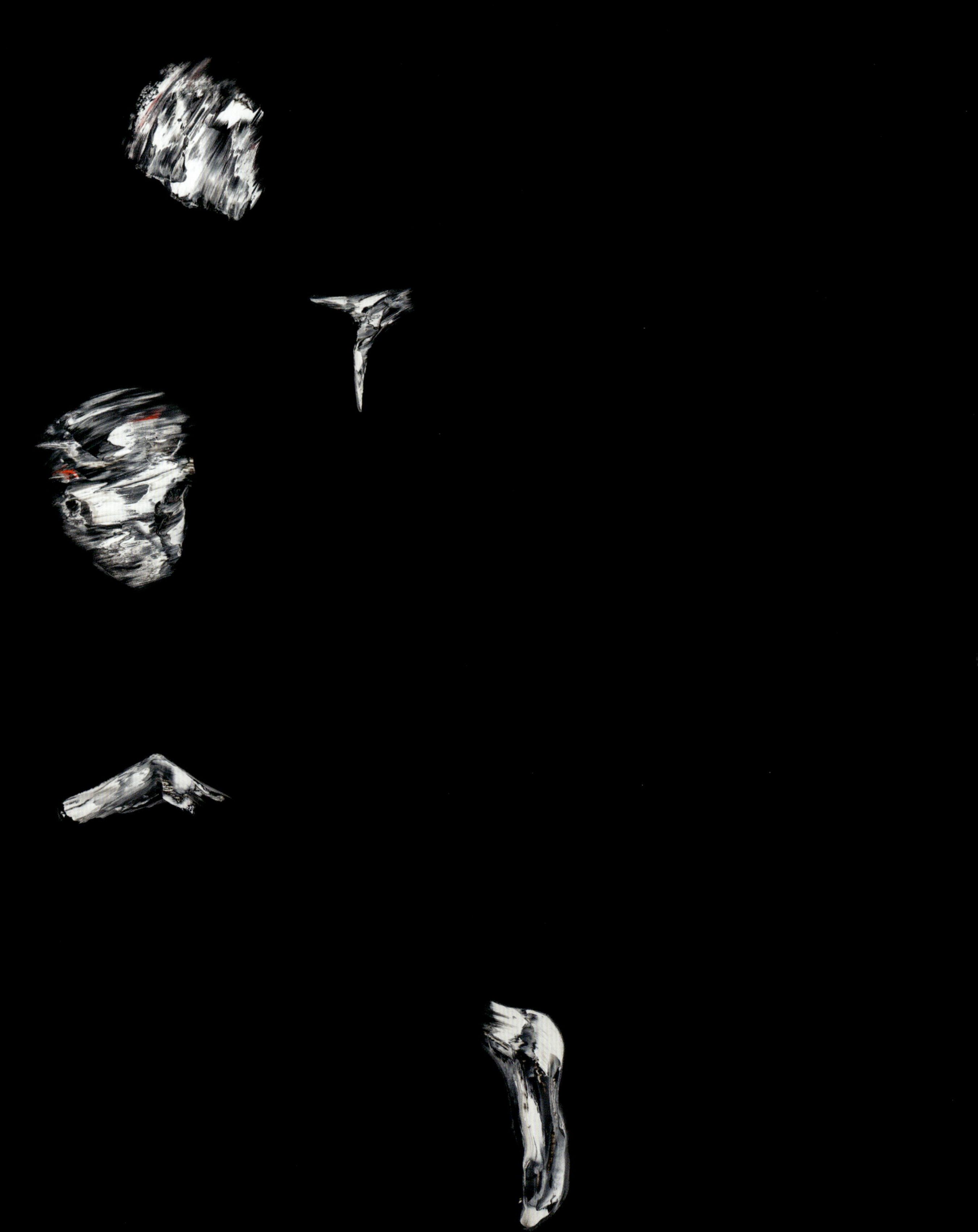

in modo trasversale, a meno che non venga osservato da grande distanza dove si è in grado di accogliere in un solo sguardo il formato tipico della pittura di paesaggio. I *puncta* (punti visivi ben distinti), intermittenti e momentanei, rappresentati da macchie rosse come esempi di una delineazione interrotta, servono allo stesso tempo per dare consapevolmente una ulteriore connotazione storica al dipinto, in quanto si tratta di una convenzione sufficientemente comune della pittura romantica vista per esempio in pittori espressivi come Delacroix – artista che ricorreva spesso a composizioni indistinte e sviluppò un vasto impiego dello sfumato. E tuttavia i cosiddetti ritratti sono diversi non solo in quanto utilizzano ed enfatizzano il formato verticale tipico di questa categoria pittorica, ma anche perché possono essere visualizzati relativamente da vicino all'interno di un singolo punto di vista. E la vista ravvicinata riveste un significato estremamente importante per Puglisi, perché, come nelle frammentate teste espressive di Francis Bacon, dà importanza ai singoli elementi della pittura e al linguaggio stratificato dell'applicazione del colore. Sebbene si differenzi nel suo utilizzo del bianco e nero, percepiamo la medesima fascinazione per il movimento della pennellata, che vela o ricopre ogni gesto precursore, per la presenza nascosta di trama e ordito nel supporto della tela, per la struttura della testa o del teschio, e per i segni frammentati di momenti di espressione interrotti. Al contempo nelle teste di Puglisi c'è sempre un richiamo, più o meno intenzionale, alla maschera mortuaria, dato che pittura e morte sono sempre state intimamente collegate. Menzionare Bacon, un artista la cui opera è fortemente ammirata da Puglisi, significa rimandare a quanto potrebbe essere definito, con un'espressione azzeccata, una estetica esistenziale. Non si fatica a immaginare che i dipinti di Puglisi sarebbero perfetti da esporre in mostra insieme con opere di Bacon e Giacometti, dalla ridotta estetica esistenziale. È questo approccio tattile, basato sulla fattura materica di testa e mani, e la sua stretta affinità con l'umano – nelle opere di Puglisi ci sono pochi riferimenti all'ambiente naturale – che dà significato alla relazione e alla contrapposizione con la campitura nera che lo circonda. Rembrandt è un altro artista molto ammirato e spesso citato indirettamente nei ritratti di Puglisi e, per quanto questo riguardi la resa espressiva, per Puglisi è altrettanto importante il modo in cui le teste dei suoi modelli spesso appaiono come presenze luminose che emergono dallo sfondo scuro. Naturalmente Rembrandt è famoso per i suoi autoritratti, e si potrebbe argomentare che tutti i ritratti sono in un certo senso autoritratti di artista, dato che il modello è sempre soggetto all'interpretazione del pittore, che sia descritto o idealizzato. Del resto, nei dipinti di questo artista italiano compaiono spesso opere denominate autoritratti. Opere che tuttavia possono a malapena assolvere il compito di rivelare l'aspetto esteriore ai fini di un riconoscimento, ma che possono piuttosto suggerire astratte identità psicologiche come stati rappresentativi della mente. Quasi come se i gesti espressivi del realizzare un segno divenissero chiavi differenti che danno accesso a particolari vie di consapevolezza. È in questo senso che quando Puglisi parla di Goya e di Cézanne lo fa in riferimento alla capacità dei due maestri di dar vita a un poderoso senso tattile di incontro visivo e di esperienza. C'è una straordinaria, palpabile (se non sempre spettrale) sensazione di presenza materiale che l'artista ha anche realizzato in termini visivi, sensazione che gioca con una dialettica spaziale o cosmologica di allusione materiale e di assenza immateriale. …
(Mark Gisbourne, *Fantasmi nel vuoto*, in *Peintures*, catalogo della mostra, Galerie Sobering, Parigi 2016.)

Savarese - Puglisi 2017

Maria Savarese: Questo progetto artistico itinerante fra Palermo e Napoli ti ha fatto entrare in contatto con alcuni di quei luoghi attraversati da Michelangelo Merisi, dove ritornò più volte durante il suo tormentato peregrinare: Palermo e Napoli, città quest'ultima in cui lasciò alcune delle opere più significative del suo corpus pittorico: il *Martirio di sant'Orsola*, la *Flagellazione di Cristo* e *Le Sette Opere di Misericordia*.

Cosa hai provato entrando per la prima volta nella Cappella del Pio Monte della Misericordia, un ambiente di grande impatto ed atmosfera, di fronte alla tela del grande maestro?

Lorenzo Puglisi: Uno shock, un forte momento di realtà… (ma questo è il mio ricordo di adesso, ha perso inevitabilmente la forza dell'istante…). La pittura, la vera Pittura, conduce immediatamente al silenzio, è qualcosa di vivo e concentrato che raggiunge l'osservatore e lo nutre, come quando si guarda un albero in fiore o gli occhi di un bambino. È magnetismo puro, come se non ci fosse niente altro intorno…

Matteo e l'angelo
(intero e particolari / full view and details)

2022

Olio su alluminio /
Oil on aluminium panel,
135 x 115 cm

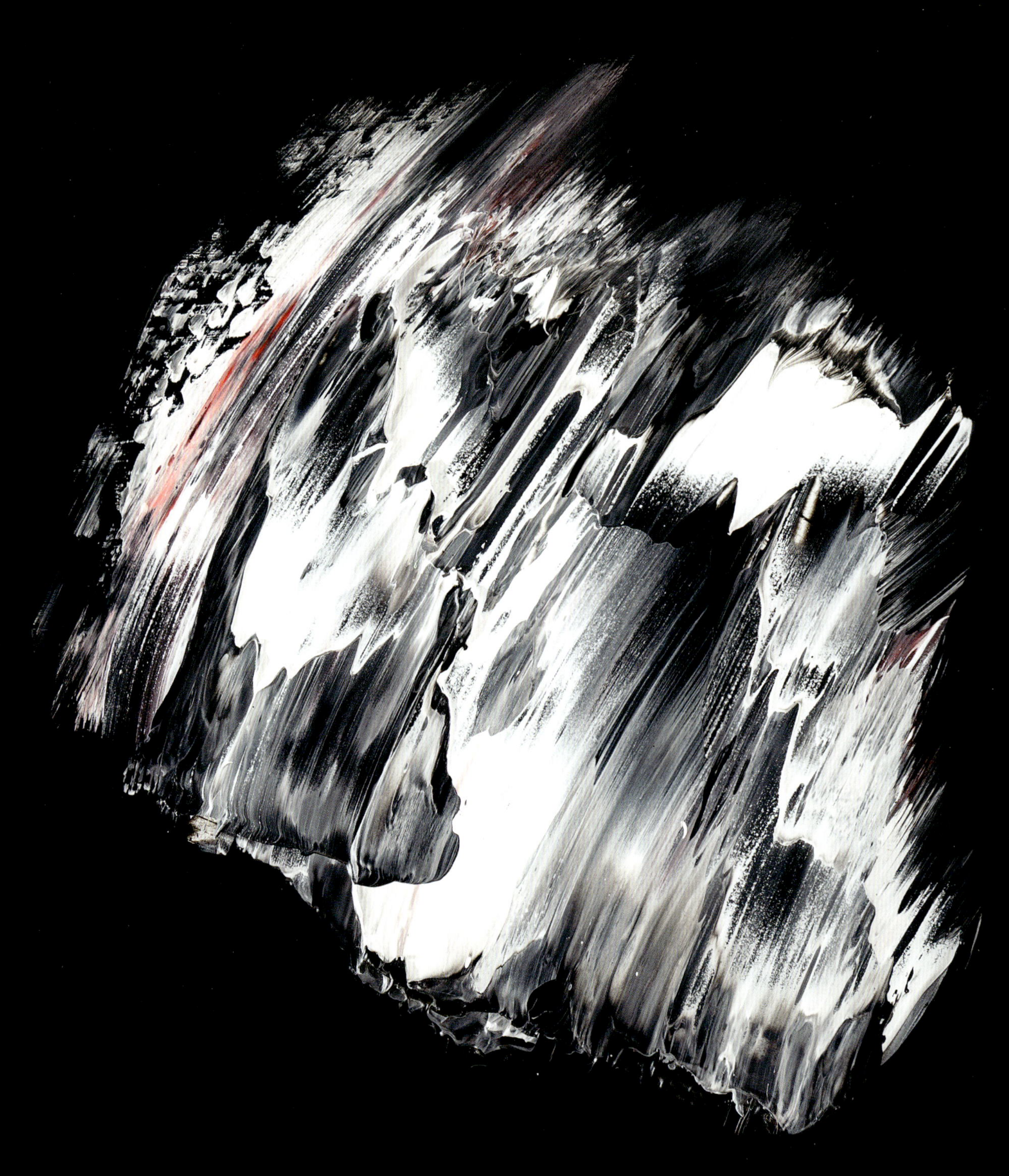

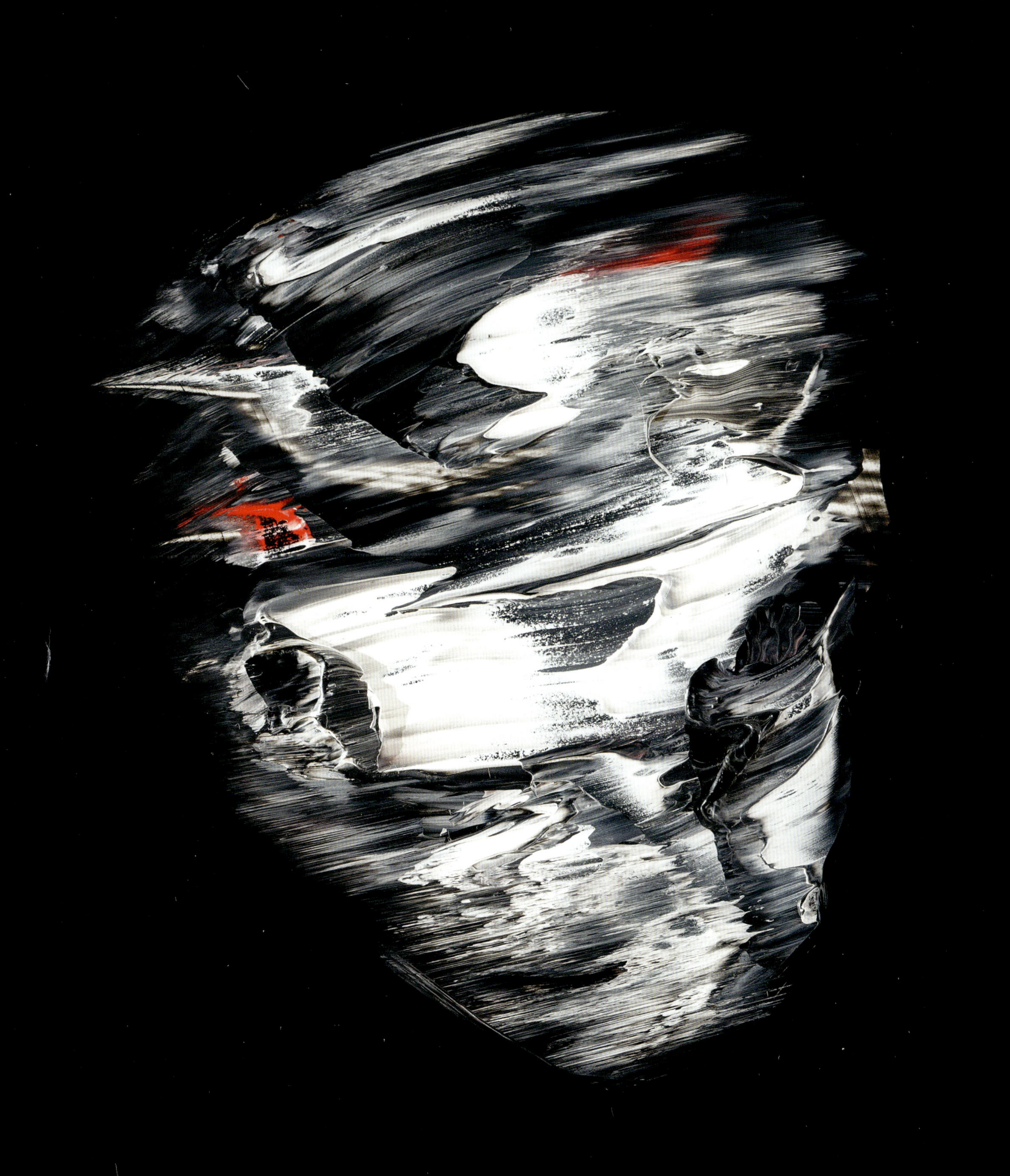

A pursuit of the inner nature (better called the "psychical interiority") of human anthropology related to the depiction of head and hands is made evident in all Puglisi paintings. The painting *Il Grande Sacrificio* can be seen as a syncopated yet focused form of disembodied expression over five joined canvases. A reading of the painting must either be made from left to right, or from right to left, that is to say in a transverse peripatetic manner, unless viewed at greater distance where you are able to encompass the traditional landscape-type format in a single view. The intermittent and momentary puncta (distinct visual points) represented by red splashes as instances of arrested delineation, at the same time knowingly historicise the painting further, since it is a common enough convention of Romantic painting seen for example in expressive painters like Delacroix – an artist who also used blurred compositional practices and developed an extended use of the *sfumare* principle. Yet the so-called portraits are different in not only that they use and emphasise the vertical format of the portrait, but can also be visualised relatively close up within a single viewpoint. And a close up view is very important to Puglisi, for like Francis Bacon's expressive heads of disjuncture, they place a premium on issues of facture and the complex layered language of paint application. Though differentiated in his use of black and white we see the same sense of a fascination with the drag of the brushstroke, the veiling or over painting of each precursive gesture, the hidden visible of weft and the warp of the canvas support, the structure of the head or skull, and the ruptured marks of arrested moments of expression. At the same time there is always in Puglisi's heads (intended or otherwise) a recollection of the death mask, since painting and death have always possessed intimate synonymous relations. To mention Bacon, an artist whose work is greatly admired by Puglisi, is to touch upon what might best be called an existential aesthetic. And one could well imagine his paintings fitting well in an exhibition alongside the reduced existential aesthetic of both Bacon and Giacometti. It is this tactile facture-based approach to head and hands, and its close affinity to the human – there is little by way of reference to the natural environment in his paintings – that

gives significance to the relationship and juxtaposition to the black field that surrounds it. Another artist much admired and frequently referenced indirectly by Puglisi's portraits is Rembrandt, and while it also attains to expressive facture, just as important to Puglisi is the way that the heads of his sitters often appear as luminous presences that emerge from darkened backgrounds. Of course Rembrandt is famous for his self-portraits, and it could be argued that all portraits are artist self-portraits of sorts, for the sitter whether described or idealised is always subjected to an interpretation by the painter. Specific paintings called self-portraits appear from time to time in this Italian artist's paintings. However, they can hardly serve the purpose of revealing outward appearance for the purposes of recognition, but rather at most are suggestive of abstracted psychological identity as representative states of mind. It is almost as if the expressive gestures of mark making, become differentiating keys accessing particular avenues of consciousness. It is in this sense that when Puglisi has spoken of Goya and Cézanne, it is in reference to the French and Spanish artist's abilities to create a powerfully haptic sense of visual encounter and experience. There is a uniquely palpable (if not always ghostlike) feeling of material presence that the artist Puglisi has also realised in optical terms, but one that plays with a spatial or cosmological dialectic of material allusion and immaterial absence. …
(Mark Gisbourne, "Ghosts in the Void", in *Peintures*, exhibition catalogue, Galerie Sobering, Paris, 2016.)

Savarese - Puglisi 2017

Maria Savarese: This travelling artistic project between Palermo and Naples brought you into contact with some of the places that Michelangelo Merisi passed through, where he returned several times in the course of his troubled wanderings: Palermo and Naples, the latter city where he left some of the most significant works in his oeuvre: *Martirio di Sant'Orsola*, *Flagellazione di Cristo* and *Le Sette Opere di Misericordia* [*The Martyrdom of Saint Ursula*, *The Flagellation of Christ* and *The Seven Acts of Mercy*].
What did you feel the first time you entered the Pio Monte della Misericordia chapel, a setting of great impact and atmosphere, and

Giove ed Io

2015

Olio su tela / Oil on canvas, 200 x 150 cm

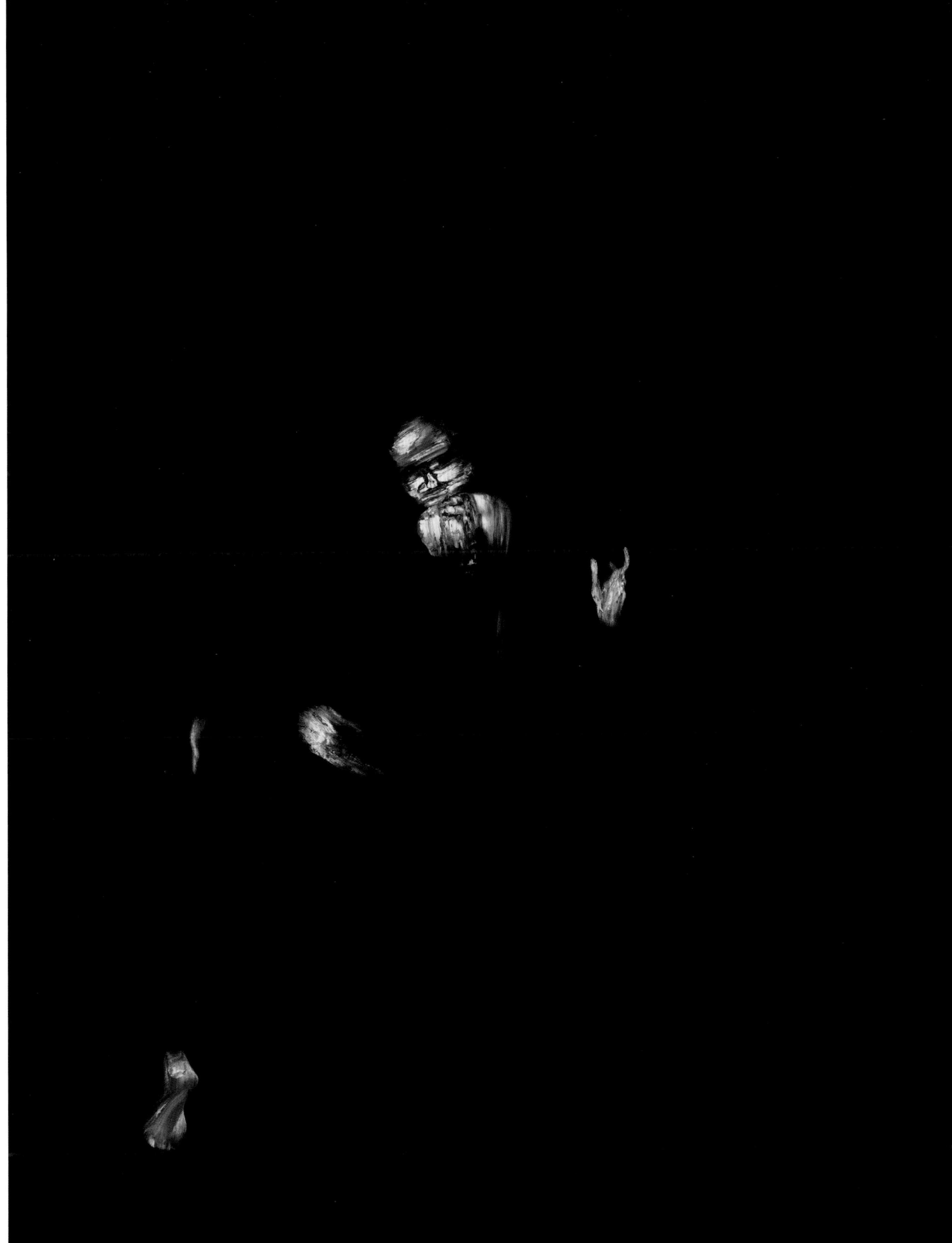

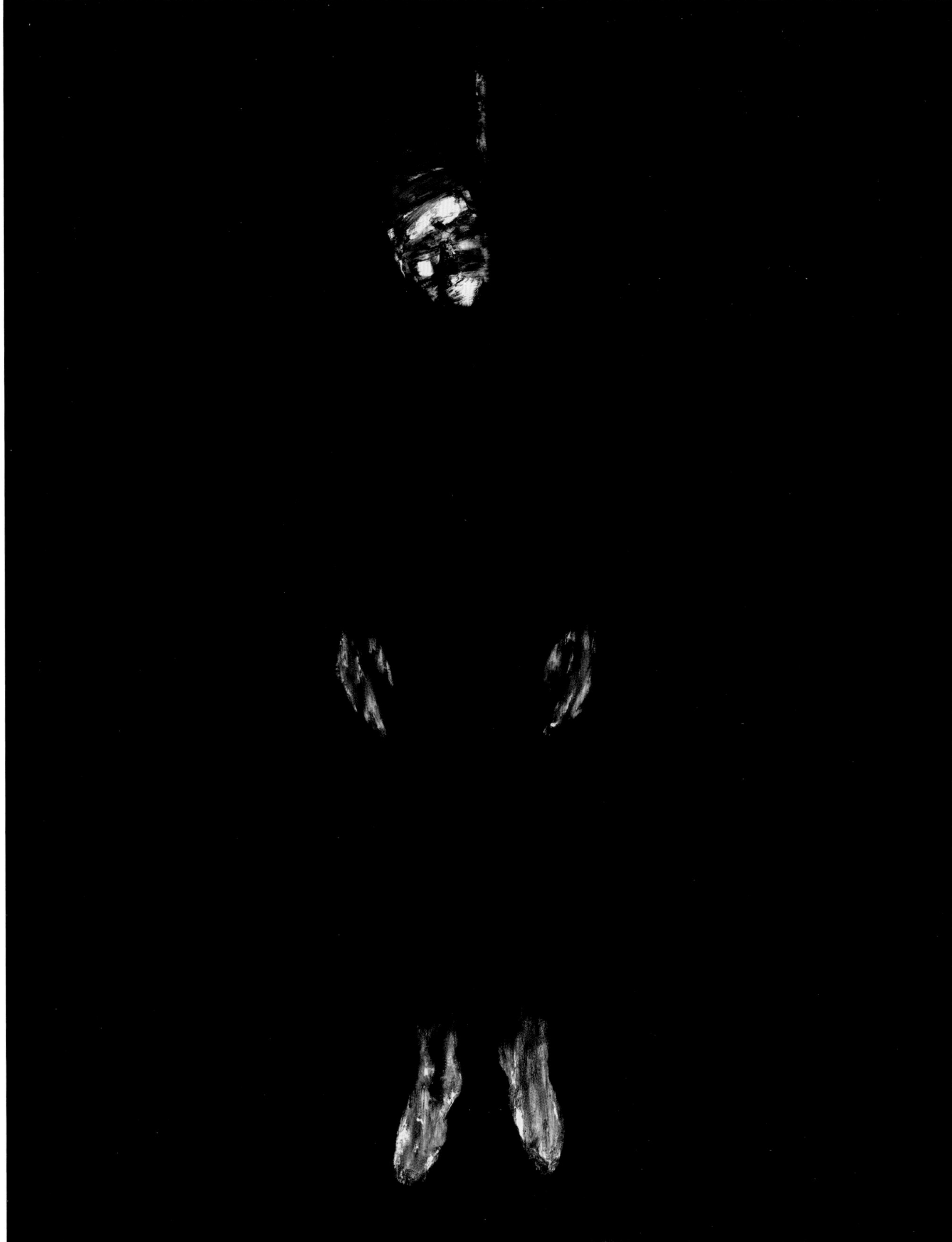

**Armenian portrait
1915**
(intero e particolare / full
view and detail)

2015

Olio su tela / Oil on
canvas, 170 x 130 cm

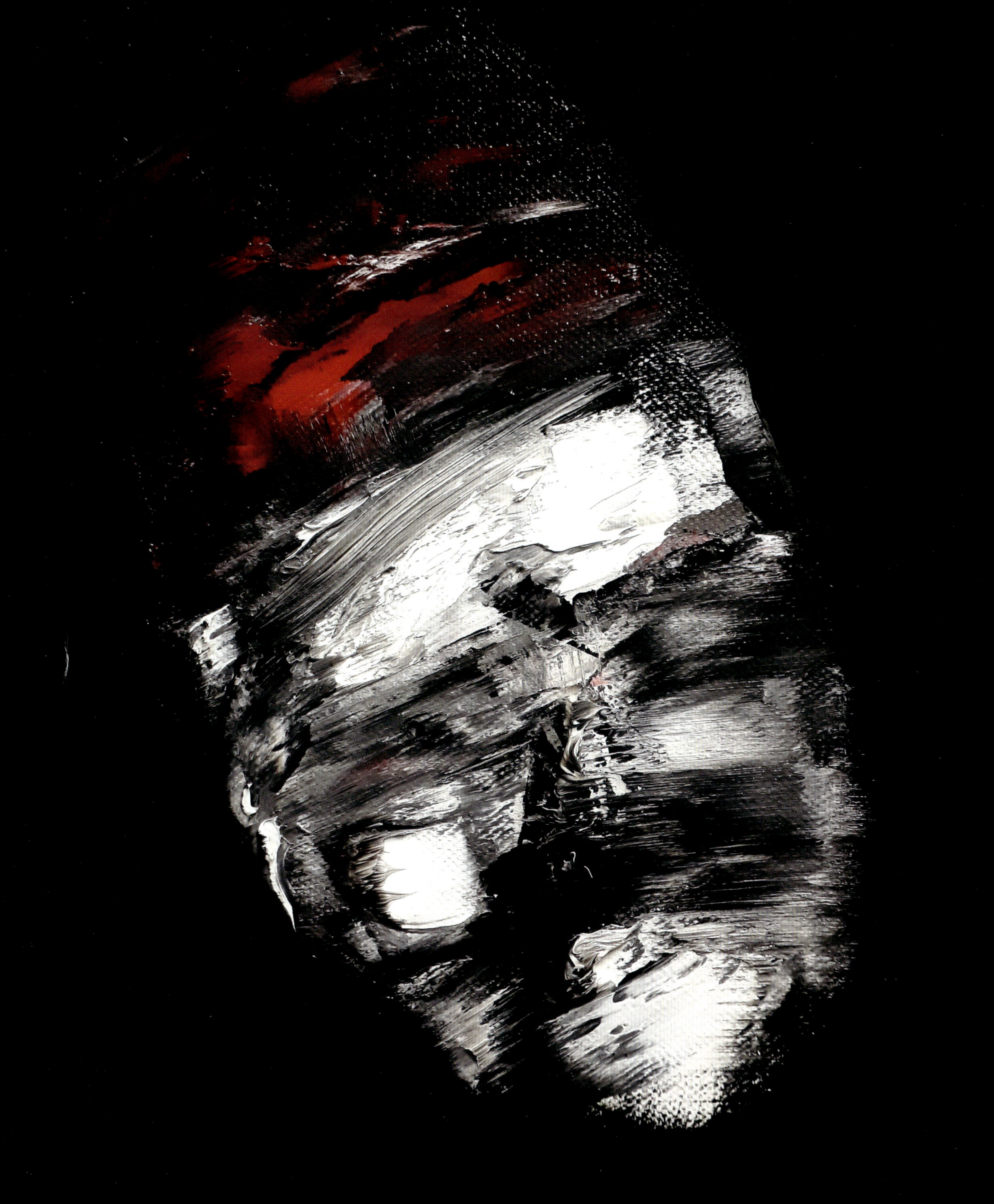

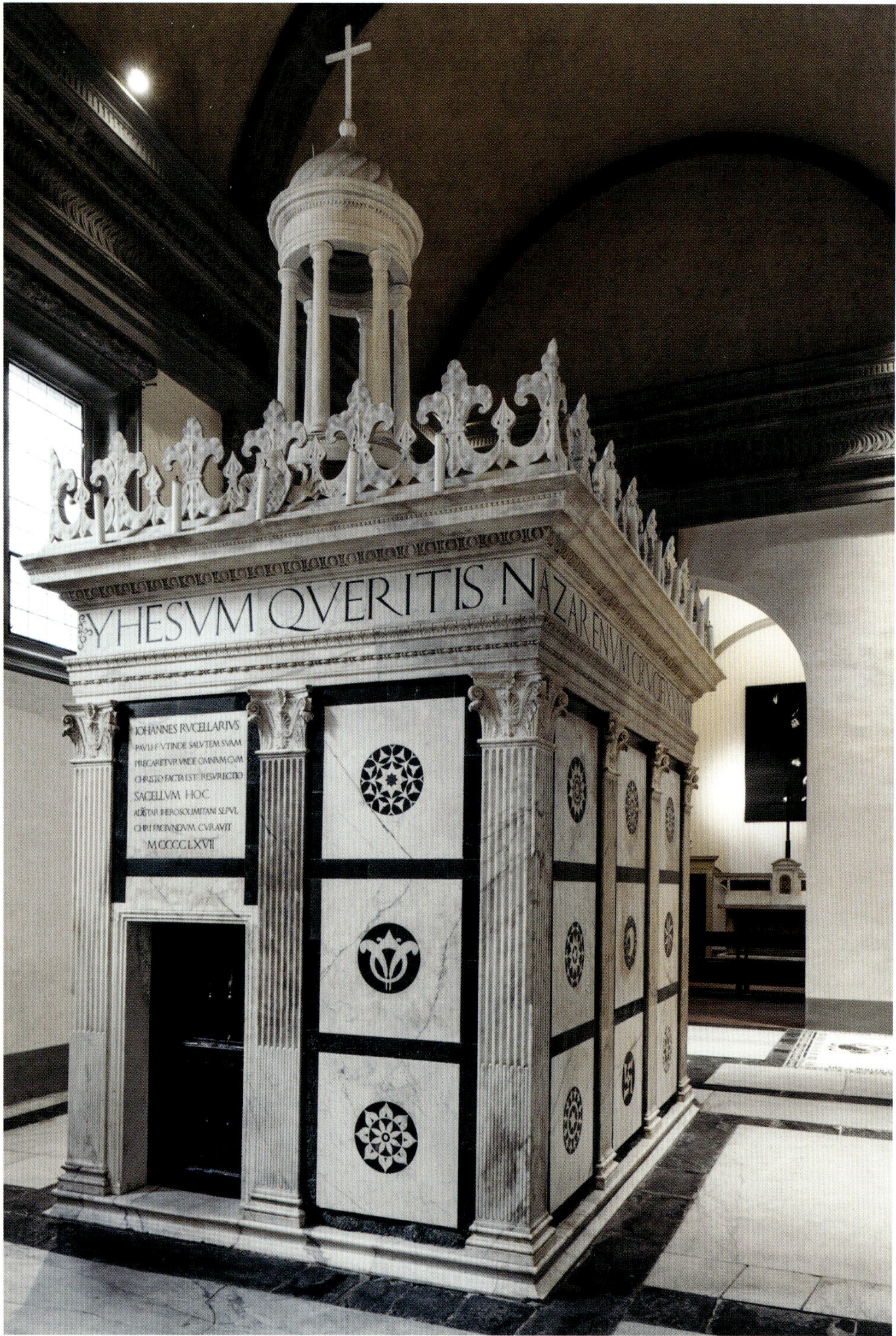

saw the great master's canvas right before you?

Lorenzo Puglisi: A shock, a powerful moment of reality… (but this is my memory of it now, it has inevitably lost the strength of the moment…). Painting, true painting, immediately leads to silence, it is something alive and concentrated that reaches the observer and nourishes him, as when one looks at a tree in bloom or into the eyes of a child. It is pure magnetism, as if there were nothing else around…

M.S.: While in Palermo your site-specific intervention was premised on the absence of Caravaggio's work and therefore the lack of direct experience of it, here in Naples the dialogue was closer. How did you mentally approach Caravaggio's tangible presence?

L.P.: When I saw the painting in the Pio Monte chapel, I immediately took in the most powerful parts of the vision, all at once. Subsequently, through the attempt of the practical realisation or better, my approach to the concrete pictorial reality of the idea that was in me, I achieved something that interested me, and so the painting was born; the proximity to Caravaggio was the simple image of the *Seven Acts*, looked at slowly and with an attention that gradually became more detached from its formal appearance. For the tangible presence, I'll have to wait until the day of the inauguration…

M.S.: The exhibition is divided into two phases: a large work on either side of the seventeenth-century canvas, and preparatory sketches on the upper floor, in the rooms of the *Quadreria* [Picture Gallery] dedicated to contemporary art. *Genealogie dell'ombra* [*Shadow Genealogies*], a work in which Omar declared that he had carried out an act of emptying, and *La Misericordia* [*Mercy*], in which your point of departure, Lorenzo, was the cancellation of any reference to reality through minimalism of the material and the supports. Explain this to me…

L.P.: For me what remains important in painting, as a tentative and hypothetical point of arrival, is the essentiality of the scene in itself, that is, the use of those indispensable visual components that are enough to render forcefully the deep impression of the real image, of Life. As I was saying, it is a hypothetical point of arrival, an ambition…

Lorenzo Puglisi. Natività, vedute
dell'installazione con il Tempietto del
Santo Sepolcro di Leon Battista Alberti /
installation views with the Tempietto del
Santo Sepolcro by Leon Battista Alberti,
Cappella Rucellai, Museo Marino Marini,
Firenze / Florence, 2021

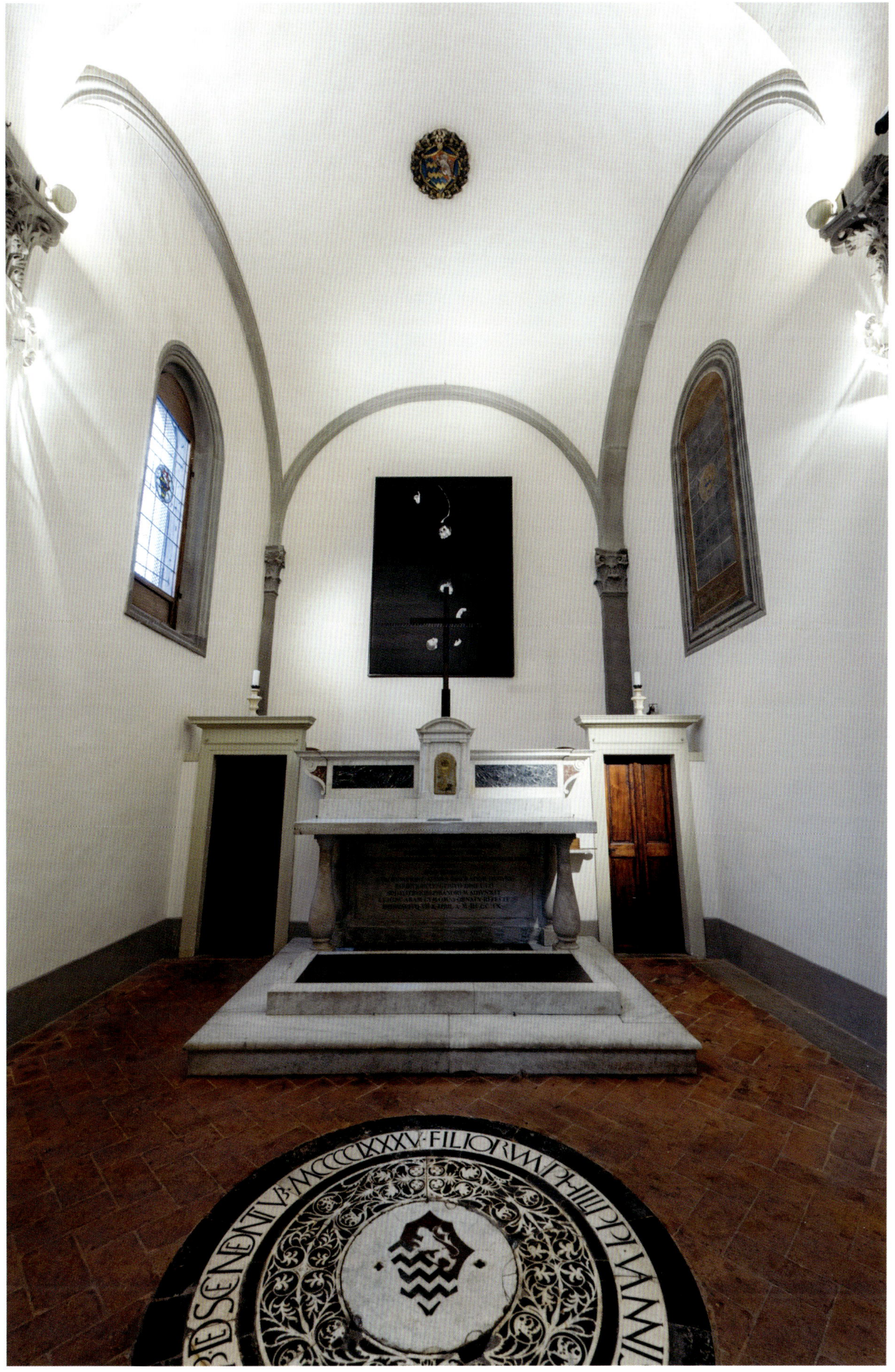

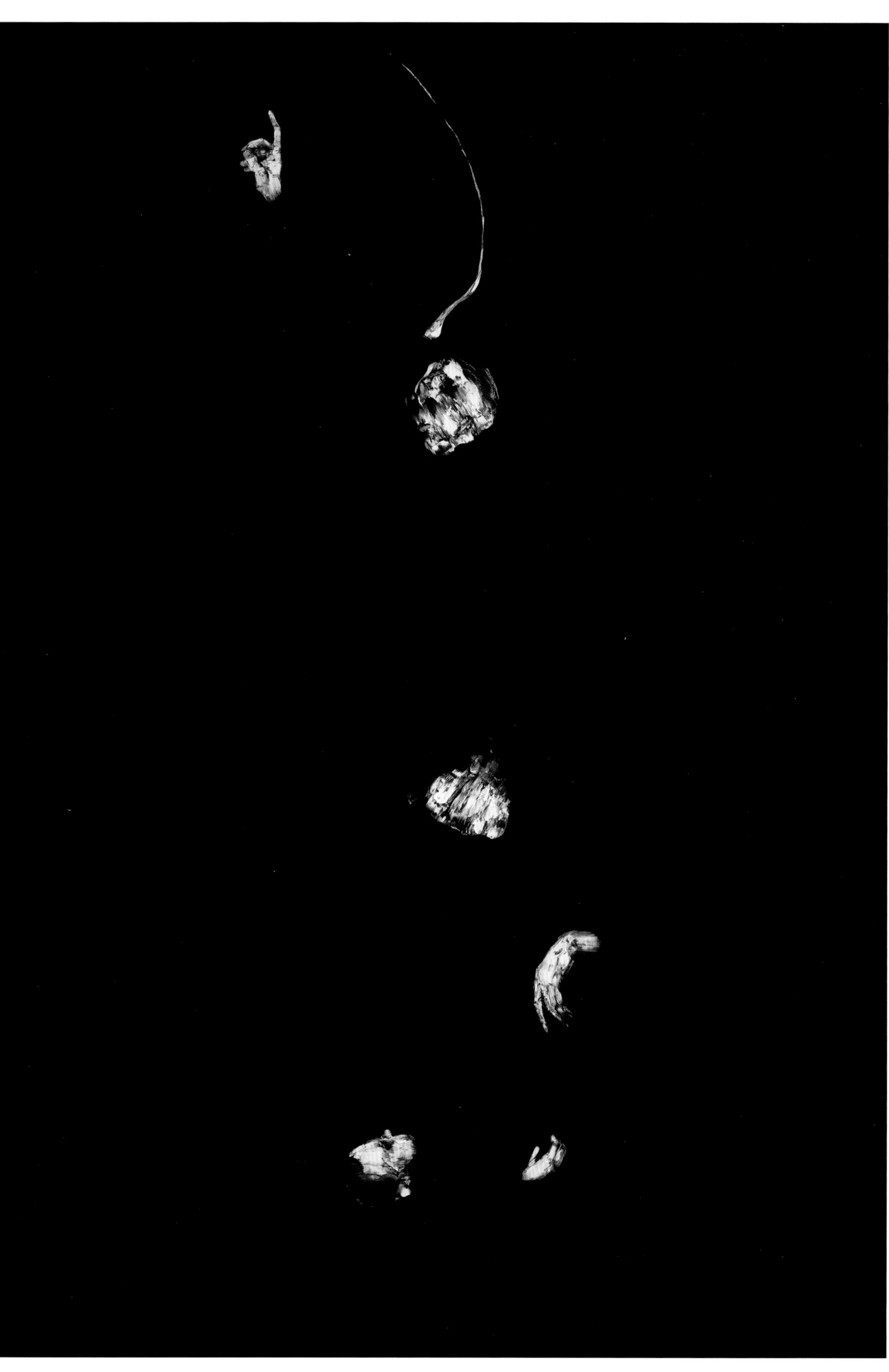

Natività
(intero e particolari /
full view and details)

2016

Olio su tela / Oil on
canvas, 300 x 200 cm

M.S.: Se a Palermo il tuo intervento site specific aveva come presupposto l'assenza dell'opera caravaggesca e quindi la mancanza del diretto confronto con essa, qui a Napoli il dialogo è stato ravvicinato. In che modo ti sei approcciato mentalmente alla presenza tangibile di Caravaggio?

L.P.: Quando ho visto il quadro alla Cappella del Pio Monte, ho ricevuto subito le parti più potenti della visione, di colpo. Successivamente, attraverso il tentativo della realizzazione pratica, o meglio l'avvicinarmi alla materialità pittorica dell'idea che era in me, sono giunto a qualcosa che mi ha interessato, e così è nato il dipinto; la vicinanza con Caravaggio è stata la semplice immagine delle Sette Opere, guardata lentamente e con una attenzione via via più slegata dalla sua apparenza formale. Per la presenza tangibile dovrò aspettare il giorno dell'inaugurazione…

M.S.: La mostra si articola in due momenti espositivi: un'opera di grandi dimensioni ai lati della tela secentesca e bozzetti preparatori al piano superiore, nelle sale della Quadreria dedicate al contemporaneo. *Genealogie dell'ombra*, opera in cui Omar ha dichiarato di aver operato uno svuotamento, e *La Misericordia*, in cui il tuo punto di partenza, Lorenzo, è stata la cancellazione di ogni riferimento al reale attraverso un minimalismo materico e dei supporti. Spiegami…

L.P.: Per me resta importante in pittura, come tentativo e ipotetico punto di approdo, l'essenzialità della scena in sé, l'utilizzo cioè di quelle componenti visive indispensabili e sufficienti a restituire con forza l'impressione profonda dell'immagine reale, della Vita. Come dicevo è un ipotetico punto di arrivo, un'ambizione…
(Maria Savarese, *Conversazione tra Lorenzo Puglisi e Maria Savarese*, in *Omar Galliani, Lorenzo Puglisi. Caravaggio, la verità nel buio*, catalogo della mostra, Ad Est dell'Equatore Edizioni, Napoli 2017.)

Cavallarin 2018

… All'interno di ogni immagine esistono una "tensione", "un'entropia". La tensione dei dipinti di Puglisi racconta trame indissolubilmente legate alla storia di capolavori, uguali nella posizione dei soggetti, differenti per espressività e tecnica impiegata, che sembrano srotolarsi da una tela all'altra provocando un senso di straniamento, di proiezione strabica e laterale che rifiuta la tutela della stabilità, la legittimazione di un *file rouge* precostituito e la necessità di un destino predeterminato. La combinazione fondamentale è data dalla pelle scura del quadro, e poi dalla mappatura dei segni che risultano; una mutazione opaca impercettibile e irreversibile, fino al ritorno al punto zero del labirinto, il grado di partenza del sogno, luogo simbolico dove la realtà e l'immaginazione fanno nascere e vivere presenze e assenze. Il labirinto è un percorso, una successione solo apparentemente disordinata di colori primari selezionati e insistenti, che cattura sagome allusive.

Nel lavoro di Puglisi interagiscono le due polarità rappresentate dall'appropriazione da una parte e dal richiamo alla pittura più pura dall'altra, estremi che danno luogo a una rappresentazione inattesa. Le sue opere da un lato evocano alcuni temi iconografici dell'arte, dall'altra sono caratterizzate dalla stesura dei fondi che si pongono in netta contrapposizione con la gestualità fredda e materica dell'espressionismo impiegato per realizzare le forme dei soggetti. In queste opere la post elaborazione, e la dissoluzione della struttura classica della pratica pittorica, si dirige a favore di un'elaborazione personale e strettamente connotata sia nell'architettura costruttiva costituita da grandi supporti verticali o orizzontali, sia nel linguaggio pittorico inteso come gesto ed espressione, moto quasi violento e volutamente dispersivo nella ristretta campitura in cui poi si riassume: volto e mano, soltanto volto e mano.

Le tele edificano un ring di composizioni pittoriche che giocano tra conclamati passaggi di materia luminosa e la sinuosa irraggiungibilità dello spazio fondo della struttura, tra la spudoratezza dell'opera e il suo porsi in uno stato di empatia con lo spettatore, dialogo serrato e irrisolto che costituisce la domanda sempre aperta dell'Arte. Nell'opera di Puglisi la realtà, la surrealtà, il senso e il non-senso coesistono e affondano le proprie radici nella struttura della visione sentendo la necessità, l'artista, di far subentrare il sogno alla realtà, direi di imporre il sogno sulla realtà quasi fossero in antitesi, risolvendo il "conflitto" che subentra nel rintracciare la memoria di qualcosa che è già stato e ponendo l'intera realtà come fosse un sogno. A tratti incubo iconoclasta, della cui versione originale resta solo una vacua e contaminata aura, la pittura di Puglisi ha l'intento di dilatare il senso profondo dei messaggi tramandati dai grandi maestri lungo il cammino della storia e dell'esistenza dell'uomo. E lo fa formulando un processo di dislocazione che si svela con la proiezione e la mappatura dei profili apportati su tele e carte. I lavori sono residui eseguiti con pennellate, spatolate o getto di materia distribuito direttamente con i palmi e le dita, *scintille generate da un fuoco nero*. …
(Martina Cavallarin, *Lorenzo Puglisi*, in *Lorenzo Puglisi. Scintille di un fuoco nero*, catalogo della mostra, Labs Gallery, Bologna 2018).

Dehò 2018

Lorenzo Puglisi parte dal silenzio del corpo per arrivare alla verità della pittura. Il suo è un viaggio nel cuore delle tenebre, dove la luce appare per segnali intermittenti. La sua presenza viene annunciata da lampi, segnali, apparizioni. Corpo e pittura sono due estremi che si intersecano nella percezione del sentire attraverso e oltre i sensi. Il corpo dell'uomo può anche essere letto come un paesaggio, come una geografia umana che rifletta la volta celeste. Il corpo della pittura riflette invece la capacità dell'uomo di andare oltre la realtà, ma non fuori, piuttosto dentro di essa. Non vi è competizione, quanto piuttosto un'opposizione che sa di alterità. La sfera del conoscibile si specchia in quella del sensibile per aprire le porte di una conoscenza diversa perché fondata sulla novità e non sulla ripetizione. Come ha scritto Guido Ceronetti, il corpo tace, è la pittura che deve parlare senza *dire*. Il primo ha la sua forza nell'appartenere alla natura, nell'esserne un elemento costituente. La seconda ha bisogno di esprimersi, deve dimostrare che si tratta di un episodio della costituzione del linguaggio, l'articolazione primitiva di un discorso che forse non comincerà mai e che forma l'attesa della rivelazione che ancora non è perché non appartiene ancora alla forma.

È interessante osservare il modo che ha Puglisi di guardare il mondo. È partito oltre una decina di anni fa con il dare esistenza a un popolo di figure solitarie, profonde, definite dall'essere incerte, tremule. Cerca nei volti quella solitudine degli alti spiriti che è il sogno della pittura figurativa. Gli occhi, come in Francis Bacon, non hanno più la funzione di "finestra dell'anima" che potevano avere nella ritrattistica classica almeno fino al Novecento. Spesso sono occhi che non guardano, ciechi, perché in effetti devono essere guardati. Sono passivi perché sono loro la rivelazione, i volti attorno a loro sono un riverbero, un alone di luminescenza malata. Questa instabilità rivela

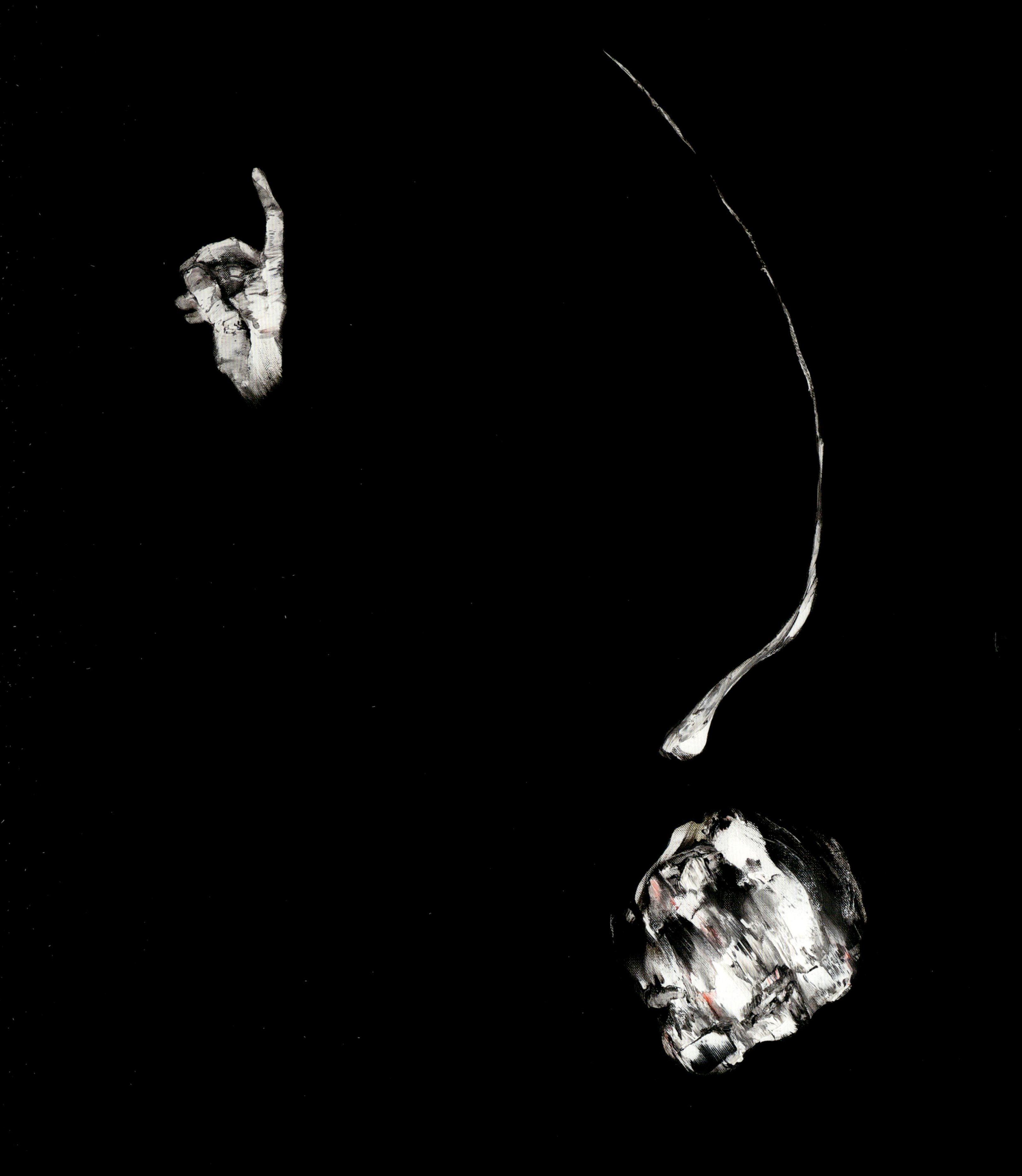

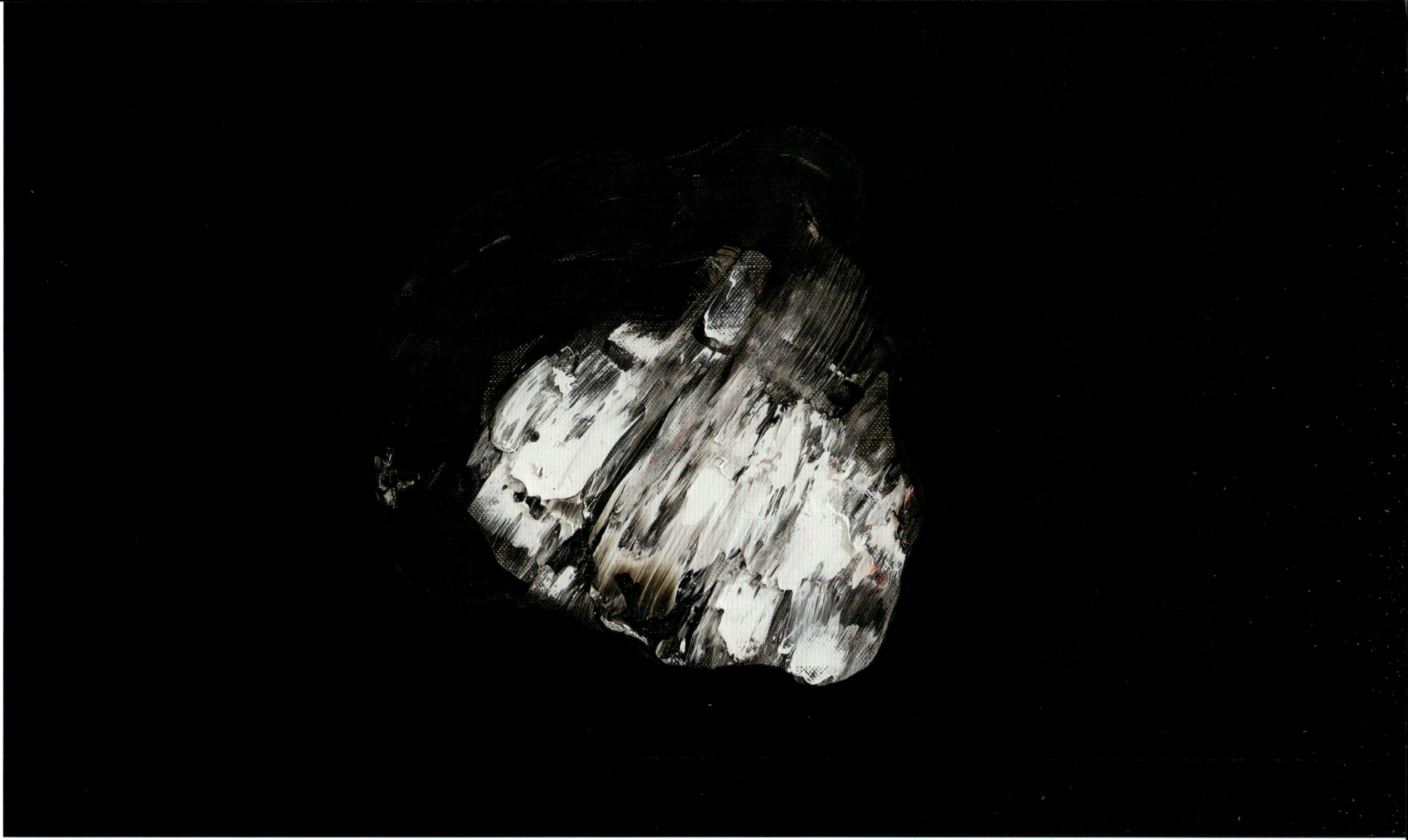

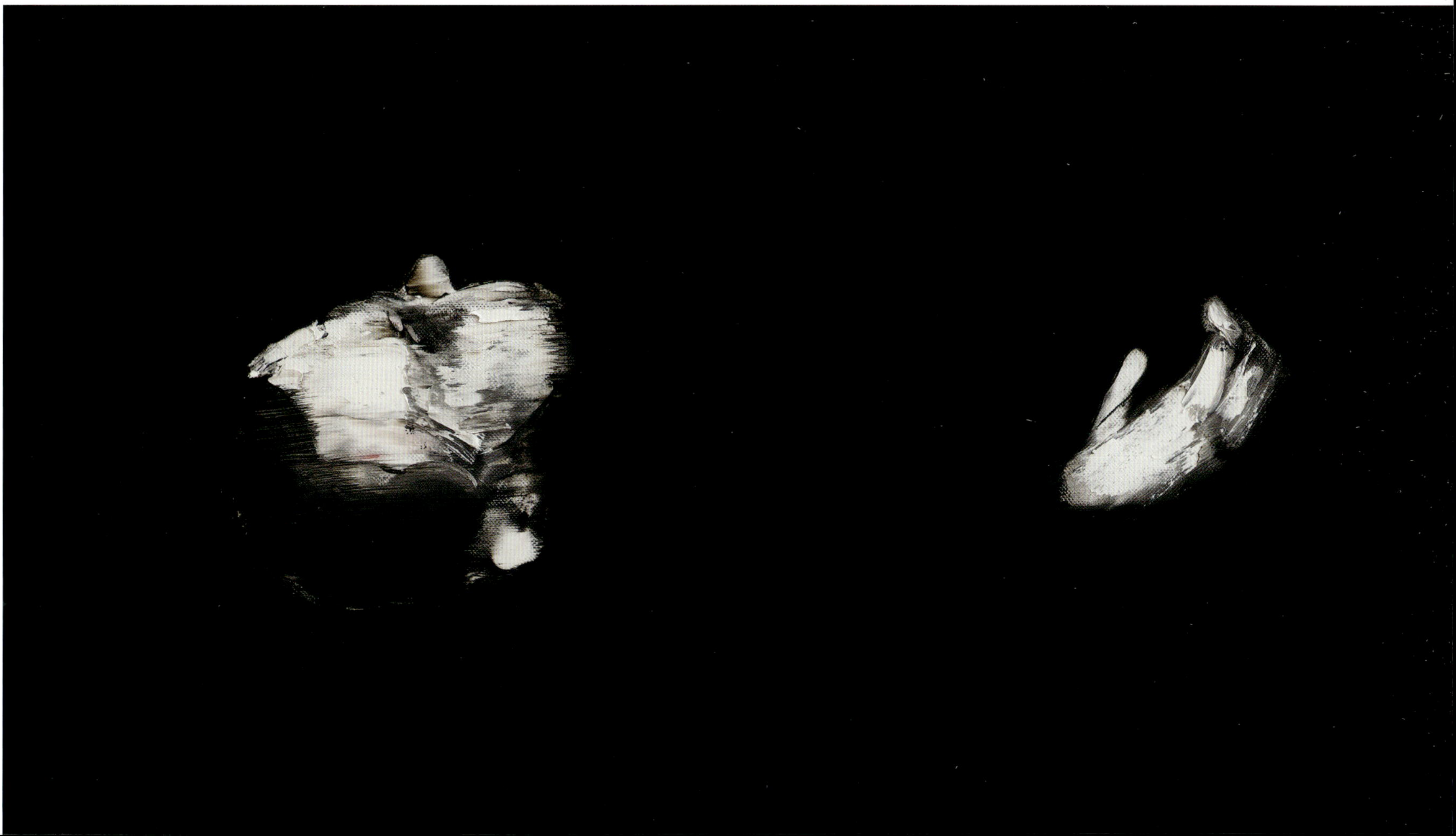

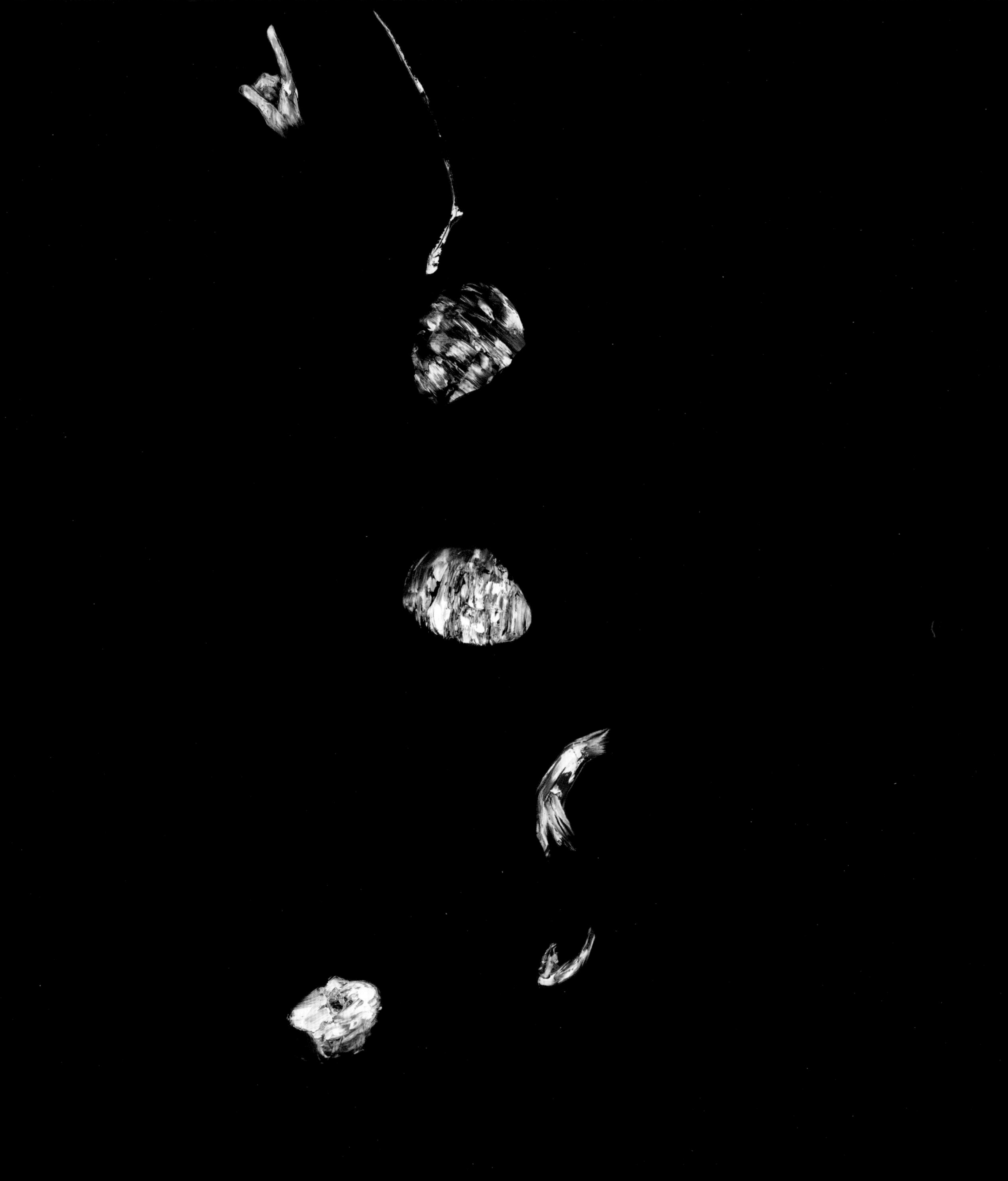

una relazione con lo spettatore che non capisce quale possa essere il focus dell'immagine. Assorbono lo sguardo e ciò che restituiscono è una modalità di esistenza che si pone tra il corpo e la pittura, in una zona intermedia, una *dead zone* ancora ignota, che richiede un viaggio per mostrarsi, e il silenzio per apparire.

È anche difficile parlare di realismo a proposito dei suoi lavori, non solo perché la realtà non sempre ha a che fare con la verità, ma soprattutto è la rinuncia definitiva al silenzio della Metafisica. Per questo all'inizio i suoi lavori avevano colori fossili, quasi si trattasse di un magma rappreso e inerte. Eppure non emergeva un valore plastico che fosse fuorviante, che distraesse dal silenzio del corpo. La pelle dell'uomo è una sorta di base epiteliale su cui la pittura dipinge la sua propria pelle. Seconda pelle, quindi, ma non come trucco, come occultamento del reale. Non abbiamo a che fare con un *habitus* fortificato dai sentimenti e dalle convenzioni. La seconda pelle della pittura è un evidenziatore dei difetti e delle lacune, ma anche della sensualità, della vita, perché è con il corpo che si sperimenta e condivide l'amore, il piacere e la morte. …
(Valerio Dehò, *Luce di tenebra*, in *Lorenzo Puglisi*, monografia pubblicata in occasione della mostra *In a silent way*, Studio Guastalla Arte Moderna e Contemporanea, Milano, Prearo Editore, Milano 2018.)

Resch 2018

… Puglisi legge l'arte del Rinascimento e del Barocco italiano con uno sguardo pervaso di assoluto: la sua pittura si fa trascendente rispetto alla connotazione materiale delle immagini, che sono trasformate in elementi puri, slegati dalla necessità della rappresentazione, eppure altamente allusivi. Ombre; spiriti; anatomie martoriate di santi; un agnello sacrificale pacificamente immolato nel suo disarmante candore; reliquie macabre: figure dalla mitologia ibrida sorgono dalle tenebre del nostro immaginario e si dispiegano nello spazio della navata unica, animate da una sospensione onirica inquietante. …

… Il dettaglio in Puglisi è l'unica informazione che ci viene data per capire l'intero. Non esiste altro che una porzione di vero, nascosta nell'oscurità, eppure fortemente illuminata da aggetti di luce su pennellate vigorose. In questa parziale rappresentazione che può solo rimandare al ricordo del tutto, l'universo accade e si

esplica in movimenti quasi tridimensionali del segno pittorico, costituito da un pulviscolo la cui materia gravita vorticosamente, come attirata da una inestinguibile gravità interna. Ciò che si condensa nel nero è orrido e rivelatore, terrifico e sacro, quanto di più umano nella sua mancanza e nello stesso tempo quanto di più divino nella sua trascendenza: il dio della vita interiore si confronta con il mondo in un tentativo di comprensione ogni volta finale, drammatico. (Raffaella Resch, *Visioni di luce e tenebra*, in *Omar Galliani, Lorenzo Puglisi. Visioni di luce e tenebra*, catalogo della mostra, Museo Francesco Messina, Milano, Scalpendi Editore, Milano 2018.)

Beatrice 2019

… L'avrei chiamata semplicemente *Popolo*, la mostra di Puglisi, perché i tratti appena accennati delle sue figure mi rammentano certa pittura ottocentesca nei pressi del divisionismo, e Pellizza naturalmente. La seconda parola, *Memoria*, l'ha aggiunta lui e aveva ragione. Così il titolo è perfetto.

Che il pittore, in qualche modo, condivide lo stesso destino con quelle forme linguistiche, così radicate nel tempo, che troppo spesso devono giustificare la loro presenza nel contemporaneo con invenzioni davvero astruse: il romanzo, la poesia, il giornalismo, a rischio pure il rock e il cinema che non nasce per la televisione. Ammetto di trovarmi in difficoltà nell'individuare la giusta ricetta e gli ingredienti necessari affinché la pittura, vent'anni dopo il 2000, possa ancora definirsi contemporanea e soprattutto se questo ragionamento sia davvero giusto. Parafrasando, la pittura davvero ne ha visti di tutti i colori (Puglisi lavora essenzialmente con il nero, non dovrebbe avere particolari problemi), ne ha subiti di tentativi di delegittimazione, si deve scontrare con i soloni della critica, del mercato, della società buona dell'arte, che la guardano come si guarda un anziano parente poco sopportabile. E invece è ancora qua, sempre qua, nuova ma eterna. Sfido chiunque a sostenere il contrario e infatti è proprio il mercato a premiare i bravi pittori. Ci servono come il pane, il problema è che ce ne sono pochi. Teniamoci stretto un talento come Lorenzo Puglisi.

Non si limiti però a mero atto di resistenza. La pittura, non va dimenticato, è presente. E il presente sempre si rifà al passato senza per questo averne nostalgia. Lorenzo si pren-

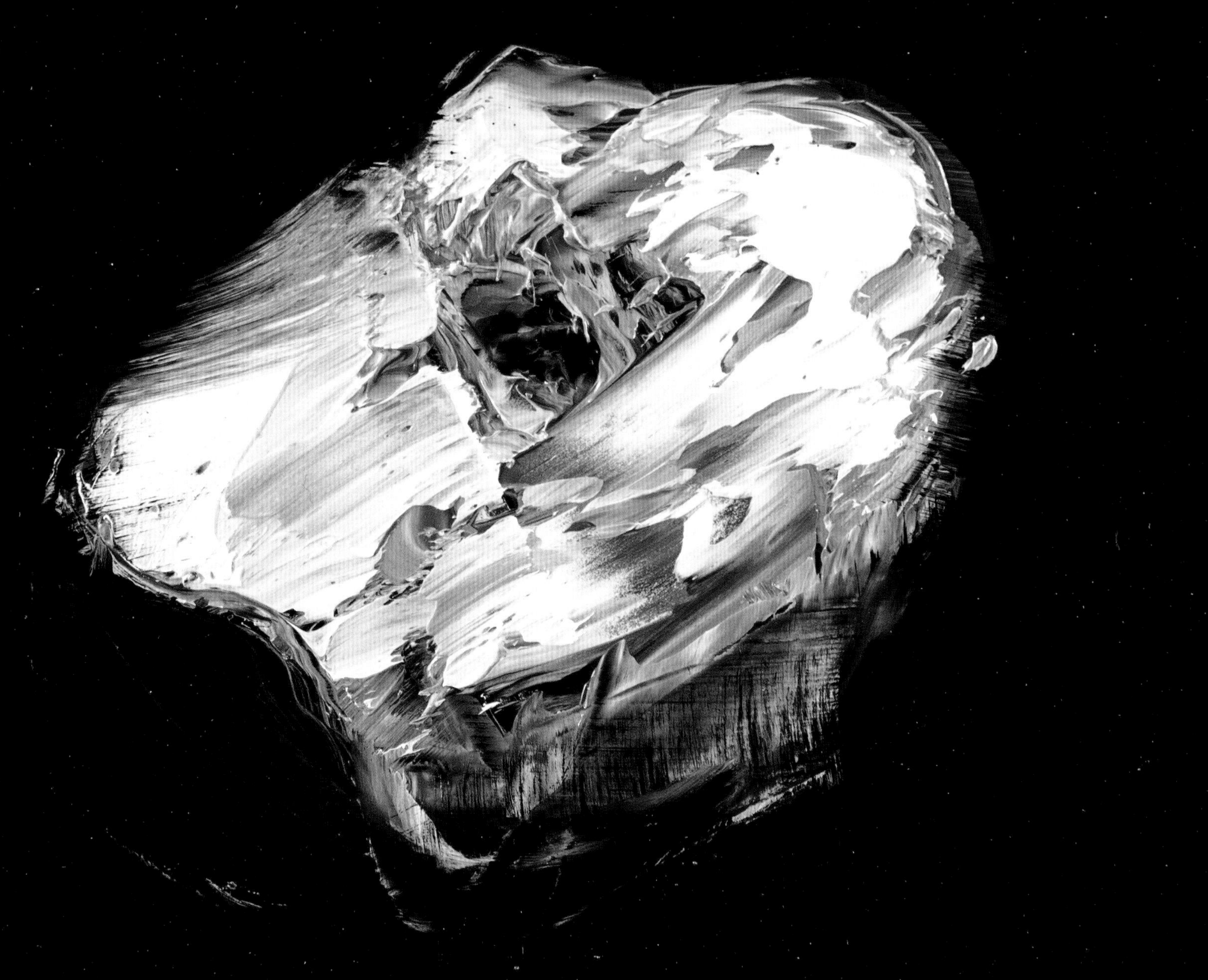

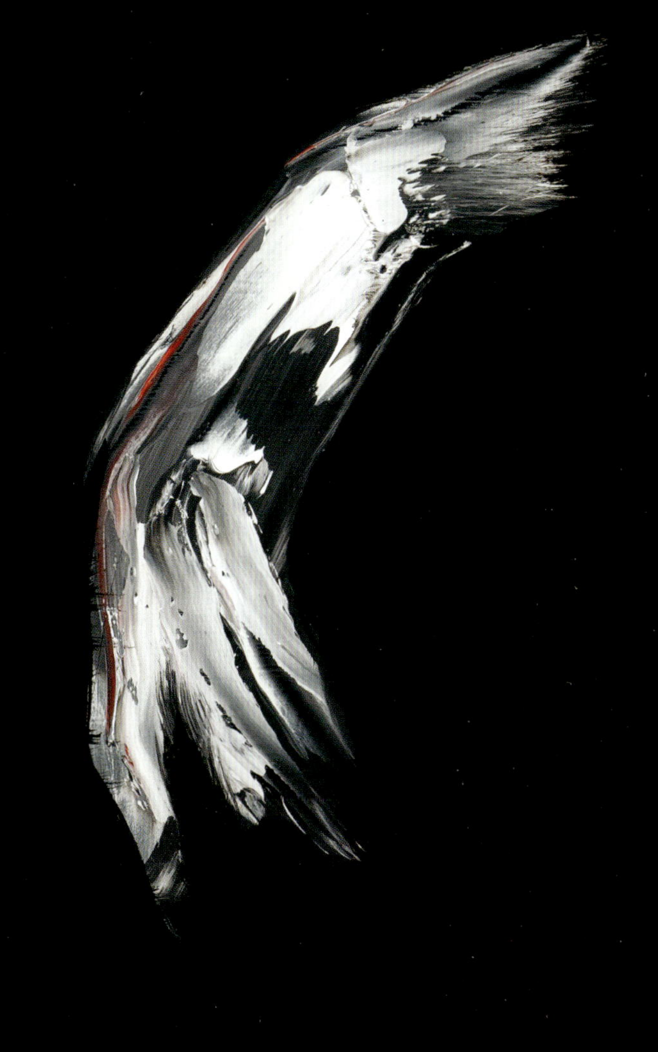
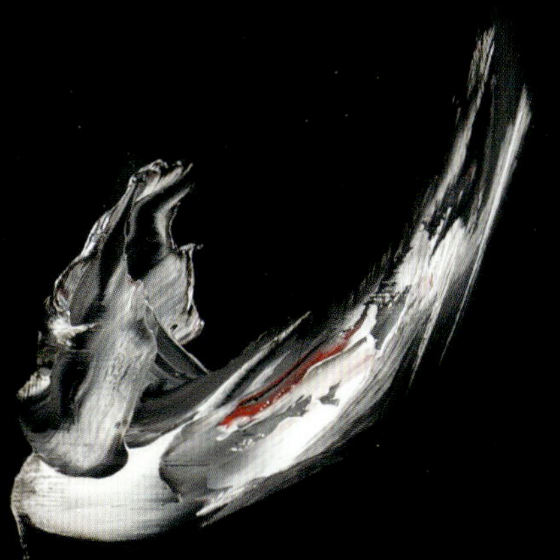

(Maria Savarese, "Conversazione tra Lorenzo Puglisi e Maria Savarese" ["A talk between Lorenzo Puglisi and Maria Savarese"], in *Omar Galliani, Lorenzo Puglisi. Caravaggio, la verità nel buio*, exhibition catalogue, Ad Est dell'Equatore Edizioni, Naples, 2017.)

Cavallarin 2018

… Within each image there is a "tension", an "entropy". The tension in Puglisi's paintings tells stories inextricably linked to the history of masterpieces, similar in the poses of the subject, different in terms of the expression and the technique used, which seem to unfold from one canvas to the other, eliciting a feeling of alienation, of cockeyed, sidelong projection that snubs the protection of stability, the legitimation of a pre-established *fil rouge* and the need for a predetermined destination. The fundamental combination is given by the dark skin of the painting, and then by the mapping of the graphic signs that result; an imperceptible and irreversible opaque mutation, as far as the zero-point of the labyrinth, where the dream begins, symbolic place where reality and the imagination give rise to presences and absences. The labyrinth is a pathway, an only apparently disorderly succession of primary colours selected and repeated, that captures allusive silhouettes.

In Puglisi's works, there are two polarities, representing at one extreme appropriation and at the other the call for a purer form of painting, which then interact to produce something unexpected. On the one hand, his works evoke some iconographic themes of art, and on the other, they are characterised by the flat grounds that clearly contrast with the expressionist style of the thick impasto applied with cold gestuality to realise the forms of the subjects. In these works, the post-elaboration phase and the dissolution of the classical structure of painting take a personal direction, both in the architectural structure consisting of big vertical or horizontal supports and in the pictorial language understood as gesture and expression, an almost violent and intentionally dispersive act in the narrow field where what we see can be summed up as: a face and a hand, just a face and a hand.

The canvases construct a ring of painterly compositions that seesaw between unabashed passages of luminous impasto and the sinuous elusiveness of the space forming the backdrop of the structure, between the work's audacity and its ability to forge empathy with the observer, an intense and ongoing dialogue that poses the open-ended question of Art. In Puglisi's work, reality and the surreal, sense and non-sense coexist and have their roots in the structure of the vision, feeling the artist's need to have the dream take over from reality, one might say to impose the dream on reality as if they were in contrast, resolving the "conflict" that steps in to trace the memory of something that has already taken place and seeing the whole reality as if it were a dream. At times an iconoclastic nightmare, the original version of which is reduced to a vacant and contaminated aura, Puglisi's painting aims to expand the deep meaning of the messages handed down by the great masters in the course of history and of human existence. And the artist accomplishes this by formulating a process of dislocation that is revealed with the projection and mapping of the profiles made on canvas and paper. The works are what remains, executed with brushstrokes, strokes of the palette knife, or spraying of the paint, distributing it by hand, using the palms and fingers, *sparks generated by a black fire*. …
(Martina Cavallarin, "Lorenzo Puglisi", in *Lorenzo Puglisi. Scintille di un fuoco nero*, exhibition catalogue, Labs Gallery, Bologna, 2019.)

Dehò 2018

Lorenzo Puglisi starts from the body silence to reach the truth of painting. His is a journey into the heart of darkness, where light appears as intermittent signals. His presence is announced by flashes, signals, apparitions. Body and painting are two extremes intersecting in the perception of feeling through and beyond the senses. The human body can also be read as a landscape, a human geography that reflects the celestial vault. The body of painting, on the other hand, reflects man's ability to go beyond reality, but not outside, rather within it. There is no competition, rather an opposition that recalls alterity, otherness. The sphere of what can be perceived through knowledge is mirrored into the one of what can be perceived through the senses, opening the doors of a different knowledge because it is based on novelty and not on repetition. As Guido Ceronetti wrote, the body is silent, it is painting that must speak without *saying*. The former gets its power from its belonging to nature, from its being a fundamental element of nature. The latter needs to express itself, it must show that it is an episode of the language creation, the primitive articulation of a talk that perhaps will never begin and represents the wait of revelation which doesn't exist yet because it does not belong to the form yet. It is interesting to observe Puglisi's way to look at the world. He began over a decade ago by giving life to a people of solitary, deep characters defined by their being uncertain, tremulous. In their faces he looks for that solitude of the high spirits which is the goal of figurative painting. The eyes, as in Francis Bacon, have no longer the function of "window of the soul" that they could have in classical portraiture until the twentieth century. They are often eyes that do not look, blind: after all, they must be looked at. And passive, because they are the revelation, the faces around them are a reverberation, a halo of sick luminescence. This instability reveals a relationship with the viewer who does not understand where the focus of the image is. They absorb the look, giving back a mode of existence that stands between body and painting, in an intermediate area, a *dead zone* still unknown, which requires a journey to show itself, and silence to appear. It is also difficult to talk about realism concerning his works, not only because reality does not always have to do with truth, but above all because it is the definitive renunciation to Metaphysics silence. This is why his works had fossil colours at the beginning, almost as if they were a thickened and inert magma. Anyway there wasn't any plastic value that was misleading and distracted from the silence of the body. Man's skin is a kind of epithelial base on which painting paints its own skin. A second skin, then, but not as a trick, to conceal the real. We are not dealing with a *habitus* strengthened by feelings and conventions. The second skin of painting is a highlight of defects and lacunae, but also of sensuality, of life, because we experience and share love, pleasure and death through the body…
(Valerio Dehò, "Light of Darkness", in *Lorenzo Puglisi*, monograph published on the occa-

de l'ingrato e rischioso compito di manovrare la storia dell'arte. Fosse stato attivo negli anni '80 si sarebbe potuto parlare di citazione, visti gli innegabili riferimenti a Leonardo, Caravaggio, Goya e Bacon. Oggi no, oggi è puro DNA. Mark Gisbourne, autore di un testo in catalogo per il recente volume monografico pubblicato da Hatje Cantz, ha parlato di estetica della rovina perché nell'opera di Puglisi il "confronto con i maestri del passato si configura come una presenza spettrale rigenerante". Altri, come lo storico e filosofo Giovanni Gazzaneo, ne hanno sottolineato l'intensità del nero: "Il nero è assoluto. È culla dell'origine e regno delle tenebre, orizzonte della vita e della morte. Il massimo delle possibilità e il nulla, dove inizio e fine coincidono". Nonostante il ferreo rispetto della sintassi, l'agire su una struttura bloccata che strizza l'occhio alla serialità (in fondo la pittura per essere sempre diversa deve essere sempre uguale, le variazioni minime sono le stesse di una partitura musicale eseguita da interpreti diversi), Puglisi chiede l'immersione nel suo lavoro, conseguenza logica di quell'entusiasmo e di quella fiducia di cui ho parlato all'inizio, uniti a una certa dose di sana incoscienza che lo vede cimentarsi oggi, tra popolo e memoria, là dove respirarono i fantasmi della Gazzetta, là dove scrisse Luigi Carluccio, il cui insegnamento critico non vada perduto. …

(Luca Beatrice, *Lorenzo Puglisi. Popolo e memoria*, in *Lorenzo Puglisi*, catalogo della mostra, Copernico, Torino, Prearo Editore, Milano 2019.)

Beltrami 2019

Il *Grande Sacrificio*, largo sei metri e alto due, esposto nella Sacrestia del Bramante di Santa Maria delle Grazie, è il più grande dipinto non solo di questa serie ma di tutta la produzione di Lorenzo Puglisi. Un muro nero da cui emerge una sequenza ritmica e fluttuante di segni bianchi in cui riconosciamo immediatamente l'eco delle teste e delle mani di Cristo e degli Apostoli dell'*Ultima Cena* di Leonardo, il cui fantasma resiste aggrappato a un muro a poche decine di metri da lì. …

… Il lavoro di Puglisi non è un semplice omaggio o un *d'après,* anche perché non c'è nessun tentativo imitativo. Ogni discorso su Leonardo o Caravaggio, che ne riprenda gli assunti o ne tenti un parallelo riduttivamente iconografico o stilistico, è velleitario o grottesco: lo dimostra la tanta pittura di maniera che

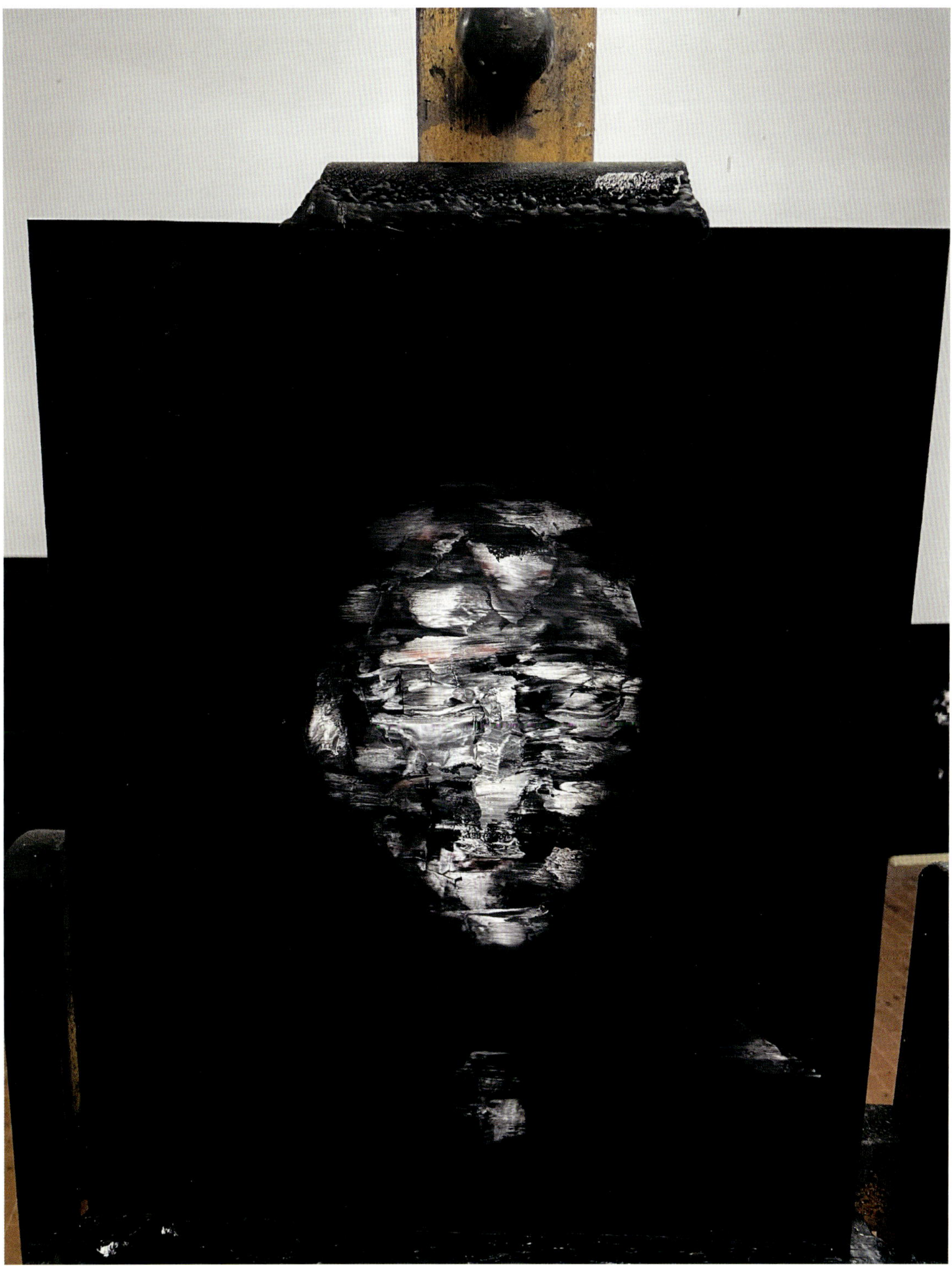

Ritratto 310320, 2020
Olio su tavola / Oil on panel, 53 x 44 cm
in lavorazione sul cavalletto / in progress
on the easel

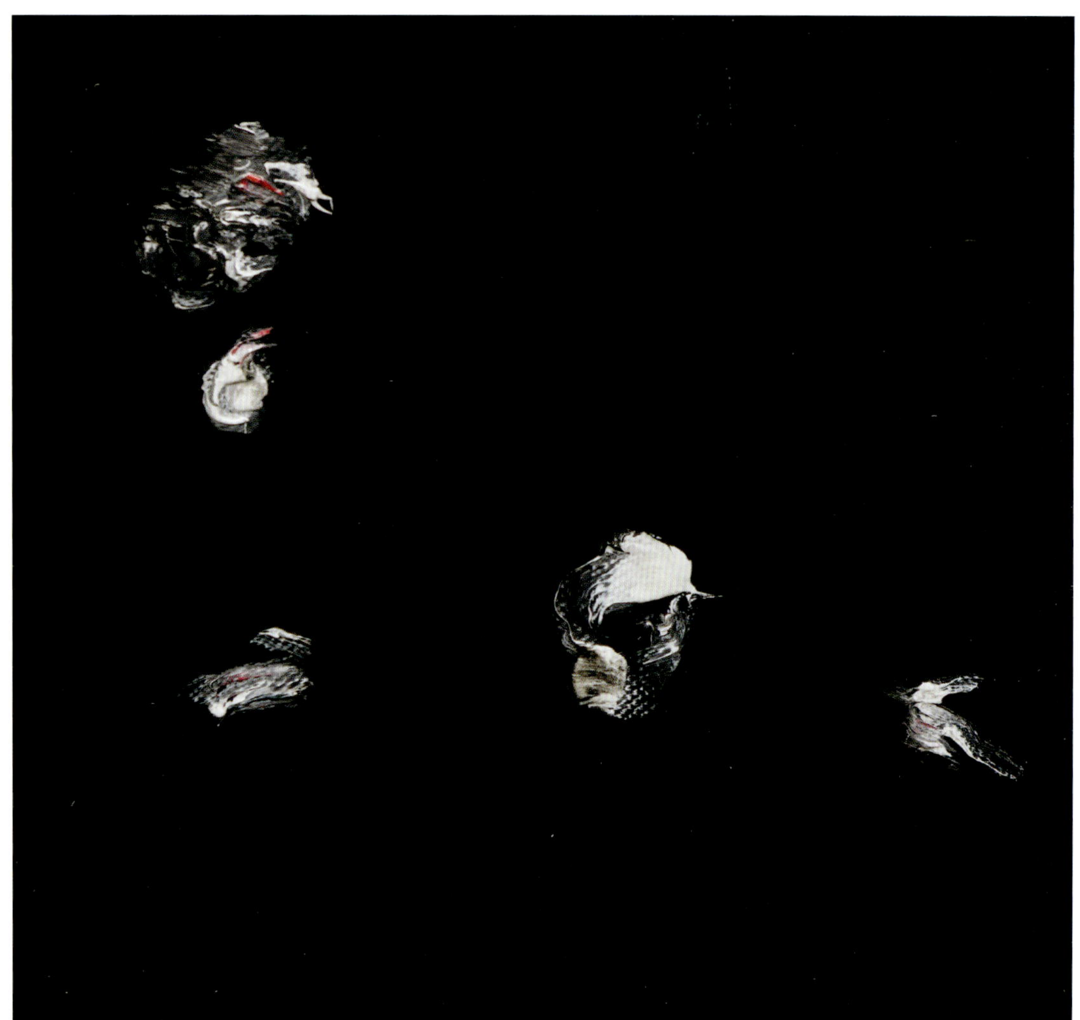

sion of the exhibition *In a silent way*, Studio Guastalla Arte Moderna e Contemporanea, Milan, Prearo Editore, Milan, 2018.)

Resch 2018

… Puglisi looks at the Italian art of the Renaissance and Baroque periods with a gaze pervaded by the absolute: his painting becomes transcendent with respect to the material connotation of the images, which are made into pure elements, unbound from the need for representation, yet highly allusive. Shadows; spirits; battered figures of saints; a sacrificial lamb peacefully motionless in his disarming candour; macabre relics: figures from a hybrid mythology arise from the darkness of our imagination and unfold in the space of the single nave, animated by a disturbing dreamlike suspension.

… The detail in Puglisi is the only information we are given to understand the whole. There is nothing but a segment of truth, hidden in the darkness, yet intensely illuminated by flashes of light applied in vigorous brushstrokes. In this partial representation that can only refer to the memory of the whole, the universe happens and is expressed in almost three-dimensional movements of the brush marks, swirling dust particles that gravitate towards a centre as if attracted by an inextinguishable internal gravity. What condenses into black is hideous and revealing, terrifying and sacred, all the more human in what is missing, and at the same time all the more divine in its transcendence: the god of the interior life confronts the world in an attempt at understanding, every time final, dramatic. (Raffaella Resch, "Visioni di luce e tenebra" ["Visions of light and darkness"], in *Omar Galliani, Lorenzo Puglisi. Visioni di luce e tenebra*, exhibition catalogue, Museo Francesco Messina, Milan, Scalpendi Editore, Milan, 2018.)

Beatrice 2019

… I would have simply called Puglisi's exhibition *Popolo*, because the barely suggested features of its figures remind me of certain nineteenth-century paintings close to Divisionism, and Pellizza of course. Puglisi added the second word, *Memory*, and he was right. The title is perfect.

In a certain sense, the painter shares the destiny of those ageless, deeply rooted linguistic forms that all too often must resort to abstruse inventions to justify their presence in the contemporary world: the novel, poetry, journalism – even rock music and films not made for television are at risk. I admit I am hard put to find the right recipe and the ingredients for painting to continue, twenty years after the year 2000, to be considered contemporary, and above all if this reasoning really is correct. Put differently, painting has truly seen every colour under the sun (since Puglisi basically works in black, he should not have any particular problems). There have been attempts to delegitimise it, and it has come up against the pedantry and moralism of critics, the marketplace, and the élite of the

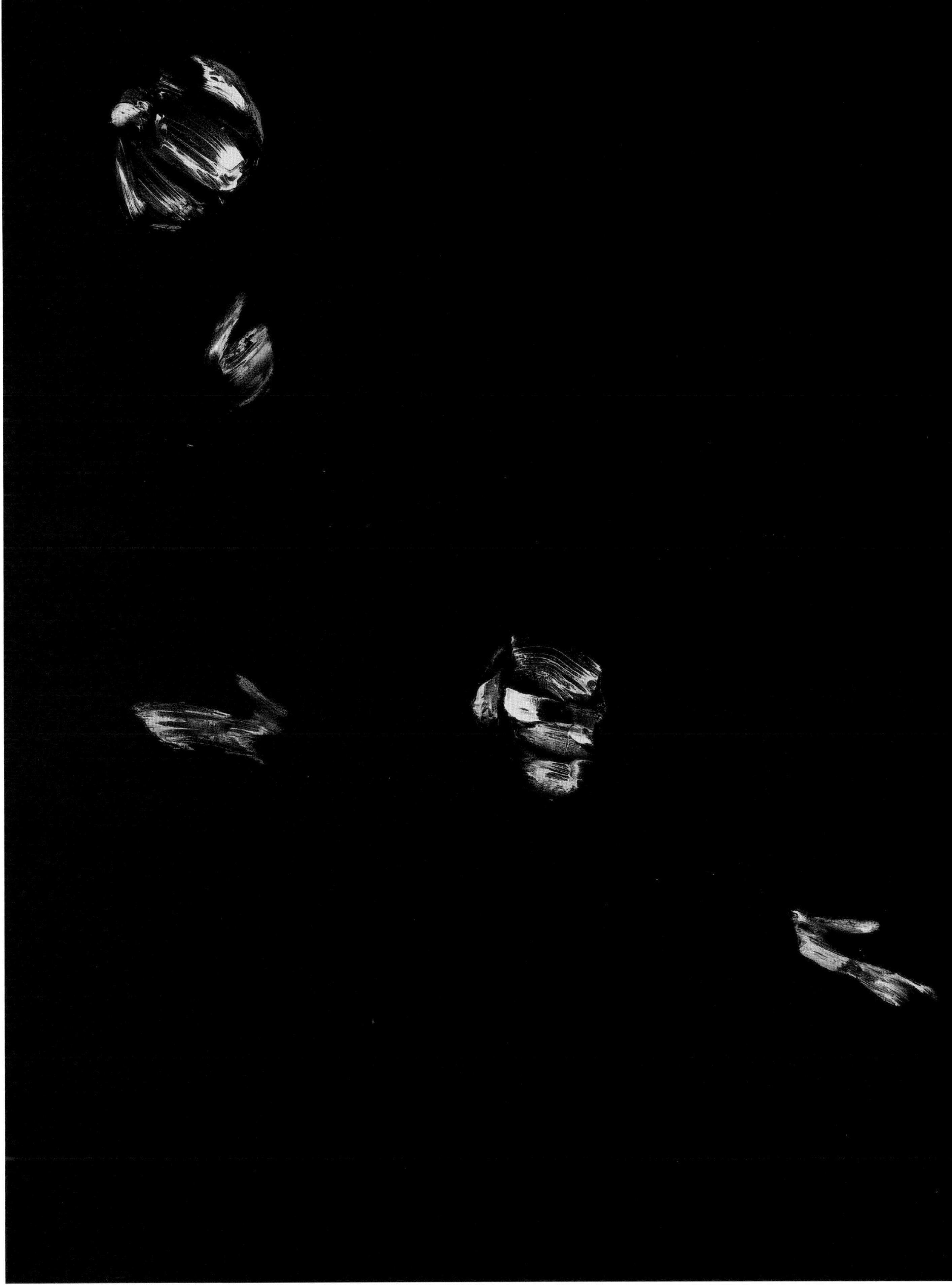

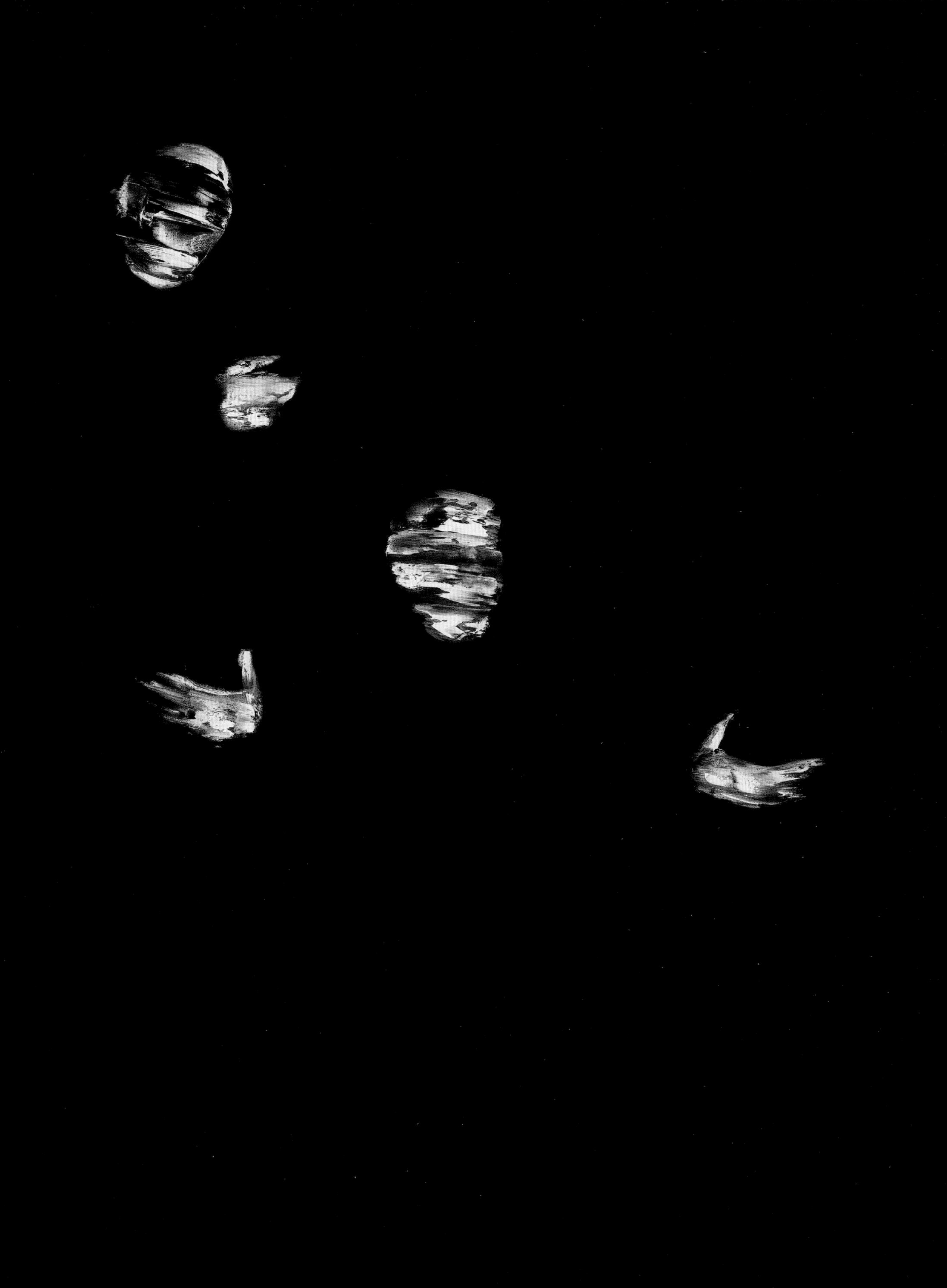

Nell'orto degli ulivi

2016

Olio su tela / Oil on canvas, 170 x 130 cm

Lorenzo Puglisi. Viaggio al termine della notte, 59a Biennale di Venezia, 2022, installazione esterna / outdoor installation

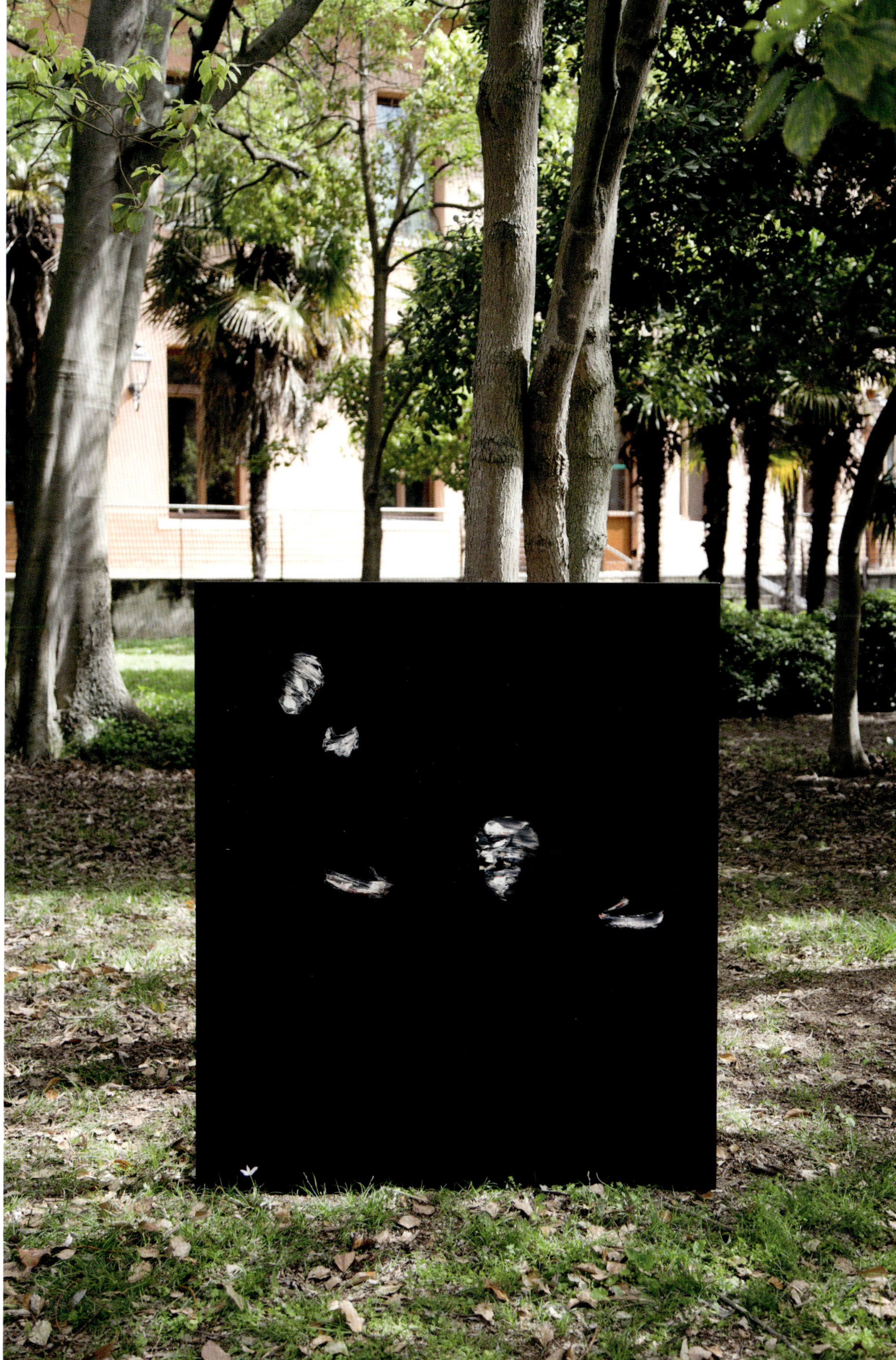

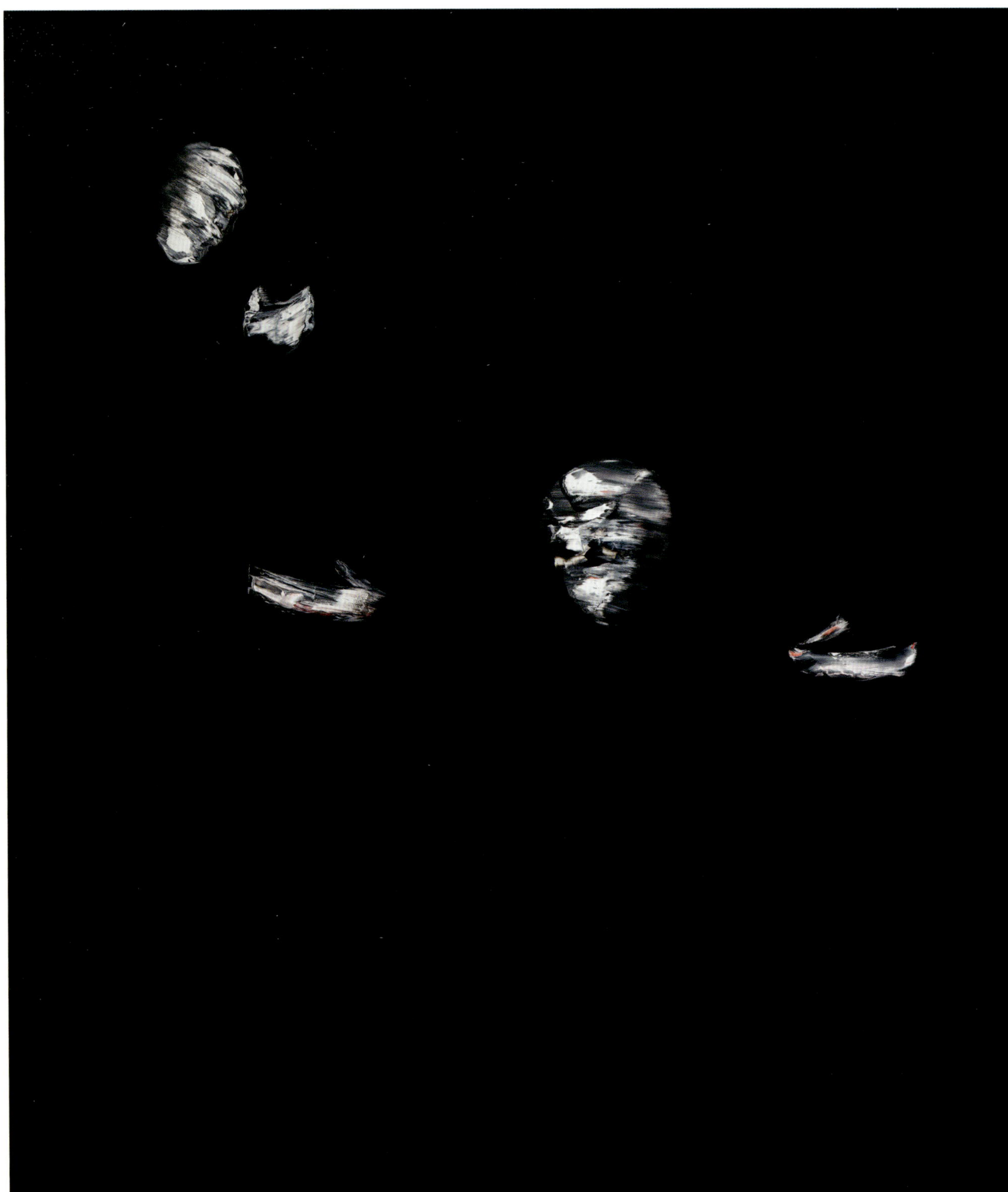

Nell'orto degli ulivi
(intero e particolari / full view and details)

2022

Olio su alluminio /
Oil on aluminium panel,
135 x 115 cm

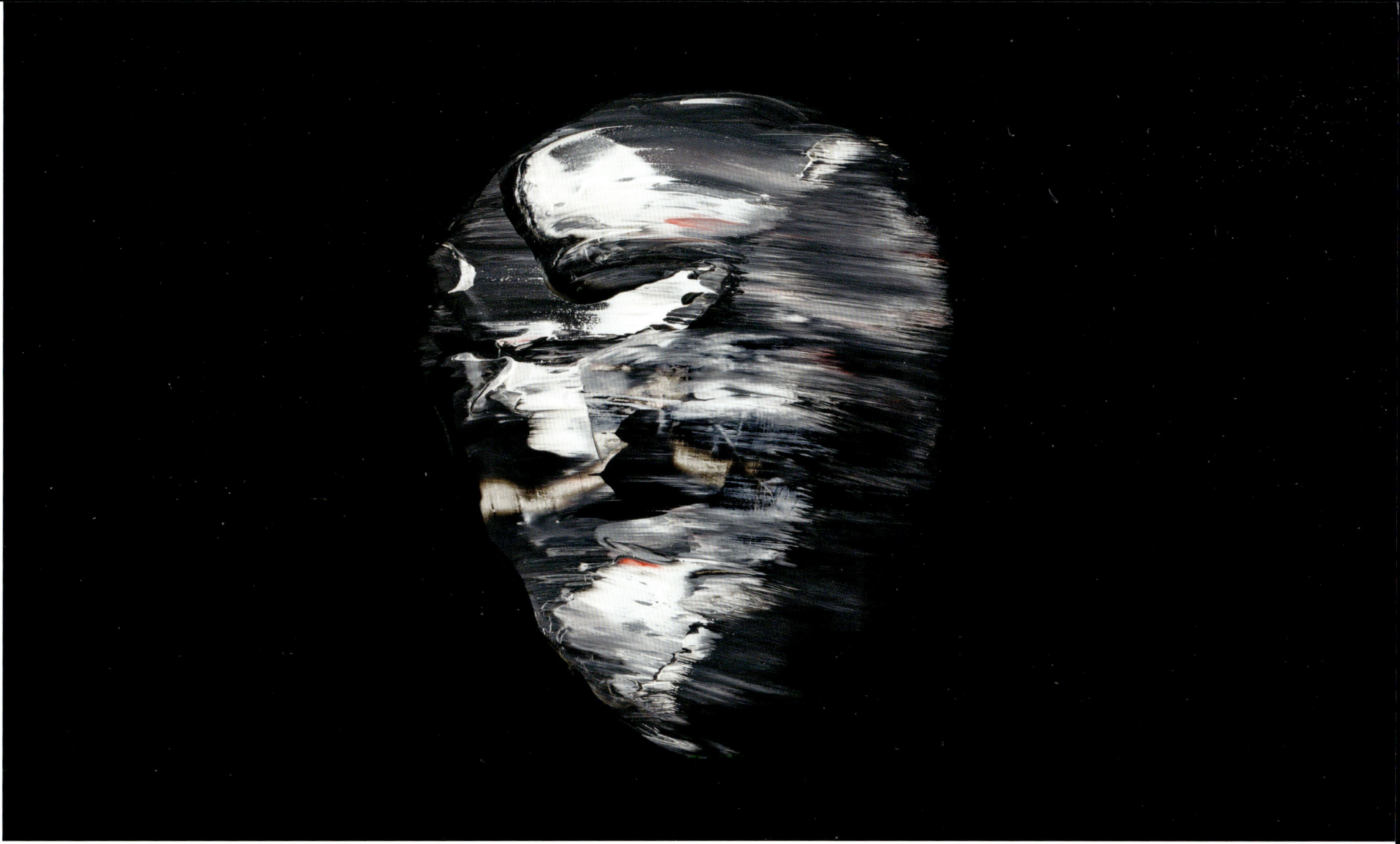

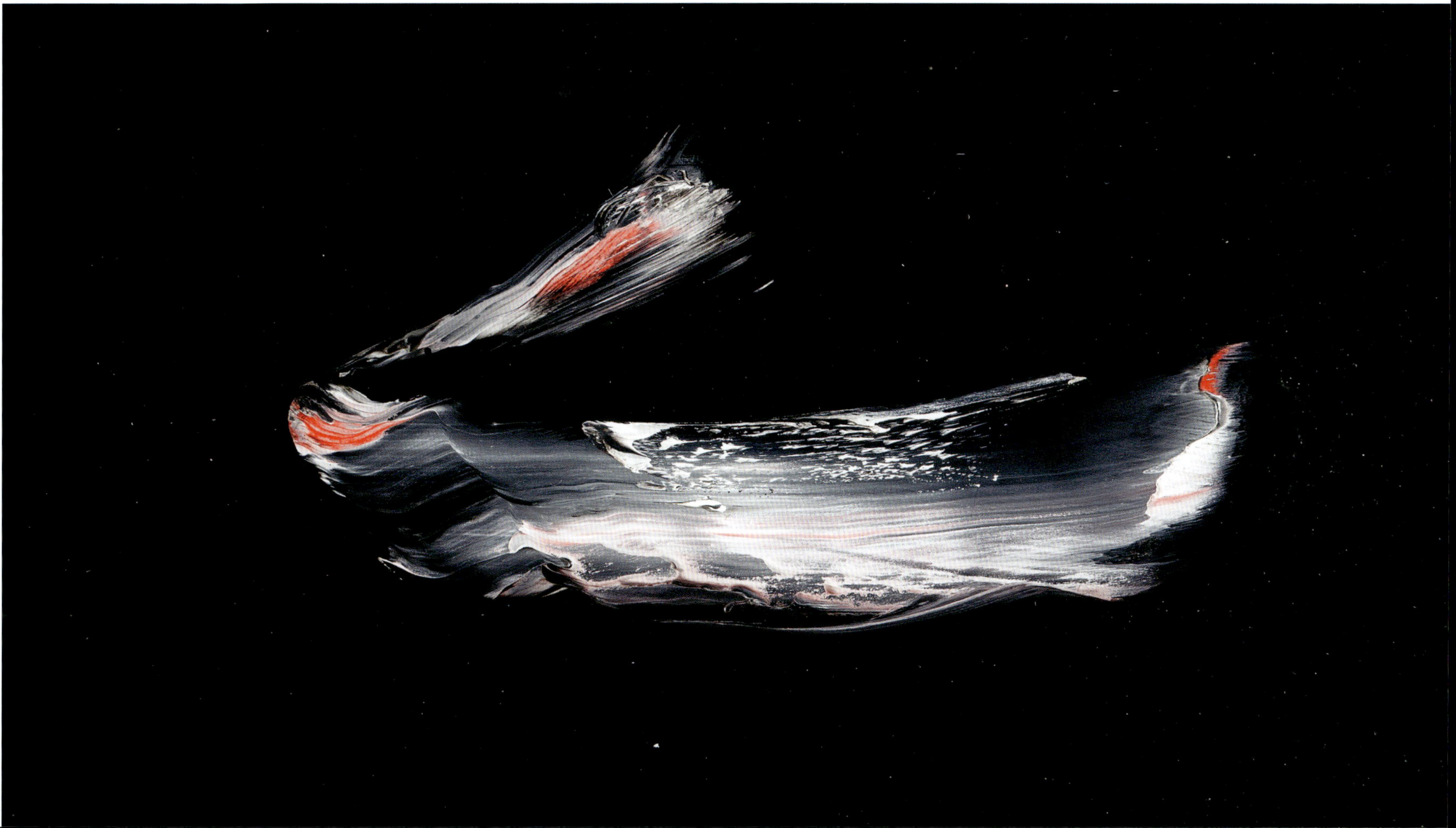

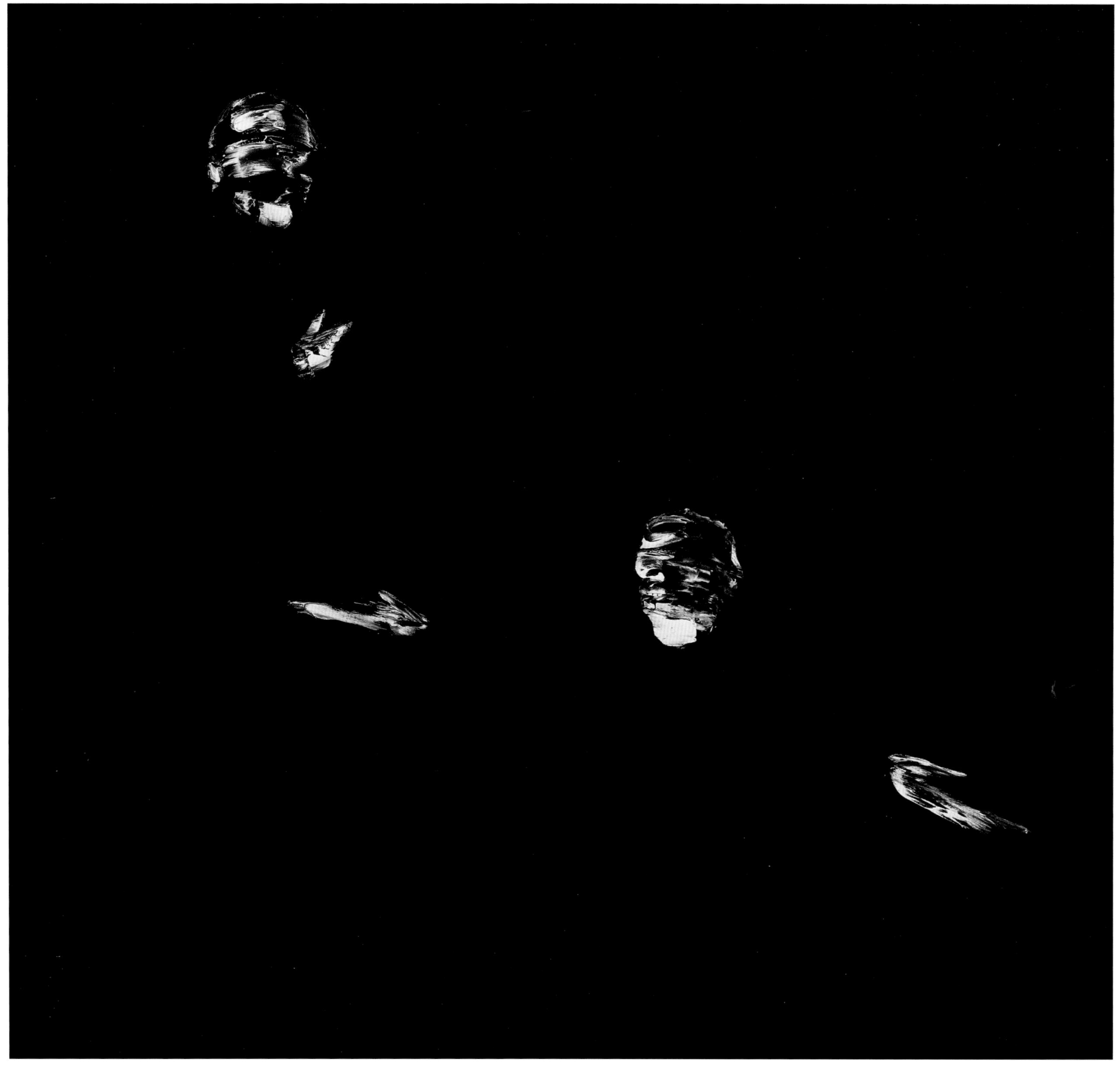

**On the mount
of olives**

2017

Olio su tavola / Oil on
panel, 85 x 82,5 cm

imperversa, anche e forse soprattutto in ambito sacro, pittura che nel fermarsi alla superficie, per quanto imbellettata di "contemporaneità", finisce per essere una simulazione, una performance meccanica non esente da esibizionismo, priva dell'intima necessità di un atto d'amore spiritualmente fecondante.

L'operazione di riduzione radicale di Puglisi è di per sé un processo di sintesi che non rivela la struttura formale o volumetrica dell'immagine ma la riconduce al dettaglio come essenza nucleare. L'eliminazione di ogni particolare fino a salvarne uno è soltanto in apparenza un paradosso, perché è un processo di cernita tra cosa è accidente e cosa no. Puglisi, in sostanza, "ritaglia" dal totale i soli elementi a suo avviso davvero portanti dell'immagine e che ne costituiscono il nocciolo semantico.

Anche Leonardo e Caravaggio operano allo stesso modo. Si concentrano sugli elementi espressivi di una verità interiore che costituiscono il fuoco del senso e vi portano anche quello strutturale del dipinto, indipendentemente che esso coincida o meno con quello geometrico. Sono punti che polarizzano l'immagine in modo che tutto graviti su di loro: una volta individuati è impossibile sfuggirne, il resto del quadro – per quanto sontuoso – è semplicemente periferia. Leonardo e Caravaggio sono accomunati dalla ricerca di una stessa "natura": interna, non esterna. I loro imitatori (antichi o moderni, non cambia) si fermano ammaliati dal virtuosismo delle superfici, formalizzano le invenzioni, fanno delle persone dipinte dai due maestri dei personaggi e delle maschere. Li riducono a un protocollo. Non capiscono che entrambi non hanno cercato di dipingere la realtà bensì la verità. La cercava anche Francis Bacon, così diverso e così vicino, l'artista attraverso cui Puglisi sembra carotare secoli di storia dell'arte.

È un equivoco in cui Puglisi non cade. Possiamo chiamarla "interiorità psichica", "natura interiore", ma più semplicemente è la "verità": il suo riconoscimento, la sua agnizione è il meccanismo sconvolgente che libera l'arte da ogni decorativismo narrativo e la fa entrare nel campo del sacro autentico in quanto destabilizzante. È risonanza empatica, un luogo di incontro dove non si "rende visibile l'invisibile", semmai si riconosce ciò che visibile è già…

(Alessandro Beltrami, *Il Grande Sacrificio, o della pittura come rivelazione*, in *Lorenzo Puglisi*, Hatje Cantz, Berlin 2019.)

Bonuomo 2019

L'espressione latina "Magnum Opus" si presta ad un'ambivalenza di significato, può essere utilizzata per definire il capolavoro di un artista e, allo stesso tempo, può far riferimento alla "Grande Opera", l'opera somma cui ogni alchimista si dedicava: il processo di trasmutazione della materia prima, inerte e corruttibile, in Pietra filosofale, la sostanza assoluta che, grazie al suo triplo potere, avrebbe conferito l'immortalità, fornito l'*onniscienza* e trasformato in oro i metalli vili. Tanto nella pratica artistica quanto in quella alchemica, il passaggio dalla materia allo spirito, dallo stato grezzo a quello raffinato, può fregiarsi del titolo Magnum Opus.

La prima delle quattro fasi che caratterizzano l'itinerario alchemico della Grande Opera è la Nigredo, ovvero la riduzione alla "nerezza": lo stato nero della materia, che, decomponendosi, torna alla condizione di caos originario da cui ha origine ogni creazione. Solo attraverso la distruzione degli elementi è garantito il passaggio a una sintesi superiore, a una nuova creazione. Uno dei significati dell'etimo alchimia, riferito in particolare alla scienza sacerdotale egizia, è appunto "terra nera" (*al-Kemi*), quella portata delle inondazioni del Nilo, causa di tragica aridità e, subito dopo, di fausta fertilità.

Nella pittura di Lorenzo Puglisi il *colore nero*, prim'ancora di suggerire altri fini concettuali e altre allusioni iconografiche (Leonardo, Caravaggio, Goya o Bacon), identifica una sorta di percorso iniziatico attraverso cui è reso manifesto ciò che è nascosto, e ciò che è manifesto nascosto. Come l'alchimista Zenone, protagonista "fittizio e lunare" di *L'œuvre au noir* di Marguerite Yourcenar, che cercando febbrilmente la conoscenza "si immerge nell'oceano delle forme abbandonando ogni preconcetto filosofico", anche Puglisi sprofonda nei suoi neri teleri, lacerati da improvvise apparizioni di frammenti di volti e di gesti, per offrire ancora un'altra opportunità al processo di creazione. Così facendo, Puglisi, come Zenone, "capisce che si sta compiendo in lui *l'opus nigrum*, l'opera nera, ovvero la fase alchemica di spoliazione delle forme, di dissociazione degli elementi e di purificazione della materia: egli stesso è la propria opera, e deve attraversare la fase della *nigredo* per purificare la propria sostanza dalle filosofie e teologie imperfette del suo secolo e accedere così a una diversa cognizione del mondo e di se stesso".

(Michele Bonuomo, *Nota a margine dell'opera al nero di Lorenzo Puglisi*, in *Lorenzo Puglisi. Shades from the Shadow*, catalogo della mostra, cripta della chiesa di King's Cross Saint Pancras, Londra 2019.)

Carpentieri 2019

Ancora una volta non possiamo non chiederci quale sia il senso di una mostra. …

… Come accade per quest'evento espositivo, costruito sui tre termini: *spazio*, *luce*, *figura*, che rivela il suo alto significato simbolico, al tempo stesso alchemico e mistico, e che nel nero, inteso come colore, ci offre la chiave di volta della sua lettura rammentando l'importanza dell'alchimia nel simbolismo cromatico e quel suo poter distinguere un nero fenomenico (ciò che rimane in ombra) di cui abbiamo quotidiana e tangibile esperienza, e un nero primordiale onnicomprensivo che è archetipo del caos e del principio delle cose. Quello stesso caos (sinonimo della prima materia nella quale, ben oltre la sua condizione iniziale di disordine, sono presenti i principi dell'essere e della trasformazione) nero come il buio della notte e preesistente al cosmo, di cui leggiamo nelle Scritture: "La terra era informe e deserta e le tenebre ricoprivano l'abisso e lo spirito di Dio aleggiava sulle acque" (Genesi 1,2), sul quale l'Essere divino, preesistente anch'Egli, avrebbe esercitato la *creatio ex nihilo*. Ma anche il buio infinito dello spazio della pre-creazione per le cosmogonie egizie, il non organizzato dei Caldei, e lo stato di pre-conscio nella psicanalisi. …

… In esse riscontriamo il predominio assoluto del nero che occupa l'intera superficie dell'opera, e che in quel suo essere pittura nel senso più tradizionale del termine trova una sua particolare struttura compositiva consentendo al nero/assorbente di espandersi nella totalità planare dell'opera per poi essere interrotto dall'apparire improvviso della luce e dal conseguente svelamento emotivo delle forme/figure in esso celate.

È come se lo spazio dell'ipogeo affondasse nel nero delle opere sulle quali improvvisi bagliori rivelano mani, piedi, memorie di volti, ovvero frammenti espressivi che spingono alla ri/costituzione delle figure e/o del modello, o meglio ancora ben definiti particolari anatomici (una sorta di parte per il tutto, e quindi dettagli) che rimandano (tra analogie e riferimenti) a quanto Rossella Vodret scrive su Caravaggio: "illumina solo ciò che vuole sottolineare, quel-

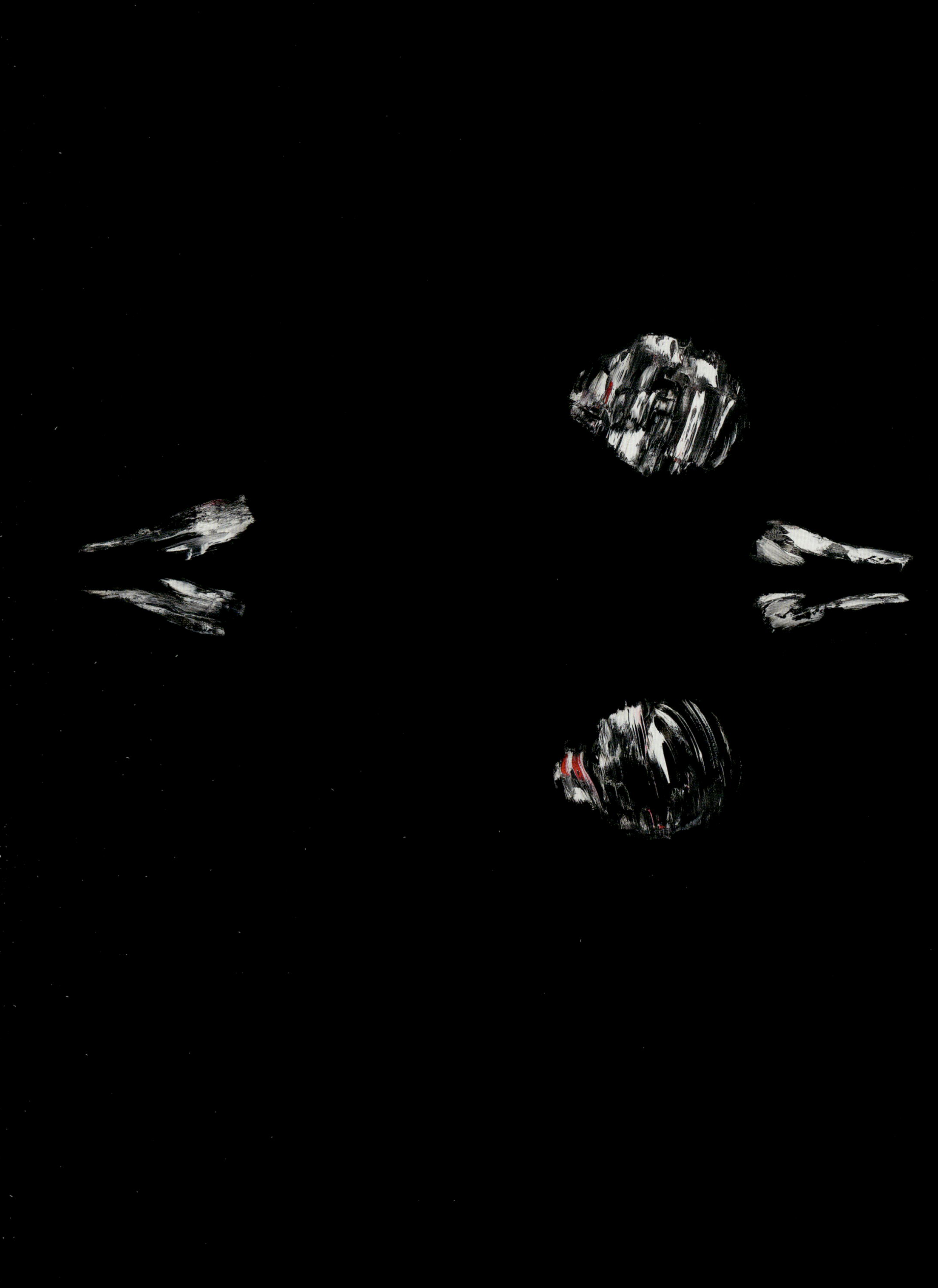

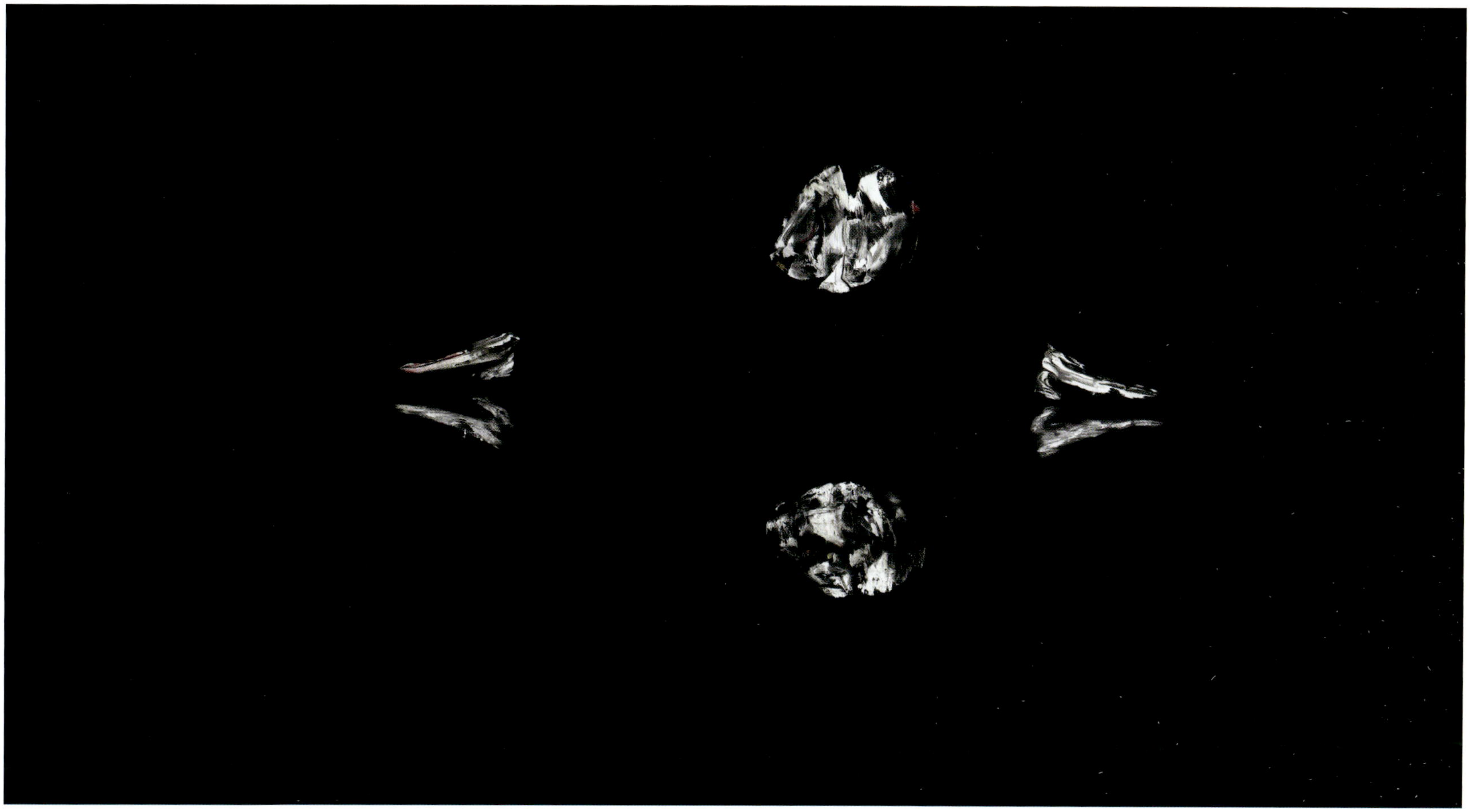

Narcissus

2018

Olio su tavola / Oil on
panel, 130 x 100 cm

Narcissus

2019

Olio su tavola / Oil on
panel, 116 x 219 cm

Narcissus

2021

Olio su tavola / Oil on
panel, 66 x 75 cm

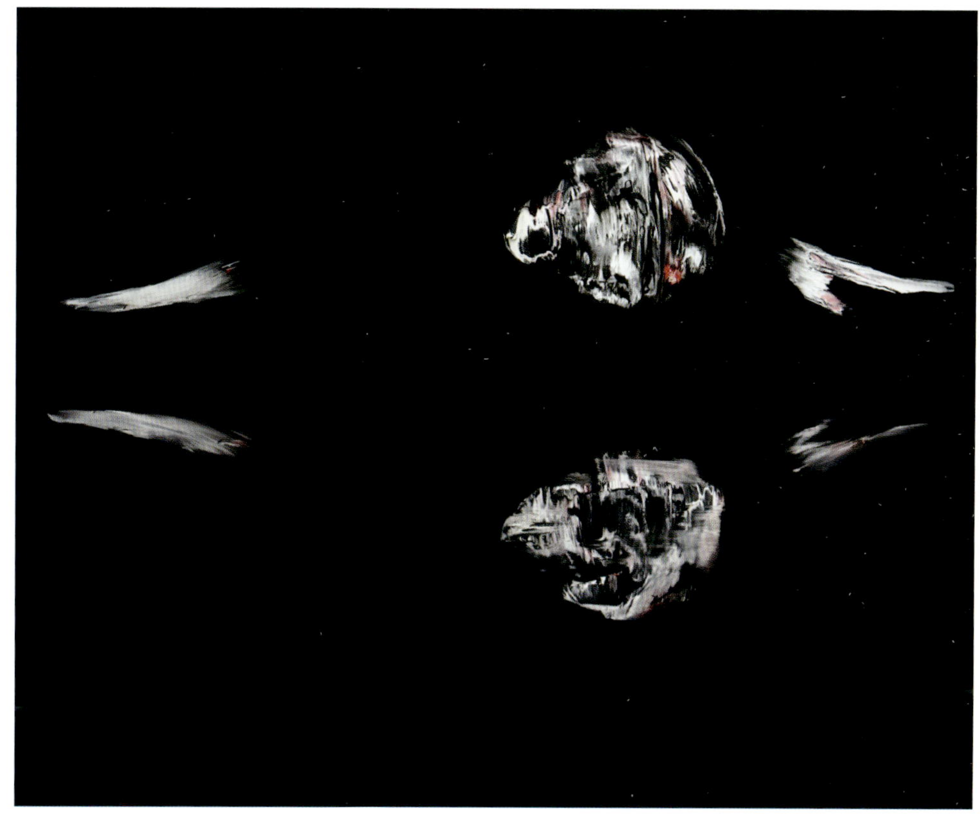

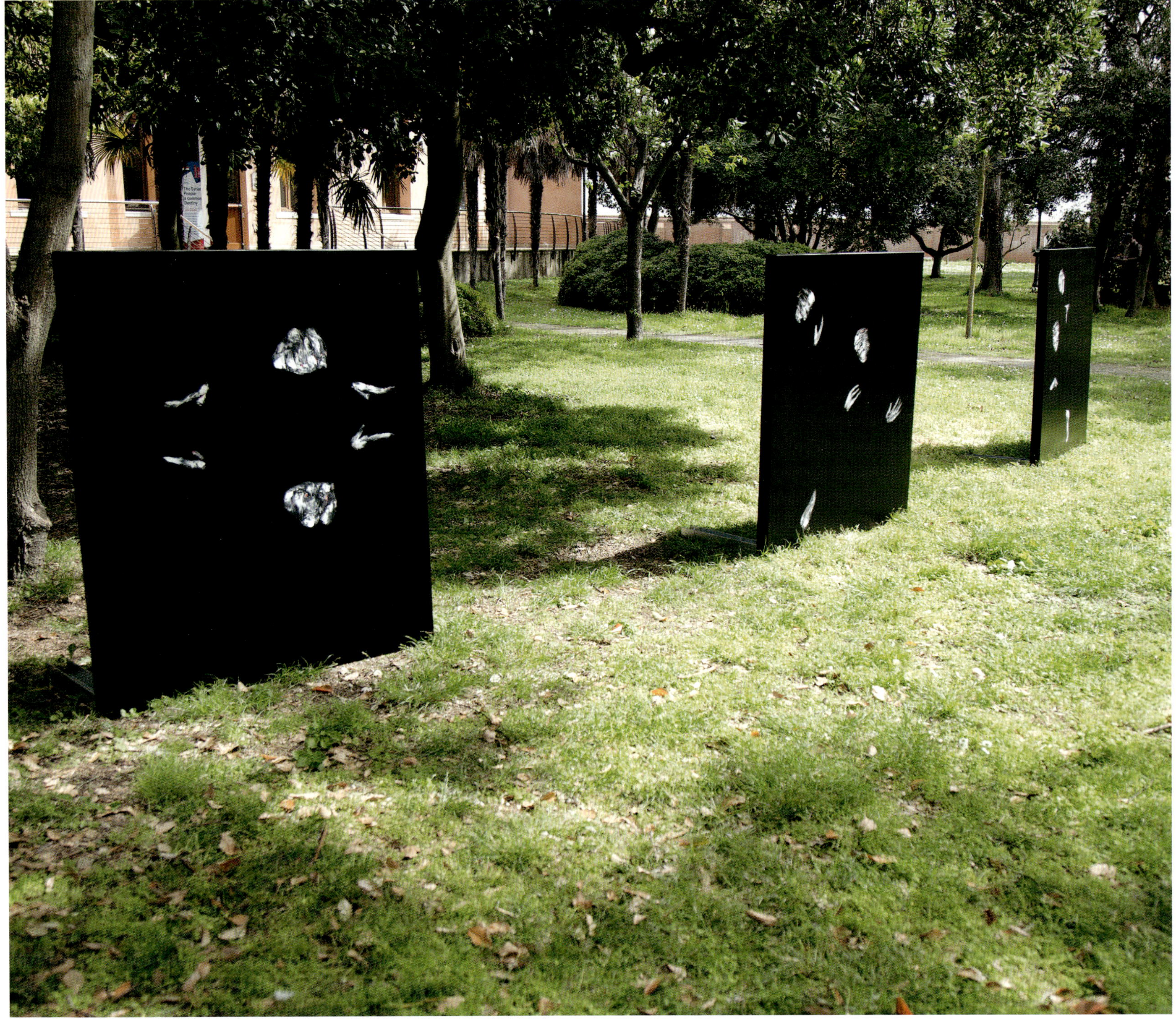

Lorenzo Puglisi. Viaggio al termine della notte, 59a Biennale di Venezia, 2022, installazione esterna / outdoor installation

Narcissus

2022

Olio su alluminio /
Oil on aluminium panel,
135 x 115 cm

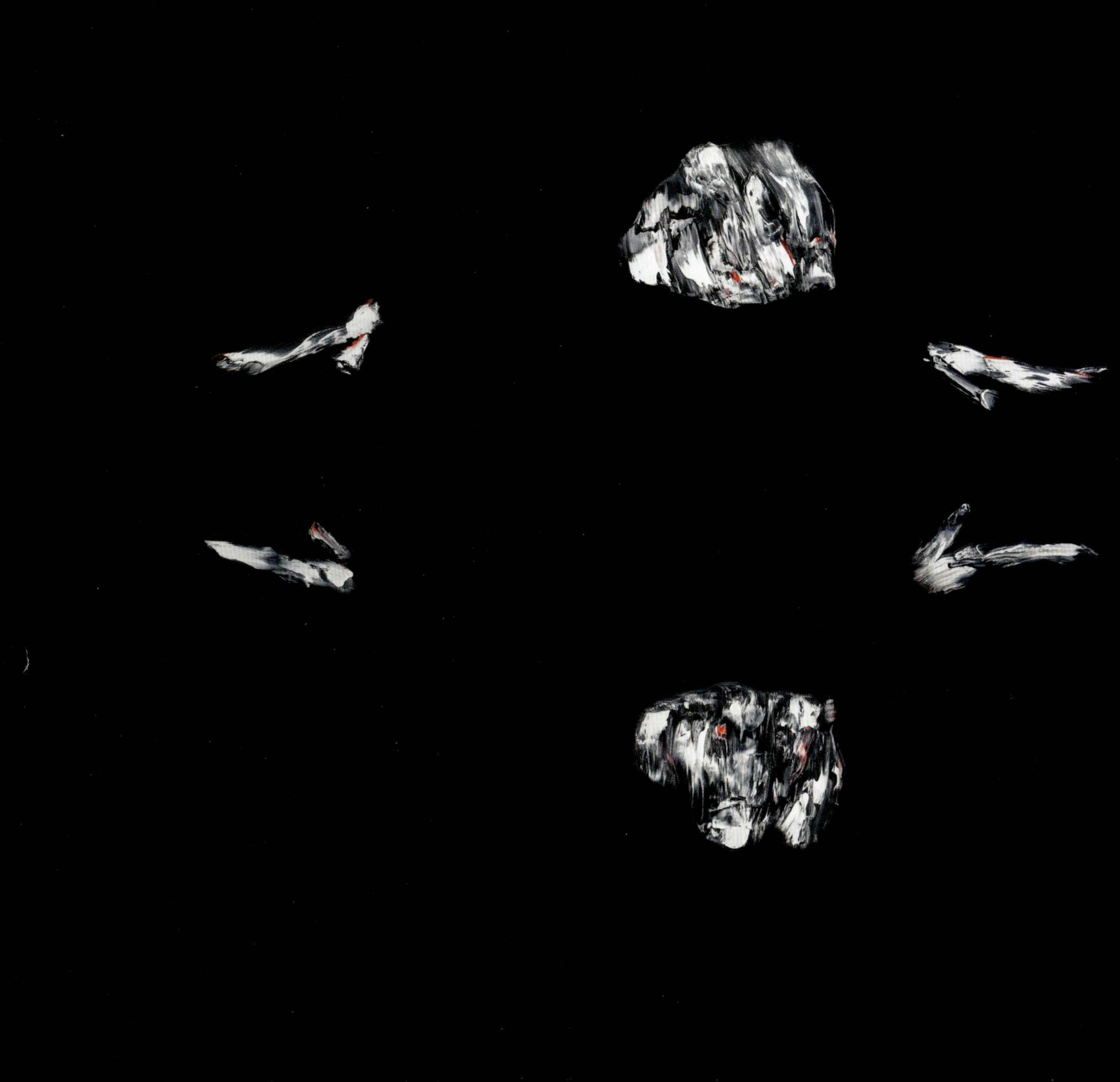

art world who treat it like an insupportable elderly uncle. And yet, painting is still here, always here, new but eternal. I challenge anyone to claim otherwise, and, indeed, it is the market that rewards the good painters. We need them like we need bread, the problem is that there are so few of them. We should hold on dearly to a talent like Lorenzo Puglisi.

However, let us not be confined to a mere act of resistance. Painting – we must never forget – is present. And the present always refers to the past without feeling nostalgia. Lorenzo has taken on the thankless and risky task of manipulating the history of art. Had he been active in the eighties, we could speak of citation, given the undeniable references to Leonardo, Caravaggio, Goya, and Bacon. Not today: today it is pure DNA. Mark Gisbourne, the author of a text in the recent catalogue dedicated to the artist, published by Hatje Cantz, speaks of the aesthetics of ruin, because in Puglisi's work the "confrontation with the masters of the past is configured as a regenerating ghostly presence". Others, such as the historian and philosopher Giovanni Gazzaneo, have emphasised the intensity of the black: "The black is absolute. It is the cradle and kingdom of darkness, the horizon of life and of death. The maximum of possibilities and nothingness, where the beginning and end coincide". Despite the strict respect of syntax, working on a suspended structure that winks at seriality (after all, to be always different, painting must always be the same, the minimum variations similar to a musical score performed by different interpreters), Puglisi asks for immersion in his work, a logical consequence of that enthusiasm and trust that I spoke of at the beginning, combined with a certain dose of healthy abandon that sees him today trying his hand, between people and memory, where the phantoms of the *Gazzetta del Popolo* breathed, where Luigi Carluccio wrote, whose critical insights should not be forgotten.
(Luca Beatrice, "Lorenzo Puglisi. Popolo e memoria" ["Lorenzo Puglisi. People and memory"], in *Lorenzo Puglisi*, exhibition catalogue, Copernico, Torino, Prearo Editore, Milan, 2019.)

Beltrami 2019
Il Grande Sacrificio [*The Great Sacrifice*], at six metres wide and two metres high, on exhibit in the Bramante Sacristy at the Dominican convent of Santa Maria delle Grazie, is the largest painting not just in the "Last Supper" series, but of Lorenzo Puglisi's entire output. There is a black wall from which a rhythmical and fluctuating series of white marks emerge, which we recognise immediately as the echo of the heads and hands of Christ and the Apostles in Leonardo's *Last Supper*, the ghost of which remains clinging to a wall just a few dozen metres away…

… Puglisi's work is not simply an homage or attempt at an "after Leonardo," especially as there is no attempt to imitate. Every discourse on Leonardo or Caravaggio that draws on these assumptions, or attempts a iconographical or stylistic parallel, is absurd or grotesque – this is borne out by all the mannerist painting that is also, and perhaps especially, all too common in the field of sacred art; painting that is confined to the surface, no matter how greatly imbued with "contemporaneity," which ends up being a simulation, a mechanical performance with its own share of exhibitionism, devoid of the intimate necessity of a spiritually fertile act of love.

Puglisi's radical reductionist approach is in itself a synthetic process that does not reveal the formal or volumetric structure of the image, but brings it back to the detail as a nuclear essence. Eliminating every detail until only one remains merely appears to be paradoxical, because it is the process of sorting out what is accidental and what is not. Puglisi basically only "clips" the parts that he believes are truly critical to the image and that constitute its semantic kernel.

Leonardo and Caravaggio operate in the same way. They focus on the expressive elements of an inner truth that fuels the meaning and also include the structural aspect of the painting, whether or not it coincides with the geometrical one. These are points that polarise the image so that everything gravitates around them – once identified they are impossible to escape, the rest of the painting, no matter how sumptuous, is simply peripheral. Leonardo and Caravaggio both strove for the same "nature," internal not external. Their imitators (ancient and modern) are blocked by the virtuosity of the surfaces, formalising the invention, turning the figures painted by the two masters into characters

Ritratto 101118

2018

Olio su tavola / Oil on panel, 84 x 69 cm

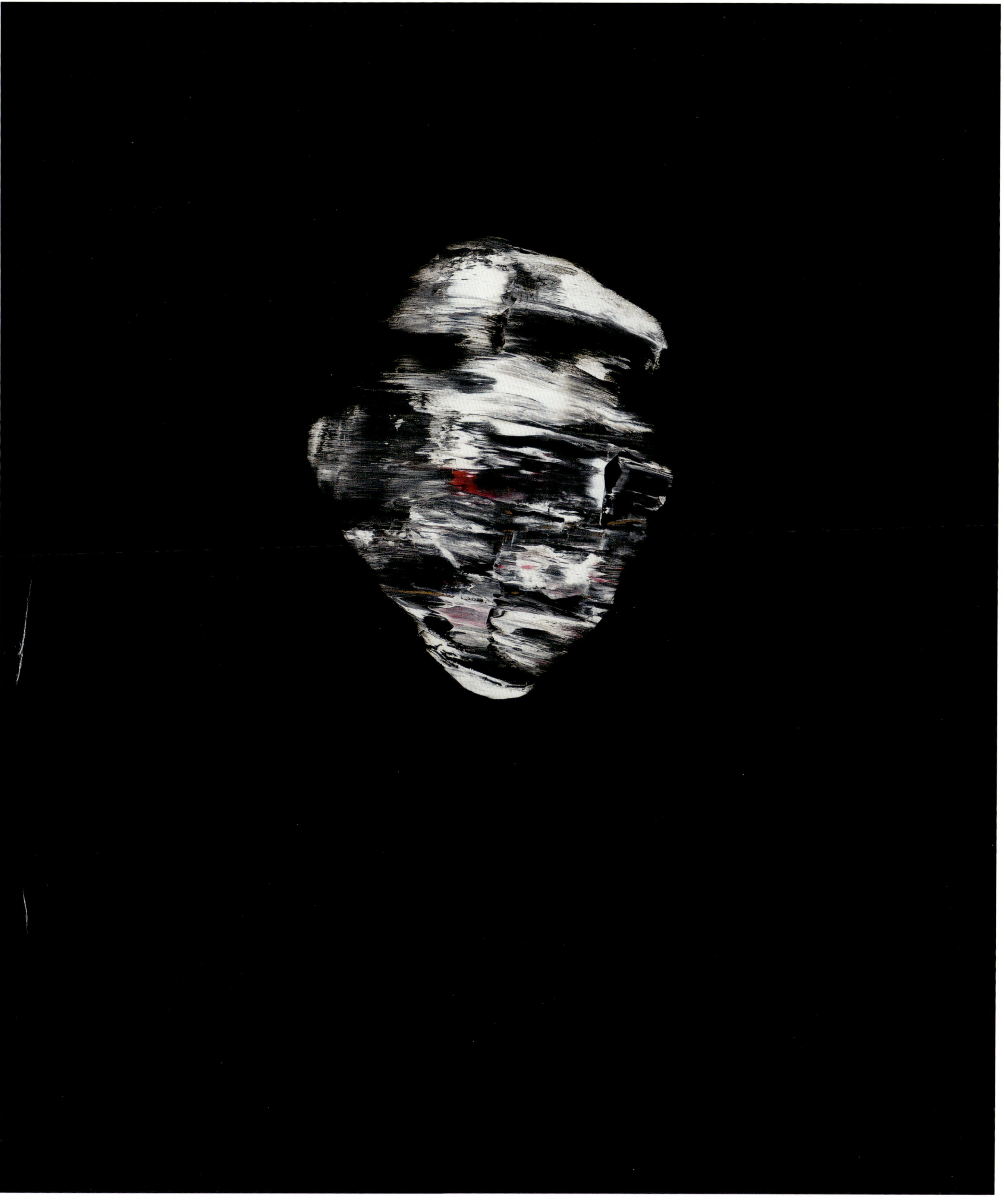

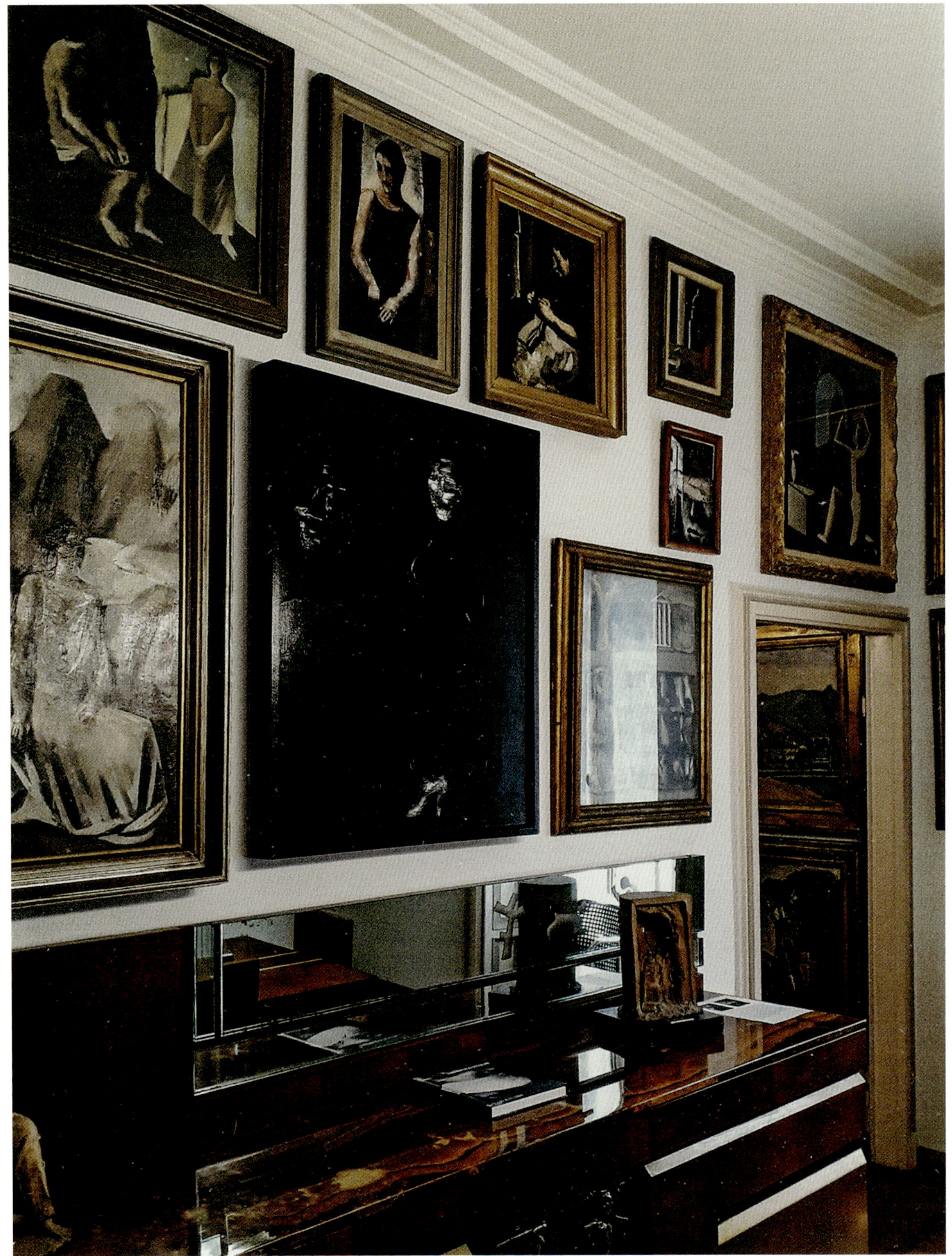

Veduta della mostra / Exhibition view, *Lorenzo Puglisi per Mario Sironi: una sostituzione*, Sala Sironi, Casa Museo Boschi Di Stefano, Milano / Milan

La Venere dei porti (after Sironi)

2018

Olio su tavola / Oil on panel, 112 x 85 cm

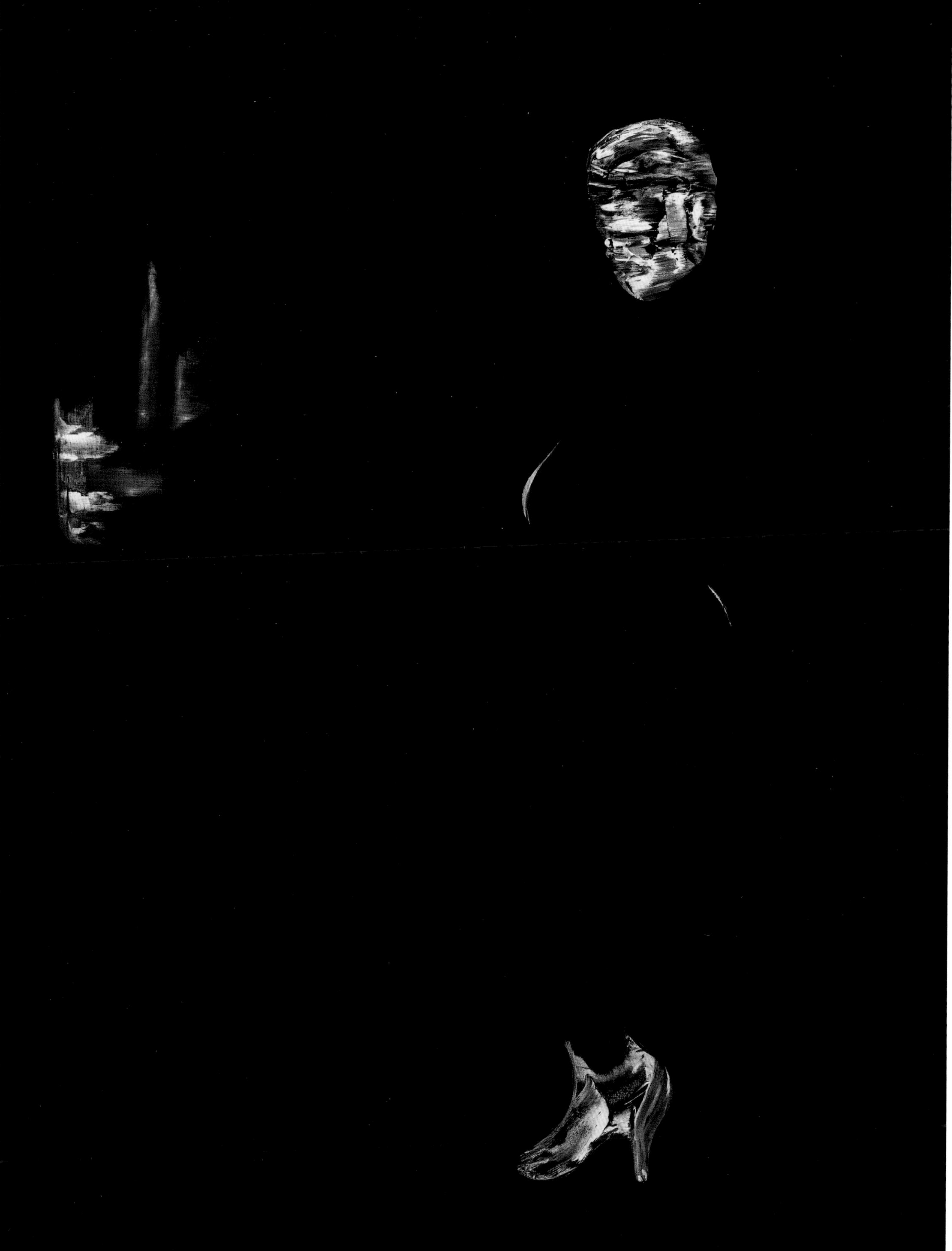

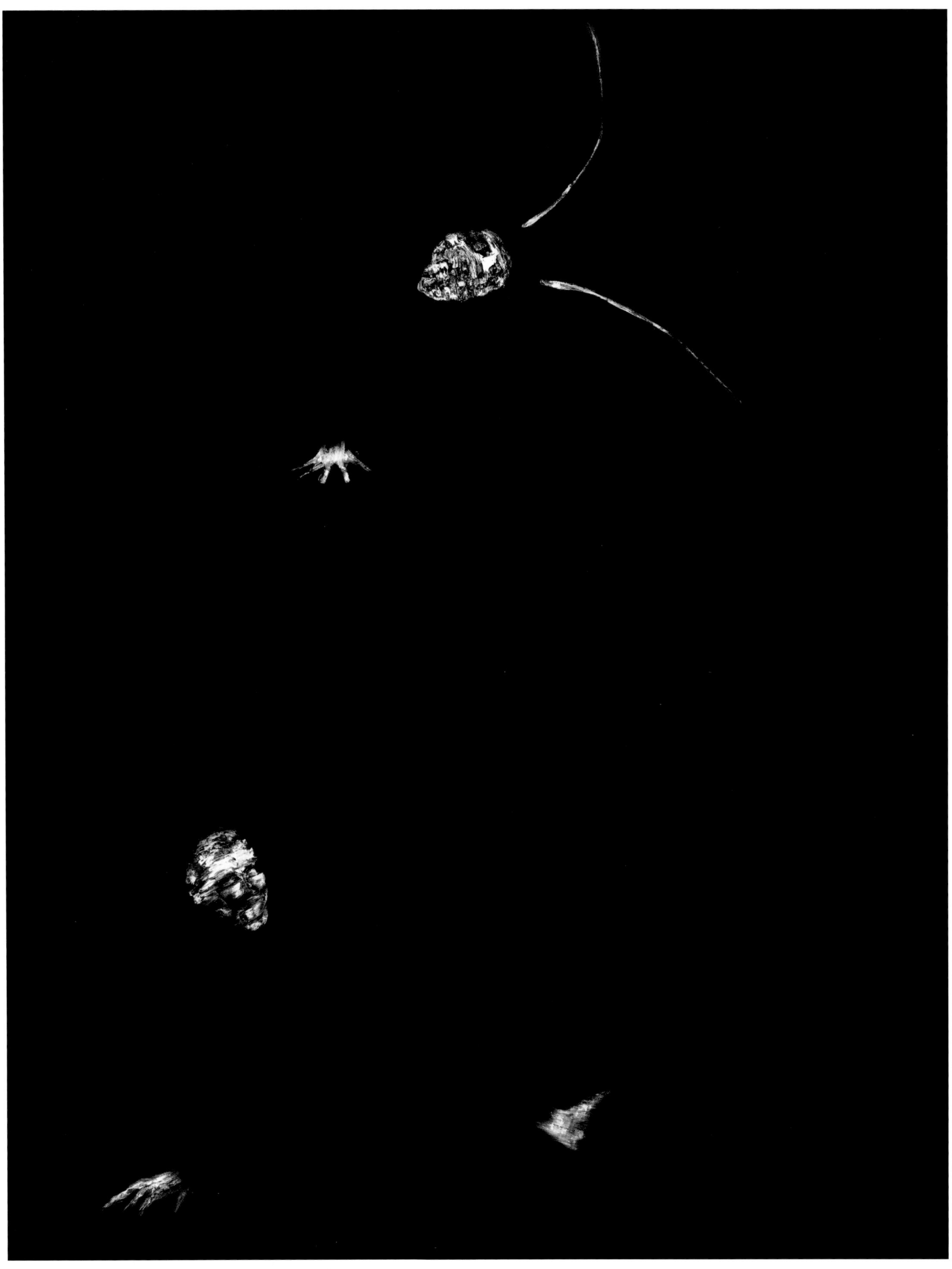

lo che è fuori dalla luce non gli interessa minimamente, tanto che spesso – soprattutto nelle opere mature e tarde – le parti in ombra sono solo abbozzate, oppure non sono proprio eseguite, di fatto non esistono". …

(Toti Carpentieri, *La luce e la conoscenza oltre il nero*, in *Lorenzo Puglisi. Una discesa verso l'alto*, catalogo della mostra, Ipogeo Bacile, Spongano, Lecce 2018.)

Gazzaneo 2019

… La visione attraverso la memoria, la pittura come evento: così nascono queste mappe e partiture. Lo spirito libera e insieme concentra: il volto, il nocciolo dell'essere, il nucleo della vita. Non c'è allora alcuna volontà di scarnificare o di smembrare il soggetto, quanto piuttosto il desiderio mai appagato di andare nel profondo dell'opera contemplata, quasi a dissodare i semi che l'hanno generata. Questi semi originari sono luce perché espressione di una bellezza inesauribile che emerge dagli abissi della grande storia dell'arte e chiede di incarnarsi nuovamente, di generare nuovamente. Perché questo accada bisogna saper guardare nel profondo, ed è necessaria un'immersione totale nell'opera. Come l'umile pescatore di perle, Puglisi sa trattenere a lungo il respiro, sa cogliere i frammenti di luce nelle acque degli abissi, si immerge dove nessuno ad oggi aveva osato, dove tutto è silenzio. La bellezza autentica si accompagna al silenzio. Non basta vedere, per coglierla bisogna ascoltare: solo così l'essenziale si rivela e può essere percepito dal bambino e dal mistico, dall'artista e dal poeta. L'arte è un'avventura nelle profondità dell'essere. Avventura rischiosa, perché non c'è avventura senza rischio. Il rischio di perdersi, il rischio di ritrovarsi, il rischio di abbandonarsi al totalmente Altro…

… In Puglisi la tensione creativa, che dà fondamento alla libertà espressiva, nasce dalla capacità di legare poli opposti: materia e spirito, tradizione e contemporaneità (nella coscienza che l'arte non è mai solo per il presente), ispirazione e mestiere. Solo quando i due poli s'incontrano allora si determina la vera opera d'arte, il capolavoro che sfida il tempo. Fino a quella congiunzione di visibile e invisibile di cui parlava Paul Klee: "L'arte non riproduce ciò che è visibile, ma rende visibile ciò che non sempre lo è".

Il rapporto con la grande arte del passato è un rapporto d'amore: "Le opere da cui nascono i miei lavori sono le opere che mi hanno sedotto". La vera conoscenza genera amore. Puglisi è innamorato della bellezza. Nel 2002 l'allora cardinale Joseph Ratzinger scriveva: "La bellezza ferisce, ma proprio così essa richiama l'uomo al suo Destino ultimo". E ancora: "La vera conoscenza è essere colpiti dal dardo della bellezza che ferisce l'uomo, essere toccati dalla realtà". Nel linguaggio della bellezza la verità si mostra come splendore (come ci insegna san Tommaso), uno squarcio sull'aldilà che genera stupore, gratitudine, gioia… Sì, Puglisi è stato ferito dalla bellezza: le sue opere sembrano stigmate di capolavori…

(Giovanni Gazzaneo, *Lorenzo Puglisi. Neri orizzonti e bagliori di infinito*, in *Lorenzo Puglisi*, Hatje Cantz, Berlin 2019.)

Gisbourne 2019

… Il ruolo dell'oscurità e del buio insieme con l'apparenza spettrale e l'oblio materializzato sono considerazioni assiomatiche nei dipinti di Puglisi. Eppure il suo attaccamento al Barocco e all'estetica delle rovine è in netto contrasto con il significato e con le intenzioni correnti nell'epoca coeva. Perché l'oscurità e il chiaroscuro, sia che fossero veicolati teatralmente o mostrati come presunta immanenza, nel Seicento erano ampiamente legati al tenebrismo dei caravaggisti e alla tendenza verso il realismo narrativo. Nella tecnica espressiva di Puglisi – brevi passaggi di colore e piattezza opaca – si rileva anche una marcata differenza rispetto ai procedimenti artistici relativi alla stesura del colore e alla finitura pittorica tipici del Barocco. I dipinti di Puglisi rappresentano teste e mani escoriate riferendosi solo vagamente ai luoghi-chiave dell'identità del volto e dell'espressione gestuale, e nello stesso tempo mettono in parodia una convenzione delle botteghe barocche mascherando monocromaticamente le parti che comunemente venivano affidate agli aiutanti di bottega. Le zone "escoriate" nei dipinti dell'artista si richiamano alle più recenti interpretazioni di "rovina" e si allontanano intenzionalmente dalle seicentesche allusioni alle rovine che si rinvengono nell'arte barocca, cioè le rappresentazioni del capriccio eccentrico e/o del pittoresco. Visto però che Francisco Goya è uno dei suoi pittori più amati, dobbiamo notare che Puglisi, nella sua predilezione per l'oscurità, condivide un'affinità meditativa con l'artista spagnolo, le cui pitture nere hanno un simile aspetto macabro e spettrale. Diversamente, l'uso e il concetto contemporaneo che definisce l'estetica della rovina esprime simultaneamente sia lo sfascio psichico che quello materiale, il degrado entropico e quello della decomposizione, la reliquia, la traccia residua e l'avanzo, una condizione contemporanea di rovina culturale ed emozionale, condizione incatenata a una liminalità e un'ambiguità opache, ai sogni falliti della modernità. …

(Mark Gisbourne, *La festa spettrale: sulle rovine della pittura [L'arte di Lorenzo Puglisi]*, in *Lorenzo Puglisi*, Hatje Cantz, Berlin 2019.)

Zannoni 2019

Lorenzo Puglisi, classe 1971, autodidatta, inizia la sua avventura da bambino con il *Come disegnare* di G.B. Nicodemi, testo che, se citato nella nostra conversazione a quarant'anni dalla sua apertura, deve avere avuto un ruolo davvero importante nella formazione dell'artista tanto da divenire un incipit che accompagna l'approccio di Lorenzo Puglisi ancor oggi nella direzione della parola chiave della sua struttura: il tentativo.

Ogni sua opera è un tentativo, perché, dice l'artista: "La pittura accade prima nella mente", e da allora è presente l'intento di possedere le emozioni con la raffigurazione. Dall'impulso quasi primordiale di passare sulla carta il suo sentire con il disegno, fino all'evoluzione lavorata con la disciplina sull'olio che trasforma la tavola o la tela in un girone in cui far circuitare prima lo sguardo, poi tutto l'essere.

Lorenzo Puglisi dice di puntare alla semplicità, dove questa è identificata come la radice di ogni cosa, ma in realtà ha intenzioni e ambizioni piuttosto complesse perché il viaggio a ritroso verso il nu-

---

La Misericordia

2017

Olio su tela / Oil on canvas, 200 x 150 cm

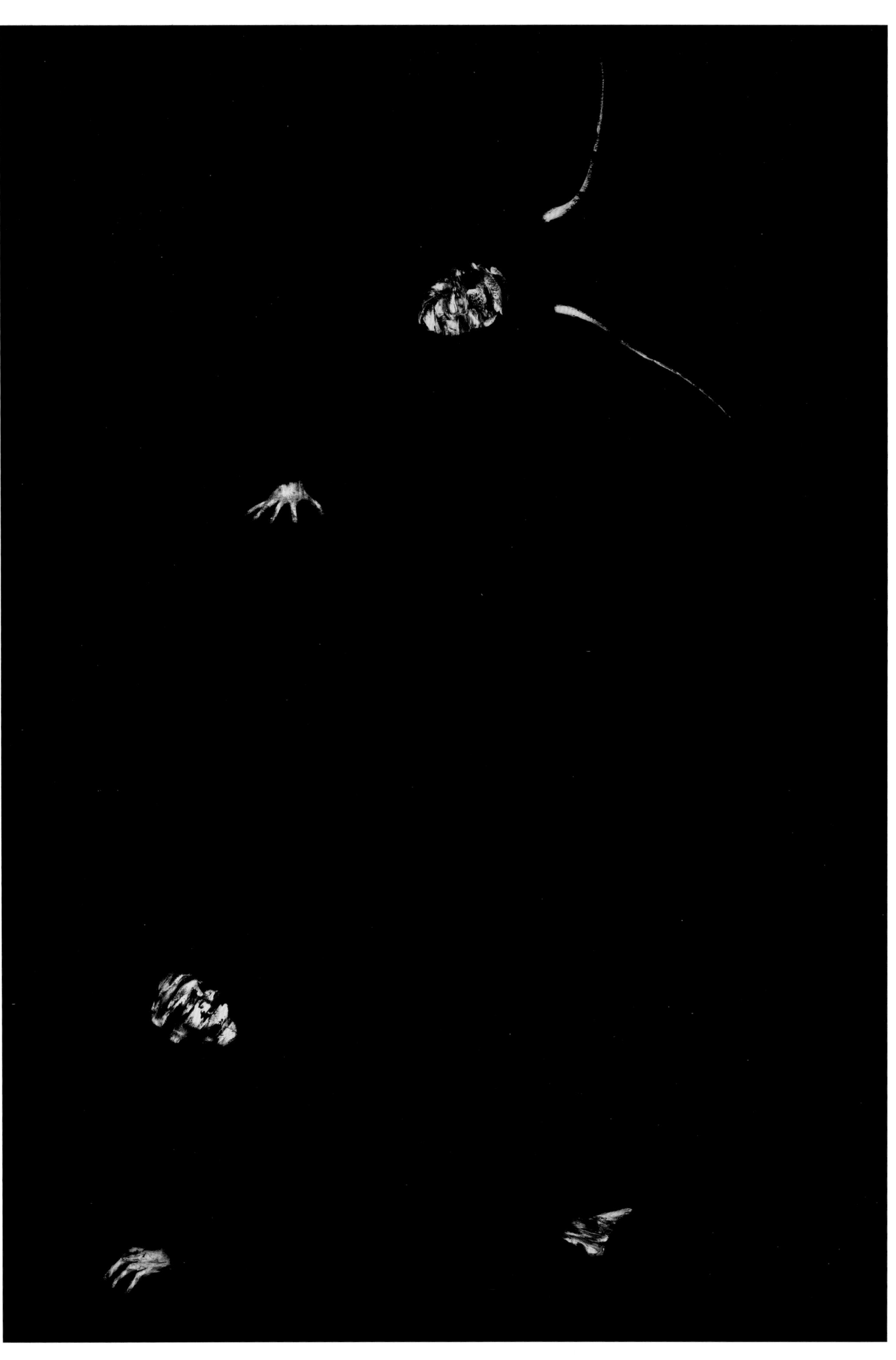

La Misericordia
(intero e particolare /
full view and detail)

2017

Olio su tela / Oil on
canvas, 300 x 200 cm

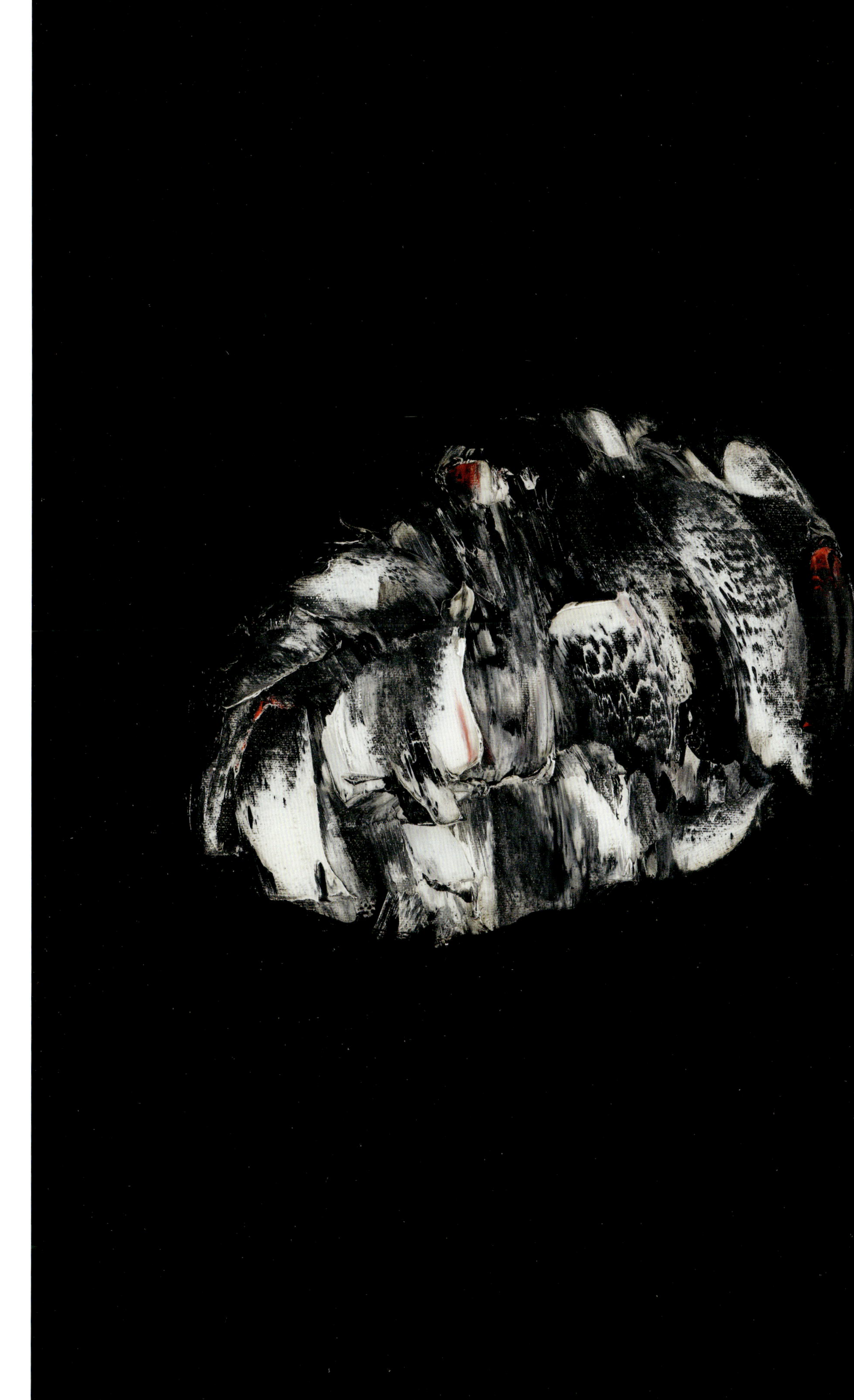

Il Grande Sacrificio

2017

Olio su tavola / Oil on
panel, 108 x 258 cm

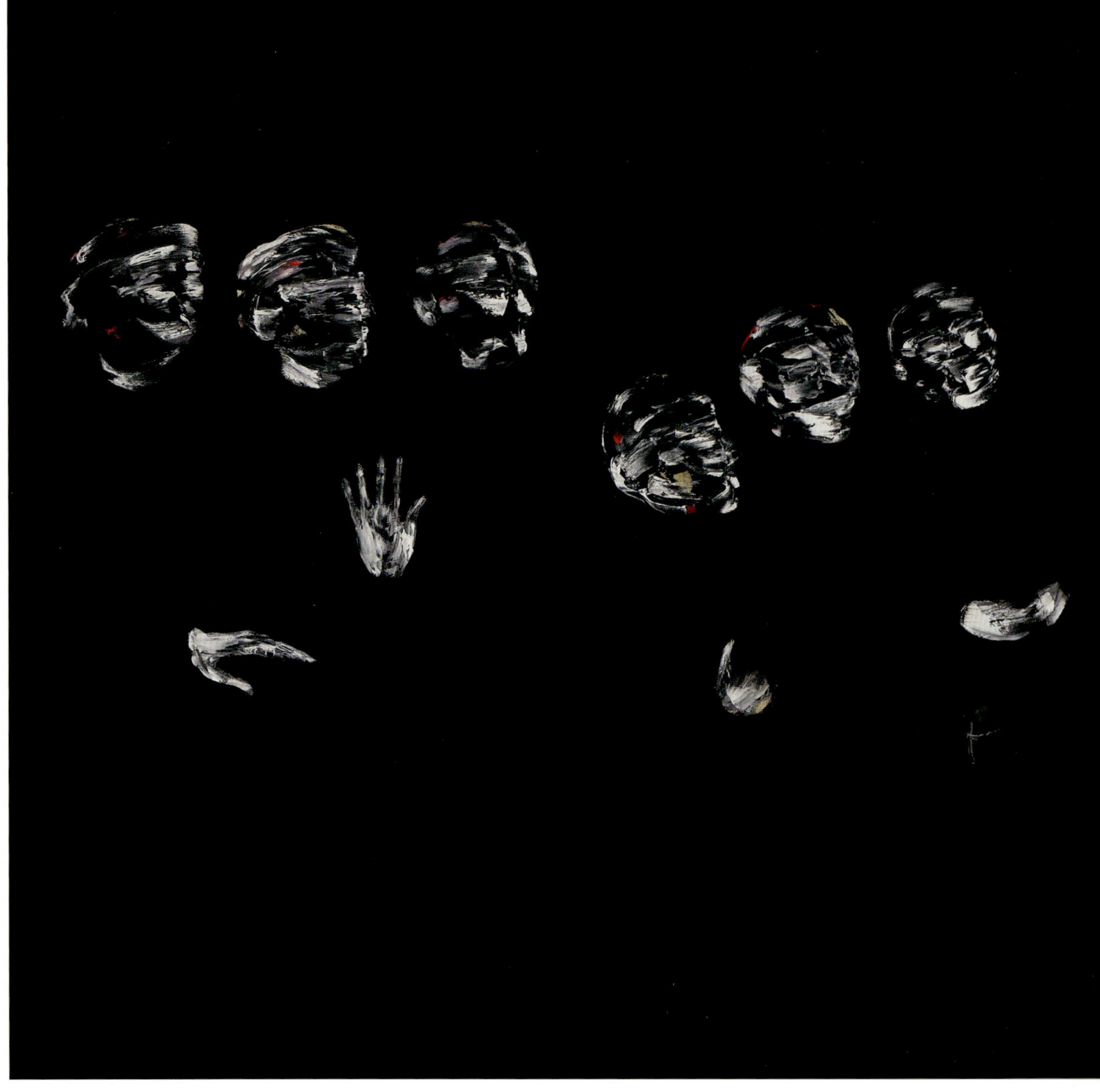

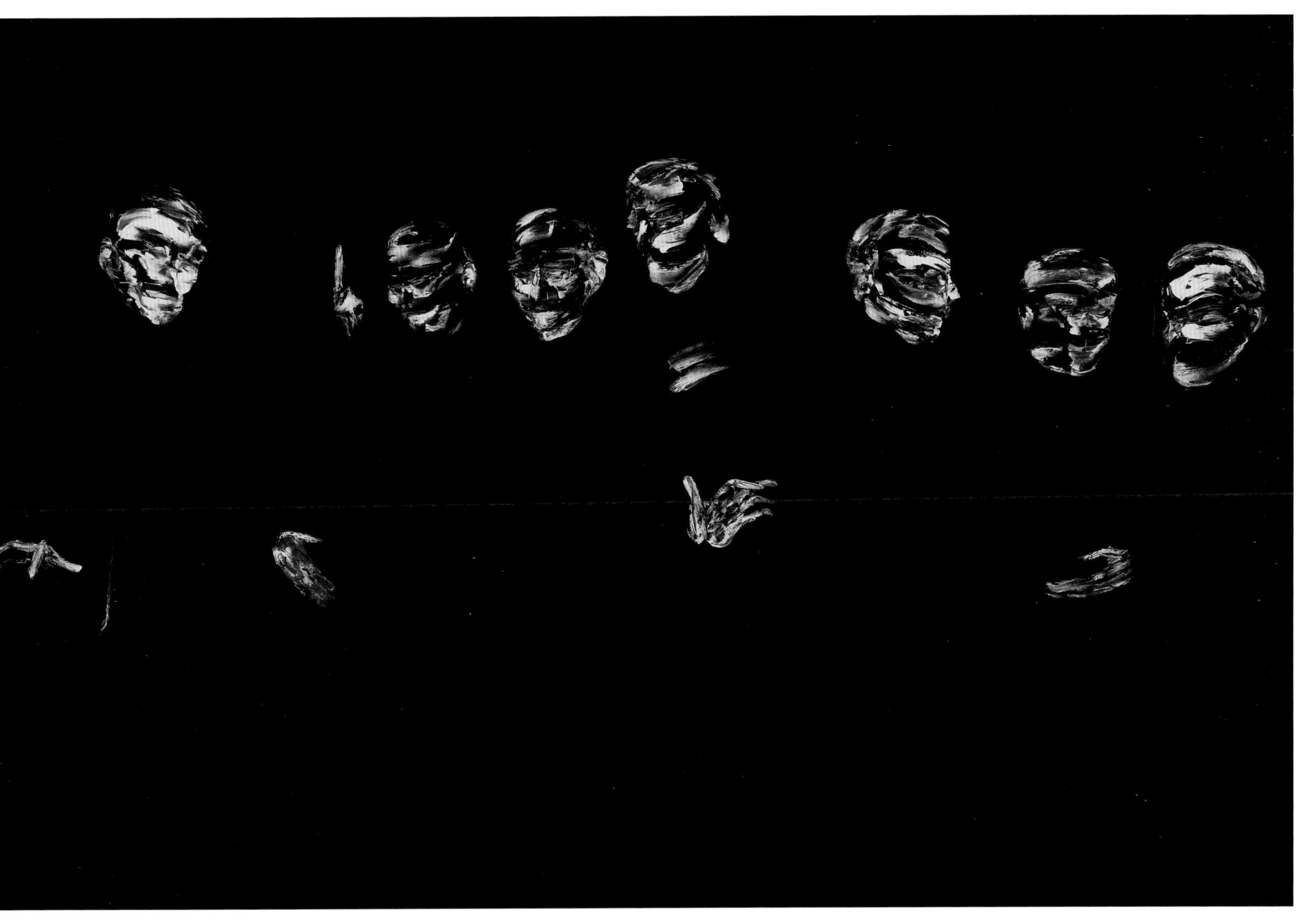

and masks. They reduce them to a protocol. What they fail to understand is that neither master set out to paint reality but truth. This is also what Francis Bacon, the artist through whom Puglisi seems to be logging centuries of art history, so different and yet so similar, also strove for.

This is a pitfall that Puglisi manages to avoid. One might call it "psychological interiority," or "inner nature," but it is in fact simply the "truth" – recognising it, acknowledging it, is the disturbing mechanism that frees art from all narrative decorativism and brings it into the realm of the authentically sacred in that it is destabilising. It is empathetic resonance, a meeting point where "the invisible is not rendered visible" – if anything it is a recognition that what is visible is already so…
(Alessandro Beltrami, "Il Grande Sacrificio, or Painting as Revelation", in *Lorenzo Puglisi*, Hatje Cantz, Berlin, 2019.)

Bonuomo 2019

The Latin expression "Magnum Opus" can have two different meanings: it can be used to indicate an artist's masterpiece, and, at the same time, it can refer to the "Great Work", the noble task/project that every alchemist undertook: the process of transmuting the *prima materia*, inert and corruptible, into the Philosopher's stone, the absolute substance that supposedly had the threefold power to confer immortality, grant *omniscience*, and transform base metals into gold. In both the artistic and alchemical practices, the passage from matter to the spirit, from the raw state to the refined state, can boast the title *Magnum opus*.

The first of the four phases that characterise the alchemical pathway of the Great Work is the *Nigredo*, that is, the reduction to "blackness": the blackness of the material that, decomposing, returns to the primordial condition of chaos from which every creation originates. Only through the destruction of the elements is the passage to a higher synthesis, to a new creation, guaranteed. One of the etymons for the word alchemy, related in particular to the Egyptian priestly science, is in fact "black earth" (*al-Kemi*), the silt brought by the flooding of the Nile, the cause of tragic aridity and immediately afterwards, propitious fertility.

In Lorenzo Puglisi's painting, the *colour black*, even before suggesting other conceptual aims and other iconographic allusions (Leonardo, Caravaggio, Goya, or Bacon), identifying a sort of initiatory path, along which what is hidden is made manifest, and what is manifest, hidden. Like the alchemist Zeno, the "fictitious and lunar" protagonist of Marguerite Yourcenar's *L'œuvre au noir* [*The Abyss*], who, feverishly seeking knowledge, "plunges into the ocean of forms, abandoning all philosophical preconceptions", Puglisi also sinks into his black canvases, which are lacerated by sudden appearances of fragments of faces and gestures, to offer yet another opportunity to the process of creation. In so doing, Puglisi, like Zeno, "understands that the *opus nigrum*, the black work, or the alchemical phase of the dispossession of the forms, the dissociation of the elements, and the purification of matter, is taking place inside of him: he himself is his own work, and he must go through the *nigredo* phase to purify his own substance from the imperfect philosophies and theologies of his century and thus gain access to a different understanding of the world and of himself ".
(Michele Bonuomo, "Nota a margine dell'opera al nero di Lorenzo Puglisi" ["Side note to Lorenzo Puglisi's black work"], in *Lorenzo Puglisi. Shades from the Shadow*, exhibition catalogue, crypt of the King's Cross Saint Pancras church, London, 2019.)

Carpentieri 2019

Once again, we cannot help but ask ourselves what sense an exhibition has. …
… In this case, the exhibition event is built on three terms: *space*, *light*, and *figure*, and its lofty symbolic meaning, at once alchemical and mystical, is revealed in the blackness, understood as colour, the key to its interpretation, recalling the importance of alchemy in the chromatic symbolism and its distinction between a phenomenal black (what remains in the shadow), which we experience on a daily and tangible basis, and an all-encompassing, primordial black that is the archetype of chaos and the beginning of things. That same chaos (synonym of the *prima materia* in which, well past the initial condition of disorder, can be found the principles of being and transformation), as black as the darkness of the night and existing before the cosmos,

is described in the Scriptures: "Now the earth was formless and empty, darkness was over the surface of the deep, and the Spirit of God was hovering over the waters" (Genesis 1,2 NIV), on which the divine Being, also pre-existing, exercised the *creatio ex nihilo*. But there is also the infinite pre-creation darkness of the Egyptian cosmogonies, the non-organised of the Chaldeans, and the pre-conscious state of psychoanalysis. …
… In these we find the absolute predomination of the black, which occupies the entire surface of the work, and which as paint in the most traditional sense of the term, finds a special compositional structure that allows the absorbent black to expand over the entire level surface of the work to then be interrupted by the sudden materialisation of the light and the consequent emotional baring of the forms/figures concealed within it.
It is as if the space of the hypogeum had sunk into the black of the works on the surface of which sudden flashes reveal hands, feet, memories of faces, that is, expressive fragments leading to the re/constitution of the figures and/or the model, or better still well-defined anatomical details (along the lines of a part representing the whole, and thus details) that recall (between analogies and references) what Rossella Vodret writes about Caravaggio: "he illuminates only what he wants to call attention to, what is outside of the light does not interest him in the least, so that often – especially in his mature and late works – the shaded parts are only sketched, or they are not executed at all. In fact, they do not exist". …
(Toti Carpentieri, "La luce e la conoscenza oltre il nero" ["Light and knowledge beyond black"], in *Lorenzo Puglisi. Una discesa verso l'alto*, exhibition catalogue, Ipogeo Bacile, Spongano, Lecce, 2019.)

Gazzaneo 2019

… Vision through memory, painting as event: this is how these maps and scores are born. The spirit both liberates and concentrates – the face, the essence of being, the nucleus of life. Then there is no desire to pick bare or dismember the subject, rather the insatiable desire to delve deep into the work being contemplated, almost to harvest the seeds that have generated it. These original seeds are the light because they are the manifestation

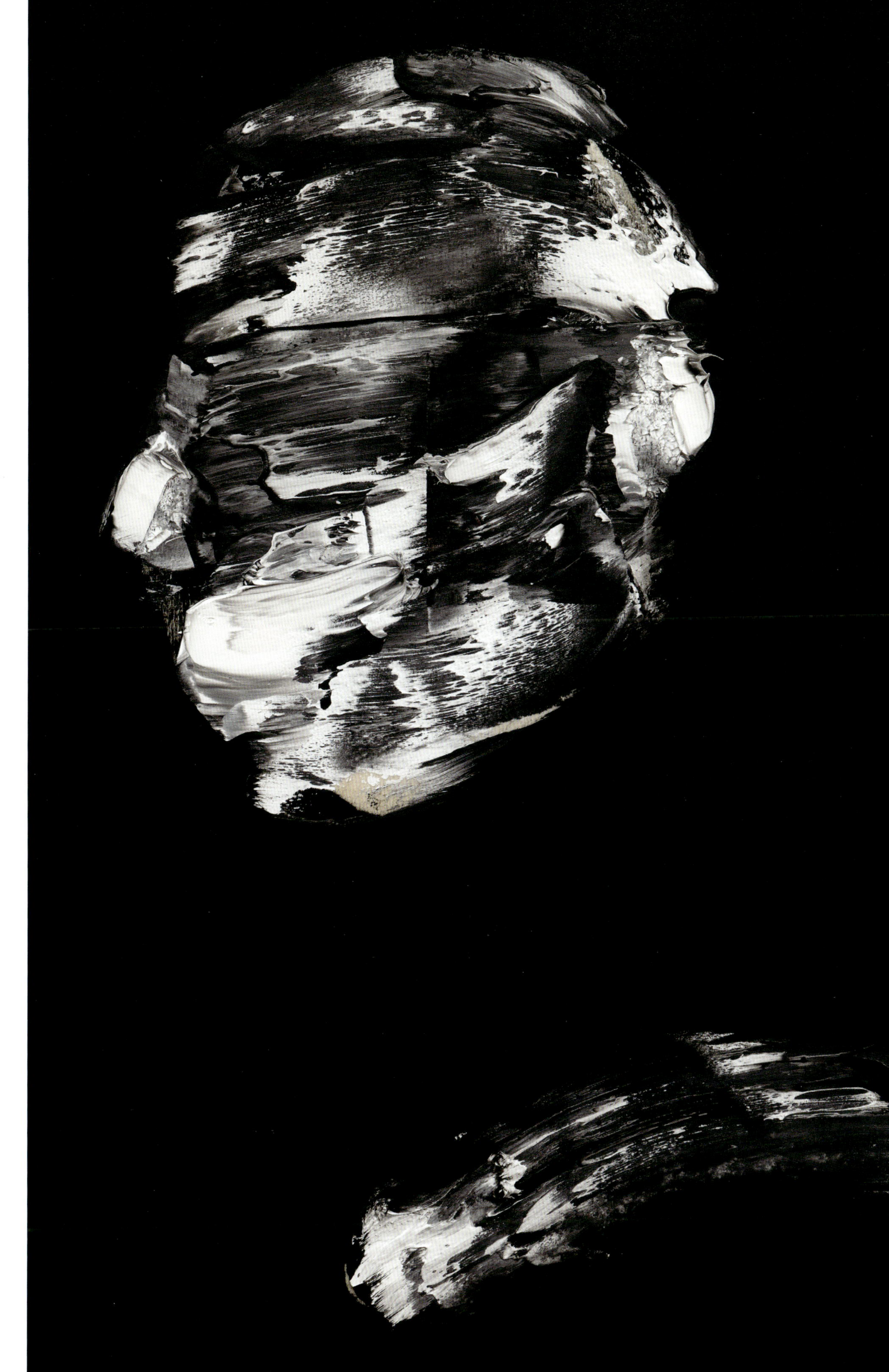

Il Grande Sacrificio
(intero e particolare /
full view and detail, p. 125)

2018

Olio su tavola di pioppo /
Oil on poplar panel,
195 x 375 cm

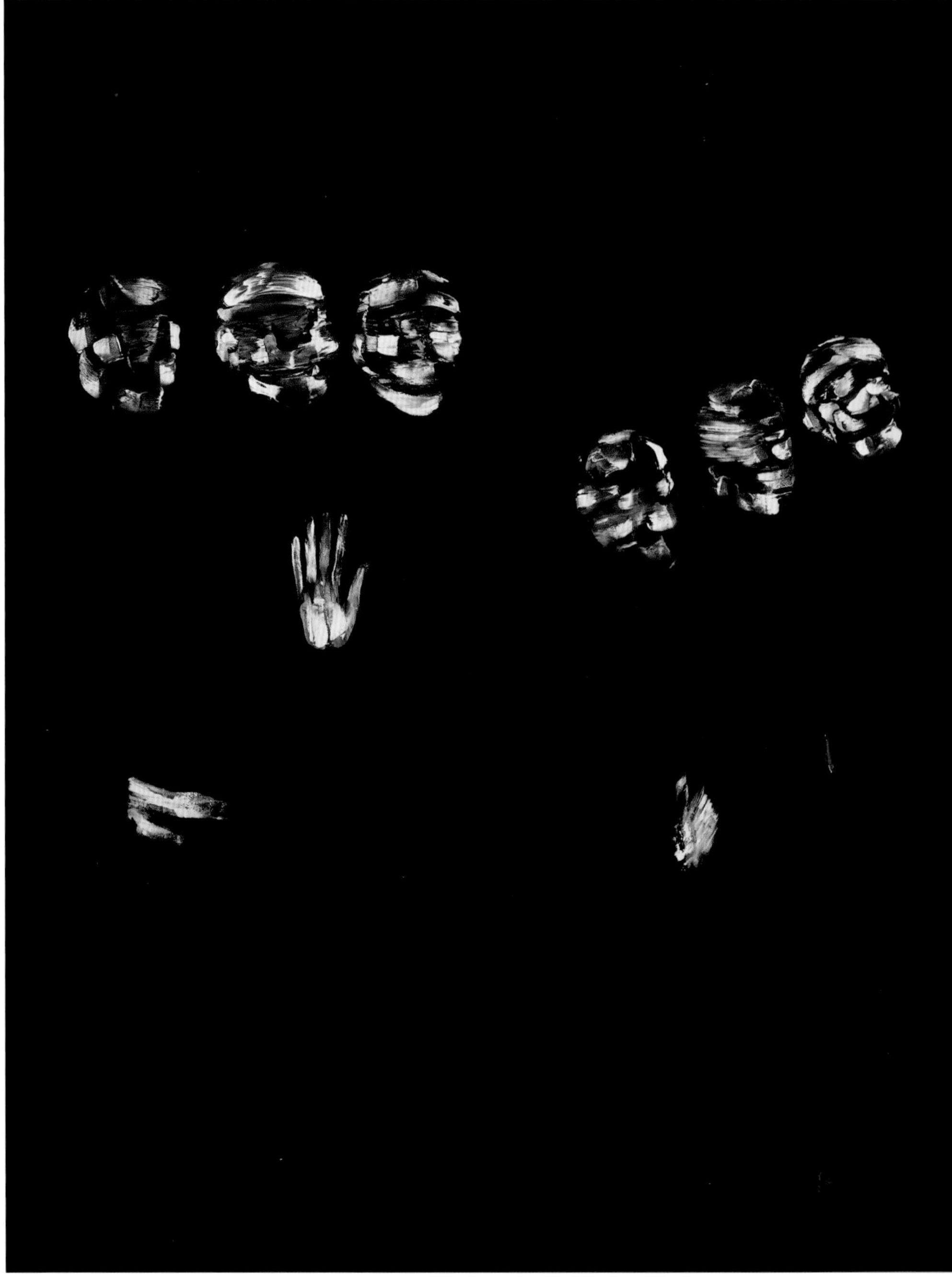

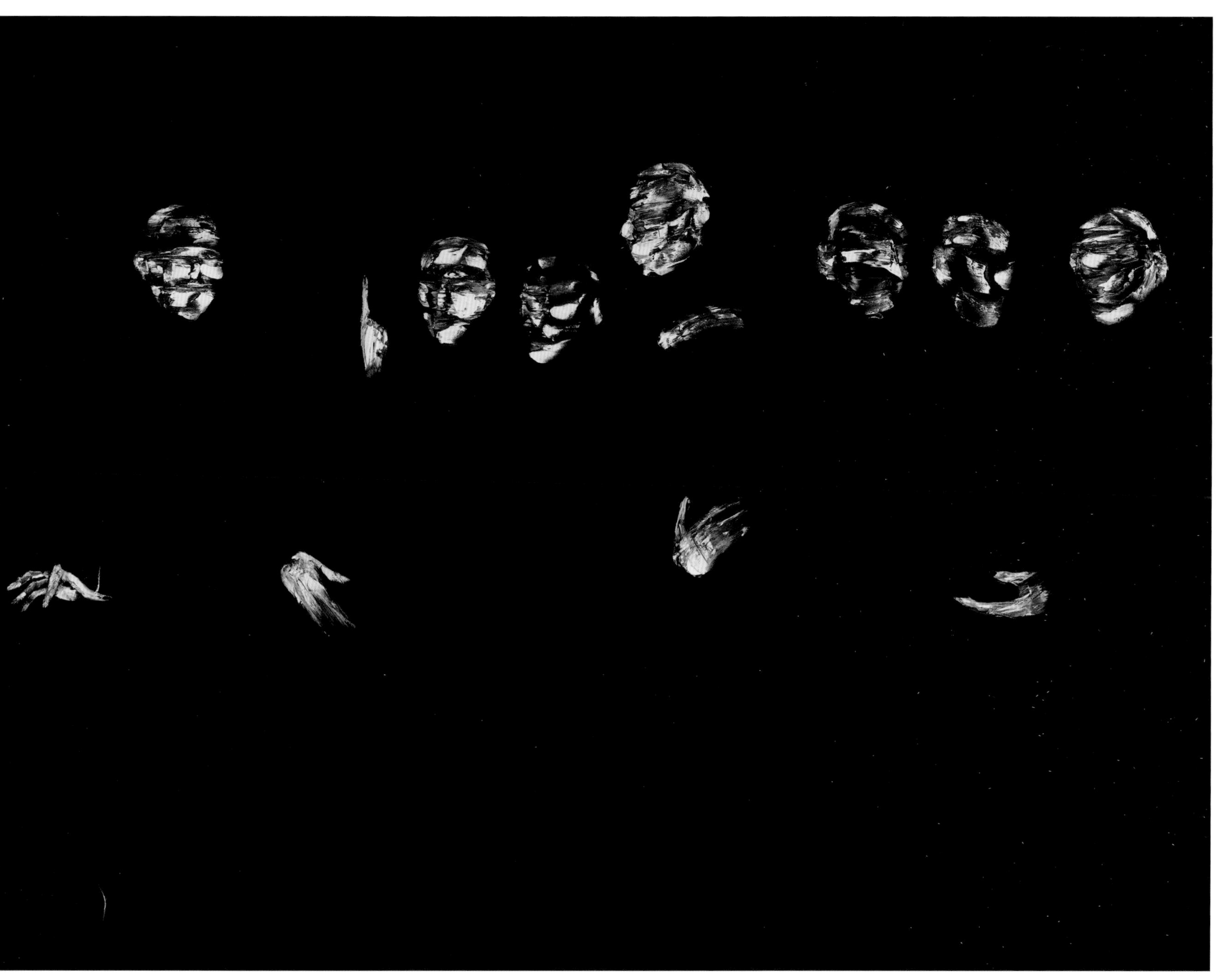

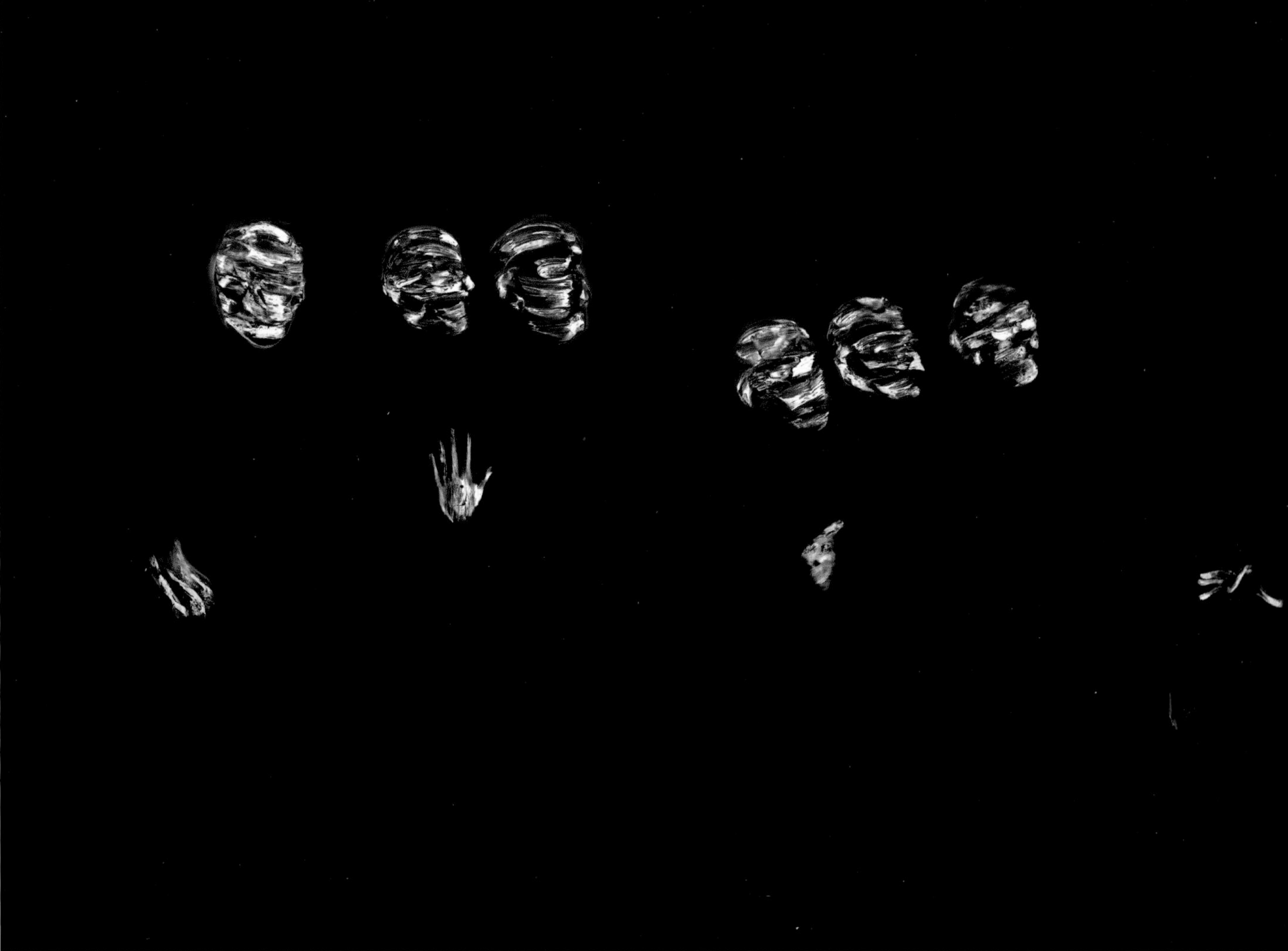

Il Grande Sacrificio
(intero e particolari / full view and details)

2019

Olio su tavola di pioppo /
Oil on poplar panel,
205 x 605 cm

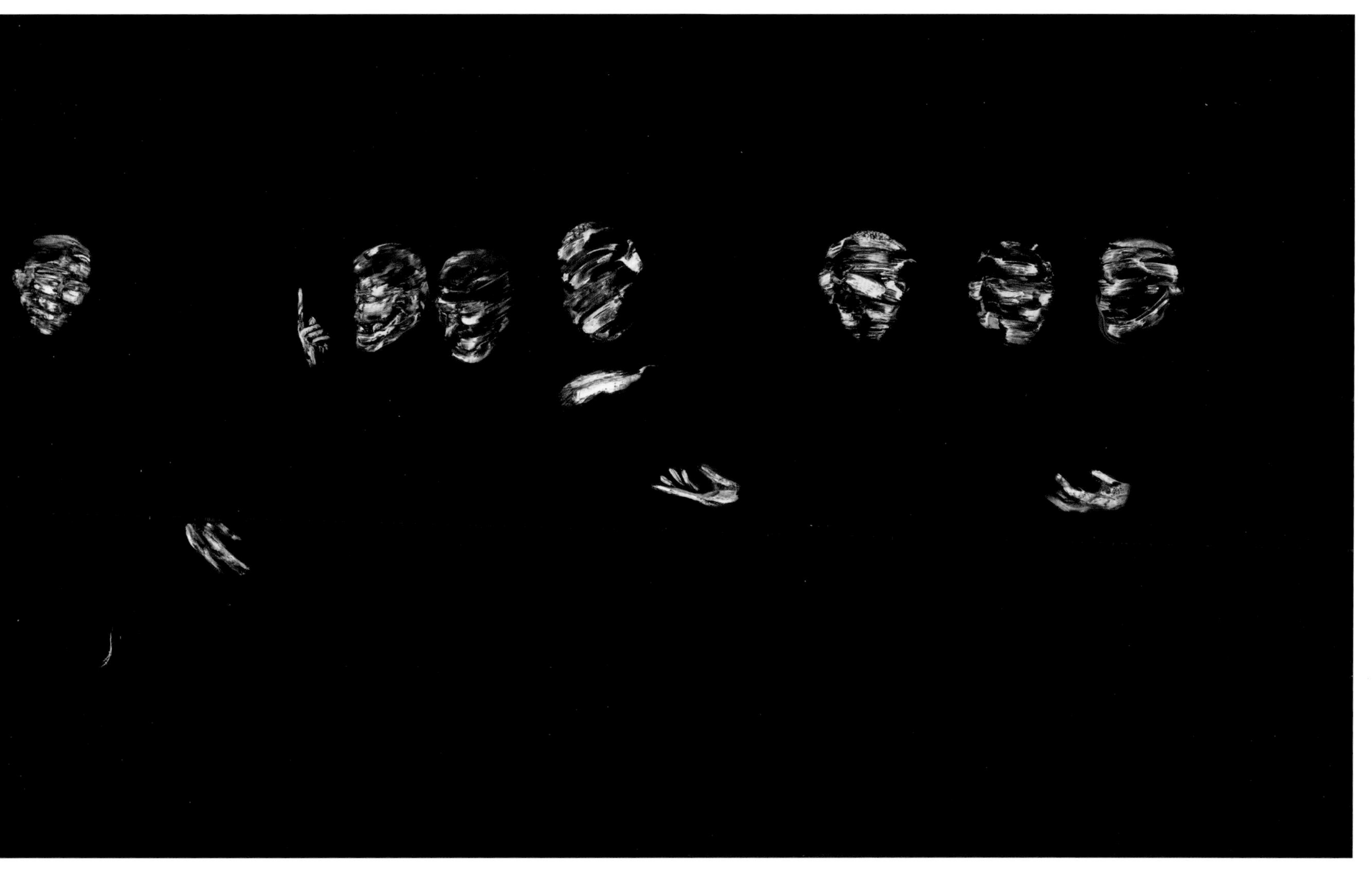

of an inexhaustible beauty that emerges from the abysses of the great history of art and demands to be newly incarnated. For this to happen one has to know how to look into the depths, and it requires total immersion in the work. Like the humble pearl fisher, Puglisi knows how to hold his breath at length, knows how to gather up the fragments of light from the waters of the abysses, immerses himself where no one had dared do so before, where silence is all. Authentic beauty comes with silence. Looking is not enough, one needs to listen to it to grasp it, only in this way can the essential be revealed and perceived by children and mystics, artists and poets. Art is an adventure into the depths of being. A risky adventure, because there can be no adventure without risk. The risk of losing oneself, the risk of finding oneself, the risk of abandoning oneself to the totally Other…

… In Puglisi creative tension, which underpins freedom of expression, derives from an ability to bring opposite poles together: matter and spirit, tradition and contemporaneity (in an awareness that art is never just for the present), inspiration and craft. Only when the two poles come together can a true work of art be created – a masterpiece that defies the passage of time. Until the conjunction of visible and invisible that Klee described is achieved: "Art does not reproduce the visible but makes visible". His relationship with the great art of the past is a loving relationship: "The works from which my paintings are conceived are those that have seduced me". True knowledge generates love. Puglisi is in love with beauty. In 2002 the then Cardinal Joseph Ratzinger wrote: "The beautiful wounds, but this is exactly how it summons man to his final destiny". True knowledge is being struck by the arrow of beauty that wounds man: being touched by reality. In the language of beauty, truth shines forth (as St. Thomas Aquinas teaches us), a glimpse of the hereafter that triggers amazement, gratitude, and joy. Yes, Puglisi has been wounded by beauty; his works resemble stigmata of masterpieces…
(Giovanni Gazzaneo, "Black Horizons and Glimmers of the Infinite", in *Lorenzo Puglisi*, Hatje Cantz, Berlin, 2019.)

Gisbourne 2019
… The role of blackness or darkness using spectral appearance and materialised oblivion are axiomatic considerations in the paintings of Puglisi. Yet his attachment to the Baroque and to the aesthetics of ruins stands in marked contrast to the meaning and intention that is represented in the earlier historical period. For darkness and chiaroscuro in the seventeenth century, whether theatrically conveyed or shown as putative immanence, was tied largely to Caravaggisti tenebrism and to practices of narrative realism. In Puglisi's use of expressive facture, abbreviated passages of paint and matt flatness, there is also a marked distinction from the studio processes of application and painterly finish in the Baroque period. While Puglisi's paintings represent excoriated head and hands, and loosely reference the key sites of facial identity and gestural expression, they also parody a Baroque workshop convention by a monochromatic masking of the common areas of secondary assistance. The excoriated areas of the artists' paintings are connected to recent concepts of the ruin, and intentionally defer from seventeenth century allusions to ruins in Baroque art, those representations of fanciful *Capriccio* and/or the picturesque. Yet it must be noted, since Francisco Goya is one of the artist's favourite painters, that Puglisi's affection for blackness shares a meditative affinity with the Spanish artist, whose black paintings also have a similar macabre and spectral appearance. In distinction the contemporary usage and concept that defines the aesthetics of the ruin expresses simultaneously both psychical and material ruination, the entropic and decayed, the relic, the residual trace and the remnant, a contemporary state of cultural and emotional ruin, fettered to opaque liminality and ambiguity and to the failed dreams of modernity. …
(Mark Gisbourne, "The Spectral Feast: On the Ruins of Painting [The Art of Lorenzo Puglisi]", in *Lorenzo Puglisi*, Hatje Cantz, Berlin, 2019.)

Zannoni 2019
Lorenzo Puglisi, born in 1971, self-taught, began his adventure in art as a child with *How to Draw* by G.B. Nicodemi, a book that, since he mentioned it during our conversation that took place forty years later, must have played such an important role in his artistic education that still today it colours and informs his approach, inspired by the key words: *try it!*

Each of his works is a try, because, as the artist says, "Painting happens first in the mind", and from that point on, it is guided by the aim to possess emotions through representation, from the almost primordial urge to use drawing to put his feelings down on paper through to the carefully wrought evolution with oils, transforming the panel or the canvas into a circle to be circumnavigated, first with the gaze, then the entire being.

Lorenzo Puglisi says he is aiming for simplicity, which he identifies as the root of everything. But in reality, he has rather complex intentions and ambitions, because the journey going back to the core of feeling is an operation that requires courage and a human spirit that does not bend to the will of others, whether represented by the market or the passing fashion or the whims of the gallery owners. Indeed, the artist continues obstinately to make his works, pursuing the vision that took root in his mind, and he continues, continues, continues to delve into what for some observers is the same subject (almost with a Morandian dedication), a practise, however, that is full of emotional nuances, always focussed on experimenting with the essential, and driven by that urge to *try* that had taken hold of artist from the very outset.

Lorenzo Puglisi's poetics are guided by his objective of essentiality, his works are concentrated on a few elements needed to create an explosive energy. The flashes of light wrapped in darkness depicting faces and hands are elements pulsing with life, and that is where the emotional power of the human being is revealed. Essential and necessity are synonymous near rhymes; it is not just the removal of the superfluous in the quest for simplicity, but a painting made up entirely of the indispensable, digging in the soil of tradition to take a fresh look at the themes of classical art. Lorenzo Puglisi is eager to point out that his intent is not a comparison with the iconography of the past, rather it is a reference to the great images that have particularly affected him, bringing them up to his own time, as a pretext for painting, an allusion that finds in pagan and Judeo-Christian history a theme of truth, because perhaps after all the root of every religion is Truth. Once again, Lorenzo Puglisi makes a try, extinguishing a debt of

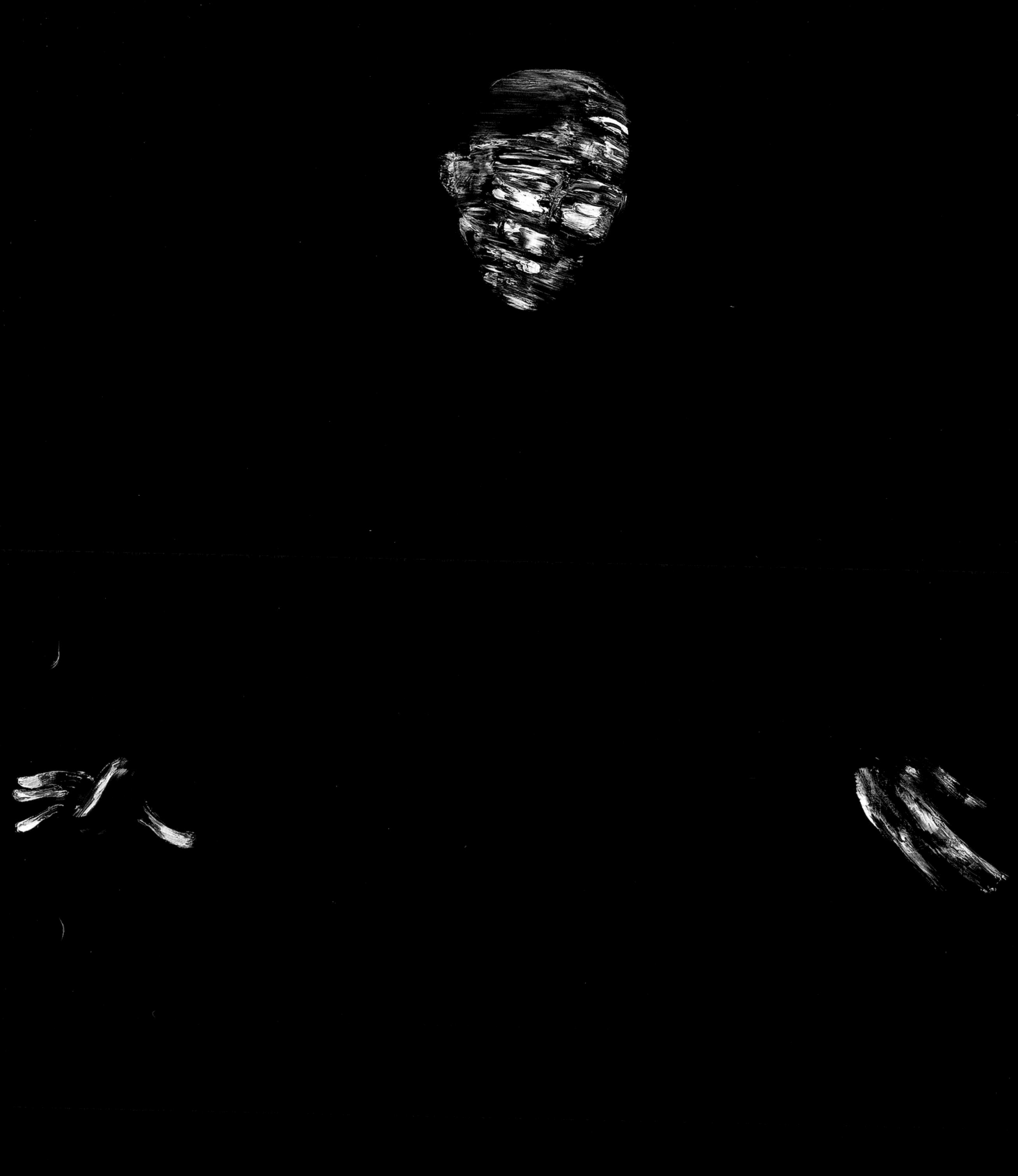

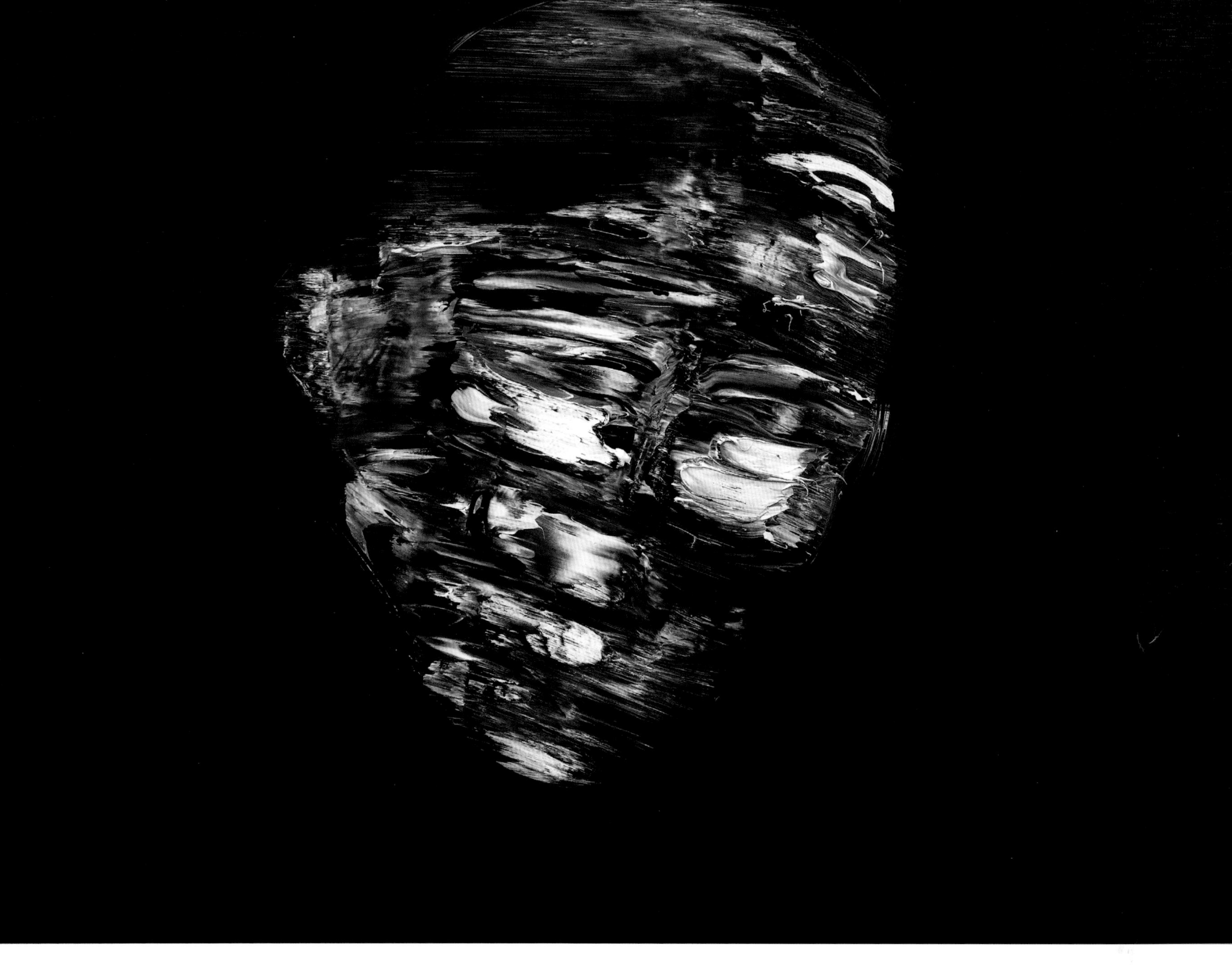

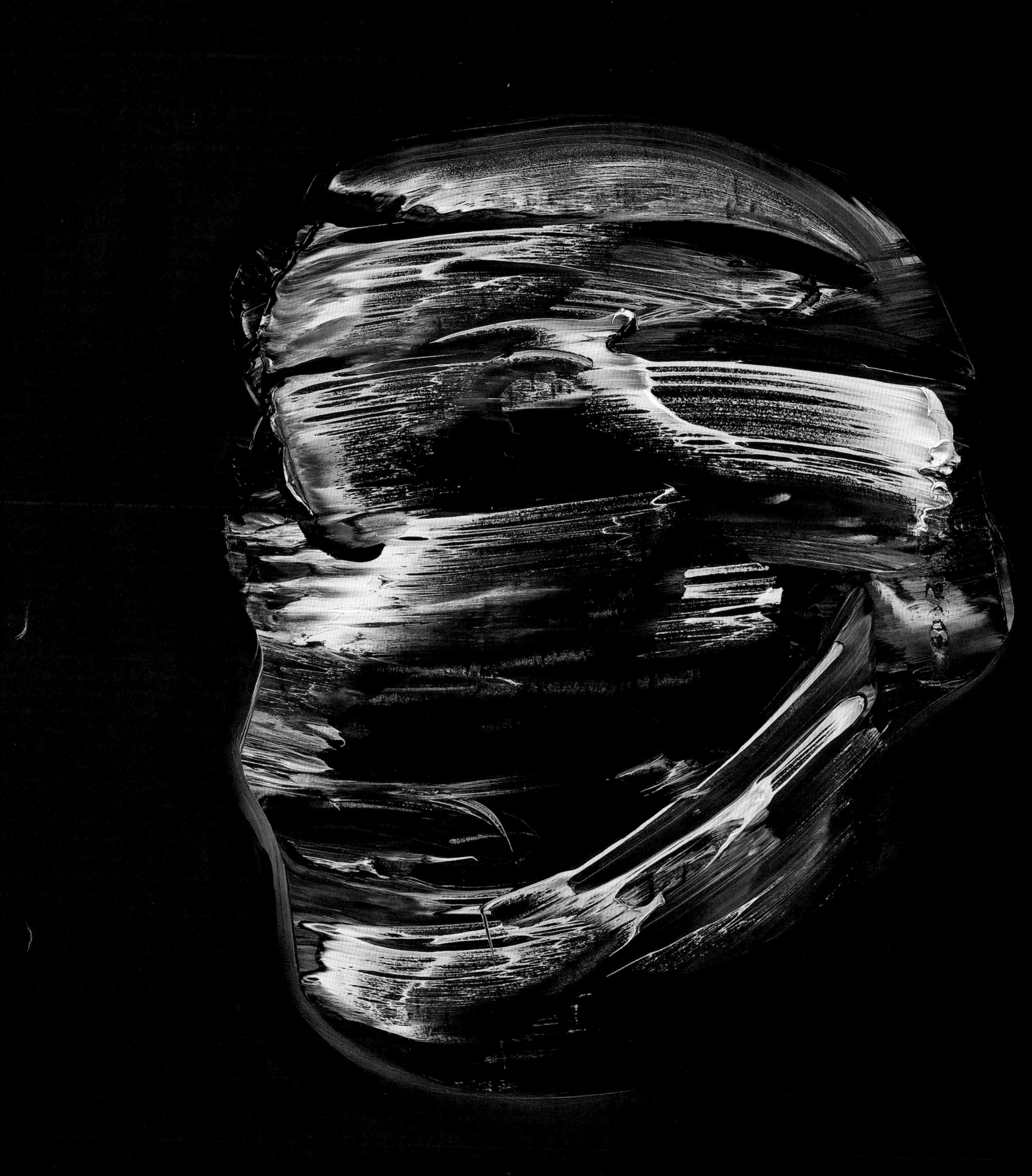

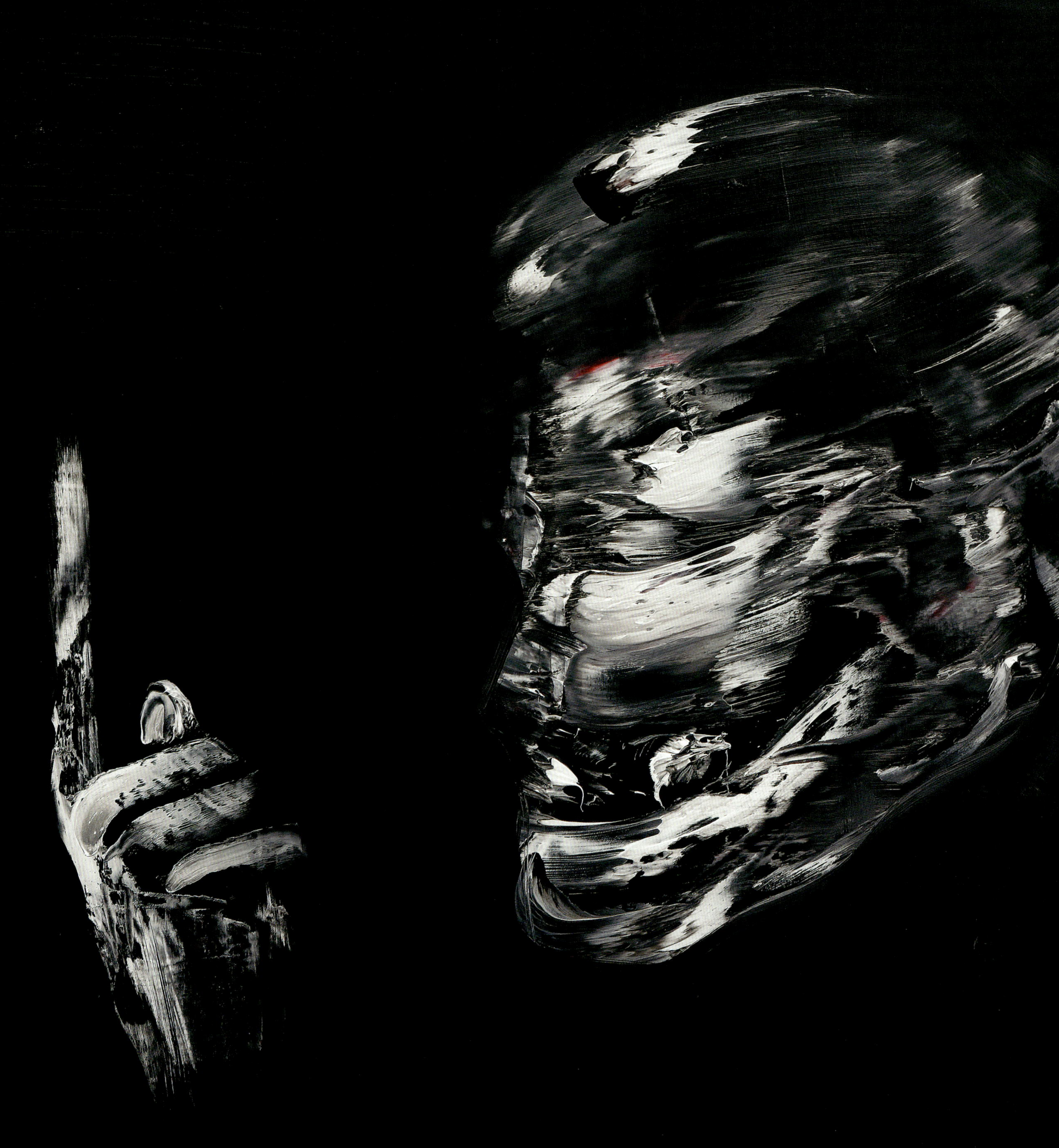

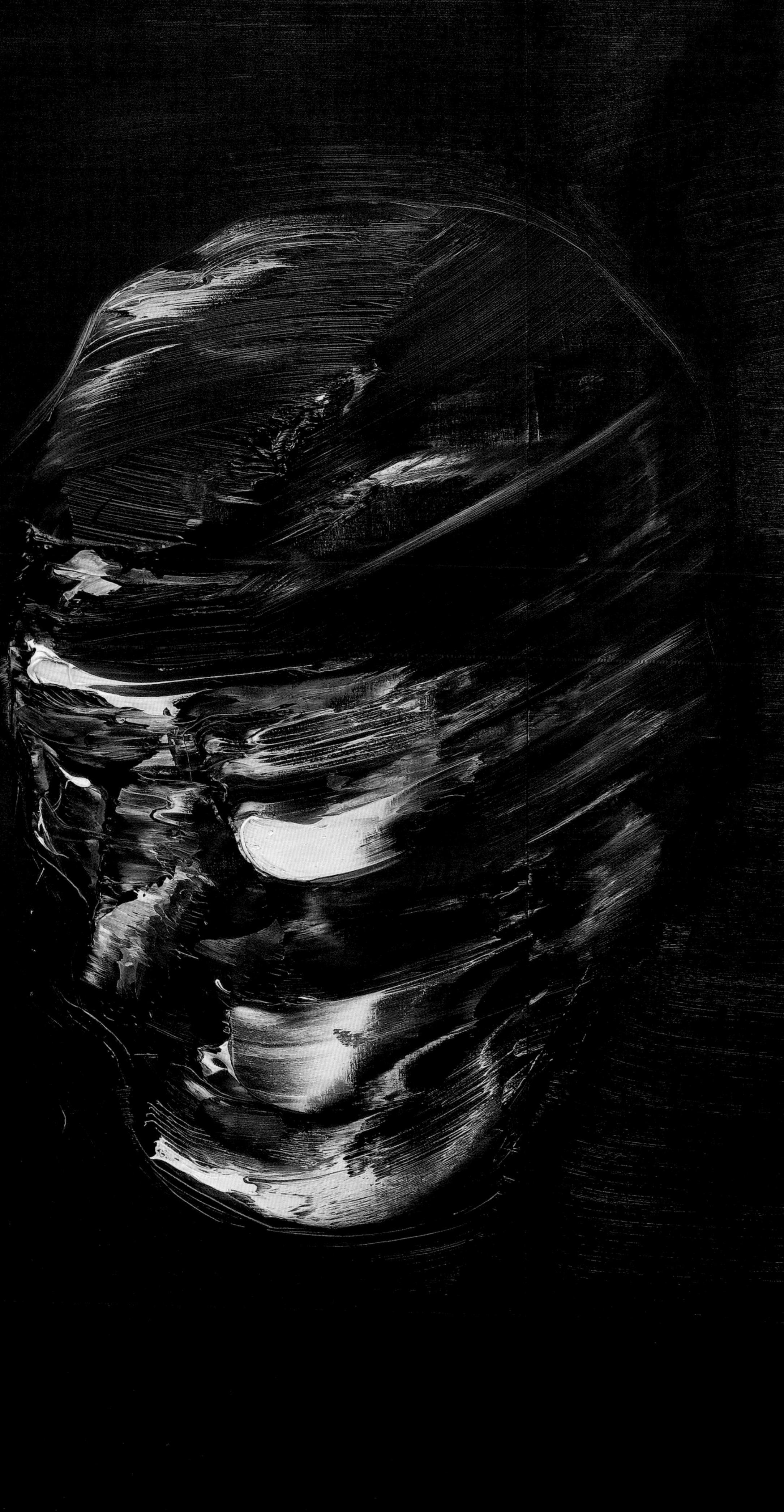

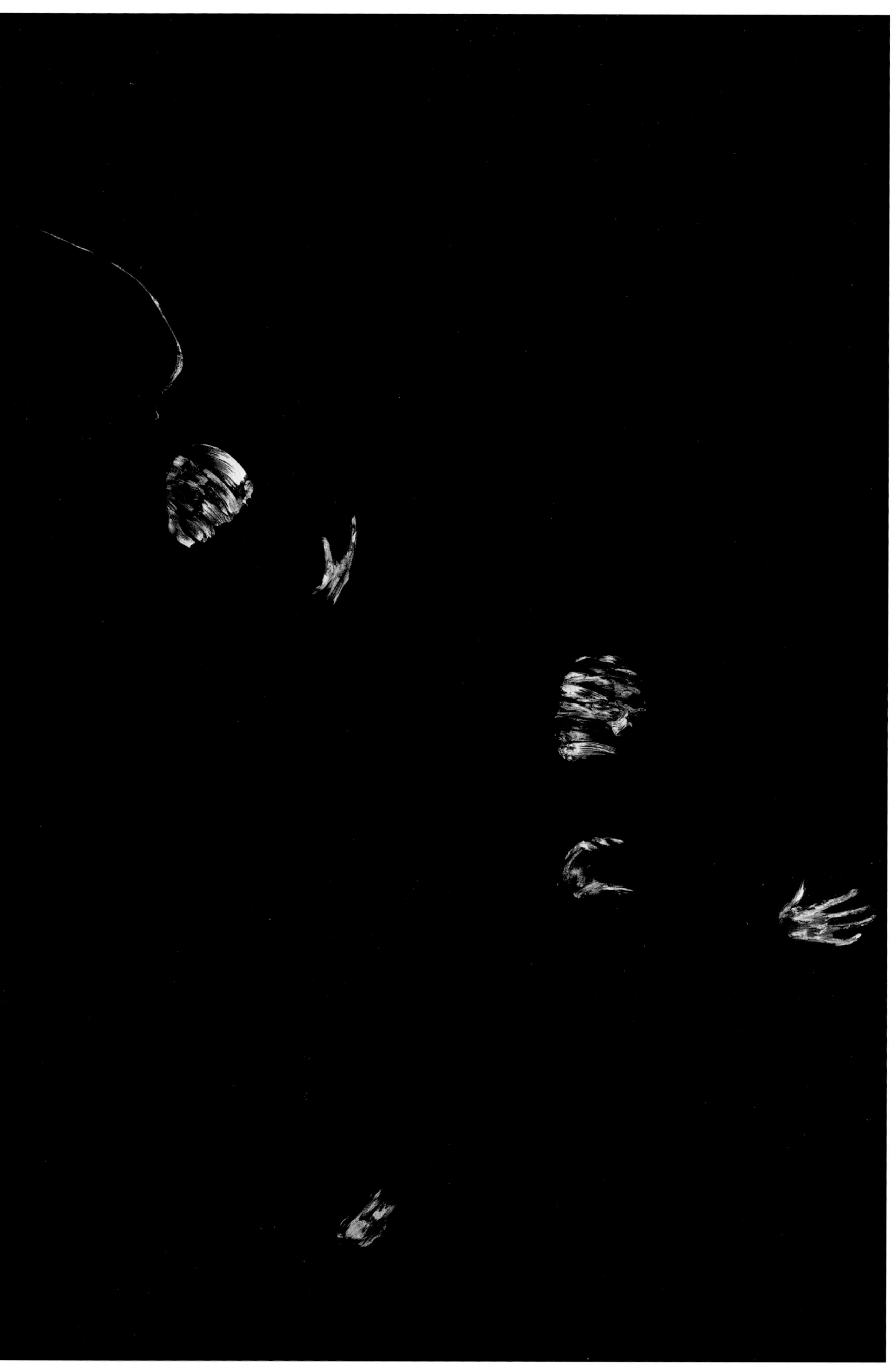

Annunciazione
(intero e particolari /
full view and details)

2020

Olio su tela / Oil on
canvas, 300 x 200 cm

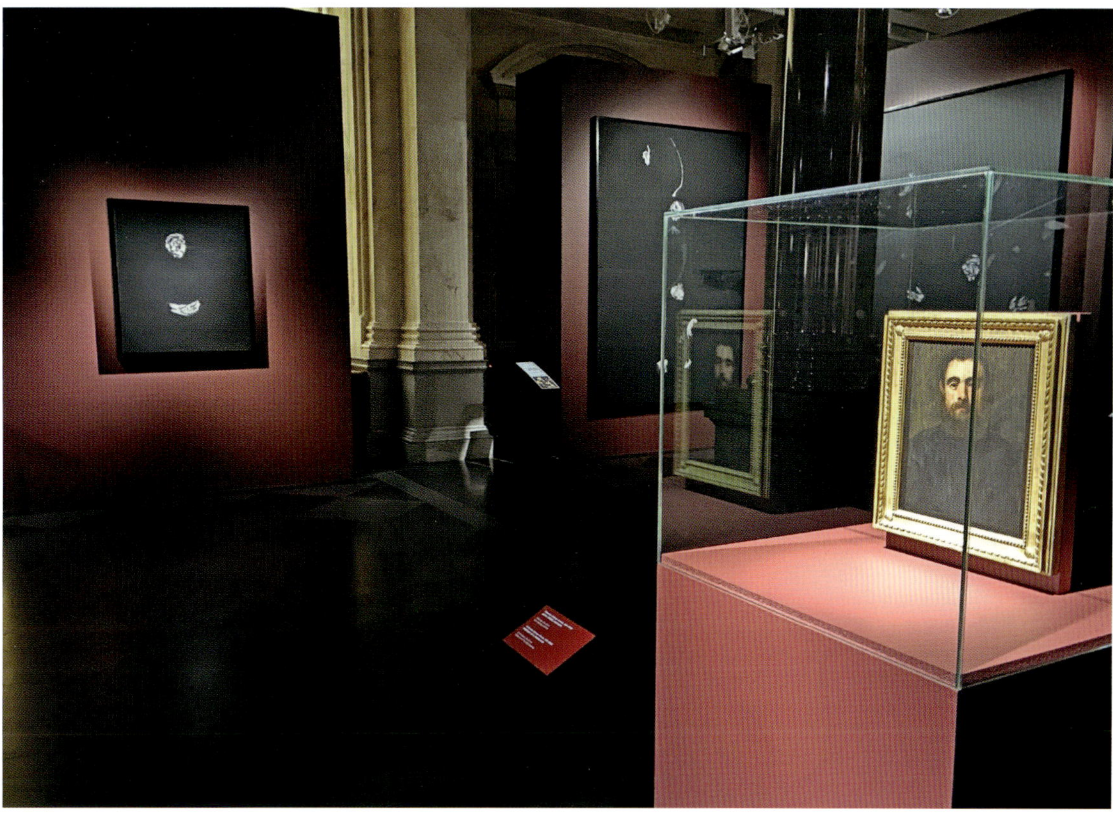

cleo del sentire è un'operazione che richiede coraggio e un temperamento umano che non si piega al volere altrui, siano essi il mercato o la moda del momento o i capricci dei galleristi. L'artista infatti con tenacia continua a fare i suoi lavori, perseguendo la visione che gli si è palesata nella testa e continua, continua e continua ad andare dentro a quello che per alcuni è lo stesso soggetto (quasi con un atteggiamento morandiano) e che invece è un fare pieno di sfumature emotive sempre volto alla sperimentazione dell'essenziale, verso quel tentativo che fin dall'inizio possiede l'artista.

L'ambizione dell'essenzialità guida la poetica di Lorenzo Puglisi, sono opere le sue concentrate su pochi elementi necessari a far esplodere l'energia, sono tratti di luce avvolti nell'oscurità che dipingono volti e mani, perché essi sono gli elementi vibranti di vita, è lì che si svela la potenza emotiva dell'essere umano. È un essenziale che fa rima con necessario, non è solo sottrazione del superfluo per cercare la semplicità, è una pittura fatta di indispensabile che scava nel solco della tradizione, in quello che è un riguardare ai temi della pittura classica. Ci tiene a precisare Lorenzo Puglisi che il suo non è un confronto con l'iconografia del passato, è piuttosto un riferirsi alle grandi immagini che lo hanno particolarmente

toccato, un riportarle nel suo tempo, come un pretesto per la pittura, un rimando che trova nella storia pagana o cristiana motivo di verità, perché forse in fondo la radice di ogni religione è Verità. Ancora una volta Lorenzo Puglisi pratica un tentativo, estinguendo un debito di conoscenza che passa attraverso l'occhio e vorrebbe arrivare verso un sentire universale e atemporale. …
(Alice Zannoni, in "Espoarte Contemporary Art Magazine", Speciale Pittura, 2019.)

De Chirico 2020

"Chi lotta contro i mostri deve fare attenzione a non diventare lui stesso un mostro. E se tu riguarderai a lungo in un abisso, anche l'abisso vorrà guardare dentro di te." (Friedrich Nietzsche, *Al di là del bene e del male*, 1886)
La ricerca pittorica di Lorenzo Puglisi è caratterizzata dal forte interesse per la natura umana e dal mistero dell'esistenza, dall'utilizzo diffuso, intriso di consapevolezza ed ossessione del colore nero. Questa anticromìa invasiva è intesa da Puglisi sia come assenza sia come presenza innata, indispensabile per creare uno sfondo di buio assoluto da cui si sprigionano, in armoniche costellazioni, fasci e sprazzi di luce che magistralmente definiscono volumi, volti, parti del corpo, elementi

frammentari intesi come delle presenze catturate in un'espressione o in un gesto pittorico.

Un percorso abbagliante e oscuro che verte all'essenzialità della rappresentazione, fatto di rimandi altisonanti alla storia dell'arte. In mostra sono esposte grandi tele che richiamano opere di Maestri assoluti quali Caravaggio, Leonardo e Michelangelo, in cui, ancora una volta, il trinomio spazio, luce, figura è indiscusso protagonista di questo proscenio fenomenale e mistico. Per dirla col filosofo tedesco Friedrich Nietzsche e in riferimento a quella che viene considerata la sua prima opera matura *La nascita della tragedia dallo spirito della musica*, la mostra personale di Lorenzo Puglisi, il cui titolo è per l'appunto *Kind of Black*, in tutto il suo potenziale immaginifico, viene egualmente concepita come un percorso di ascesa e decadenza che Nietzsche stesso ascrive all'espressione di dinamiche comuni, uno spirito sia dionisiaco sia virtuoso, due forze opposte e simmetriche: da un lato l'Apollineo, simbolo del Sogno, delle arti plastiche, della calma magnificenza delle divinità olimpiche e dall'altro il Dionisiaco, simbolo invece dell'Ebbrezza, della musica, della frenesia orgiastica delle feste di Dioniso. Ecco che questa dialettica circonfusa di attrazione perenne trova nelle opere di Puglisi un esempio notevole. Gli elementi informi ed

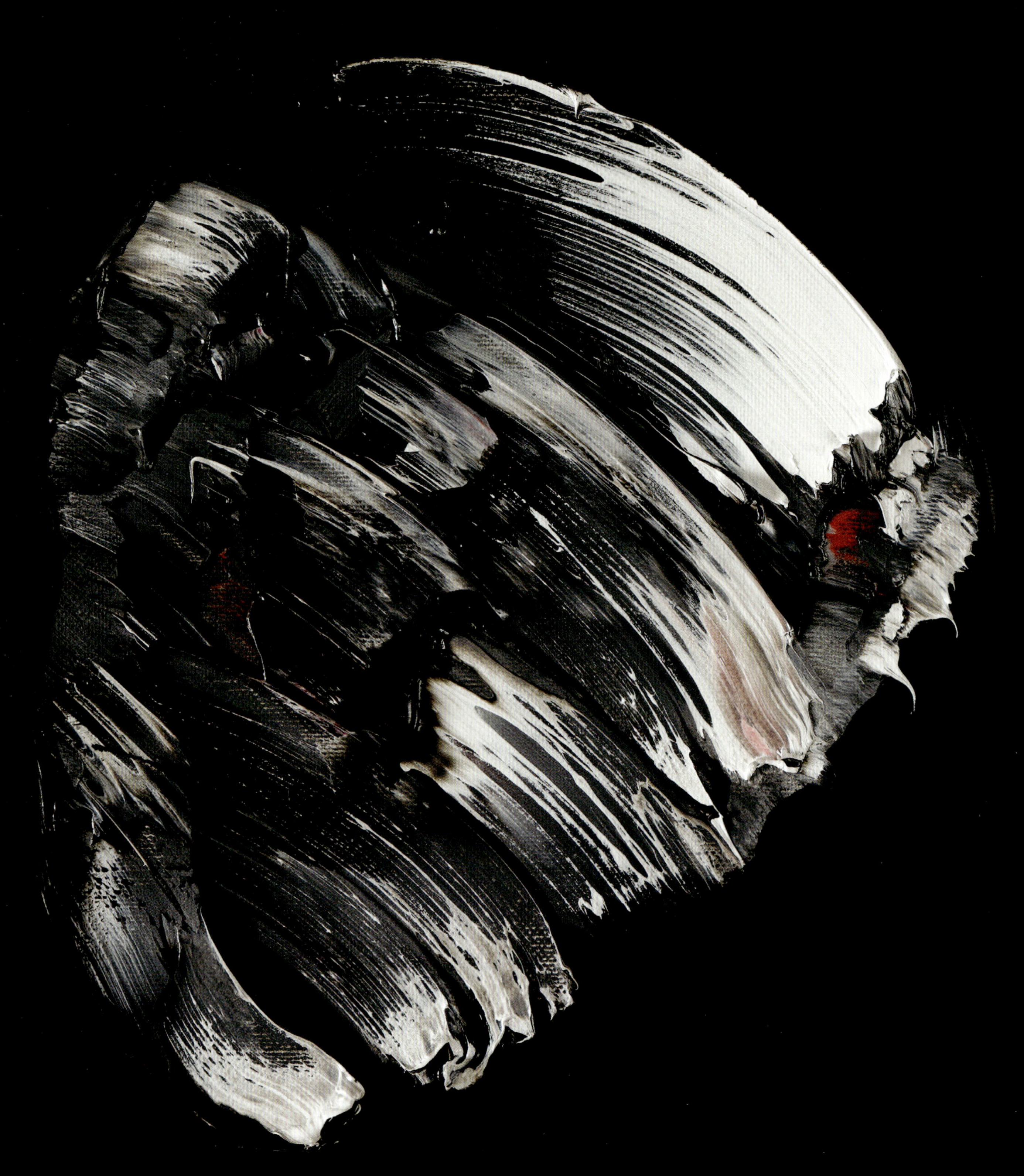

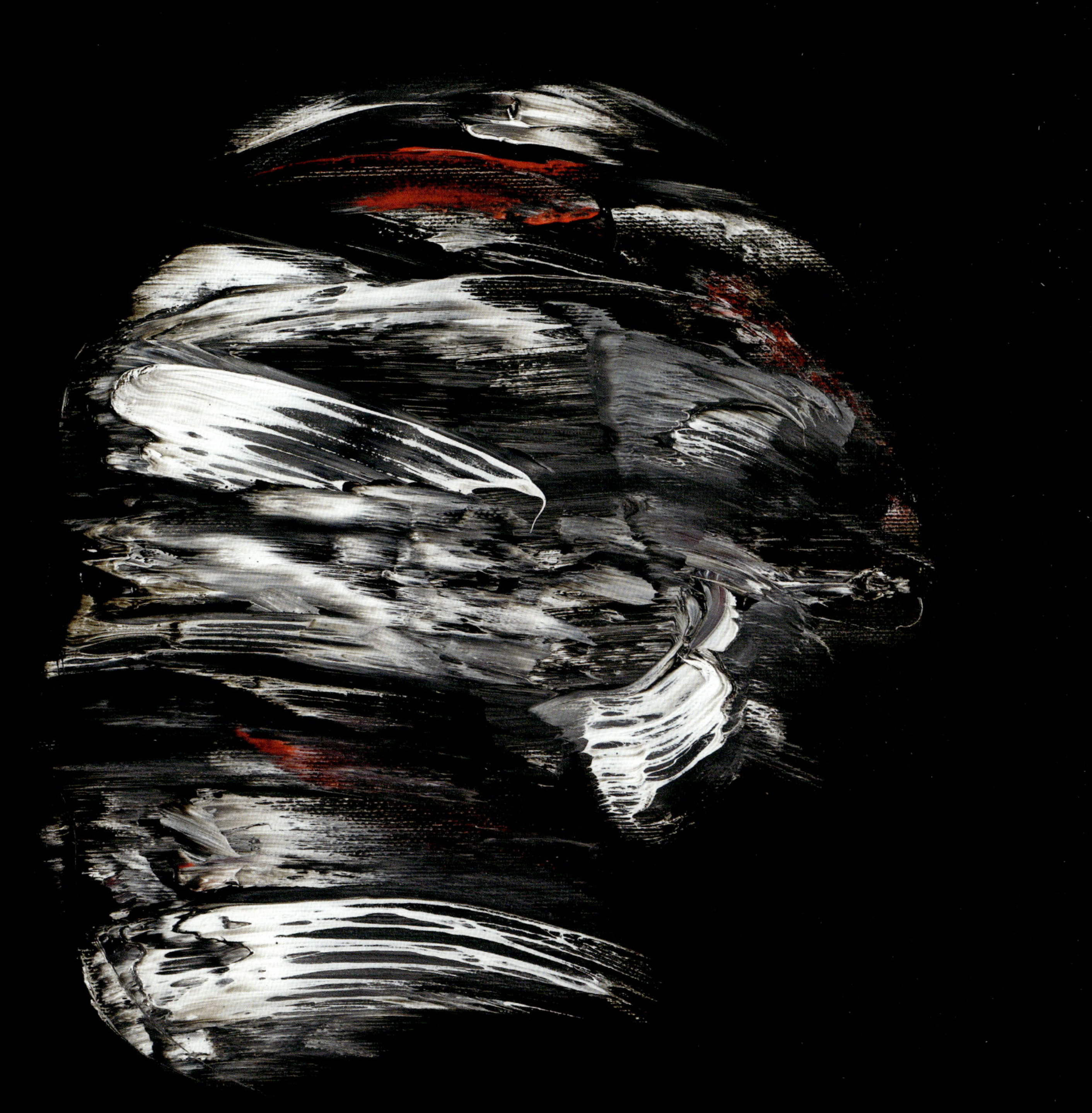

gratitude through the visual sense, reaching for a universal and timeless emotion. …
(Alice Zannoni, in *Espoarte Contemporary Art Magazine*, Speciale Pittura, 2019.)

De Chirico 2020

"Whoever fights with monsters should see to it that he does not become one himself. And when you stare for a long time into an abyss, the abyss stares back into you" (Friedrich Nietzsche, *Beyond Good and Evil*, 1886).

Lorenzo Puglisi's pictorial research is characterised by a strong interest in the human nature and in the mystery of existence; and by the extensive, obsessive and conscious use of black. Puglisi considers this anti-chromatic invasiveness as both an innate absence and presence, essential to the creation of a pitch-dark background emanating, as harmonious constellations, beams and flashes of light that masterfully define volumes, faces, body parts – fragmentary elements perceived as presences caught in a pictorial expression or movement.

This is a dazzling and obscure path aiming at essential representation, traced through grandiose references to the history of art. The exhibition features large canvases evoking artworks of undisputed Masters such as Caravaggio, Leonardo and Michelangelo – once again the triad space-light-figure is the key to a mystic and phenomenal proscenium. Paralleling German philosopher Friedrich Nietzsche and his first mature work *The Birth of Tragedy from the Spirit of Music*, Lorenzo Puglisi's solo exhibition *Kind of Black* is conceived in all its visionary potential as a path between ascent and decline, which Nietzsche himself ascribes to the expression of common dynamics, a spirit both Dionysian and virtuous, two equal and opposite forces: on the one hand the Apollonian – representing Dream, plastic arts, the serene magnificence of Olympian deities – and on the other the Dionysian – representing Inebriation, music, Bacchanalian orgiastic frenzy. This dichotomy enveloped in endless attraction is remarkably exemplified by Puglisi's works. Shapeless effulgent elements stare into the abyss facing the mysteries of existence, creating meaning to express the inexpressibility they come from. This is how Lorenzo Puglisi keeps focusing his gaze on the turbulent darkness of being, so as to compose his new

symphony – with the rhythm of silent bedlam – in four definite and independent scenes: *La Pietà* [*The Piety*], 2020; *Il Grande Sacrificio* [*The Great Sacrifice*], 2018; *Matteo e l'angelo* [*Matthew and the Angel*], 2020; *Ritratto 270919* [*Portrait 270919*], 2019.
(Domenico de Chirico, in *Lorenzo Puglisi. Kind of Black*, exhibition catalogue, Bianchi Zardin Contemporary Art, Milan, 2020.)

Schmidt - Faietti 2021

… And painters could not live, nor could work, if they are not connected with that mysterious legacy of the memory that captures flashes of light in the pitch black of individual and historical conscience, and brings to light fragments of a submerged world, along with self-knowledge, as Puglisi himself declares almost moved…

… Painting, in short, to know (and honour) one's roots, painting to know oneself, remaining balanced upon a thin wire that links the present to the past and that at the same time separates them. The fracture between past and present is there, it is inevitably there, but the artists, certain artists, make a great effort to stitch it together again, and in the end they manage to do so with surprising results. In cases such as these it immediately becomes clear that the materials used to paint are not only instrumental for the realisation of the works; they are also a part of the artists' personal poetics, serving as the expressions of their individual aesthetic perception. For Puglisi, the works of the past are manifested as material clumps floating atop the black background; they bestow a particular corporeality on the things he evokes, images as evanescent as they are dense, that draw a consistent presence from their sudden appearance like recognisable shapes steeped in the light that tears through the darkness. … Puglisi's spectral evocation seems to find his roots with difficulty during a journey that guided him all the way to Rembrandt van Rijn. The artist does not hide the fact that for him the endless repetition of certain forms (or certain visions) is the indispensable condition of the experimentation of what is new. At this point we might recall an artist, this time from the twentieth century, who as a young man began studying Rembrandt, and who never ceased to experiment with the mystery of art through themes reiterated in ever changing

ways, if it weren't for the fact that Giorgio Morandi (the artist in question) chose to be a painter in whom the light, even in dialectical opposition to the chiaroscuro modulations, for instance of his prints, always prevailed…
(Eike Schmidt, Marzia Faietti, "Galliani, Puglisi and the 'paragone' with the Ancient Masters", in *Self-reflection. Omar Galliani, Lorenzo Puglisi, Tintoretto*, exhibition catalogue, Art Museum Riga Bourse, Riga, Corsiero Editore, Reggio Emilia, 2021.)

Barilli 2022

… more than focussing on a single apparition, Puglisi's art is compelling for that multiple apparition of scraps, fragments, shreds snatched from something whole by an explosion and now illuminated by flashes of an intermittent light that lets us see and not see at the same time, just as happens with the burst of light from some explosion, a violent and completely artificial illumination that allows a brief moment of legibility, but then goes out, and that shiny, jet-black, almost compact darkness is restored, the show is over, even if some traces remain in our astonished, startled eyes, however full of interest in that extraordinary spectacle that we have been privileged briefly to see.
(Renato Barilli, "Come alla luce di un'esplosione" ["As if in the flash of an explosion"], in *Lorenzo Puglisi. Pittura Nera*, exhibition catalogue, Palazzo della Regione Emilia Romagna, Bologna, 2022.)

Sassoli 2022

The self-portrait of Puglisi, painted in 2018 and exhibited in Riga in dialogue with the famous *Portrait of a Man* (1546) by Tintoretto lent by the Florentine Museum, enriches the historic Uffizi's collection of self-portraits which Cardinal Leopoldo de' Medici begun in the seventeenth century, considered over the centuries to be the oldest collection of self-portraits in the world…

… It's therefore impossible not to include a work by Lorenzo Puglisi, whose pictorial research is characterised by the widespread use of black colour which creates a background of absolute darkness, from which streams of light define the volumes, the faces, the hands of the figure. His research focuses on masterpieces of the past, from Tintoretto to Caravaggio, from Rembrandt to Goya,

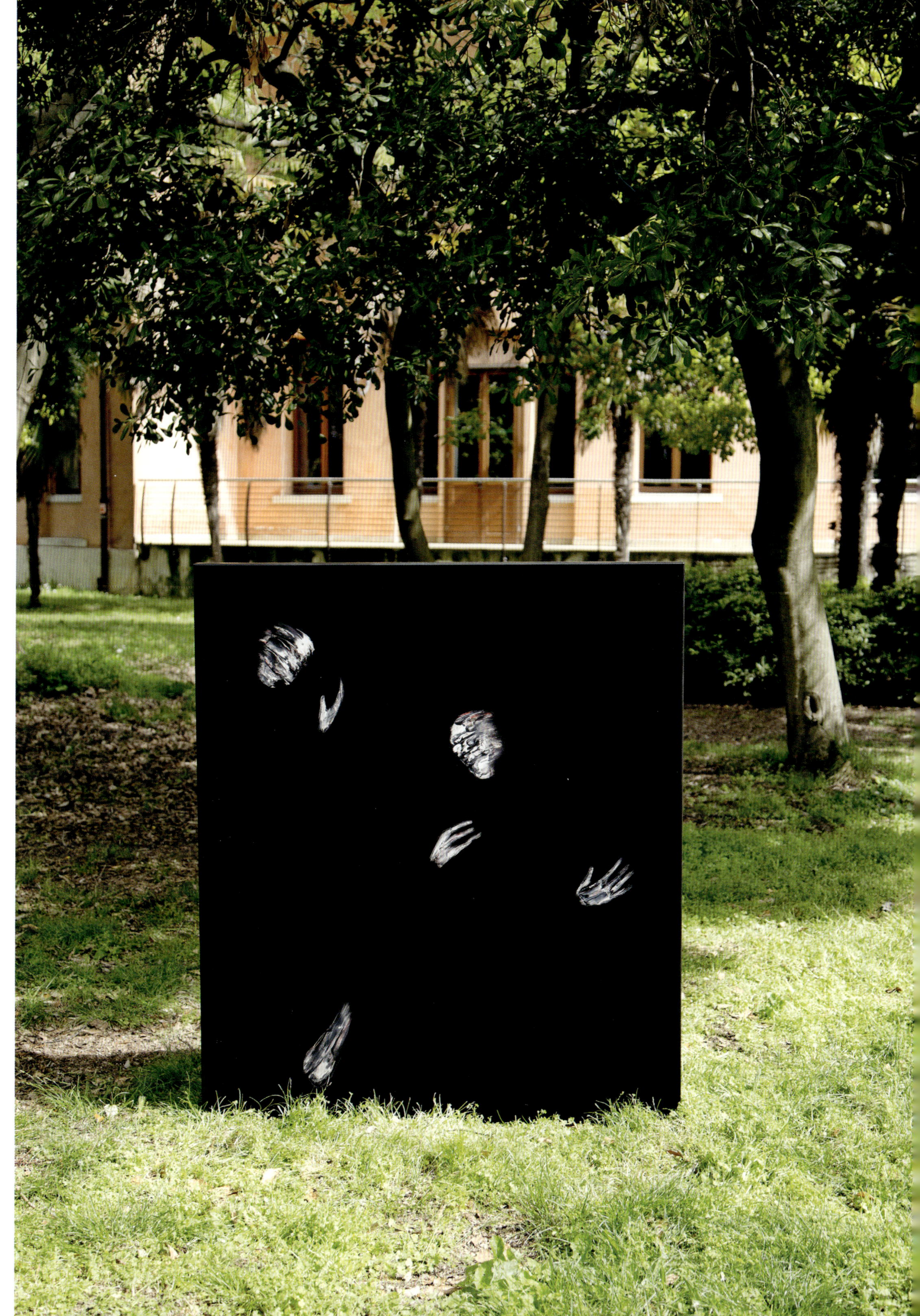

Lorenzo Puglisi. Viaggio al termine della notte, 59a Biennale di Venezia, 2022, installazione esterna / outdoor installation

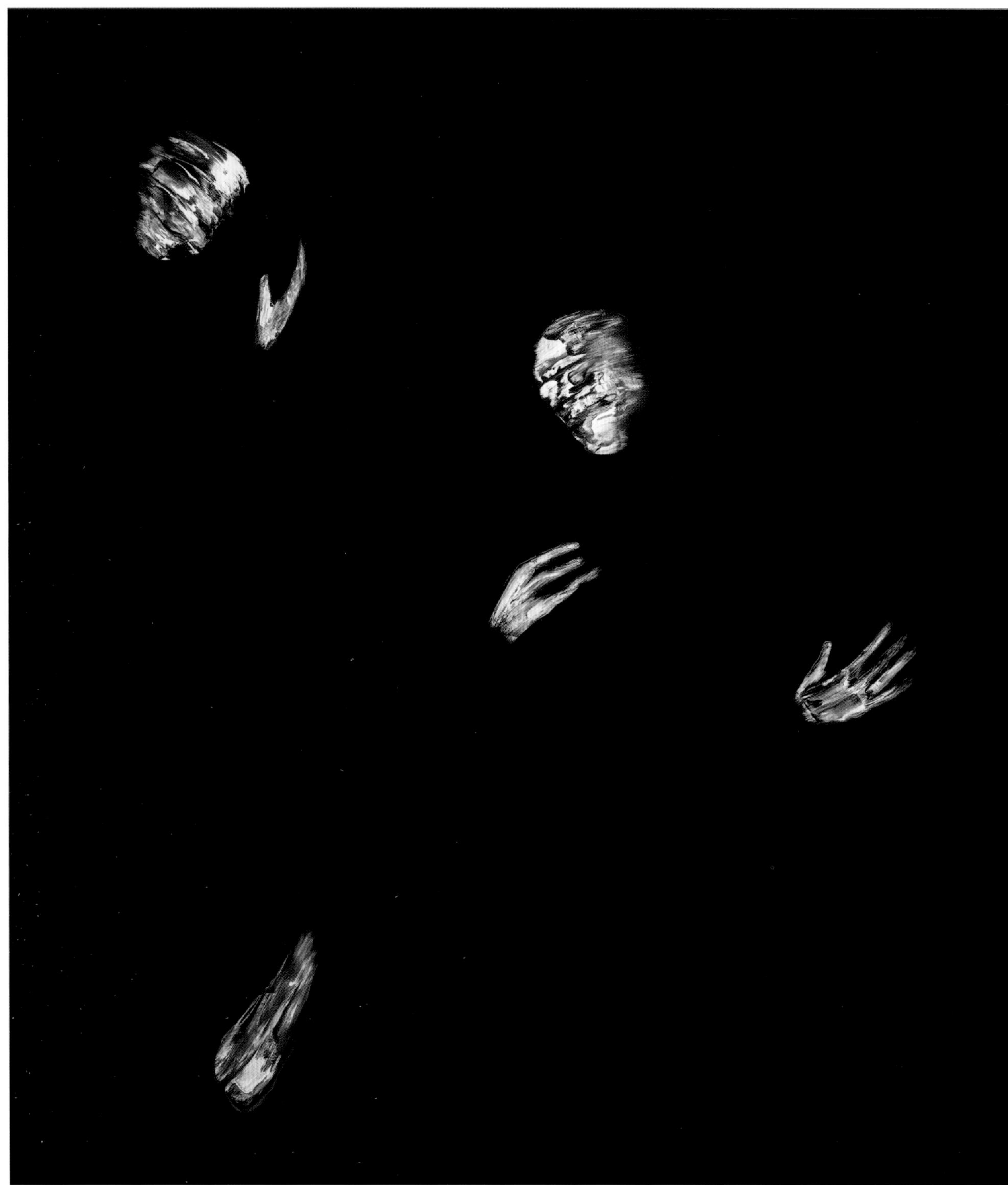

Annunciazione
(intero e particolare / full view and detail)

2022

Olio su alluminio /
Oil on aluminium panel,
135 x 115 cm

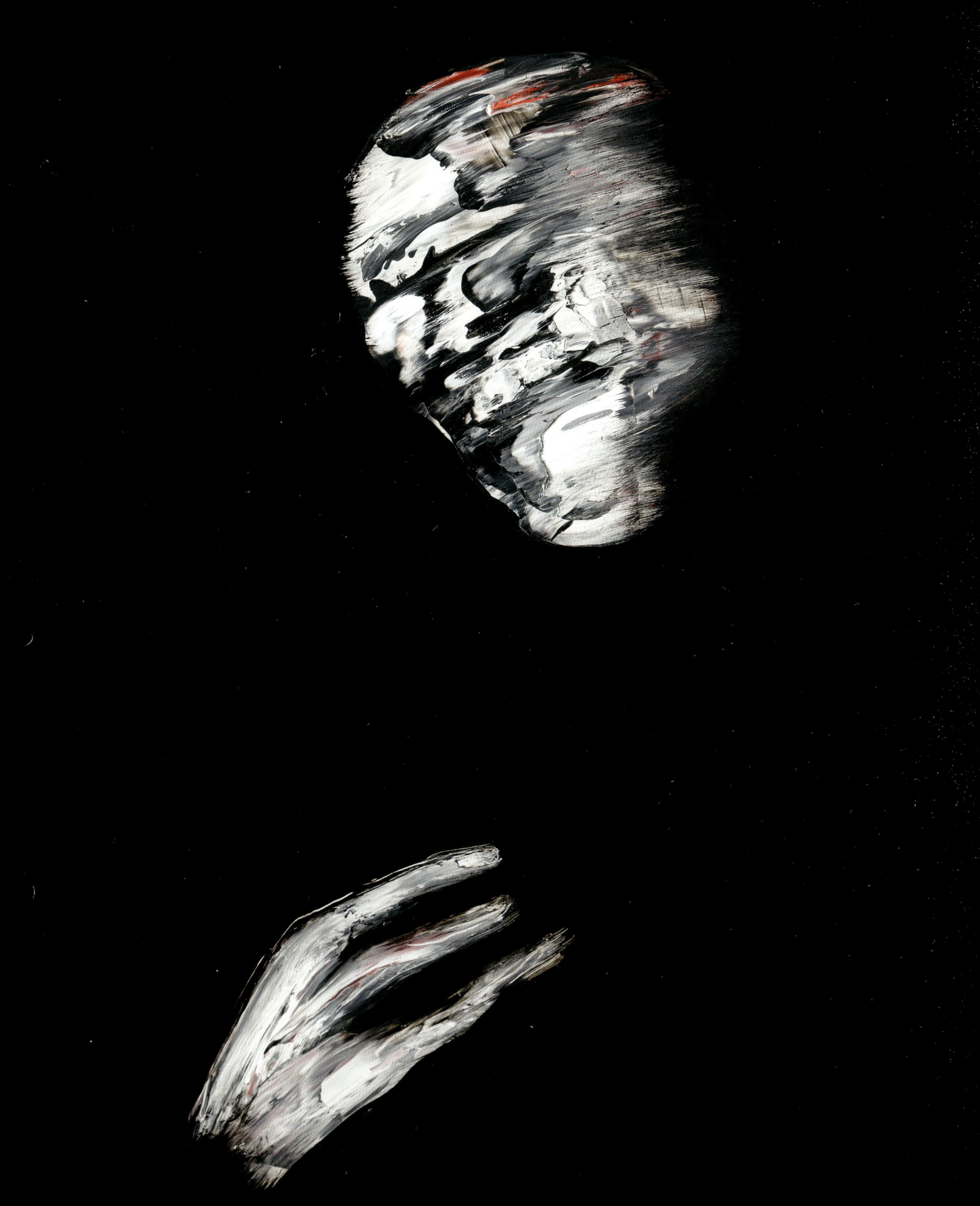

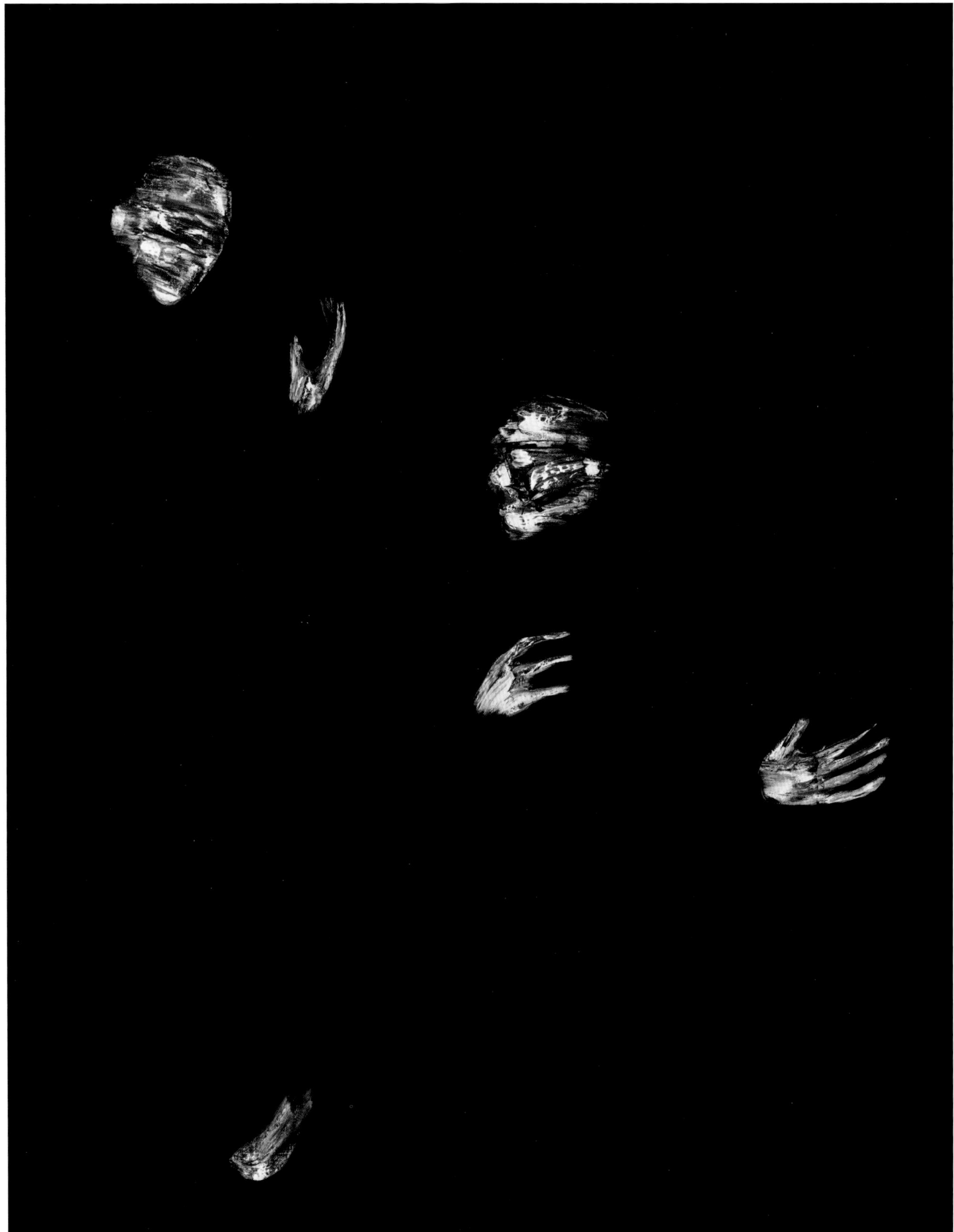

Annunciazione
(intero e particolare /
full view and detail)

2021

Olio su tela / Oil on
canvas, 200 x 150 cm

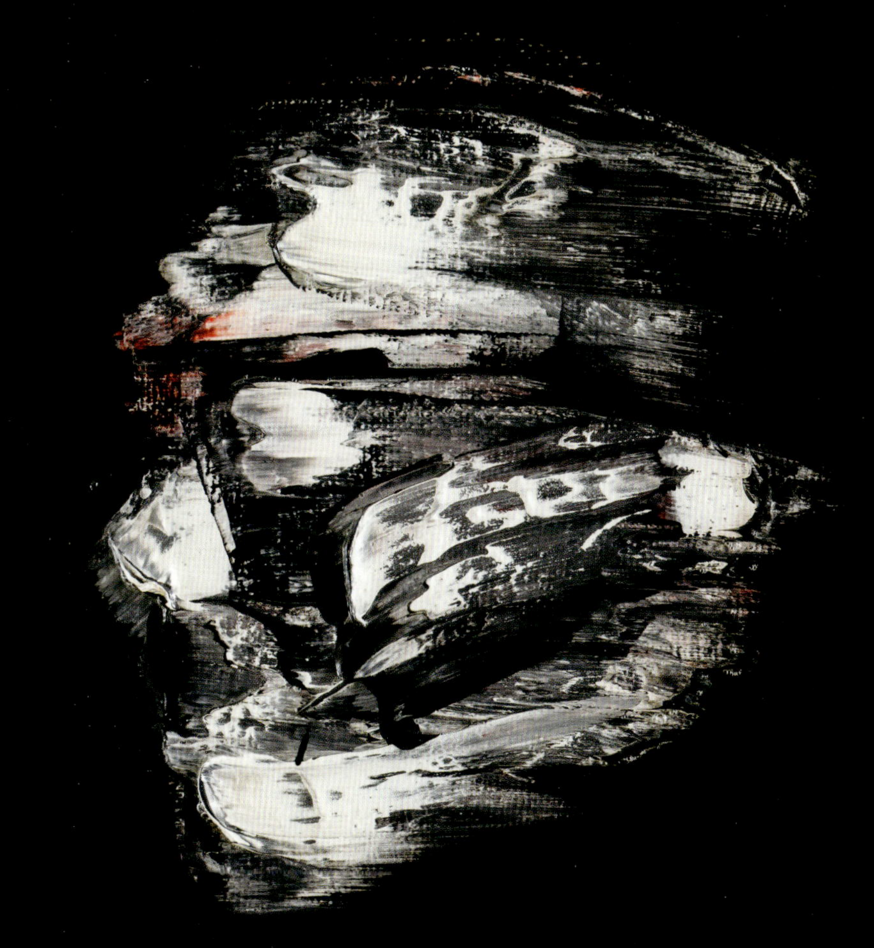
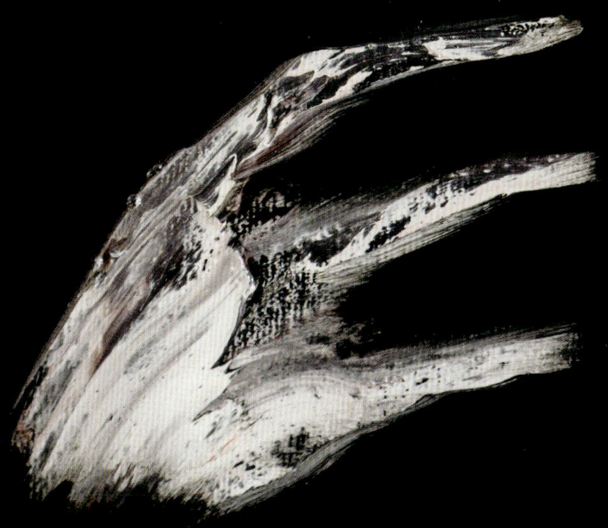

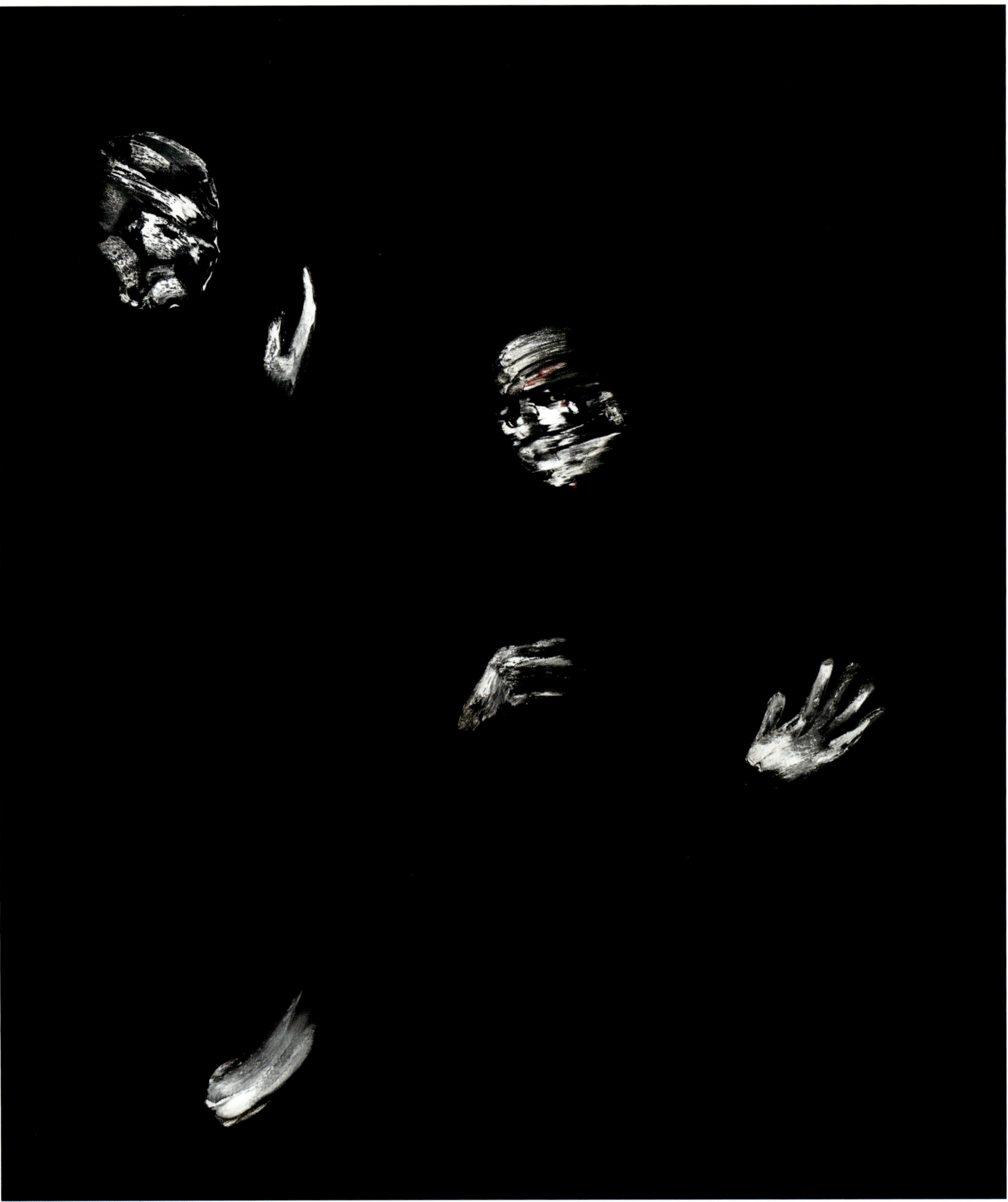

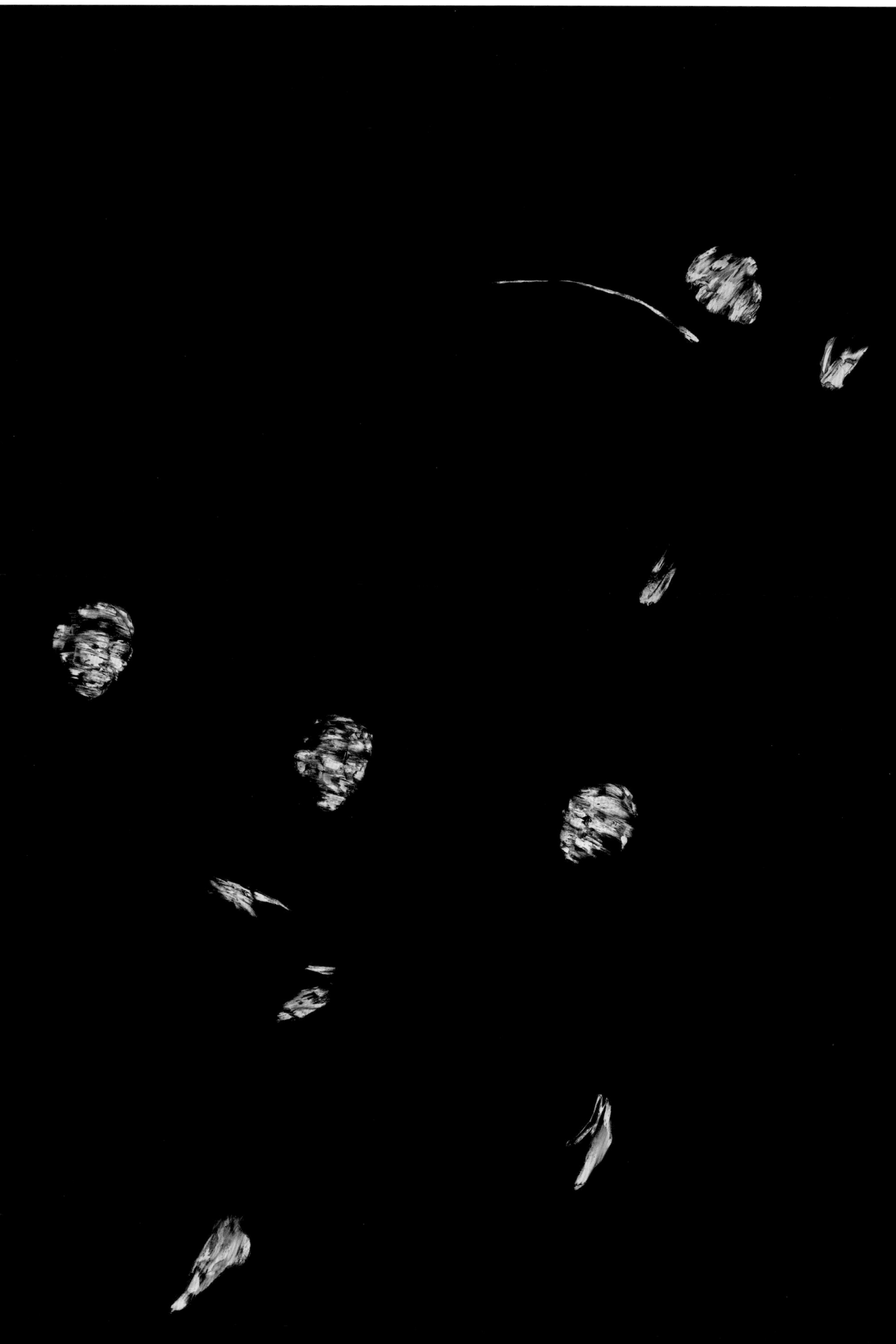

Annunciazione

2022

Olio su tela / Oil on
canvas, 120 x 100 cm

La Pietà

2020

Olio su tela / Oil on
canvas, 300 x 200 cm

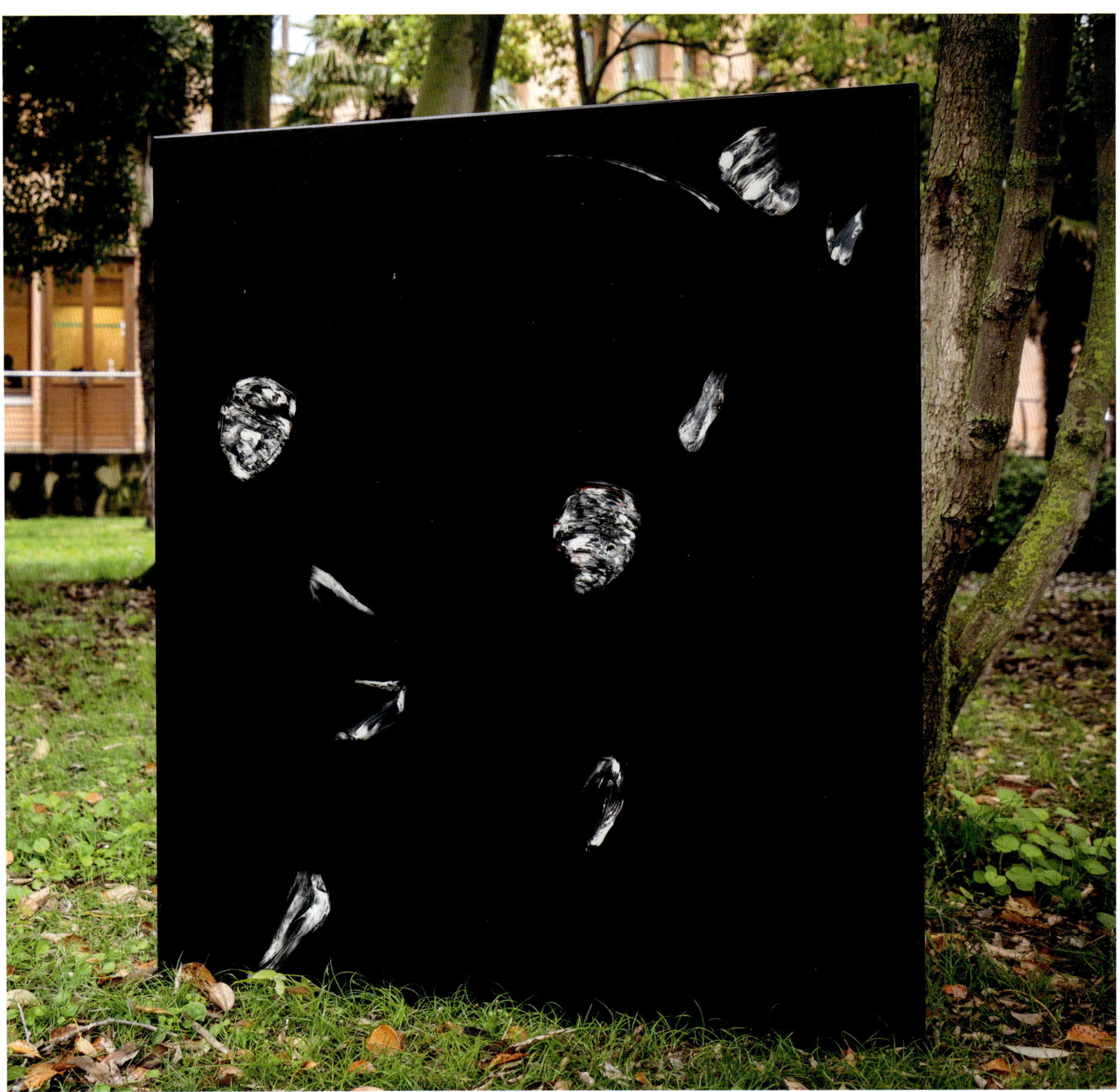

*Lorenzo Puglisi. Viaggio al termine
della notte*, 59a Biennale di Venezia, 2022,
installazione esterna / outdoor installation

La Pietà
(intero e particolari / full
view and details)

2022

Olio su alluminio / Oil on
aluminium panel,
135 x 115 cm

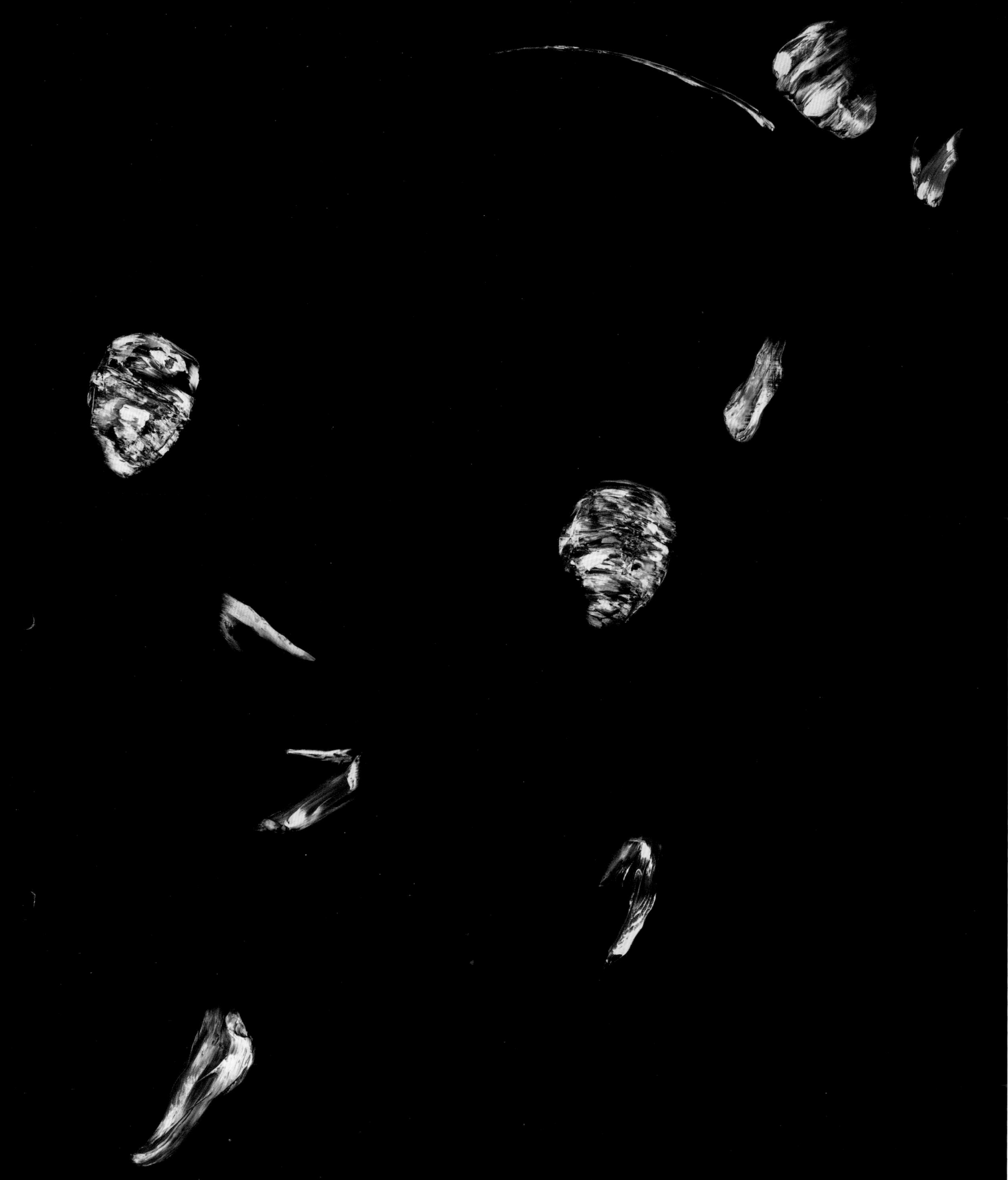

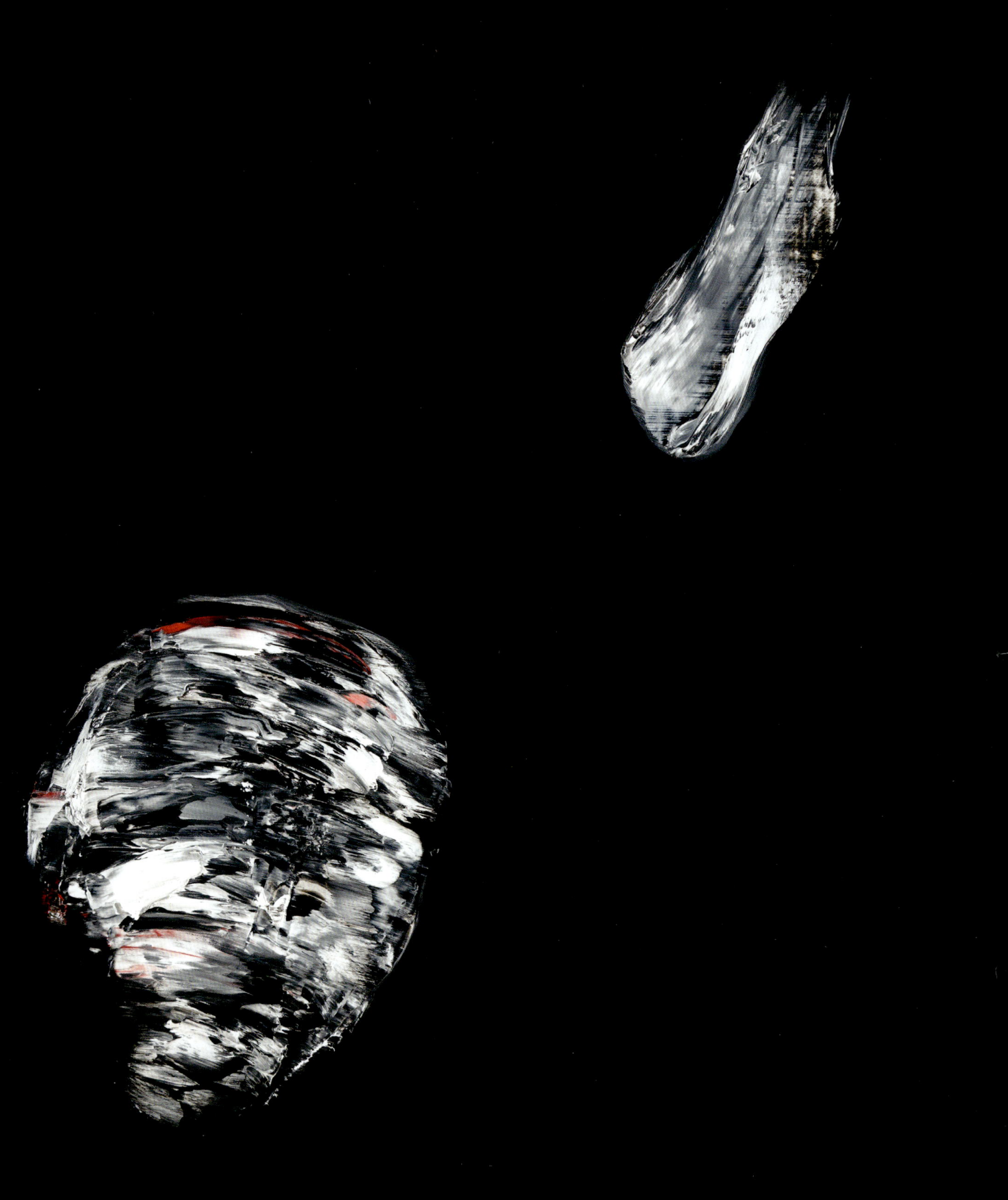

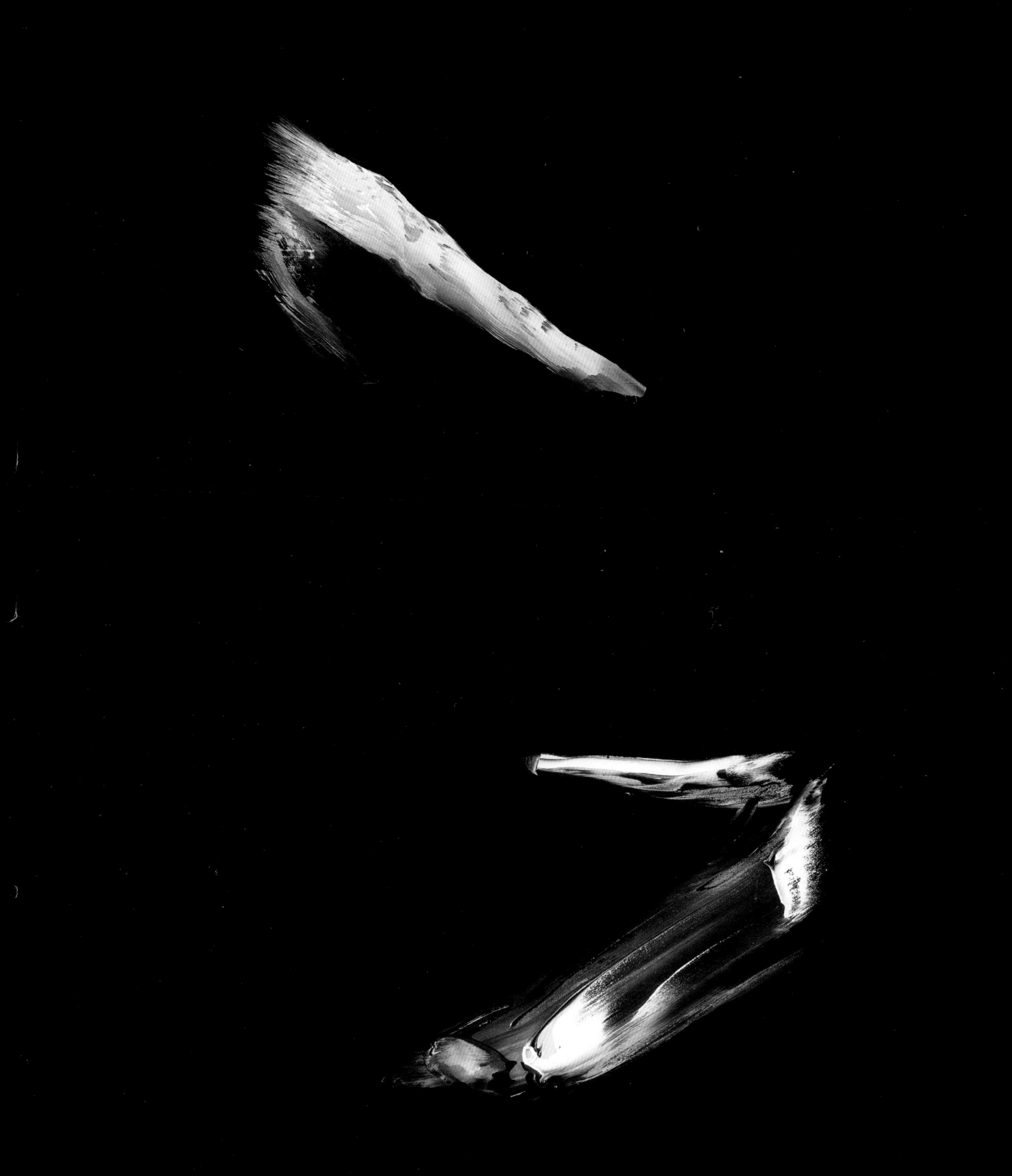

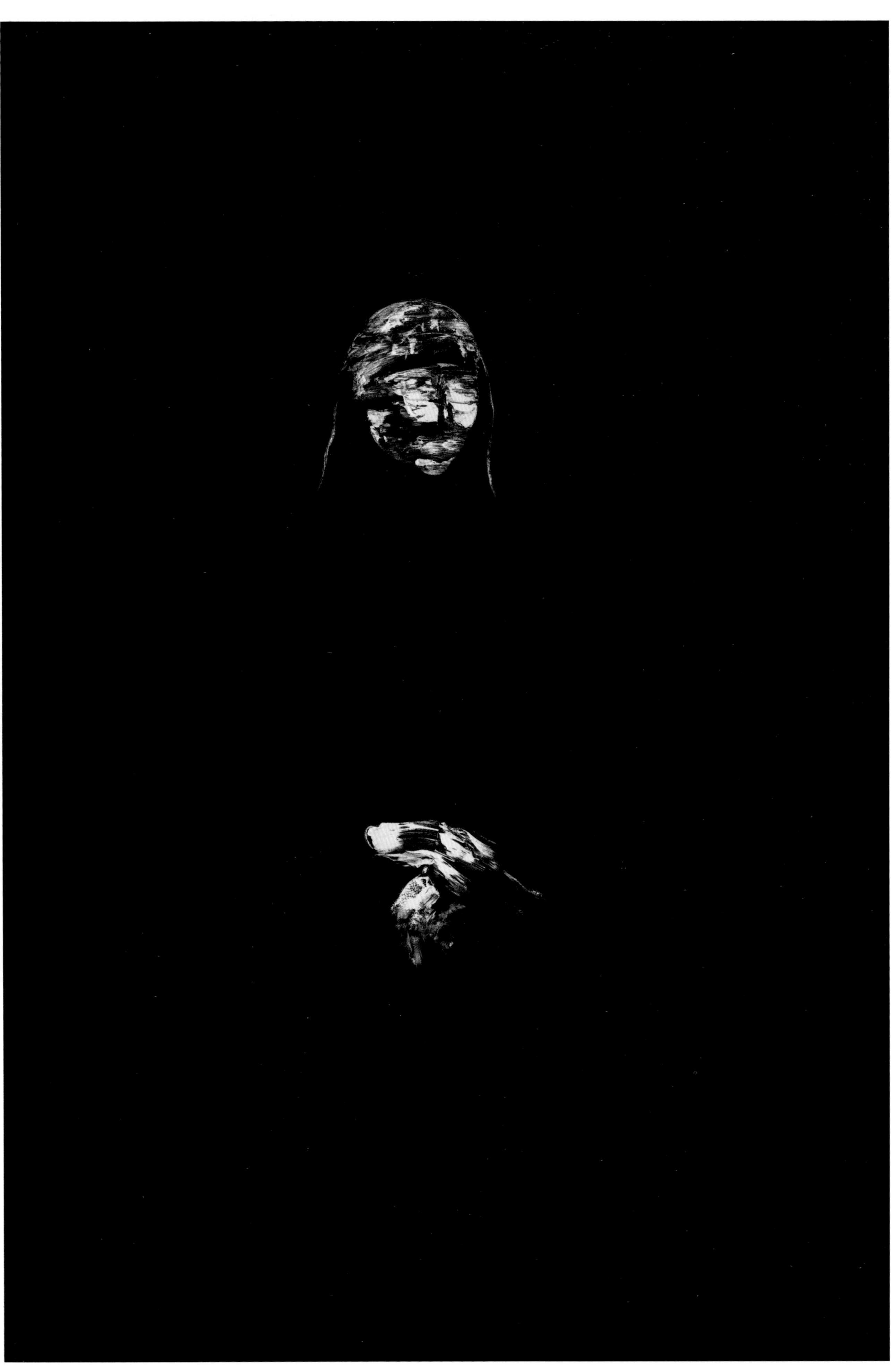

Ritratto 270919 (Monna)
(intero e particolari / full view and details)

2019

Olio su tavola di pioppo /
Oil on poplar panel,
190 x 130 cm

incandescenti gettano lo sguardo nell'abisso confrontandosi con i misteri dell'esistenza e costituendo una presa di senso che cerca di dire l'indicibile da cui provengono. È così che Lorenzo Puglisi continua a gettare oltremodo il suo sguardo nell'oscurità turbolenta dell'essere in modo da comporre questo nuovo spartito che ha il ritmo di un frastuono silenzioso, il quale si compone di quattro scene precise e autonome: *La Pietà* (2020), *Il Grande Sacrificio* (2018), *Matteo e l'angelo* (2020), *Ritratto 270919* (2019).
(Domenico de Chirico, in *Lorenzo Puglisi. Kind of Black*, catalogo della mostra, Bianchi Zardin Contemporary Art, Milano 2020.)

Schmidt - Faietti 2021

… E non potrebbero neppure vivere, né operare se non ricollegandosi a quel misterioso tramando della memoria che coglie lampi di luce nel buio fitto della coscienza individuale e storica e porta alla luce brandelli di un mondo sommerso, assieme alla conoscenza di se stesso, come dichiara, quasi commosso, Puglisi. …

… Dipingere, insomma, per conoscere (e onorare) le proprie radici, dipingere per conoscere se stessi, rimanendo in equilibrio sul filo sottile che lega il presente al passato e che insieme lo separa. La frattura tra passato e presente c'è, è inevitabile che ci sia, ma gli artisti, certi artisti, si danno un gran da fare per ricucirla e alla fine vi riescono con risultati sorprendenti. In questi casi diventa immediatamente chiaro che i materiali per dipingere non sono solo strumentali alla realizzazione delle opere, in quanto fanno parte della poetica personale configurandosi quali espressioni della percezione estetica individuale. Per Puglisi le opere del passato si palesano come addensamenti materici aggallanti sul nero dello sfondo che si traducono nella particolare corposità delle sue evocazioni, immagini tanto evanescenti quanto dense, che traggono una consistente presenza dal loro apparire improvviso come sagome appena riconoscibili e intrise di una luce che squarcia il buio. L'evocazione spettrale di Puglisi sembra ripescare più faticosamente le sue radici in un viaggio lontano nel tempo e nello spazio che lo ha portato sino a Rembrandt van Rijn. Egli, poi, non nasconde che la ripetizione *ad infinitum* di certe forme (o di certe visioni) è per lui condizione imprescindibile di una sperimentazione del nuovo.

A questo punto potremmo forse richiamare anche un artista, questa volta del Novecento, che da giovane iniziò a studiare Rembrandt e che non cessò mai di sperimentare il mistero dell'arte attraverso i suoi temi reiterati in modi sempre diversi, se non fosse che Giorgio Morandi (di lui si sta parlando) scelse di essere un pittore in cui la luce, persino in opposizione dialettica con le modulazioni chiaroscurali, per esempio, della sua grafica, ebbe comunque il sopravvento. …
(Eike Schmidt, Marzia Faietti, *Galliani, Puglisi e il paragone con gli antichi*, in *Self-reflection. Omar Galliani, Lorenzo Puglisi, Tintoretto*, catalogo della mostra, Art Museum Riga Bourse, Riga, Corsiero Editore, Reggio Emilia 2021.)

Barilli 2022

… più che puntare su una singola apparizione, l'arte di Puglisi vale per quella apparizione multipla di lacerti, frammenti, brani estorti da un'esplosione a qualche intero, e ora illuminati a sprazzi da una luce intermittente, che ci porta a vedere e non vedere nello stesso tempo, proprio come succede per effetto del lampo di qualche esplosione, di qualche illuminazione violenta e del tutto artificiale, che concede un breve attimo di leggibilità, ma poi si spegne, e quelle tenebre, lucide, corvine, quasi compatte si ristabiliscono, lo spettacolo è finito, anche se ne resta qualche traccia alla nostra vista sbalordita, allarmata, ma in ogni caso piena d'interesse per quello spettacolo fuori del comune che per breve tempo ci è stato concesso.
(Renato Barilli, *Come alla luce di un'esplosione*, in *Lorenzo Puglisi. Pittura Nera*, catalogo della mostra, Palazzo della Regione Emilia Romagna, Bologna 2022.)

Sassoli 2022

L'autoritratto di Puglisi, realizzato nel 2018 ed esposto a Riga in dialogo con il celebre *Ritratto d'uomo* (1546) di Tintoretto, prestato dal Museo fiorentino, entra ad arricchire la storica collezione di autoritratti iniziata nel Seicento dal Cardinale Leopoldo de' Medici, che ha dato vita nel corso dei secoli alla più antica collezione di autoritratti d'artista del mondo. …

… Impossibile dunque non annoverarvi anche un lavoro di Puglisi, la cui ricerca pittorica si caratterizza per l'utilizzo diffuso di un nero capace di creare uno sfondo di buio assoluto, dal quale si sprigionano fiotti di luce che definiscono i volumi, soprattutto i volti e le mani. La sua ricerca è incentrata sul dialogo a suon di punti luce con i capolavori del passato, da Tintoretto a Caravaggio, da Rembrandt a Goya, che sono eterna linfa di energia, filtrata nel suo stile.

In un'epoca di ricostruzione come la nostra del resto, si riparte dagli archetipi, dalle grandi basi comuni delle quali ci si sente sicuri. Ecco che il recupero del classico, di ciò che ci hanno lasciato i maestri del passato è quanto mai attuale, come lo è sempre stato in ogni fase di ripartenza secondo modalità di volta in volta diverse.

Se guardiamo alla storia dell'arte europea del secolo scorso, dopo la stagione di ricerca esplosiva delle avanguardie storiche dei primi del Novecento, si manifestò negli anni della Grande Guerra una flessione, un ripensamento del passato e delle proprie origini. Si aprì un nuovo periodo di studio del classico mediato dagli stessi protagonisti delle avanguardie che avevano cercato di rompere con il *passato* fino a pochi anni prima – come Picasso per esempio, che in un soggiorno a Roma nel 1917 iniziò a guardare a Raffaello e all'antico, inaugurando una nuova fase della sua arte dopo la stagione scompositiva cubista. Così nel secondo dopoguerra, successivamente al periodo di sperimentazione delle Neo-Avanguardie (New Dada, Pop, Concettuale eccetera), parallela al boom economico degli anni sessanta, inizia una fase di ripensamento o di "ripetizione differente" per usare una formula che divenne celebre all'epoca. Nel corso degli anni settanta - primi ottanta, si manifesta, infatti, un generale recupero del passato, mediato da quel coefficiente di "differenza" dato dallo scarto temporale e tecnologico dell'epoca postmoderna, memore anche delle ricerche concettuali della fine degli anni sessanta. Facendo un salto a oggi, con gli immensi mutamenti avvenuti negli ultimi decenni in ogni campo della vita, si sente ancora una volta, e come sempre, l'esigenza di recuperare il frammento dall'antico, non solamente come omaggio ai maestri del passato, ma come genesi ricostruttiva di una nuova memoria.

Lorenzo Puglisi vi partecipa con la sua pittura fatta di punti luce fondamentali che emergono da una densa tonalità nera che non lascia scampo, stesa pennellata dopo pennellata. …
(Guicciardo Sassoli, *I volti di Lorenzo Puglisi e l'Autoritratto per Le Gallerie degli Uffizi*, in *Lorenzo Puglisi | Self-Portrait, Un autoritratto per*

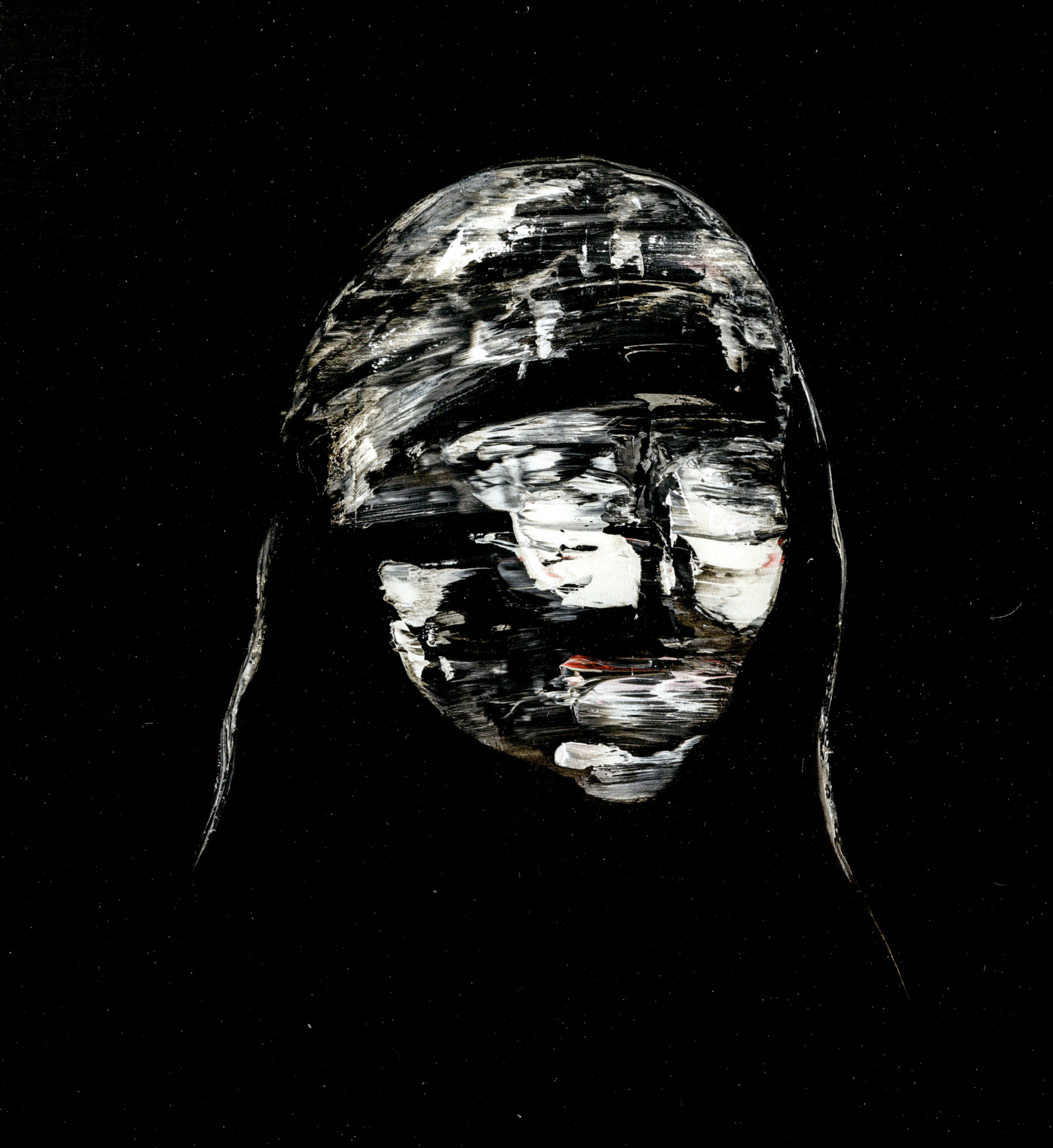

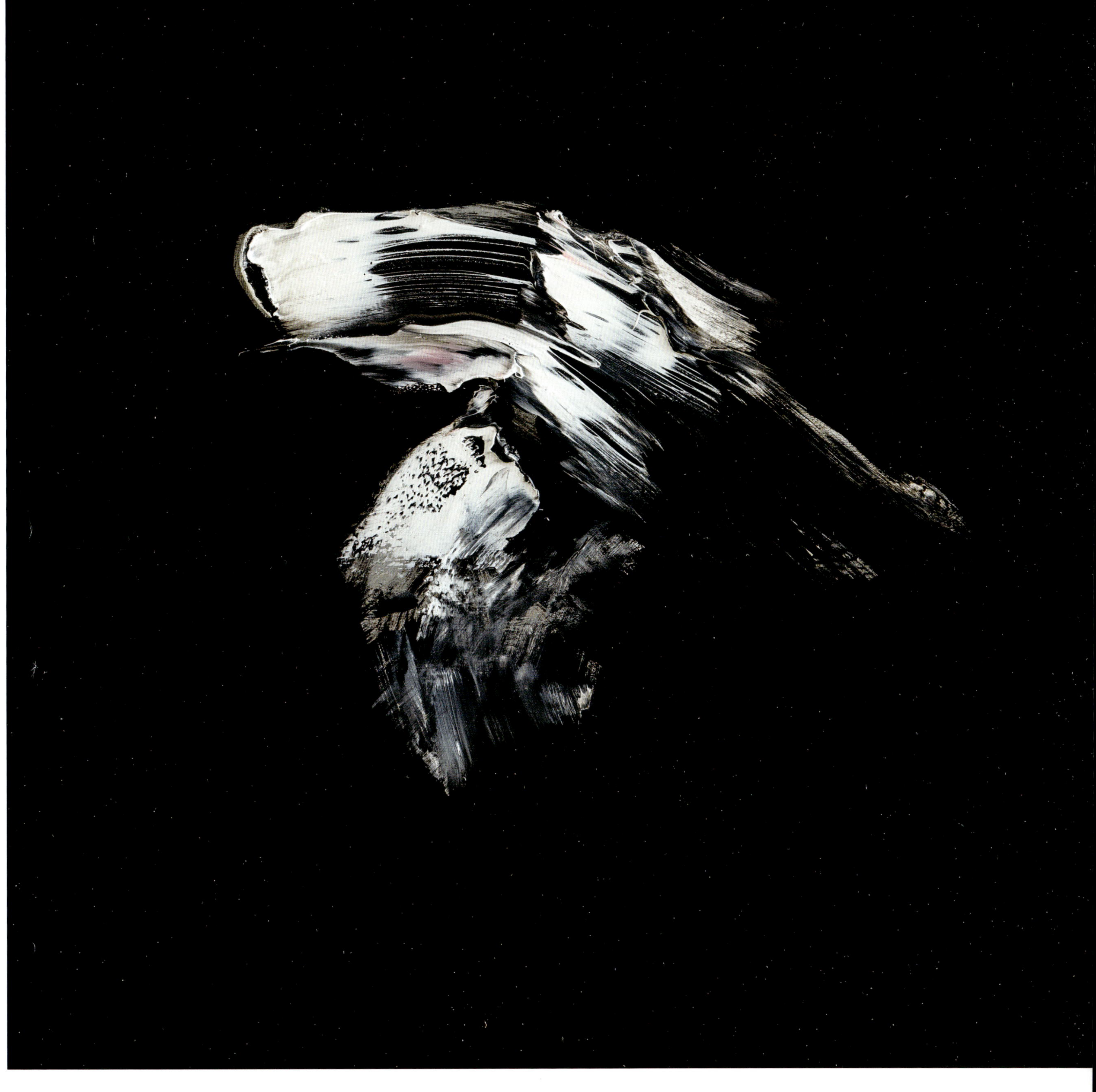

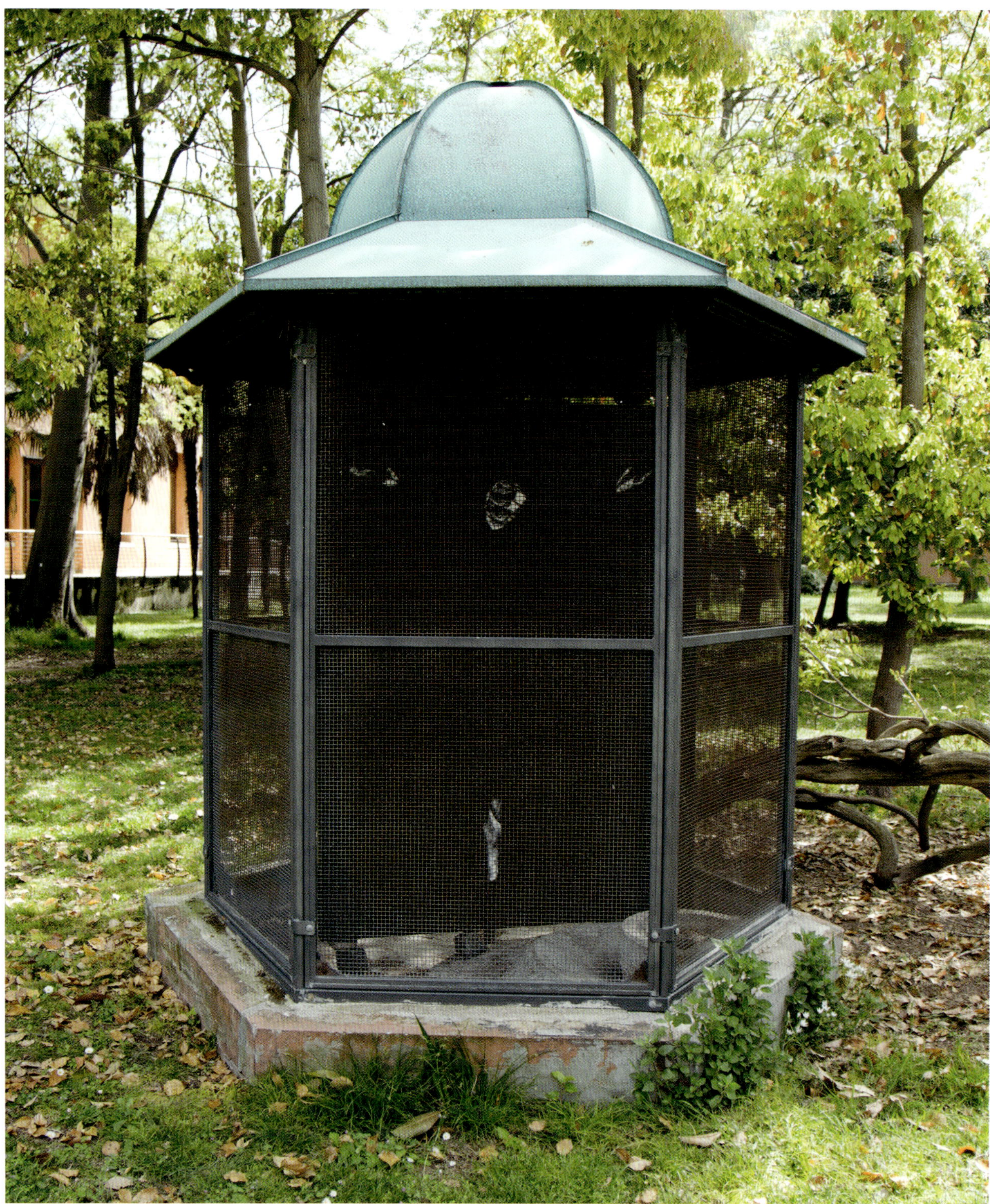

Crocifissione
(intero e particolari / full view and details)

2022

Olio su alluminio /
Oil on aluminium panel,
185 x 138 cm

Lorenzo Puglisi. Viaggio al termine della notte, 59a Biennale di Venezia, 2022, *La Prigione*, 2022, gabbia metallica e lastra di alluminio dipinta ad olio, installazione nel parco dell'isola di San Servolo / metal cage and oil-painted aluminium panel, installation in the park on the island of San Servolo

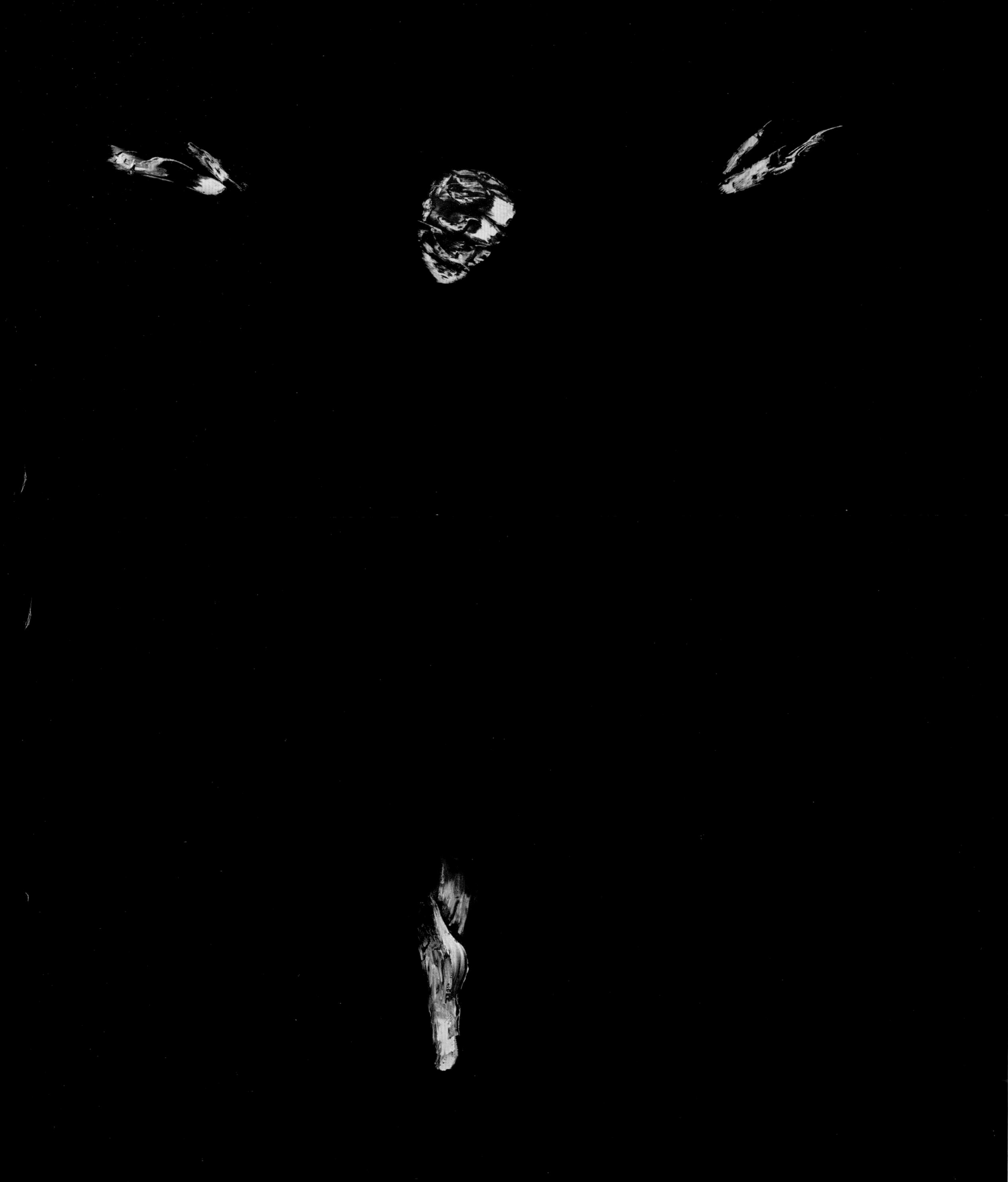

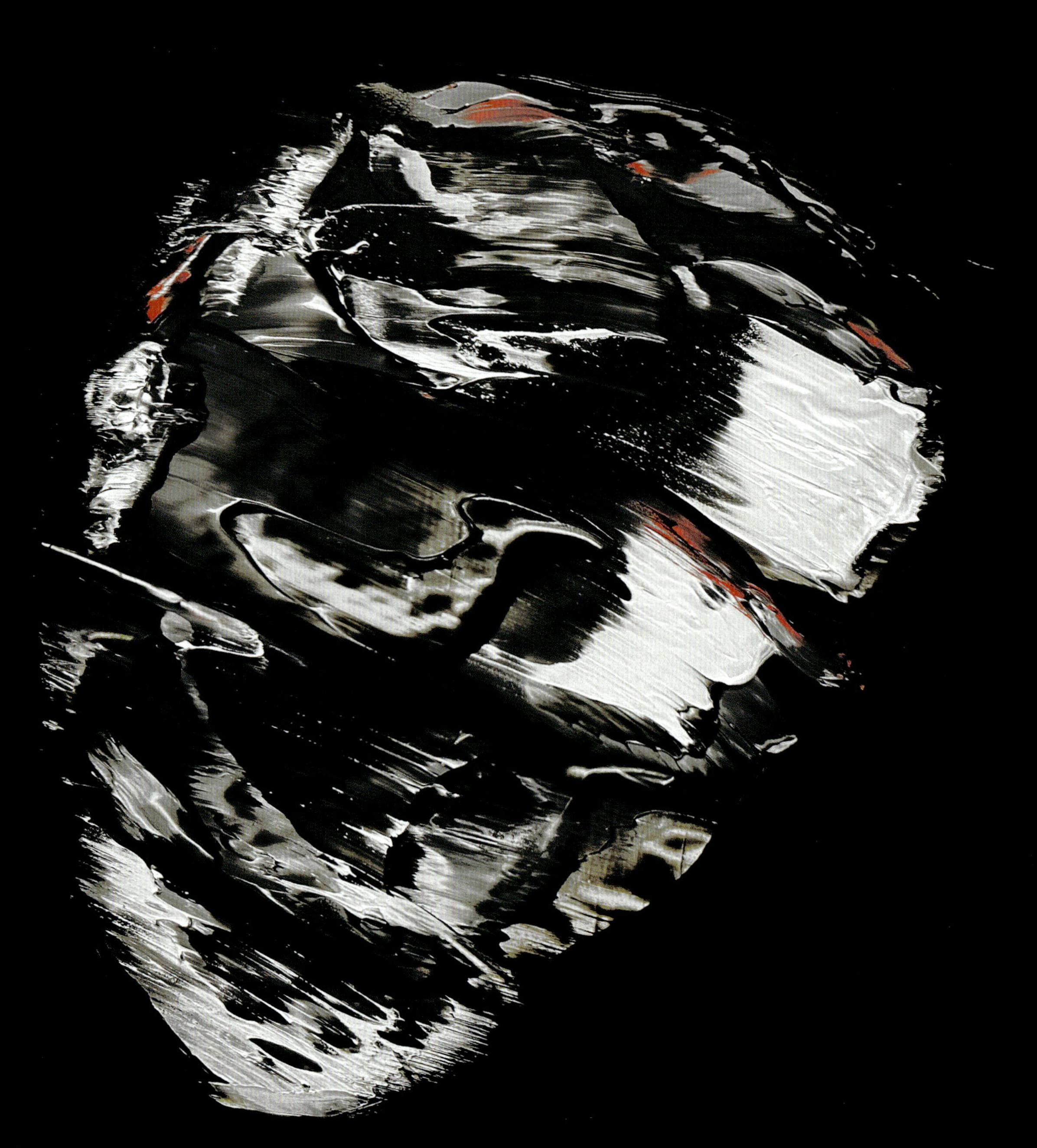

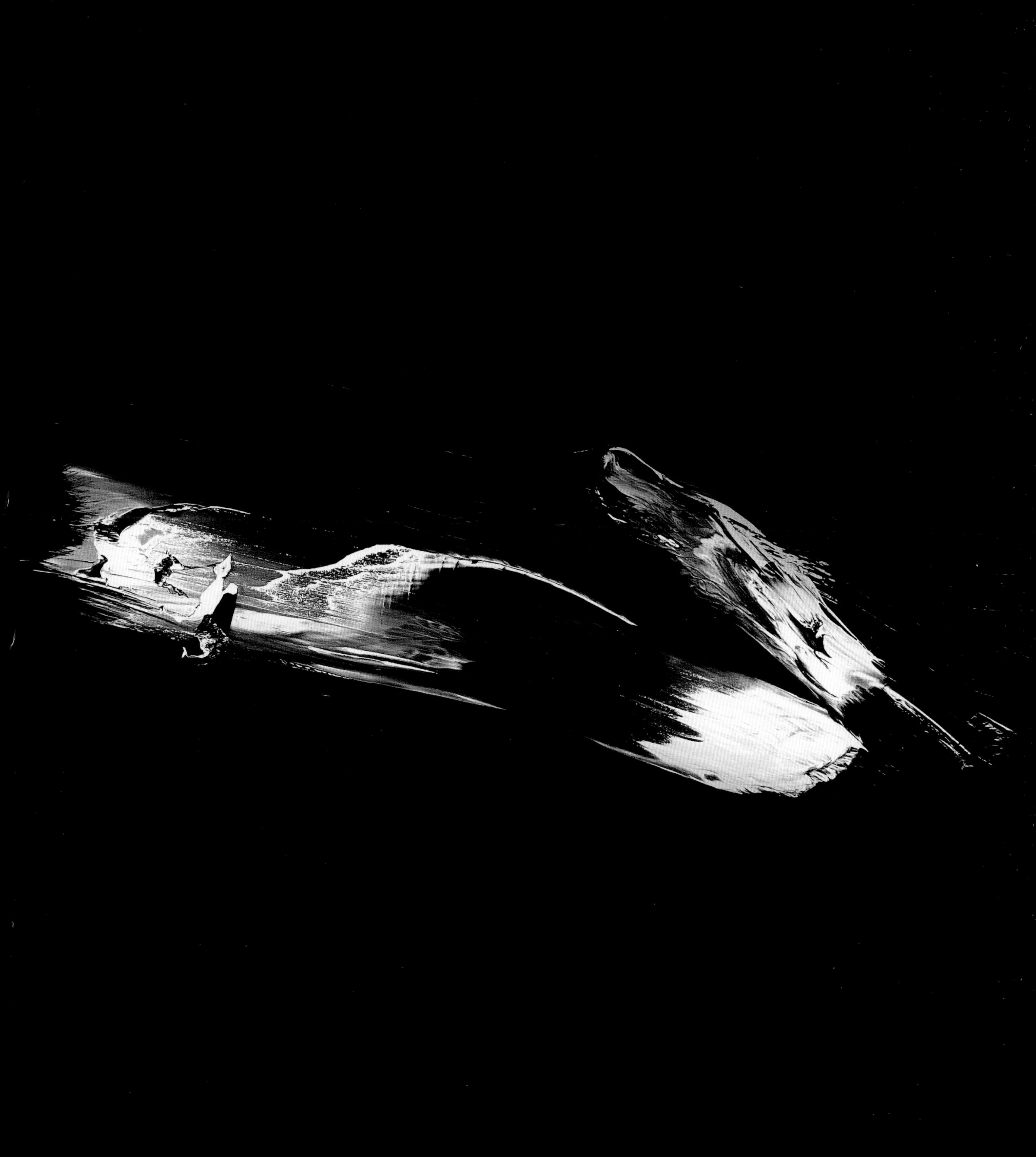

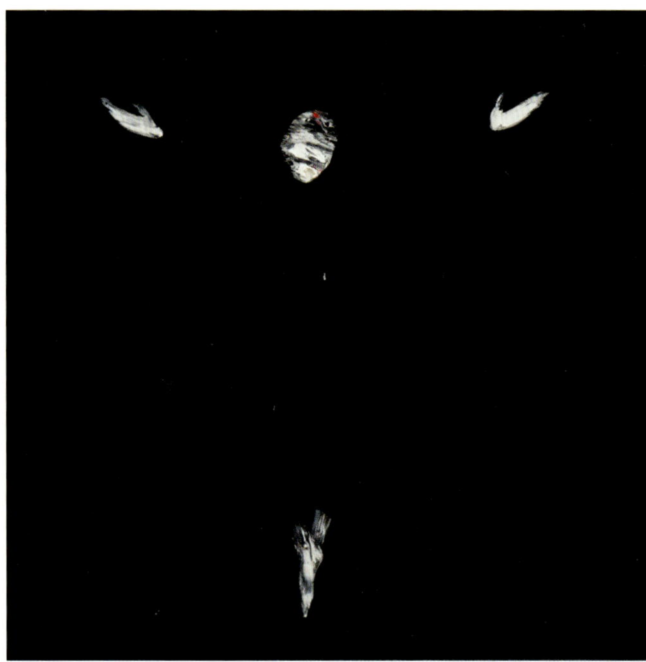

Crocifissione

2020

Olio su tavola / Oil on panel, 51 x 51 cm

Crocifissione

2020

Olio su carta / Oil on paper, 40 x 28 cm

Crocifissione

2020

Olio su tavola / Oil on panel, 130 x 100 cm

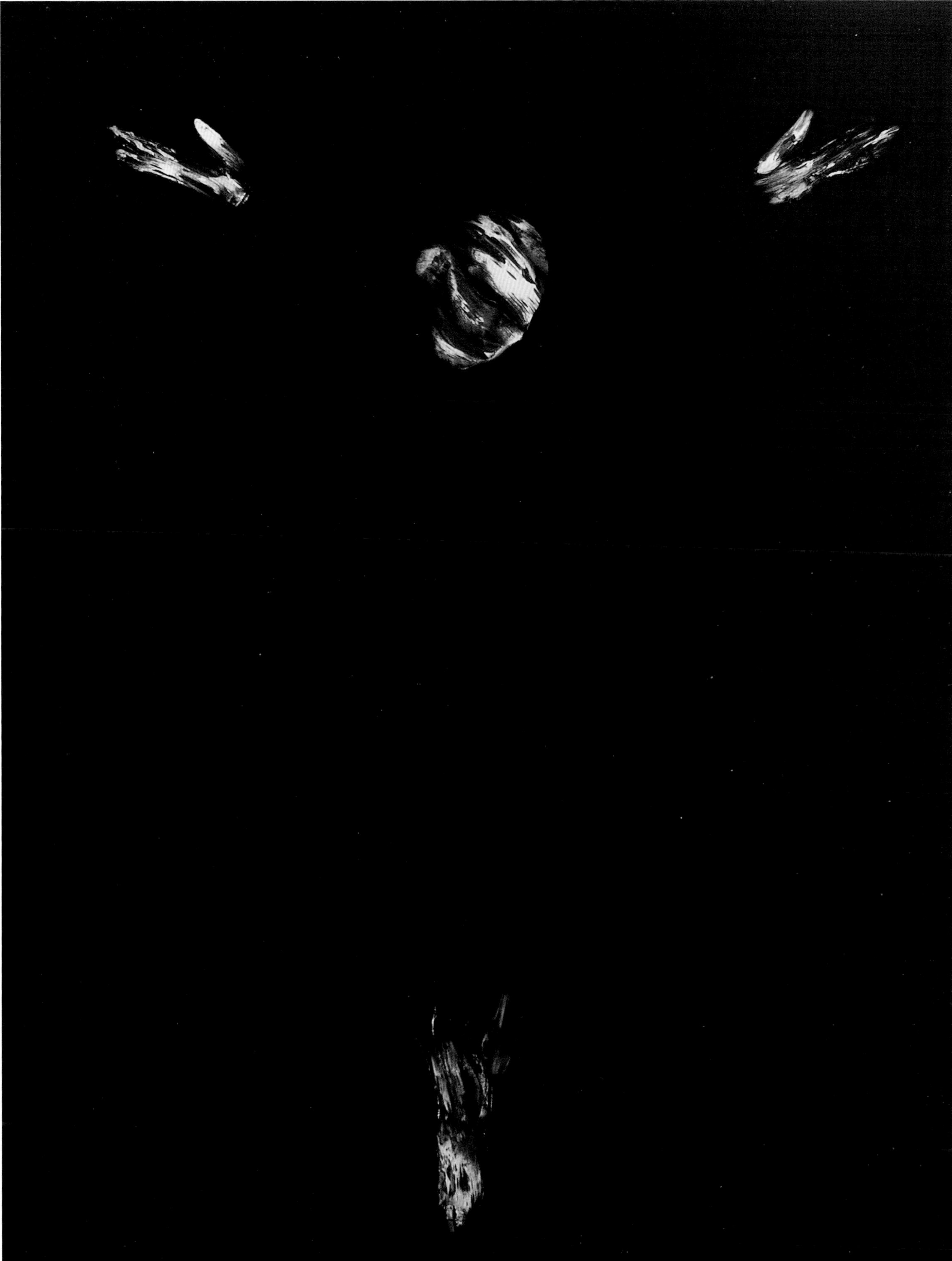

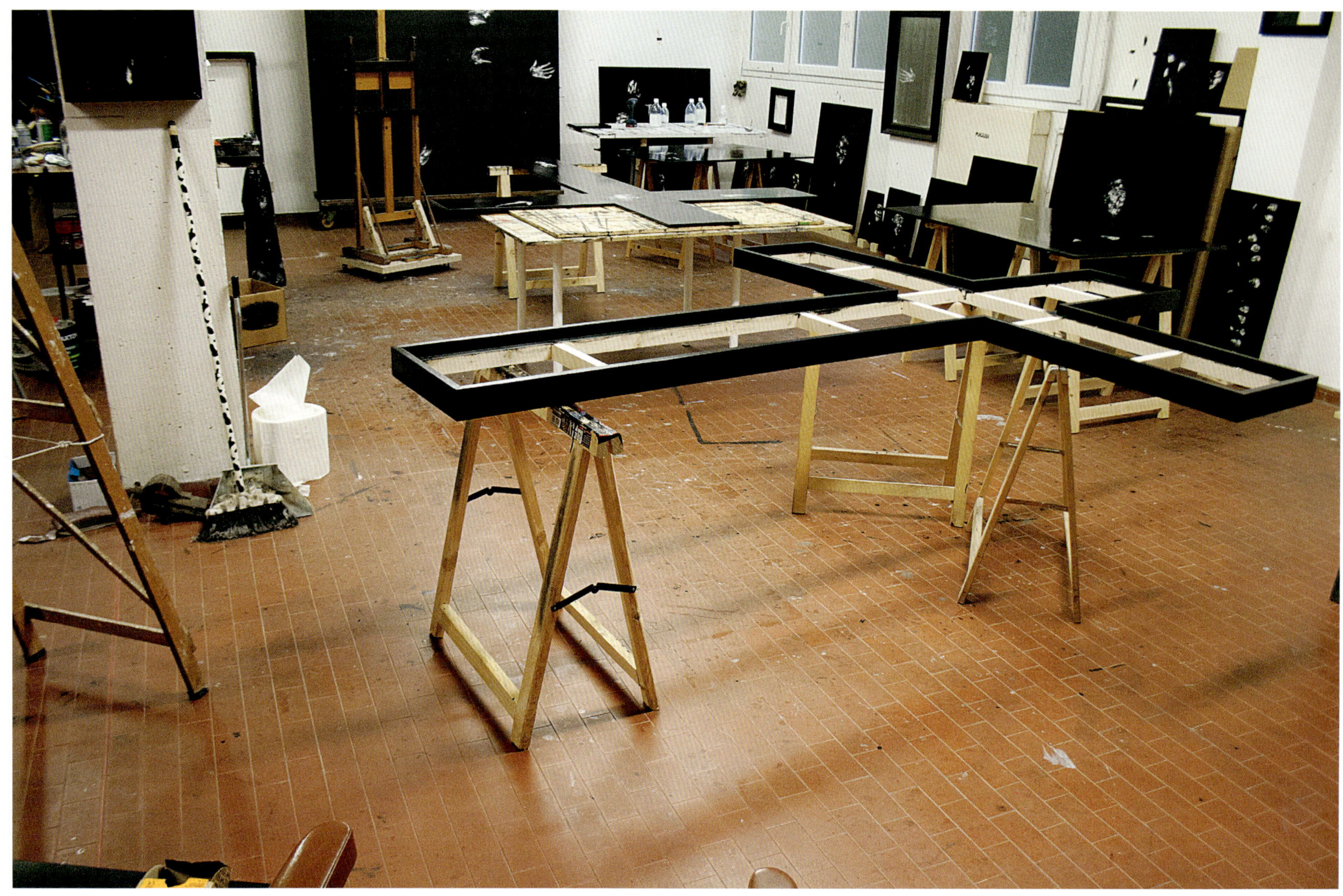

which are eternal lymph of energy, filtered by his style. In an age of reconstruction like the one we are living in, we start back from the archetypes, from the great common bases we feel confident about. So the recovery of the classic, of what masters of the past have left us, is as current as ever, as it has always been in every phase of rebirth, with different ways depending on the period.

If we look at European art history of the last century, after the explosive period of research of historical avant-gardes in early twentieth century, a downturn, a rethinking of the past and its origins manifested itself during the Great War. A new period of study of the classic began, by the same protagonists of the avant-garde who tried to break with tradition until a few years before – such as Picasso for example, who was in Rome in 1917 and looked at Raphael and the ancient masters, opening a new phase of his

art after his Cubist season. Exactly as after World War II, past the period of neo-avant-garde's experimentation (New Dada, Pop, Conceptual, etc.), parallel to the sixties' economic boom, began a phase of rethinking, of "different repetition", to use a formula that became famous at the time. During the seventies - early eighties, in fact, a general attempt to recover the past is manifested, with that coefficient of "difference" given by temporal and technological gap of the postmodern era, also reminding the conceptual research of the late sixties. Coming back to our times, with the great changes that have occurred recently in every field of life, you feel once again and as always the need to recover a fragment from the ancient, not only as a tribute to the masters of the past, but as a reconstructive genesis of a new memory. Lorenzo Puglisi participates to this genesis with his painting made of

materic white and red colour emerging from a dense dark background which leaves no way out, brushstroke after brushstroke. … (Guicciardo Sassoli, "The Faces of Lorenzo Puglisi and the Self-Portrait for the Uffizi Galleries", in *Lorenzo Puglisi | Self-Portrait, Un autoritratto per le Gallerie degli Uffizi*, catalogue, Le Gallerie degli Uffizi, Florence, Prearo Editore, Milan, 2022.)

Tonelli 2022

Lorenzo Puglisi's painting raises a question: is it a painting of light or darkness? But does one exist without the other? The fact is that the nature of light in Puglisi's painting is different from that of darkness, it is not a question of two substances that we can put on equal footing, but of two different fundamental elements that have nothing to do with the light and darkness of Caravaggio, for example, an artist also observed by

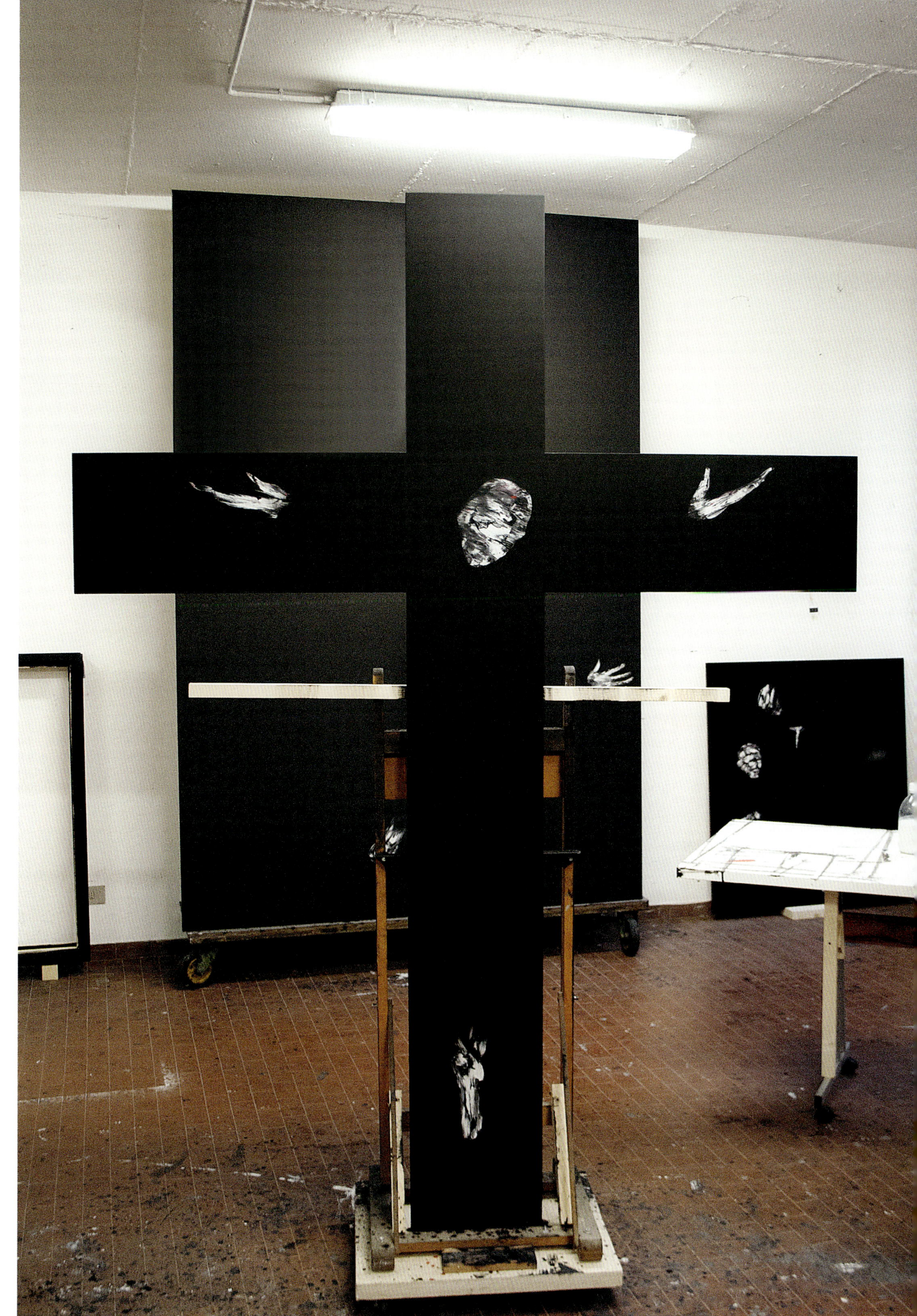

Crocifissione, 2020, opera in faso di lavorazione / work in progress

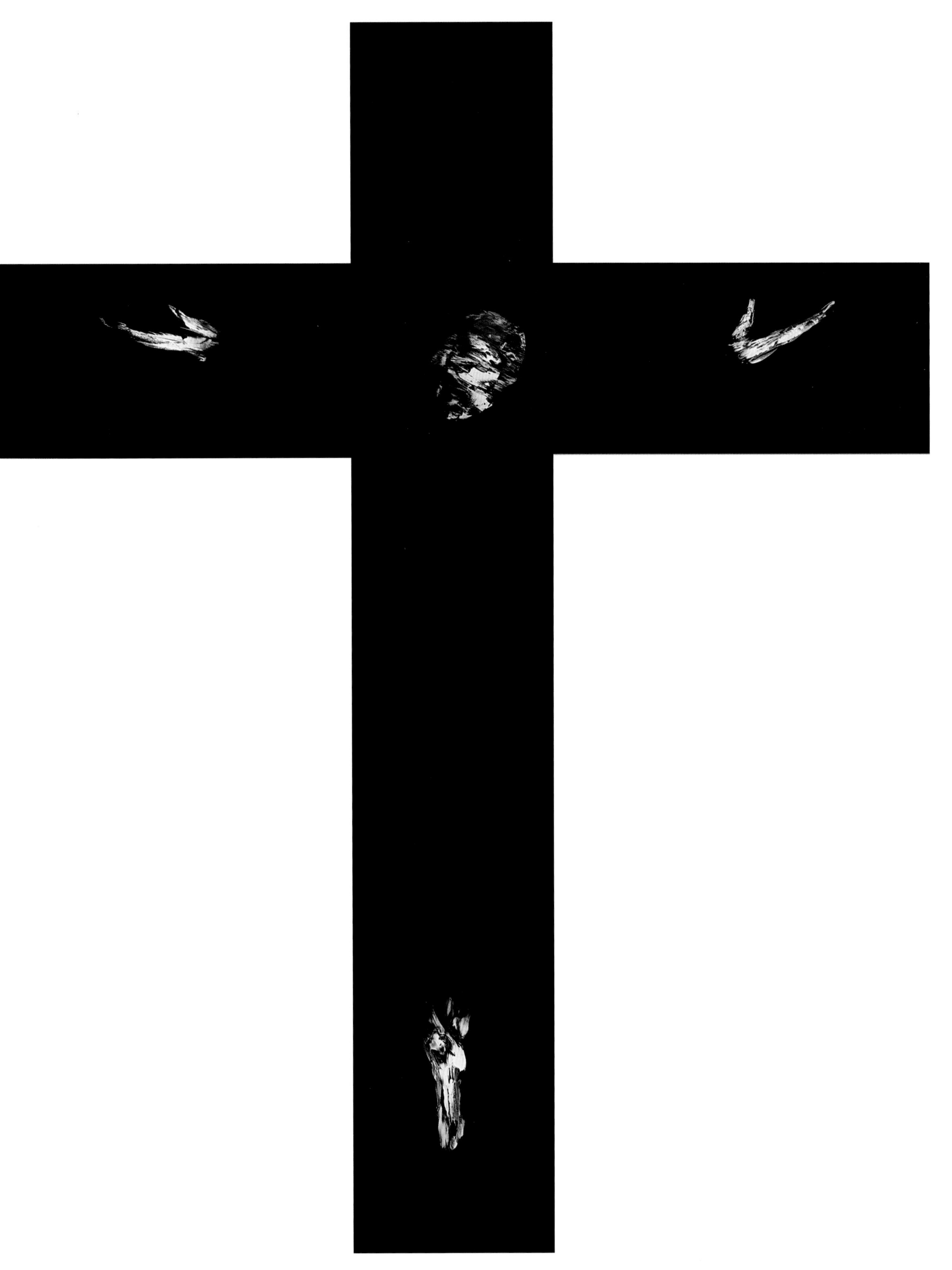

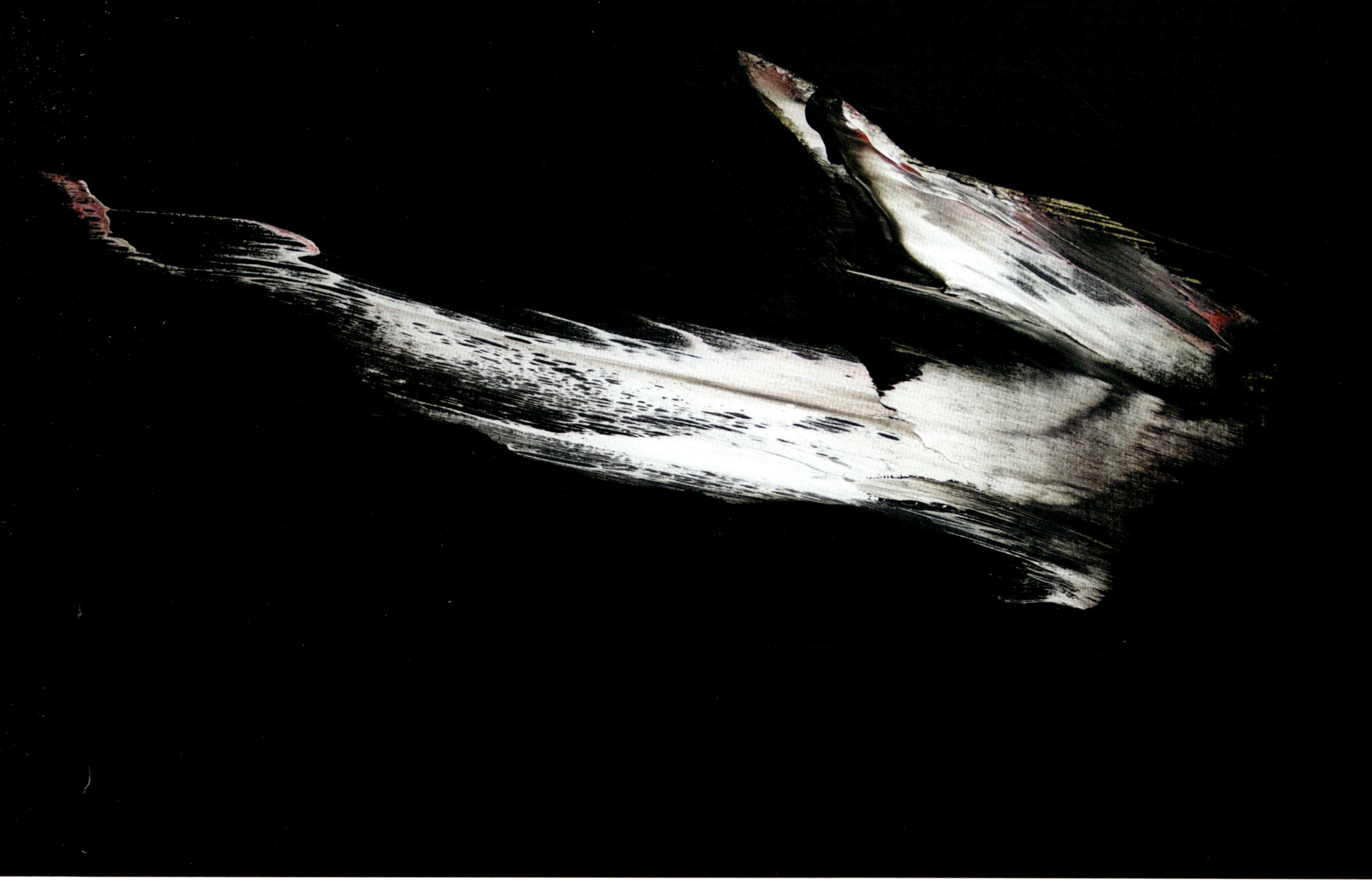

Crocifissione
(intero e particolari / full view and details)

2020

Olio su tavola di pioppo /
Oil on poplar panel,
258 x 193 cm

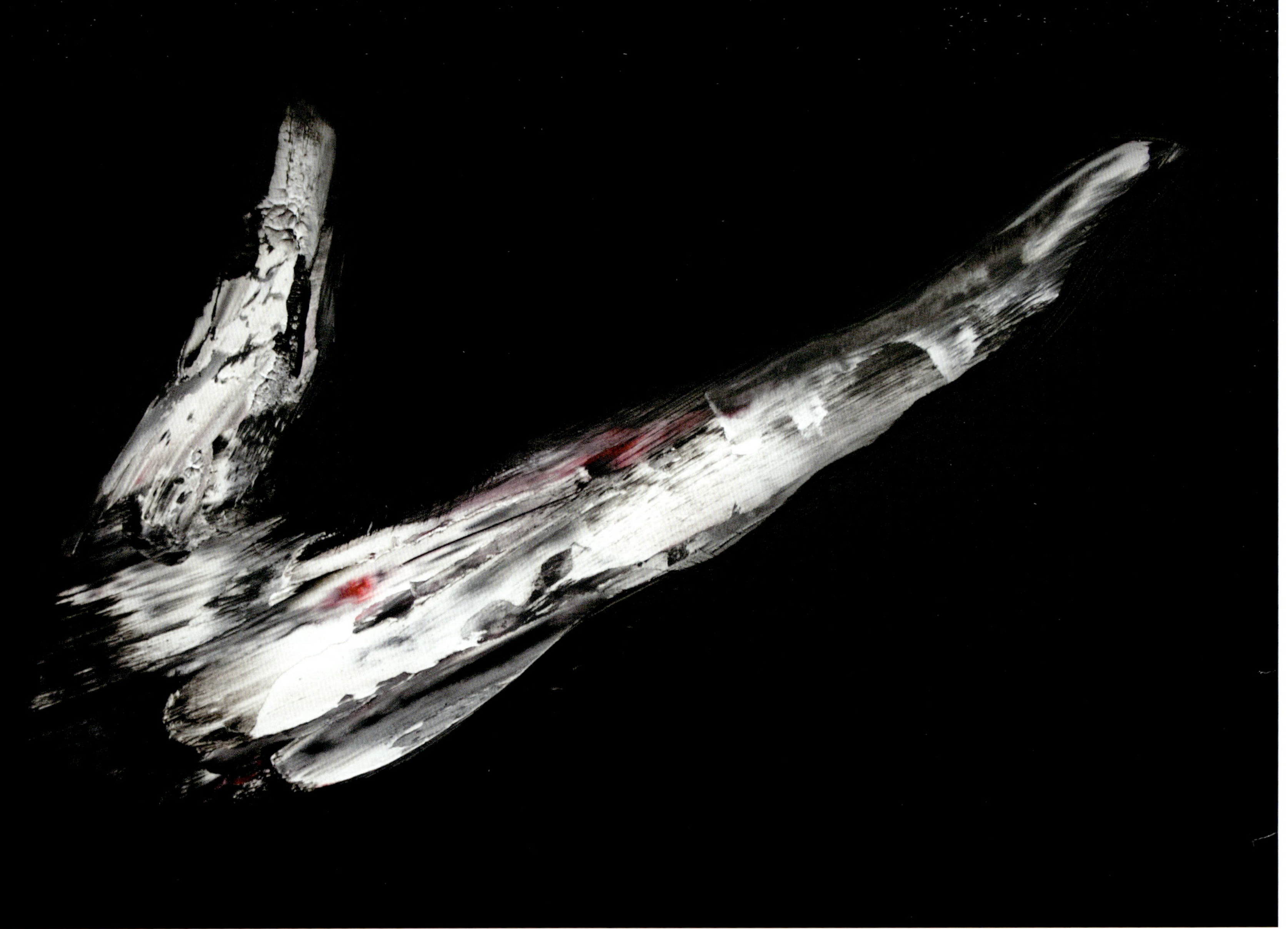

Puglisi and cited in at least three works: an *Annunciation*, a story of *Virtue*, and a *Narcissus*.

The light painted with thick strokes of colour comes from today, from the present, from the moment in which with one gesture, other gestures, other faces are created, erasing their features, while the darkness that tries to infiltrate these islands of light is a night that comes from the past, from the history with which and against which Puglisi poetically and conceptually measures himself.

Therefore, light and shadow are not to be taken at face value in his paintings.

The light in Puglisi's paintings is of this world and in fact gives body to fragments of bodies (hands, feet, heads), the darkness is a deep, indistinct night. We might say that the relationship between one and the other is the same as that between a black hole and the matter that falls into it: the attracted light simply disappears, swallowed up, and no longer able to escape. For us it will be lost forever. But before entering the immense gravitational chasm of the black hole, the light struggles, is even thrown beyond the event horizon in the form of violent jets of matter, at least if the black hole is rotating.

Metaphors aside, we could say the same for Puglisi's painting. …
(Marco Tonelli, "Lorenzo Puglisi. La pittura e l'orizzonte degli eventi" ["Lorenzo Puglisi. Painting and the event horizon"], in *Lorenzo Puglisi. La pittura e l'orizzonte degli eventi*, exhibition catalogue, Galleria Santo Ficara, Florence, 2022.)

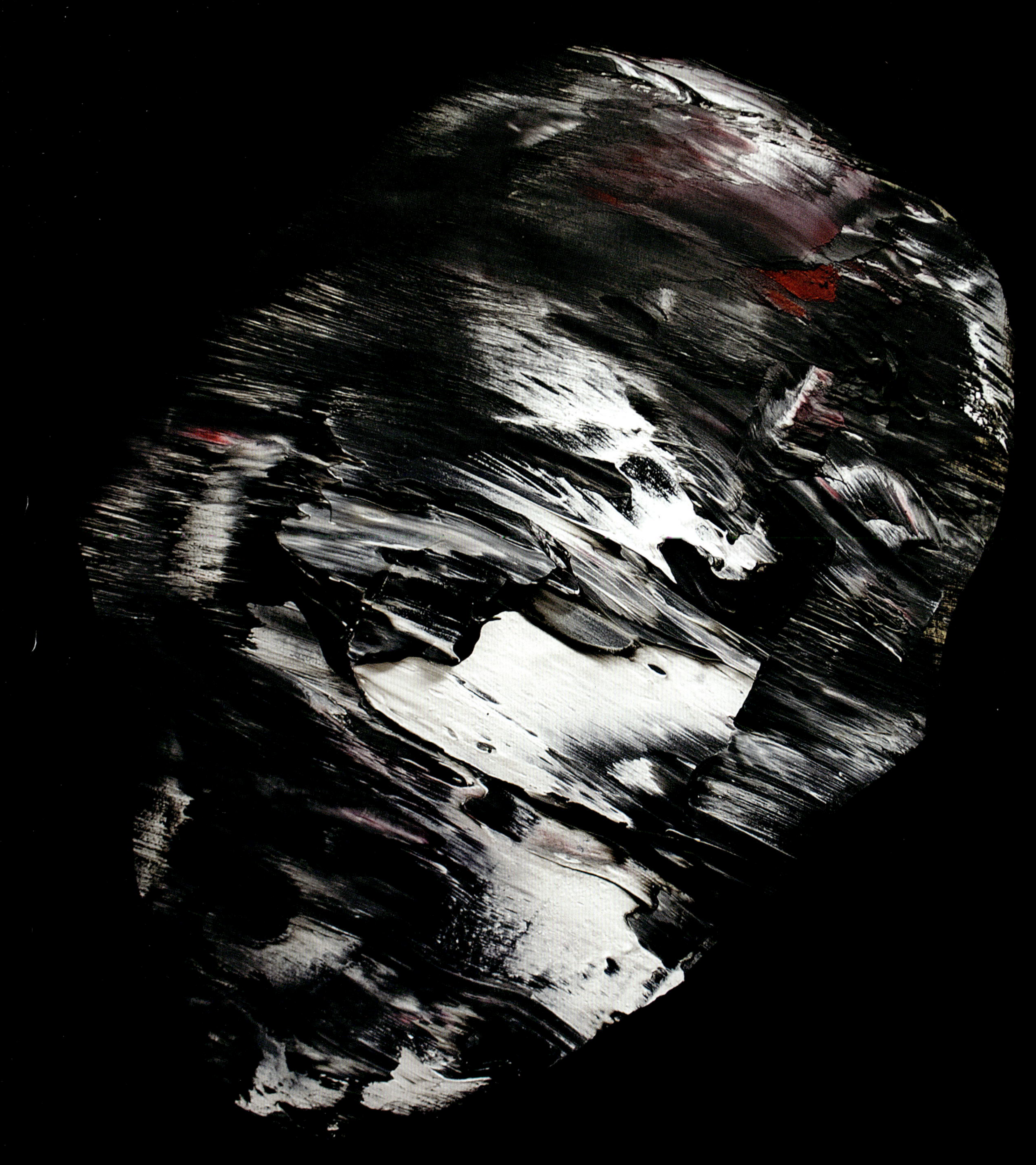

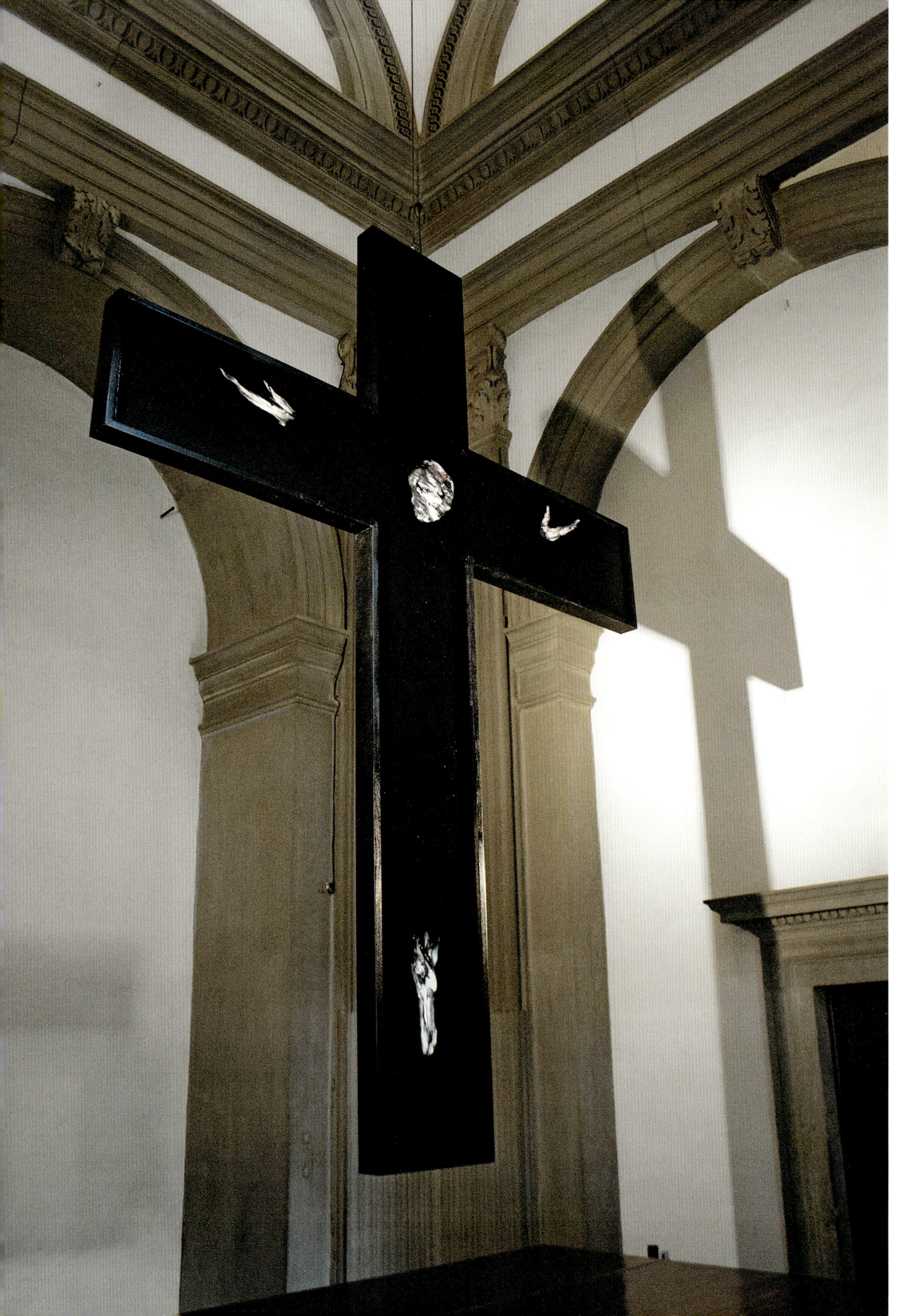

Lorenzo Puglisi.
*Davanti a Michelangelo.
Crocifissione, Umanità,
Mistero*, veduta
dell'installazione /
installation view,
Basilica di Santo Spirito,
Firenze / Florence, 2020

le Gallerie degli Uffizi, catalogo della presentazione, Le Gallerie degli Uffizi, Firenze, Prearo Editore, Milano 2022.)

Tonelli 2022

La pittura di Lorenzo Puglisi suscita un'interrogazione: è pittura di luce o di oscurità? Ma esiste l'una senza l'altra? Il fatto è che la natura della luce nella pittura di Puglisi è diversa da quella dell'oscurità, non si tratta di due sostanze che possiamo mettere sullo stesso piano, ma di due elementi fondamentali diversi, che niente hanno a che fare con la luce e le tenebre di Caravaggio ad esempio, artista pure da Puglisi osservato e ripreso in almeno tre opere: un'*Annunciazione*, una storia di *Virtù* e un *Narciso*.

La luce densa e impastata di colore viene dall'oggi, dal presente, dal momento in cui con un gesto altri gesti, altri volti vengono creati cancellandone i lineamenti, mentre il buio che prova a infiltrarsi dentro queste isole di luce è una notte che proviene dal passato, dalla storia con cui e su cui si misura poeticamente e concettualmente Puglisi.

Ombra e luce quindi non sono semplicemente tali nei suoi dipinti.

La luce nelle pitture di Puglisi è di questo mondo e infatti dà corpo a frammenti di corpi (mani, piedi, teste), l'oscurità è una notte fonda, indistinta. Potremmo dire piuttosto che il rapporto tra l'una e l'altra è lo stesso che tra un buco nero e la materia che vi cade dentro: la luce attratta semplicemente vi sparisce, viene inghiottita, non ne esce più fuori e per noi sarà per sempre perduta. Ma prima di entrare nella immensa voragine gravitazionale del buco nero, la luce lotta, viene addirittura lanciata oltre l'orizzonte degli eventi sotto forma di violenti getti di materia, nel caso almeno in cui il buco nero sia rotante.

Fuor di metafora potremmo dire lo stesso per la pittura di Puglisi. …
(Marco Tonelli, in *Lorenzo Puglisi. La pittura e l'orizzonte degli eventi*, catalogo della mostra, Galleria Santo Ficara, Firenze 2022.)

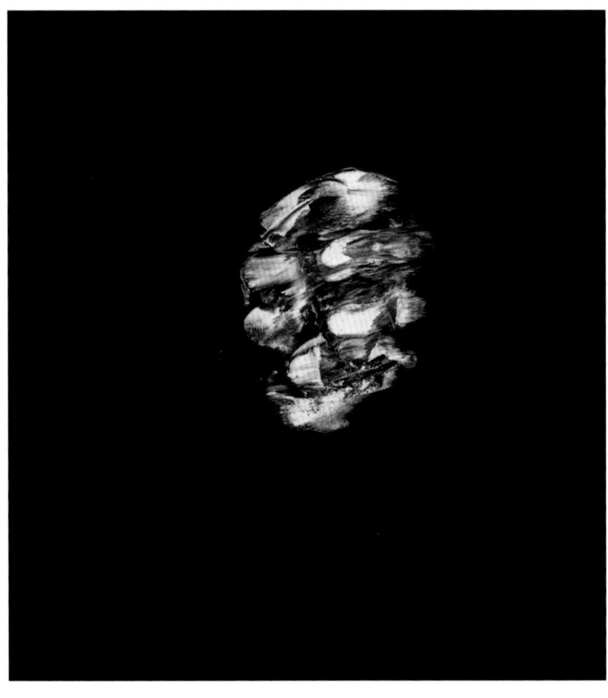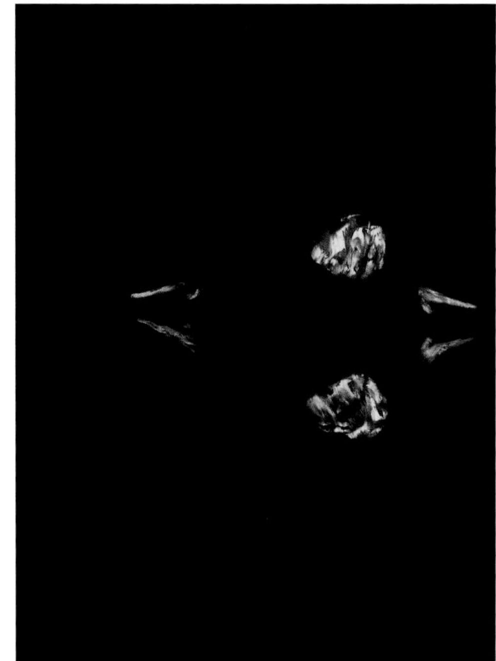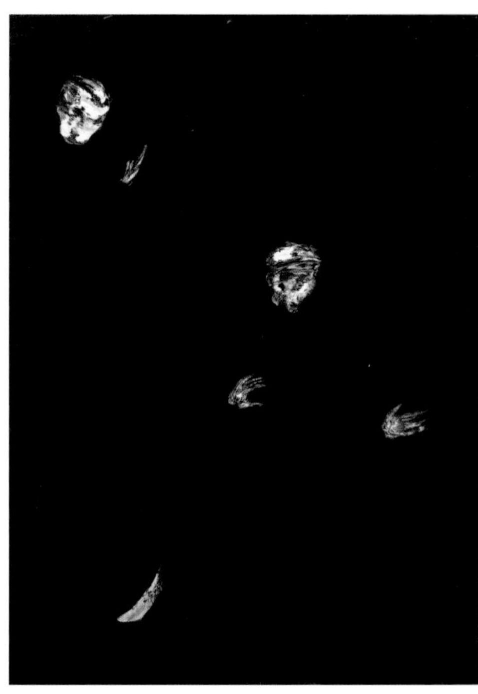

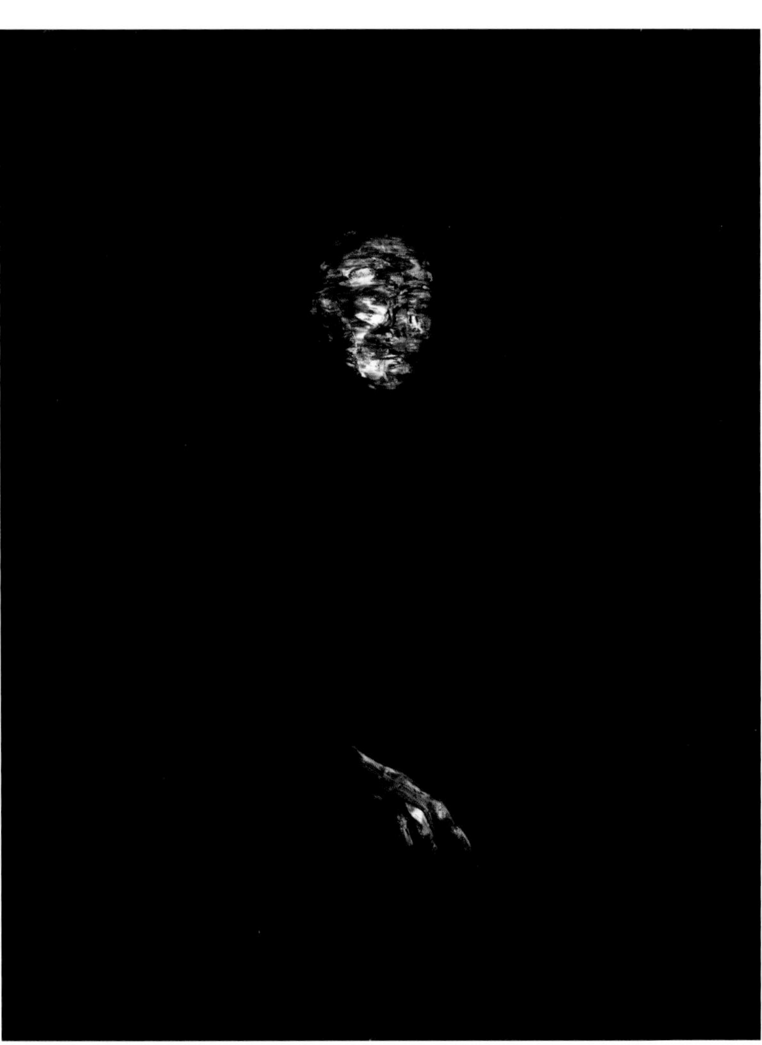

Ritratto 160420

2020

Olio su tavola / Oil on panel, 56 x 51 cm

Narcissus

2022

Olio su tavola / Oil on panel, 130 x 100 cm

Annunciazione

2022

Olio su carta / Oil on paper, 100 x 70 cm

Ritratto 260420

2020

Olio su tavola / Oil on panel, 130 x 98,5 cm

Ritratto 220320

2020

Olio su tavola / Oil on panel, 66 x 48 cm

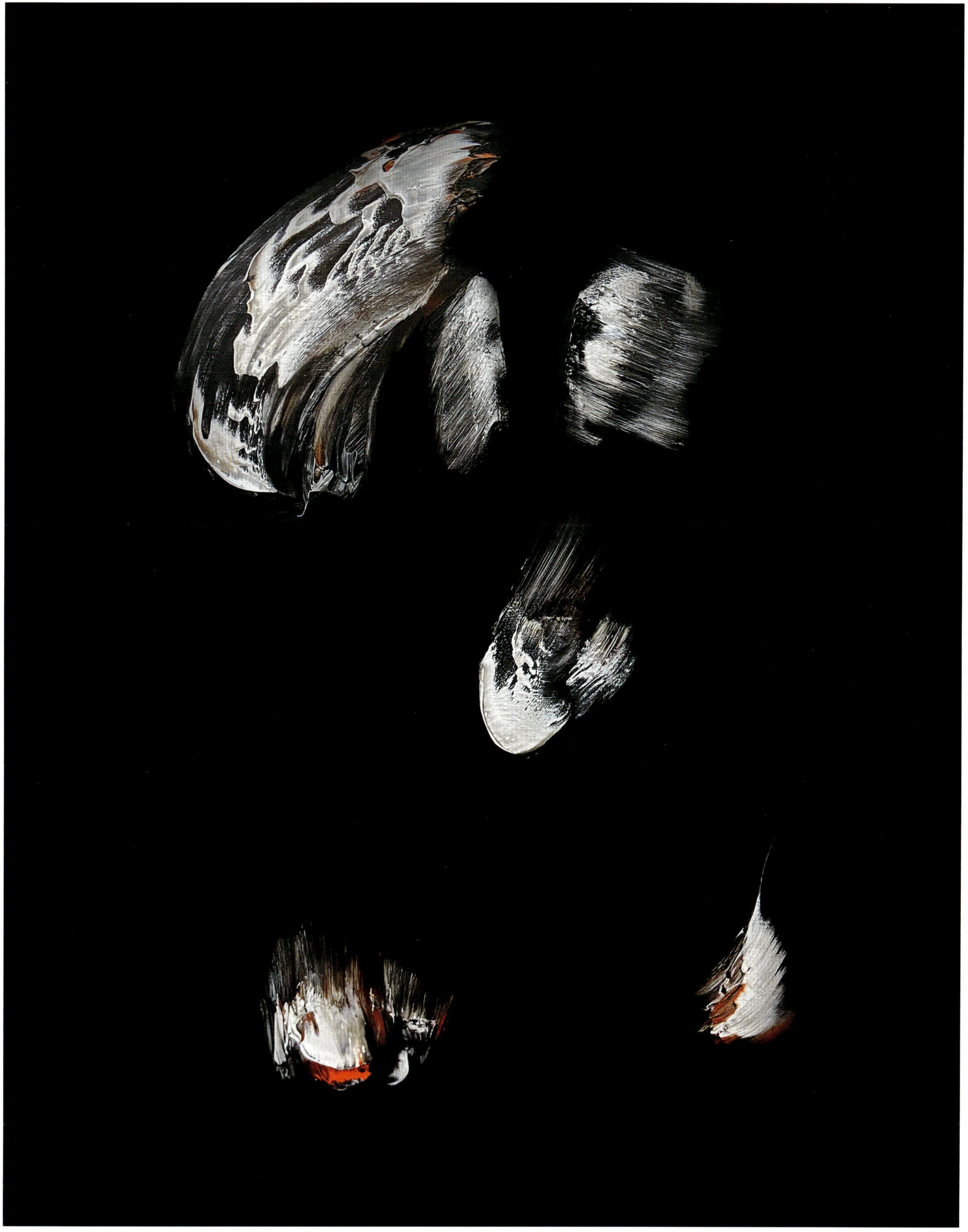

Biography

Lorenzo Puglisi (Biella, 27 October 1971) is an Italian painter.

After high school, Puglisi enrolled in a school of economics, which he soon abandoned to go, as he says, "back on the road". He got a one-way ticket to visit cities of the world, and with few means at his disposal, he immediately set about seeking a job and lodgings hoping in this way to expand his human and cultural experience in an international context. He visited and lived for a few years in cities all over the world, including London, Paris, Miami, Los Angeles, Berlin, Amsterdam, Barcelona, and Copenhagen, and was able to frequent the local museums, art galleries and libraries, which he did eagerly in his free time. This permitted him to learn more about the great artists, and as his admiration grew, a precise idea of painting was taking shape in his mind. Returning to Italy, after a couple of years in Milan, living in a studio on the Naviglio Pavese, he settled in Bologna, where he began his activity in a tiny space in the small city centre. At first, he focussed on the recurring subject of the human head and later, on that of the portrait, where he transformed the classic representation derivative of the genre painting into an extreme rarefaction of elements, depicting only the face and hands in the darkness, life sized, without however obtaining any feedback, either critical or in terms of exhibition opportunities. Subsequently, Galleria Grossetti Arte Contemporanea (2011) put their trust in him, followed by the historic Milanese Galleria del Milione (2013), where he held his first major solo exhibitions.

In this period, the intellectual exchange with art critic Bruna Corà was very important, starting with a series of encounters and dialogues, and culminating in an interview published for the artist's first museum exhibition in 2014.

Also in these years, he met the Parisian painter Ronan Barrot at the Arte Fiera Bologna, in gallery owner Claude Bernard's stand. Barrot expressed his esteem for Puglisi's work and they struck up a friendship that has lasted to this day: thanks to Barrot, Puglisi began to spend time in Paris, this time as a painter. And it was in Paris that his work was appreciated by Patricia Kishishian and Jean-Claude Ghenassia, the directors of Sobering, an art gallery in the exclusive Marais district; first they invited him to participate in a group exhibition with one of his heads and then, the following year, in the great project of a public exhibition commemorating the 100th anniversary of the Armenian genocide (2015), together with important international artists such as Jonathan Monk and Lawrence Weiner. In this public exhibition he presented a large painting depicting a man with a fez at the moment of his execution by hanging: the painting was set up in a cave lit by candles only, to a highly dramatic effect. It enjoyed a critical and public success that persuaded the gallery owners to propose organising his first solo exhibition, providing him with the means necessary for preparing it. This was the opportunity he had been waiting for to be able to realise finally the project he had been thinking about for several years, the paintings he describes as "scenes", or huge canvases where he paints the essential part of ancient masterpieces dear to him, filtered by his iconography, showing only faces, hands and feet emerging from the darkness. It was the *Peintures* exhibition curated by Mark Gisbourne in 2016.

Encouraged by these results and by the invitations to show his work in Germany and England, Puglisi began to elaborate a path, which he painstakingly developed piece by piece, made up of exhibitions focussed on his personal way of depicting reality, consistent with the pictorial results that he had achieved according to the theoretical premises of his art.

At the close of that same year, he inaugurated *Caravaggio, la verità nel buio* [*Caravaggio, the Truth in the Darkness*], an ambitious exhibition project divided into two parts: the first in Palermo, in the Museo Riso's Capella dell'Incoronazione, with his interpretation of the *Natività* [*Nativity*] (3 x 2 metres), Caravaggio's masterpiece which was stolen from the oratory of San Lorenzo in 1969, leaving a great void; and the second part in Naples, at the Pio Monte della Misericordia, with Caravaggio's magnificent *Le sette opere della Misericordia* [*Seven Works of Mercy*], alongside his version entitled *La Misericordia* [*Mercy*] (3 x 2 metres).

In 2018 Maria Fratelli, the director of the Casa Museo Boschi Di Stefano in Milan, asked Puglisi to create his own vision of a key work by Mario Sironi, *La Venere dei porti* [*The Venus of the Ports*]. Puglisi's version was to stand in for the painting, which was on loan to a major New York exhibition. It was displayed in the Sironi room, among the numerous works by the great Italian master of the Italian Novecento.

That same year saw the first of a series of solo exhibitions mounted at the Studio Guastalla Arte Moderna e Contemporanea gallery in Via Senato, Milan.

In 2019, after more than two years of preparatory work, Puglisi managed to obtain permission to exhibit one of his oil paintings on wood panel measuring over six metres long, depicting his vision of da Vinci's *Last Supper*. Entitled *Il Grande Sacrificio* [*The Great Sacrifice*], it was displayed in the Bramante Sacristy in the Church of Santa Maria delle Grazie in Milan, just a few metres away from the original fresco, and commemorated the 500th anniversary of Leonardo da Vinci's death. An important monograph on Puglisi's work was issued for the occasion by the German publisher Hatje Cantz (Berlin).

In that same year, during Frieze London, he mounted his own exhibition in the crypt of the King's Cross Saint Pancras church in London, thus returning to the city that years before had given him so much in terms of visits to the Tate and National galleries and long strolls through the parks and in the endless streets of the city.

Still in 2019, Eike Schmidt, the director of the Uffizi Galleries, commissioned a

Biografia

Lorenzo Puglisi (Biella, 27 ottobre 1971) è un pittore italiano.
Dopo il liceo si iscrive alla facoltà di economia che presto abbandona per intraprendere quello che lui definisce un "ritorno sulla strada", visitare cioè città estere con un biglietto aereo di sola andata e con pochi mezzi, alla ricerca immediata di un lavoro e di un alloggio per poter soggiornare in una realtà internazionale e accrescere in questo modo la sua esperienza umana e culturale. Visita e vive così per alcuni anni in città di tutto il mondo, come Londra, Parigi, Miami, Los Angeles, Berlino, Amsterdam, Barcellona e Copenaghen, potendo in questo modo frequentare assiduamente musei, gallerie d'arte e biblioteche nel tempo libero dal lavoro del momento. Si avvicina quindi all'opera dei grandi maestri che ammira maggiormente, permettendo ad una certa idea di pittura di prendere forma nella sua mente.
Rientrato in Italia, dopo un periodo di un paio d'anni vissuto a Milano in uno studio sul Naviglio Pavese, si stabilisce a Bologna, dove inizia la sua attività in un minuscolo spazio nel centro storico.
Sono lunghi anni di difficoltà economiche durante i quali dipinge principalmente su tele di piccole dimensioni, dapprima con il soggetto ricorrente della testa umana e in seguito con quello del ritratto, in cui trasforma la classica rappresentazione mimetica del dipinto di genere in una estrema rarefazione di elementi, raffigurando solo il viso e le mani nell'oscurità a grandezza naturale, senza ottenere però alcun riscontro critico o espositivo. Gli daranno in seguito fiducia prima la Galleria Grossetti Arte Contemporanea (2011) e poi la storica Galleria del Milione di Milano (2013), dove allestirà le sue prime grandi mostre personali.
Molto importante è anche il confronto intellettuale incominciato in questo periodo con il critico d'arte Bruno Corà attraverso una serie di incontri e dialoghi, culminati in una intervista pubblicata per la prima mostra museale dell'artista nel 2014.

Conosce in quegli anni ad Arte Fiera Bologna, nello stand del gallerista Claude Bernard, il pittore parigino Ronan Barrot, che gli manifesta stima per il suo lavoro e col quale stringe un'amicizia che dura a tutt'oggi: grazie a lui inizia a frequentare Parigi, questa volta in veste di pittore. Ed è a Parigi che il suo lavoro viene apprezzato da Patricia Kishishian e Jean-Claude Ghenassia, direttori di Sobering, una galleria d'arte nel quartiere esclusivo del Marais, che lo invitano prima a partecipare a una mostra collettiva con una delle sue teste e poi, l'anno seguente, al grande progetto di una mostra pubblica per il 100° anniversario del genocidio Armeno (2015), insieme a importanti artisti internazionali come Jonathan Monk e Lawrence Weiner. In questa esposizione pubblica presenta un grande dipinto raffigurante un uomo con il fez al momento dell'impiccagione: il dipinto viene allestito in una grotta illuminata da sole candele, con un effetto dirompente e un successo di critica e di pubblico che convincono i galleristi a proporgli una prima mostra personale e a fornirgli i mezzi necessari per prepararla: è l'occasione che attendeva per poter finalmente realizzare il progetto a cui pensava da parecchi anni, la pittura che definisce di "scena", ovvero enormi tele ove dipingere l'essenziale della raffigurazione di capolavori antichi a lui cari filtrati dalla sua iconografia, con solo volti, mani e piedi che appaiono dall'oscurità.
È la mostra *Peintures* curata da Mark Gisbourne nel 2016.
Rinfrancato da questi risultati e dagli inviti a esporre il suo lavoro in Germania e in Inghilterra, Puglisi inizia ad elaborare un percorso, da lui faticosamente costruito pezzo per pezzo, fatto di mostre incentrate sul suo personale modo di raffigurare la realtà, coerenti con gli esiti pittorici da lui raggiunti e con le premesse teoriche della sua arte.
Alla fine di quello stesso anno inaugura così *Caravaggio, la verità nel buio*, un ambizioso progetto espositivo suddiviso in due parti: la prima a Palermo, nella

Cappella dell'Incoronazione del Museo Riso, con la sua rappresentazione della *Natività* (3 x 2 metri), il capolavoro di Caravaggio trafugato dall'oratorio di San Lorenzo nel 1969, ovvero davanti a una grande assenza; e la seconda parte a Napoli, al Pio Monte della Misericordia, davanti invece alla grande presenza de *Le Sette Opere di Misericordia*, ove allestisce la sua versione, *La Misericordia* (3 x 2 metri), a fianco del capolavoro del Merisi.
Nel 2018 Maria Fratelli, direttrice della Casa Museo Boschi Di Stefano di Milano, gli chiede di realizzare una sua visione dell'opera chiave di Mario Sironi *La Venere dei porti* e di attuare poi la sostituzione del dipinto, prestato ad una grande mostra newyorkese, esponendo la sua versione nella sala Sironi, tra i numerosi dipinti del grande maestro italiano del Novecento.
È dello stesso anno la prima di una serie di mostre personali allestite presso la galleria Studio Guastalla Arte Moderna e Contemporanea in via Senato a Milano.
Nel 2019, dopo più di due anni di lavoro preparatorio, riesce a ottenere il permesso di esporre un suo dipinto a olio su tavola lungo oltre sei metri e raffigurante la sua visione del Cenacolo Vinciano – *Il Grande Sacrificio* – nella Sagrestia del Bramante, presso la chiesa di Santa Maria delle Grazie a Milano, a pochi metri di distanza dall'originale, per commemorare il 500° anniversario della morte di Leonardo da Vinci. Una importante monografia sul suo lavoro viene pubblicata per l'occasione dall'editore tedesco Hatje Cantz (Berlino).
In quello stesso anno durante Frieze London, allestisce una sua mostra nella Cripta della chiesa di King's Cross Saint Pancras a Londra, ritornando così in quella città che anni prima gli aveva regalato molto, dalla frequentazione della Tate e National Gallery alle lunghe passeggiate nei parchi e nelle sterminate vie della città.
Sempre nel 2019 il direttore delle Gallerie degli Uffizi Eike Schmidt gli commissiona un autoritratto per le collezioni del museo, rivelando un forte interesse per questa tipologia di pittura da lui

self-portrait from him for the museum's collections, showing her strong interest in the new painting style that he had created. Two years later, this led to a collaboration and an important loan by the Uffizi for an exhibition at the Latvian National Museum of Art in Riga.

In 2020, after the global pandemic crisis, he was invited to exhibit a painting of his – *Crocifissione* [*Crucifixion*], realised on a cross-shaped poplar panel nearly three metres high – opposite the wooden masterpiece by Michelangelo Buonarroti: this is how *Davanti a Michelangelo. Crocifissione, Umanità, Mistero* [*Facing Michelangelo. Crucifixion, Humanity, Mystery*] came to be, one of his most important solo exhibitions, and the beginning of his artistic partnership with Florence, that wonderful city for which he always felt a strong attachment.

In summer 2021, the Latvian National Museum of Art (Art Museum Riga Bourse) held an exhibition of his works, organised in collaboration with the Uffizi Galleries of Florence, which lent a masterpiece from their collections, the *Ritratto di uomo* [*Portrait of a Man*] by Jacopo Robusti, Tintoretto, for the occasion.

In the fall of that year, Patrizia Asproni, president of the Museo Marino Marini in Florence, invited the artist to realise a project for the museum, and he decided to exhibit the large *Natività* [*Nativity*] painting in the Rucellai chapel in the museum, behind the altar and facing Leon Battista Alberti's Sacellum of the Holy Sepulchre, one of the wonders of the Florentine Renaissance: in this way, he created a highly interesting installation with a trilogy concerning the cycles of time and human life, taking into consideration the nativity in the painting, death represented by the funerary temple, and the resurrection, evoked by a fresco inside the chapel (sacellum) by a pupil of Piero della Francesca.

The following year, in 2022, his painting *Ritratto 270418 (autoritratto)* [*Portrait 270418 (Self-Portrait)*] officially entered the Uffizi Galleries collection – with a catalogue published by Prearo Editore, Milan, to mark the event – and it was chosen to be part of the nucleus of two hundred works done between the year 1500 and the present day that will go on display by the end of the year in the new exhibition space mounted by the Florentine museum.

He also held a solo exhibition at the Galleria Santo Ficara Arte Moderna, confirming his association with the historic art space in Florence.

Still in 2022, he was invited to exhibit at the 59th Venice Biennale in the Syrian-Arab Pavilion on San Servolo Island, facing Piazza San Marco, where he presented a project entitled *Viaggio al termine della note* [*Journey to the End of the Night*]. In addition to the large paintings displayed in the Pavilion, he set up an innovative art itinerary with his "outdoor painting": oil paintings on aluminium panels mounted directly on the lawn, as if naturally pushing up from the ground, prelude to a huge, antique cage inside, where he installed a large *Crocifissione* [*Cruxifixion*], also painted on metal, symbolic of the lost spiritual sensitivity in the Western world and in our time in general, which has generated considerable interest on the part of critics, journalists and the public.

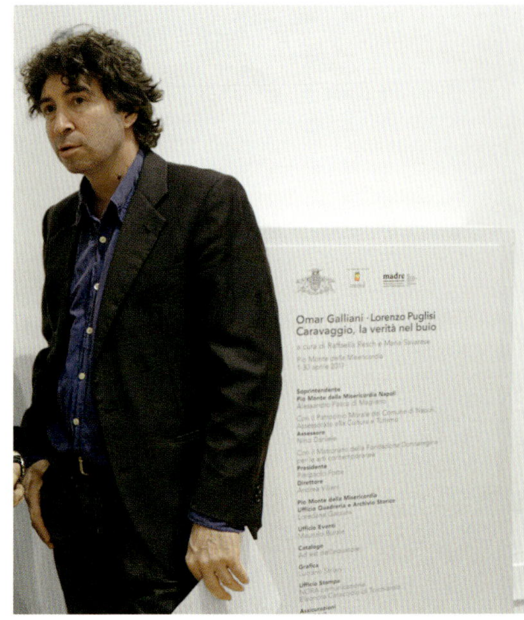

Inaugurazione della mostra / Exhibition opening, *Caravaggio, la verità nel buio*, Pio Monte della Misericordia, Napoli / Naples, 2017

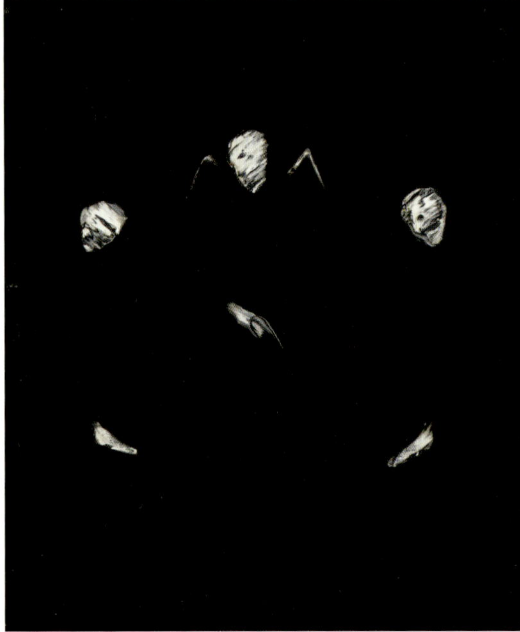

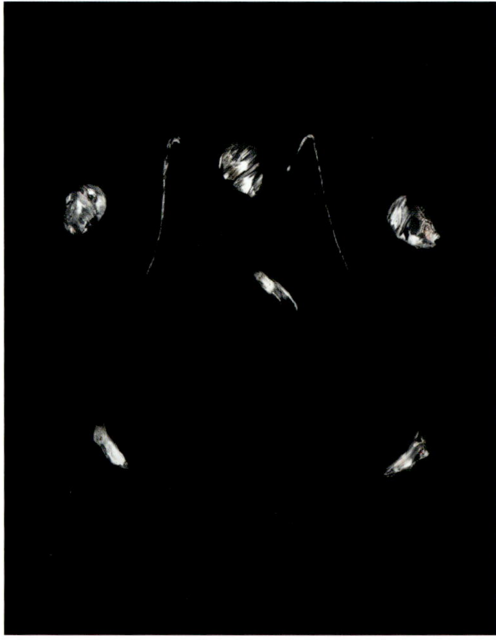

Trinità, 2022
Olio su tela / Oil on canvas, 60 x 50 cm

Trinità, 2020
Olio su tavola / Oil on panel, 89 x 69 cm

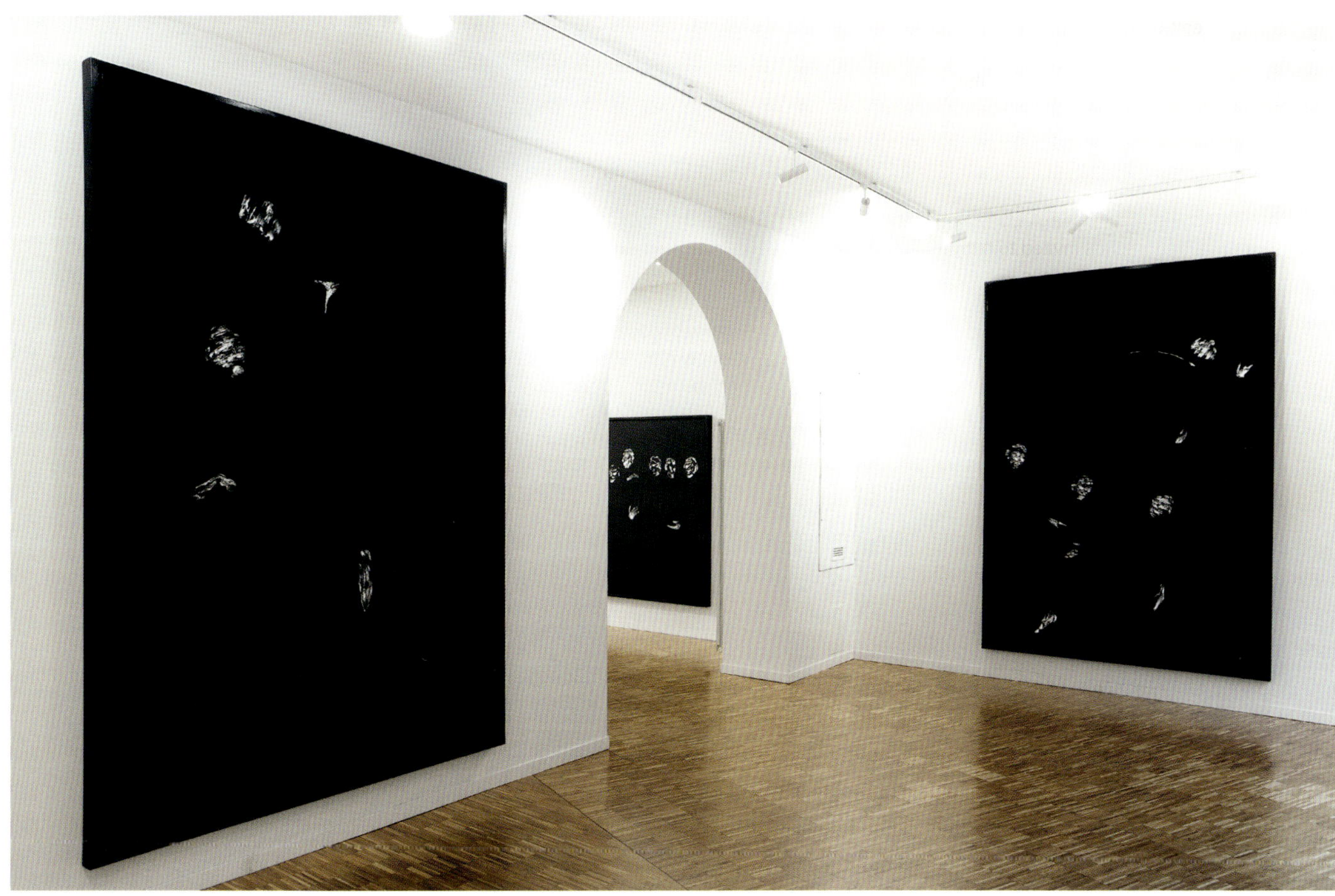

creata, che porterà due anni dopo a una collaborazione e a un importante prestito degli Uffizi per una mostra al Museo Nazionale della Lettonia di Riga.

Nel 2020 dopo la crisi pandemica mondiale, viene invitato ad esporre un suo dipinto realizzato su una tavola di pioppo a forma di croce e alto quasi tre metri – *Crocifissione* – in un faccia a faccia con il capolavoro ligneo di Michelangelo Buonarroti: nasce così *Davanti a Michelangelo. Crocifissione, Umanità, Mistero,* una delle sue esposizioni personali più importanti e inizio del sodalizio artistico con la meravigliosa Firenze, città a cui è da sempre molto legato.

Nell'estate del 2021 allestisce al Museo Nazionale della Lettonia di Riga (Art Museum Riga Bourse) una mostra dei suoi lavori organizzata in collaborazione con le Gallerie degli Uffizi di Firenze, che per l'occasione prestano un capolavoro dalle loro collezioni, il *Ritratto di uomo* di Jacopo Robusti, il Tintoretto.

Nell'autunno di quell'anno Patrizia Asproni, presidente del Museo Marino Marini di Firenze, lo invita a realizzare un progetto e lui decide di esporre il grande dipinto *Natività* nella Cappella Rucellai del museo, dietro all'altare e di fronte al sacello del Santo Sepolcro di Leon Battista Alberti, una delle meraviglie del Rinascimento fiorentino: opera in questo modo l'allestimento di una interessante trilogia del ciclo del tempo e della vita umana, considerando la natività del dipinto, la morte rappresentata dal tempio funerario e la resurrezione, evocata da un affresco eseguito all'interno del sacello da un allievo di Piero della Francesca.

L'anno seguente, nel 2022, il suo dipinto *Ritratto 270418 (autoritratto)* entra ufficialmente nella collezione delle Gallerie degli Uffizi – con un catalogo dell'evento edito da Prearo Editore, Milano – e viene scelto per fare parte del nucleo di duecento opere eseguite dal 1500 fino ai giorni nostri che sarà esposto entro la fine dell'anno nel nuovo allestimento del museo fiorentino.

Tiene poi una mostra personale alla Galleria Santo Ficara Arte Moderna che suggella la collaborazione con lo storico spazio di Firenze.

Sempre nel 2022 viene invitato a esporre alla 59a Mostra Internazionale La Biennale di Venezia - Padiglione Arabo/Siriano presso l'isola di San Servolo, di fronte a piazza San Marco, dove presenta un progetto intitolato *Viaggio al termine della notte*; oltre ai grandi dipinti all'interno del Padiglione, allestisce nel giardino dell'isola un percorso pittorico innovativo, costituito da una sua "pittura da esterno": dipinti a olio realizzati su tavole di alluminio e montati direttamente sul prato, come a sorgere in modo naturale dal terreno, preludio di una gigantesca gabbia antica dentro cui installa una grande *Crocifissione* anch'essa dipinta su metallo, quale simbolo di una perduta sensibilità spirituale nel mondo occidentale e in generale nel nostro tempo, suscitando così un notevole interesse critico, giornalistico e di pubblico.

Esposizioni selezionate / Selected Exhibitions

2022

• *Lorenzo Puglisi. Viaggio al termine della notte*, 59a Biennale di Venezia - Padiglione Arabo/Siriano, Venezia / Venice (personale / solo).

• *Lorenzo Puglisi. La pittura e l'orizzonte degli eventi*, a cura di / curated by Marco Tonelli, Galleria Santo Ficara, Firenze / Florence (personale / solo).

• *Lorenzo Puglisi. Pittura Nera*, a cura di / curated by Sandro Malossini, Palazzo della Regione Emilia Romagna, Bologna (personale / solo), con un testo di / with an essay by Renato Barilli.

2021

• *Lorenzo Puglisi. Natività*, a cura di / curated by Angelo Crespi, Museo Marino Marini - Cappella Rucellai, Firenze / Florence (personale / solo).

• *Lorenzo Puglisi. Il sogno di Scipione*, Villa Caldogno, Vicenza (personale / solo).

• *Self-reflection. Omar Galliani, Lorenzo Puglisi, Tintoretto*, a cura di / curated by Astrida Rogule, Art Museum Riga Bourse, Riga (Lettonia / Latvia).

2020

• *Lorenzo Puglisi. Davanti a Michelangelo. Crocifissione, Umanità, Mistero*, Basilica di Santo Spirito, Firenze / Florence (personale / solo).

• *Lorenzo Puglisi. Kind of Black*, a cura di / curated by Domenico de Chirico, Bianchi Zardin Contemporary Art, Milano / Milan (personale / solo).

• *Lorenzo Puglisi. Sparks of a Black Fire*, Moore House Building by Norman Foster, Londra / London (personale / solo).

• *Lorenzo Puglisi. L'icona e lo splendore di Bisanzio*, Spazio Eventi Orler, Marcon (Venezia / Venice) (personale / solo).

• *Lorenzo Puglisi. L'immortalità*, a cura di / curated by Luca Beatrice, Ex Accademia Artiglieria, Paratissima, Torino / Turin (personale / solo).

2019

• *Looking for Monna Lisa*, a cura di / curated by Valerio Dehò, Palazzo del Broletto – Castello Visconteo, Pavia.

• *Lorenzo Puglisi. Shades from the Shadow*, cripta della chiesa di King's Cross Saint Pancras / crypt of the King's Cross Saint Pancras church, Londra / London (personale / solo), testo di / essay by Michele Bonuomo.

• *Lorenzo Puglisi. Il Grande Sacrificio*, a cura di / curated by Giovanni Gazzaneo, Sacrestia del Bramante, Chiesa di Santa Maria delle Grazie, Milano / Milan (personale / solo).

• *Preparing for Darkness. Vol. 4: True Romance*, KülhausBerlin, Berlino / Berlin.

• *Lorenzo Puglisi. Popolo e memoria*, a cura di / curated by Luca Beatrice, Copernico, Torino / Turin (personale / solo).

• *Lorenzo Puglisi. Pitture di luce e di tenebra*, a cura di / curated by Valerio Dehò, Biffi Arte, Piacenza (personale / solo).

• *Il Grande Sacrificio*, Studio Guastalla Arte Moderna e Contemporanea, Milano / Milan (personale / solo).

2018

• *Lorenzo Puglisi per Mario Sironi: una sostituzione*, a cura di / curated by Maria Fratelli, Casa Museo Boschi Di Stefano, Milano / Milan (personale / solo).

• *Omar Galliani, Lorenzo Puglisi. Visioni di luce e tenebra*, a cura di / curated by Maria Fratelli e / and Raffaella Resch, Museo Messina, Chiesa di San Sisto, Milano / Milan.

• *Una discesa verso l'alto*, a cura di / curated by Toti Carpentieri, Ipogeo Bacile, Spongano (Lecce) (personale / solo).

• *Lorenzo Puglisi. Scintille di un fuoco nero*, a cura di / curated by Martina Cavallarin, Labs Gallery, Bologna (personale / solo).

• *In a silent way*, Studio Guastalla Arte Moderna e Contemporanea, Milano / Milan (personale / solo).

• *La Misericordia*, Chiesa di Santa Caterina, Bologna (personale / solo), con una poesia di / with a poem by Davide Rondoni.

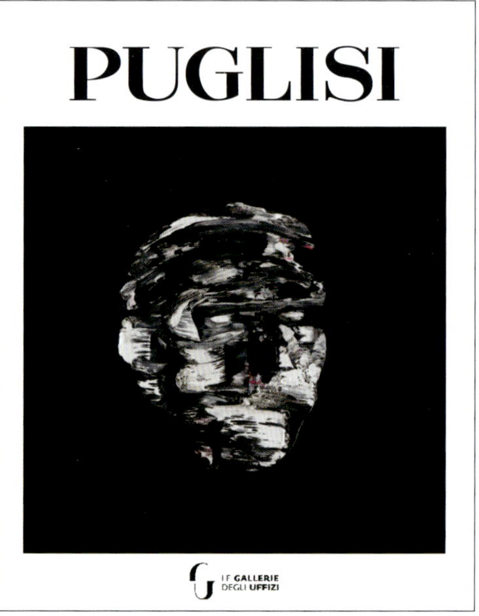

Copertina del catalogo / Cover of the catalogue, Le Gallerie degli Uffizi, Firenze / Florence, 2022

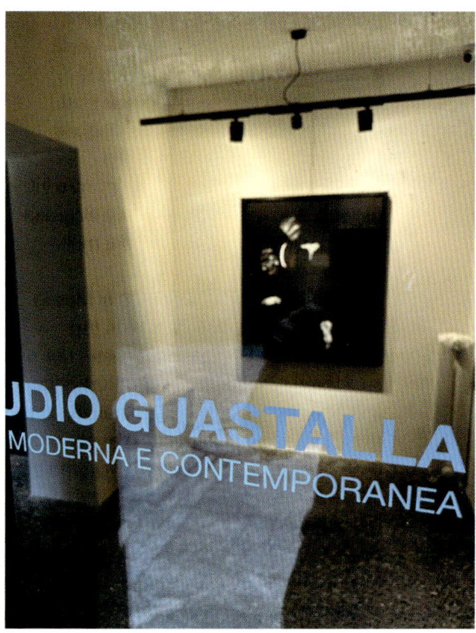

Veduta della mostra / Exhibition view, Studio Guastalla Arte Moderna e Contemporanea, Milano / Milan, 2022

2017
• *Passion*, a cura di / curated by Uwe
Goldenstein, Galerie Im Park - The
Historical Museum, Brema / Bremen.
• *Nero su Nero. Da Fontana e Kounellis a
Galliani*, a cura di / curated by Vera Agosti,
Villa Bardini, Firenze / Florence.
• *La pelle dei pittori e il sangue dei poeti*,
MUDEC Museo delle culture, Milano /
Milan.

2016
• *Lorenzo Puglisi. Caravaggio, la verità
nel buio (con Omar Galliani)*, a cura di /
curated by Raffaella Resch e / and Maria
Savarese, Cappella dell'incoronazione,
Museo Riso, Palermo; Pio Monte della
Misericordia, Napoli / Naples.
• *Lorenzo Puglisi. L'ignoto che appare*,
a cura di / curated by Roberto Borghi,
Galleria Il Milione, Milano / Milan
(personale / solo).
• *Lorenzo Puglisi. Peintures*, a cura di /
curated by Mark Gisbourne, Galerie
Sobering, Parigi / Paris (personale / solo).

2015
• *Je me souvien. Mounir Fatmi,
Jonathan Monk, Pierre Petit, Lorenzo
Puglisi, Lawrence Weiner*, Centre d'Art
Contemporain La Traverse, Parigi / Paris.
• *Acqua è*, a cura di / curated by Willy
Montini, Expo Milan 2015, Venezia /
Venice.

2014
• *Lorenzo Puglisi*, Museo del Territorio,
Biella (personale / solo), testo di / essay by
Bruno Corà.
• *Posterity is a form of the spectator*,
Galerie Sobering, Parigi / Paris.

2013
• *Dimenticare il tempo*, Galleria Il Milione,
Milano / Milan (personale / solo), testo di /
essay by Valerio Dehò.
• *Nero di fondo*, Palazzo Monferrato,
Alessandria, introduzione di / foreword by
Alberto Zanchetta.

2012
• *Lorenzo Puglisi. Zilli, l'Art de Vivre
(con Carlo Bernardini)*, Palazzo Bagatti
Valsecchi, Milano / Milan.
• *Corpo a corpo*, Bibox Art Space, Biella.
• *Oltre l'attimo*, Grossetti Contemporary
Art, Milano / Milan.

2011
• *Presenze*, Grossetti Contemporary Art,
Milano / Milan (personale / solo).
• *1000+1000+1000*, a cura di / curated by
Philippe Daverio, Palazzo Fava, Bologna.

2009
• *Pitture*, a cura di / curated by Emanuele
Beluffi, Obraz Gallery, Milano / Milan
(personale / solo)

2008
• *Lorenzo Puglisi*, Piccola Galleria, Asolo
(personale / solo), testo di / essay by
Valerio Dehò.
• *Portraits*, Palazzo Berva, Cassano
D'Adda (Milano / Milan) (personale / solo).

2007
• Scenografia per *La spia*, un dramma
di / play by Giorgio Celli, Teatro del Navile,
Bologna.

2005
• *07/06/05*, Palazzo della Provincia, Biella
(personale / solo).
• *L'arte e il silenzio*, Santuario di Oropa,
Biella.

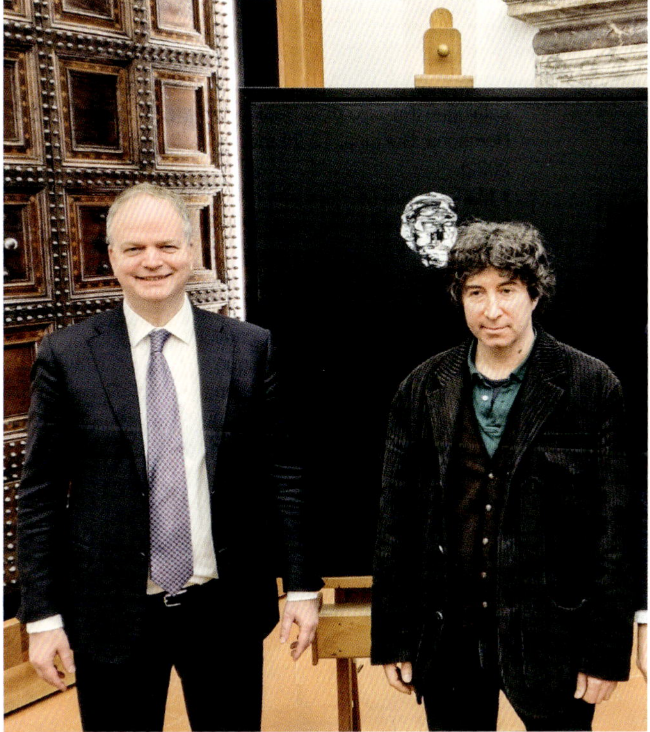

Con il direttore delle Gallerie degli Uffizi /
with the Uffizi Galleries director, Eike Schmidt

2022

• Renato Barilli, *Come alla luce di un'esplosione*, in *Lorenzo Puglisi. Pittura Nera*, catalogo della mostra / exhibition catalogue (Palazzo della Regione Emilia Romagna, Bologna, 12-29 maggio / May 2022).

• Mark Gisbourne, *Fantasmi nel vuoto. I quadri di Lorenzo Puglisi*, in *Lorenzo Puglisi: Self-Portrait. Un autoritratto per Le Gallerie degli Uffizi*, Prearo Editore, Milano.

• Sandro Malossini, *Lorenzo Puglisi*, in *Lorenzo Puglisi. Pittura Nera*, catalogo della mostra / exhibition catalogue (Palazzo della Regione Emilia Romagna, Bologna, 12-29 maggio / May 2022).

• Emma Petiti, *Prefazione*, in *Lorenzo Puglisi. Pittura Nera*, catalogo della mostra / exhibition catalogue (Palazzo della Regione Emilia Romagna, Bologna, 12-29 maggio / May 2022).

• Guicciardo Sassoli de' Bianchi Strozzi, *I volti di Lorenzo Puglisi e l'Autoritratto per Le Gallerie degli Uffizi*, in *Lorenzo Puglisi: Self-Portrait. Un autoritratto per Le Gallerie degli Uffizi*, Prearo Editore, Milano.

• Tommaso Ricci, *La Biennale di Venezia 2022*, intervista e servizio, TG2 Mizar, 13 novembre 2022.

• Alessandro Beltrami, *Il Crocifisso in gabbia di Lorenzo Puglisi*, in "Avvenire", 15 aprile / April.

• Lorenzo di Las Plassas, *La Biennale d'arte*, servizio, RaiNews24, 23 aprile / April.

• Maria Egizia Fiaschetti, *Un Cristo in gabbia per la Siria*, in "Corriere della Sera", inserto "La Lettura", 10 aprile / April.

• Olga Mugnaini, *Puglisi, l'autoritratto al buio. Donazione alle Gallerie degli Uffizi*, in "La Nazione", 15 marzo / March.

• Sabrina Rappoli, *La Biennale d'arte*, intervista in diretta, SkyTg24, 21 aprile / April.

• *59a Biennale Arte di Venezia. Padiglione della Repubblica Araba Siriana - Lorenzo Puglisi. Viaggio al termine della Notte*, in arte.it [https://www.arte.it/calendario-arte/venezia/mostra-59a-biennale-arte-di-venezia-padiglione-della-repubblica-araba-siriana-lorenzo-puglisi-viaggio-al-termine-della-notte-83929#:~:text=Lorenzo%20Puglisi%20alla%2059a%20Biennale,mani%20e%20i%20piedi%20di%20Cristo%2C].

• *59. Biennale d'Arte - Padiglione Arabo Siriano*, in artribune.com [https://www.artribune.com/mostre-evento-arte/59-biennale-padiglione-arabo-siriano/].

• *Apre la Biennale d'Arte a Venezia*, in ilgiornaleditalia.it, 23 aprile [https://www.ilgiornaleditalia.it/news/cultura/357706/apre-la-biennale-dell-arte-a-venezia.html].

• *Autoritratto al buio donato da Puglisi agli Uffizi*, in quinewsfirenze.it, 14 marzo 2022 [https://www.quinewsfirenze.it/firenze-autoritratto-buio-lorenzo-puglisi-donato-uffizi.htm].

• Costanza Baldini, *L'artista Lorenzo Puglisi dona agli Uffizi il suo autoritratto*, in intoscana.it [https://www.intoscana.it/it/articolo/lorenzo-puglisi-uffizi-autoritratto/].

• *Il Contemporaneo agli Uffizi*, servizio, TGRai Toscana, 14 marzo / March [https://www.rainews.it/tgr/toscana/notiziari/video/2022/03/ContentItem-9f06e260-6e4b-4f27-9c4c-b8161aaec768.html].

• *Donato agli Uffizi l'autoritratto al buio di Puglisi*, in ansa.it [https://www.ansa.it/sito/notizie/cultura/arte/2022/03/14/donato-a-uffizi-autoritratto-al-buio-di-puglisi_7b903108-beb4-42ef-a566-1230b5413ff0.html].

• *Donato agli Uffizi l'autoritratto di Lorenzo Puglisi*, in met.it [http://met.provincia.fi.it/news.aspx?n=352759].

• Federica Gheno, *Lorenzo Puglisi alla 59a Biennale Arte di Venezia*, in fsnews.it, 15 aprile / April [https://www.fsnews.it/it/eventi/arte/2022/4/15/biennale-arte-venezia-2022-installazione-lorenzo-puglisi.html].

• *Lorenzo Puglisi. Pittura Nera*, in bibliotechebologna.it [https://www.bibliotechebologna.it/events/lorenzo-puglisi-pittura-nera].

• *Pittura nera di Lorenzo Puglisi*, in regioneemiliaromagna.it [https://www.assemblea.emr.it/argomenti-in-evidenza/mostre/mostre-in-assemblea/pittura-nera-di-lorenzo-puglisi].

• *Mostre: "Pittura Nera" di Puglisi in assemblea legislativa*, in ansa.it, 9 maggio / May [https://www.ansa.it/emiliaromagna/notizie/2022/05/09/mostre-pittura-nera-di-puglisi-in-assemblea-legislativa_706e9699-a985-4707-b7d3-2997a97d33ba.html].

• *Presentazione della donazione dell'autoritratto di Lorenzo Puglisi*, in uffizi.it [https://www.uffizi.it/video/presentazione-della-donazione-dell-autoritratto-di-lorenzo-puglisi].

• *Viaggio al termine della notte, il crocifisso in gabbia di Lorenzo Puglisi*, in exibart.com [https://service.exibart.com/comunicati-stampa/viaggio-al-termine-della-notte-crocifisso-gabbia-lorenzo-puglisi/].

2021

• Eike Schmidt, Marzia Faietti, *Galliani, Puglisi e il paragone con gli antichi*, in *Self-reflection. Omar Galliani, Lorenzo Puglisi, Tintoretto*, catalogo della mostra / exhibition catalogue (Art Museum Riga Bourse, Riga, 21 agosto / August - 14 novembre / November 2021), Corsiero Editore, Reggio Emilia.

• Astrida Rogule, *Autorità, voglia di sapere e l'eterno fascino dell'Italia*, in *Self-reflection. Omar Galliani, Lorenzo Puglisi, Tintoretto*, catalogo della mostra / exhibition catalogue (Art Museum Riga Bourse, Riga, 21 agosto / August - 14 novembre / November 2021), Corsiero Editore, Reggio Emilia.

• Guicciardo Sassoli de' Bianchi Strozzi, *Riflessioni al di là del tempo: Galliani, Puglisi e il Tintoretto*, in *Self-reflection. Omar Galliani, Lorenzo Puglisi, Tintoretto*, catalogo della mostra / exhibition catalogue (Art Museum Riga Bourse, Riga, 21 agosto / August - 14 novembre / November 2021), Corsiero Editore, Reggio Emilia.

• Stefano Taliani de Marchio, *Prefazione*, in *Self-reflection. Omar Galliani, Lorenzo Puglisi, Tintoretto*, catalogo della mostra / exhibition catalogue (Art Museum Riga Bourse, Riga, 21 agosto / August - 14 novembre / November 2021), Corsiero Editore, Reggio Emilia.

• Daiga Upeniece, *Introduzione*, in *Self-reflection. Omar Galliani, Lorenzo Puglisi, Tintoretto*, catalogo della mostra / exhibition catalogue (Art Museum Riga Bourse, Riga, 21 agosto / August -

14 novembre / November 2021), Corsiero Editore, Reggio Emilia.

• Nicoletta Barberini Mengoli, *Mostra d'arte in Lettonia*, in "Il Resto del Carlino", 26 agosto / August.

• Barbara Gabbrielli, *Lorenzo Puglisi e la Natività pensando a Caravaggio*, in "La Repubblica", 22 dicembre / December.

• Sara Galardi, *Self-reflection*, in "ArtStyle Magazine", estate-autunno / Summer–Fall.

• Caterina Ruggi d'Aragona, *La Natività di Puglisi che guarda a Caravaggio*, in "Corriere della Sera", 22 dicembre / December.

• Samantha de Martin, *Un Tintoretto in mostra a Riga con due maestri moderni del ritratto*, in arte.it [https://www.arte.it/notizie/mondo/un-tintoretto-in-mostra-a-riga-con-due-maestri-moderni-del-ritratto-18623].

• *Natività di Puglisi in Cappella Rucellai*, in "La Nazione", 22 dicembre / December.

• *L'autoritratto tra presente e passato. Omar Galliani, Lorenzo Puglisi, Tintoretto*, in blog.ilgiornale.it, 7 settembre / September [https://blog.ilgiornale.it/franza/2021/09/07/lautoritratto-tra-presente-e-passato-omar-galliani-lorenzo-puglisi-tintoretto/].

• *Lettonia: Ambasciata riapre stagione mussale con la mostra Self Reflection*, in giornalediplomatico.it [https://www.giornalediplomatico.it/lettonia-ambasciata-riapre-staglone-museale-con-mostra-aself-reflectiona.htm].

• *Lorenzo Puglisi. Natività*, in arte.it [https://www.arte.it/calendario-arte/firenze/mostra-lorenzo-puglisi-nativit%C3%A0-82267].

• *Lorenzo Puglisi – Natività*, in artribune.com [https://www.artribune.com/mostre-evento-arte/lorenzo-puglisi-nativita/].

• *Lorenzo Puglisi: Natività*, in museomarinomarini.it [https://museomarinomarini.it/en/mostra/lorenzo-puglisi-nativita/].

• Massimo Mattioli, *Sulle tracce di Tintoretto. In Lettonia*, in artslife.com [https://artslife.com/2021/08/14/sulle-tracce-di-tintoretto-in-lettonia/].

• *Mostra personale "Lorenzo Puglisi: Il sogno di Scipione"*, in comune.vicenza.it [https://www.comune.vicenza.it/vicenza/eventi/evento.php/297666].

• *Natività di Lorenzo Puglisi nella Cappella Rucellai di Firenze*, in met.it [https://met.cittametropolitana.fi.it/news.aspx?n=348174].

• *Natività. Lorenzo Puglisi*, in segnonline.it [https://segnonline.it/events/nativita-lorenzo-puglisi/].

• Newsletter #97 de "la Lettura", in corriere.it [https://www.corriere.it/NewsletterCorriere/la-lettura/5a6efc50-628f-11ec-a583-0974d17fd3de_laLettura.shtml].

• *Riga: a Journey through Italian art from the 16th to the 21st centuries*, in esteri.it, 21 settembre / September [https://www.esteri.it/en/sala_stampa/archivionotizie/retediplomatica/2021/09/riga-un-viaggio-nell-arte-italiana-dal-xvi-al-xxi-secolo-2/].

• *Tintoretto, Omar Galliani e Lorenzo Puglisi al The Art Museum Riga Bourse*, in exibart.com [https://www.exibart.com/opening/tintoretto-omar-galliani-lorenzo-puglisi-al-the-art-museum-riga-bourse/].

2020

• Sebastiana Gangemi, *L'arte Contemporanea incontra Michelangelo*, in "Toscana Oggi", 25 settembre / September.

• *La Crocifissione tra Michelangelo e Lorenzo Puglisi*, in "La Repubblica", 19 settembre / September.

• Giorgio Giuliano, *Il crocifisso di Lorenzo Puglisi davanti a quello di Michelangelo*, servizio, Italia7, 19 settembre / September.

• Paola Guabello, *Lorenzo Puglisi "in dialogo" con l'opera di Michelangelo*, in "La Stampa", 4 settembre / September.

• *Lorenzo Puglisi. Davanti a Michelangelo*, in "Toscana tascabile", ottobre / October.

• Marina Mojana, *Negli spazi dell'ARTiglieria*, in "Il Sole 24 Ore", 25 ottobre / October.

• *Mostre: dipinto di Puglisi accanto a Crocifisso di Michelangelo*, SkyTg24, 19 settembre / September.

• Antonio Passanese, *Michelangelo e Puglisi, due crocifissi a confronto*, in "Corriere Fiorentino", 3 settembre / September.

• Gabriele Rizza, *Le due interpretazioni di un crocifisso. Michelangelo incontra il Cristo di Puglisi*, in "Il Tirreno", 20 settembre / September.

• Andrea Cianferoni, *Firenze, in Santo Spirito la mostra con il crocifisso di Lorenzo Puglisi*, in affariitaliani.it, 14 settembre / September [https://www.affaritaliani.it/toscana/firenze-in-santo-spirito-la-mostra-con-il-crocifisso-di-lorenzo-puglisi-694048.html].

• *Firenze. Lorenzo Puglisi "davanti" a Michelangelo. Una mostra, due crocifissi*, in artemagazine.it, 8 settembre / September [https://artemagazine.it/2020/09/20/firenze-lorenzo-puglisi-davanti-a-michelangelo-una-mostra-due-crocifissi/].

• Giorgia Gobo, *Due Crocifissi per una Chiesa. Santo Spirito celebra Michelangelo con una mostra unica*, in firenzetoday.it, 19 settembre / September [https://www.firenzetoday.it/eventi/crocifisso-michelangelo-confronto-santo-spirito-mostra.html].

• *L'immortalità. Lorenzo Puglisi*, in paratissima.it [https://www.paratissima.it/x/limmortalita_lorenzo-puglisi/].

• *Lorenzo Puglisi – Davanti a Michelangelo. Crocifissione umanità mistero*, in artribune.com, 19 settembre / September [https://www.artribune.com/mostre-evento-arte/lorenzo-puglisi-davanti-a-michelangelo-crocifissione-umanita-mistero/].

• *Lorenzo Puglisi: Davanti a Michelangelo. Crocifissione, Umanità, Mistero*, in arte.it [http://www.arte.it/calendario-arte/firenze/mostra-lorenzo-puglisi-davanti-a-michelangelo-crocifissione-umanit%C3%A0-mistero-70583].

• *Lorenzo Puglisi: Kind of Black*, in exibart.it [https://www.exibart.com/evento-arte/lorenzo-puglisi-kind-of-black/].

• *Mostra Lorenzo Puglisi*, servizio, Toscana Tv, 19 settembre / September [https://www.toscanatv.it/blog/mostra-lorenzo-puglisi/].

• *Settembre in arte a Firenze: 5 mostre da non perdere*, in gruppouna.it, 21 settembre / September [https://www.gruppouna.it/magazine/settembre-in-arte-a-firenze-5-mostre-da-non-perdere].

• Serena Tacchini*, Mostre, Lorenzo Puglisi e l'incontro con Michelangelo 500 anni dopo: la sua "Crocifissione" in esposizione a Santo Spirito a Firenze*, in ilfattoquotidiano.it, 18 settembre / September [https://www.ilfattoquotidiano.it/2020/09/18/mostre-lorenzo-puglisi-e-lincontro-con-michelangelo-500-anni-dopo-la-sua-crocifissione-in-esposizione-a-santo-spirito-a-firenze/5935851/].

• Francesco Tei, *I due crocifissi, dialogo tra antico e contemporaneo*, servizio, TGRai Toscana, 20 settembre / September [https://www.rainews.it/tgr/toscana/video/2020/09/tos-due-crocifissi-dialogo-chiesa-santo-spirito-firenze-3b0342cd-72fb-489f-8680-468a86096bf6.html].

• *Torino Paratissima Art Station*, in juliet-artmagazine.com [https://www.juliet-artmagazine.com/torino-paratissima-art-station/].

• *Sparks of a Black Fire*, in artrabbit.com [https://www.artrabbit.com/events/sparks-of-a-black-fire].

2019

• Luca Beatrice, in *Lorenzo Puglisi. Popolo e Memoria*, catalogo della mostra / exhibition catalogue (Copernico, Torino, 2019), Prearo Editore, Milano.

• Alessandro Beltrami*, Il Grande Sacrificio, or Painting as Revelation / Il Grande Sacrificio, o della pittura come rivelazione*, in *Lorenzo Puglisi*, Hatje Cantz, Berlin.

• Michele Bonuomo, *Nota a margine dell'opera al nero di Lorenzo Puglisi*, in *Lorenzo Puglisi. Shades from the Shadow*, catalogo della mostra / exhibition catalogue (cripta della chiesa di King's Cross Saint Pancras / crypt of the King's Cross Saint Pancras church, Londra / London, 1-7 ottobre / October).

• Toti Carpentieri, *La luce e la conoscenza oltre il nero*, in *La luce oltre il nero. Lorenzo*

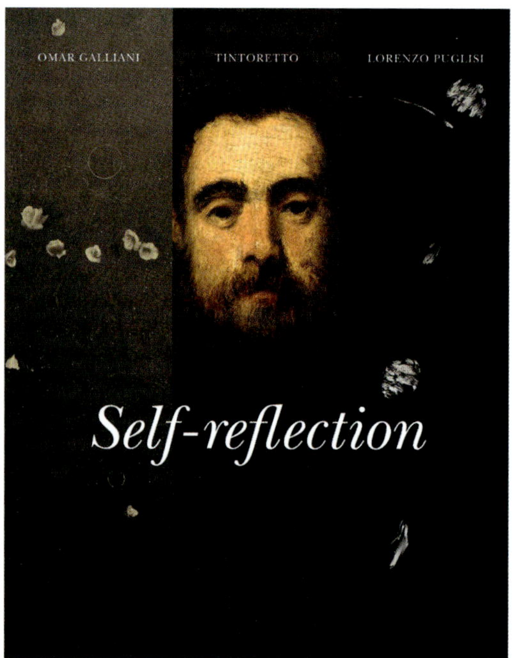

Self-reflection, copertina del catalogo / catalogue cover, Corsiero Editore, Reggio Emilia, 2021

Puglisi, Maretti Manfredi Editore, Imola.
• Valerio Dehò, *Luce di tenebra*, in *Lorenzo Puglisi. Pitture di luce e di tenebra*, catalogo della mostra / exhibition catalogue (Biffi Arte, Piacenza, 3-28 luglio / July).
• Valerio Dehò, in *Looking for Monna Lisa*, catalogo della mostra / exhibition catalogue (Castello Visconteo, Pavia, 24 novembre / November 2019 – 29 marzo / March 2020), Silvana Editoriale, Cinisello Balsamo.
• Giovanni Gazzaneo, *Lorenzo Puglisi. Black Horizons and Glimmers of the Infinite / Lorenzo Puglisi. Neri orizzonti e bagliori di infinito*, in *Lorenzo Puglisi*, Hatje Cantz, Berlin.
• Giovanni Gazzaneo, *Lorenzo Puglisi. Neri orizzonti e bagliori di infinito*, in *Lorenzo Puglisi. Il Grande Sacrificio*, catalogo della mostra / exhibition catalogue (Sagrestia del Bramante, Santa Maria delle Grazie, Milano, 2 aprile / April - 2 maggio / May), Maretti Manfredi Editore, Imola.
• Mark Gisbourne, *The Spectral Feast: On the Ruins of Painting (The Art of Lorenzo Puglisi) / La festa spettrale: sulle rovine della pittura (L'arte di Lorenzo Puglisi)*, in *Lorenzo Puglisi*, Hatje Cantz, Berlin.
• Willy Montini, *Lorenzo Puglisi e l'ossimoro*, in *La luce oltre il nero. Lorenzo Puglisi*, Maretti Manfredi Editore, Imola.
• Davide Rondoni, *Poesie*, in *Lorenzo Puglisi*, Hatje Cantz, Berlin.
• Giorgio Tonelli, *Le ecografie dell'anima di Lorenzo Puglisi*, in *La luce oltre il nero. Lorenzo Puglisi*, Maretti Manfredi Editore, Imola.

• Alessandro Beltrami, *Sulla tavola di Leonardo*, in "Luoghi dell'Infinito", aprile / April.
• Paola Guabello, *Puglisi, il Caravaggio ispira le grandi tele in mostra a Torino*, in "La Stampa", 22 ottobre / October.
• Michela Moro, *Il Contemporaneo in Sagrestia: Lorenzo Puglisi a Santa Maria delle Grazie*, in "Il Giornale dell'Arte", aprile-maggio / April-May.
• *Basilica di Santa Maria delle Grazie: Il Grande sacrificio*, in "Corriere della Sera", 2 aprile / April.
• *"Il Grande sacrificio", l'omaggio di Puglisi a Leonardo da Vinci*, in "Il Giorno", 24 aprile / April.
• *Intervista a Lorenzo Puglisi*, Espansione Tv Angoli, 23 aprile / April.
• *Intervista a Lorenzo Puglisi*, Telepace, 14 maggio / May.
• Angela Grassi, *Lorenzo Puglisi*, in "La Prealpina", 14 marzo / March.
• *Leonardo e nuove Ultime cene a Milano*, in "Avvenire", 2 aprile / April.
• *L'omaggio di Puglisi a Leonardo*, in "Arte", aprile / April.
• *Lorenzo Puglisi. Il Grande sacrificio*, in "Flash Art", marzo-aprile / March-April.
• *Lorenzo Puglisi. Il Grande Sacrificio*, Sky Arte, 13 aprile / April.
• *Lorenzo Puglisi L'omaggio a Leonardo da Vinci*, in "Biancoscuro Rivista d'arte", maggio / May.
• *Lorenzo Puglisi. Omaggio a Leonardo da Vinci*, in "LEGGO" – "Milano", 3 aprile / April.
• *Lorenzo Puglisi*, Telepace - Ars Artis, 14 aprile / April.
• Ada Masoero, *Non è mai l'ultima cena*, in "Il Giornale delle mostre", aprile / April.
• *Puglisi, "Il grande sacrificio"*, in "Corriere di Como", 19 aprile / April.
• *Puglisi omaggia Leonardo da Vinci*, in "METRO" – "Milano", 24 aprile / April.
• *Puglisi, pitture di luce e di tenebra*, in "Libertà", 6 luglio / July.
• Leonardo Servadio, *Puglisi e l'Ultima Cena, "l'assoluto" del nero*, in "Avvenire", 3 aprile / April.
• *Ultimi giorni per la "Cena" alle Grazie*, in "Il Giornale" – "Mostre", 24 aprile / April.
• Radio Latte e Miele, 2 aprile / April.
• Michela Beatrice Ferri, *Leonardo Da Vinci – 500 anni: 2 maggio 2019*, in frontiere.eu, 2 maggio / May [http://www.frontiere.eu/leonardo-da-vinci-500-anni-02-maggio-2019/].
• *Il Grande sacrificio*, in artsandculture.google.com [https://artsandculture.google.com/asset/il-grande-sacrificio-lorenzo-puglisi/lQF2PA-jNQIIFw?hl=en].
• *"Il Grande Sacrificio" di Lorenzo Puglisi a Milano per i 500 anni della morte di Leonardo*, in tgcom24.mediaset.it, 28 marzo / March [https://www.tgcom24.mediaset.it/cultura/-il-grande-sacrificio-di-lorenzo-puglisi-a-milano-per-i-500-anni-della-morte-di-leonardo_3199633-201902a.shtml].
• *Il Grande sacrificio: l'omaggio di Lorenzo Puglisi a Leonardo in santa Maria delle Grazie*, in finestresullarte.info, 22 marzo / March [https://www.finestresullarte.info/mostre/grande-sacrificio-lorenzo-puglisi-sacrestia-bramante].
• *Lorenzo Puglisi. Il Grande sacrificio*, in art-vibes.com, 29 marzo / March [http://www.art-vibes.com/art/lorenzo-puglisi-il-grande-sacrificio/].
• *Lorenzo Puglisi. Il Grande Sacrificio*, in arte.it [http://www.arte.it/calendario-arte/milano/mostra-lorenzo-puglisi-il-grande-sacrificio-58569].
• *Lorenzo Puglisi. Il Grande sacrificio*, in exibart.com [https://www.exibart.com/evento-arte/lorenzo-puglisi-il-grande-sacrificio/].
• *Lorenzo Puglisi. Il grande sacrificio*, in milanotoday.it, 22 marzo / March [https://www.milanotoday.it/eventi/lorenzo-puglisi-il-grande-sacrificio-lorenzo-puglisi-2019.html].
• *Lorenzo Puglisi. Il Grande sacrificio. Vernissage a Milano il 2 aprile*, in classtravel.it, 1 aprile / April [http://www.classtravel.it/2019/04/01/lorenzo-puglisi-vernissage-a-milano-il-2-aprile/].
• *Lorenzo Puglisi. Il Grande sacrificio*, in artribune.com [https://www.artribune.com/mostre-evento-arte/lorenzo-puglisi-il-grande-sacrificio/].
• *Lorenzo Puglisi. Popolo e Memoria*, in arte.it [http://www.arte.it/calendario-arte/torino/mostra-lorenzo-puglisi-popolo-e-memoria-63875].
• *Lorenzo Puglisi — Popolo e memoria*, in artribune.com [https://www.artribune.com/mostre-evento-arte/lorenzo-puglisi-popolo-e-memoria/].
• *Mostra "Lorenzo Puglisi: Il Grande*

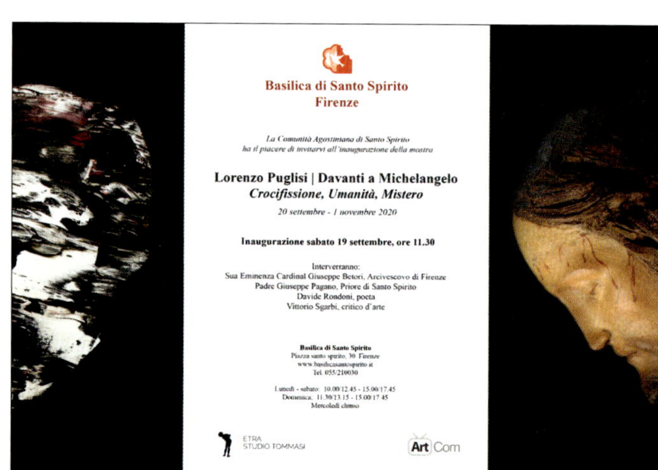

Invito alla mostra / Exhibition invitation flyer, *Lorenzo Puglisi. Davanti a Michelangelo. Crocifissione, Umanità, Mistero*, Basilica di Santo Spirito, Firenze / Florence, 19 settembre / September, 2020

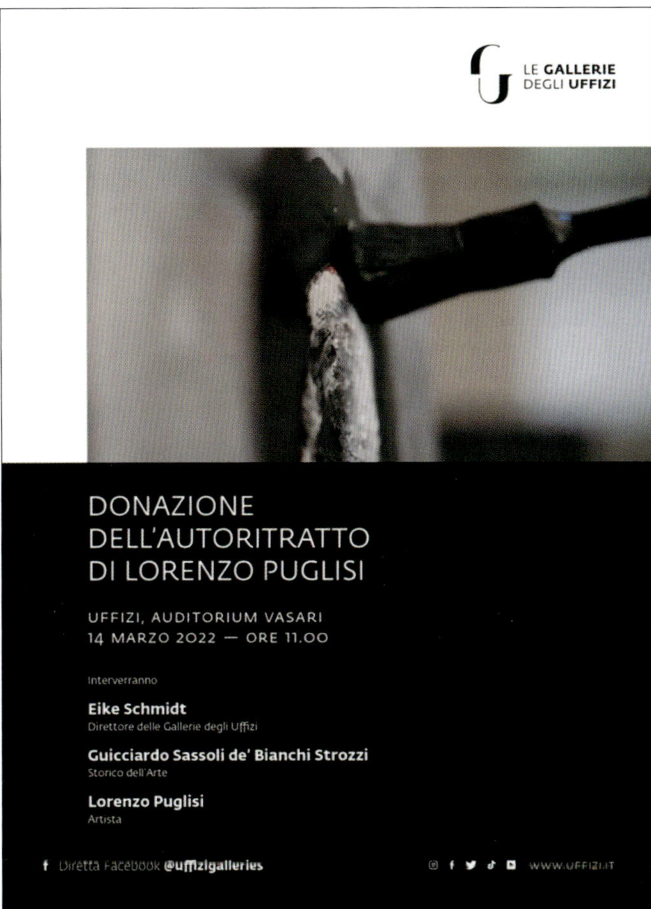

Invito all'Auditorium Vasari / Invitation flyer to the Vasari Auditorium, Le Gallerie degli Uffizi, 14 marzo / March 2022

Sacrificio" alla basilica di Santa Maria delle Grazie, in repubblica.it.
• *Preparing for Darkness, Vol. 4: True Romance*, in kuehlhaus-berlin.com [https://www.kuehlhaus-berlin.com/preparing-darkness-volume-4-true-romance/].
• Gabriella Steffanini, *Lorenzo Puglisi. Il Grande sacrificio*, in fourexcellences.com, 4 marzo / March [https://www.fourexcellences.com/eventi/lorenzo-puglisi-il-grande-sacrificio-sacrestia-del-bramante-milano-2019].
• *"L'Ultima cena dopo Leonardo" in mostra a Milano*, in ilvaloreitaliano.it, 2 aprile / April [https://www.ilvaloreitaliano.it/lultima-cena-dopo-leonardo-in-mostra-a-milano/].

2018
• Toti Carpentieri, *La luce e la conoscenza oltre il nero*, in *Una discesa verso l'alto*, catalogo della mostra / exhibition catalogue (Ipogeo Bacile, Spongano, Lecce, 1 luglio / July - 15 settembre / September).
• Martina Cavallarin, *Lorenzo Puglisi*, in *Lorenzo Puglisi. Scintille di un fuoco nero*, catalogo della mostra / exhibition catalogue (Labs Gallery, Bologna, 24 marzo / March – 5 maggio / May).
• *Conversazione tra Bruno Corà e Lorenzo Puglisi / A talk between Bruno Corà and Lorenzo Puglisi,* in *Lorenzo Puglisi. 15-18,* Preaero Editore, Milano.
• Valerio Dehò, *Luce di tenebra / Light of Darkness*, in *Lorenzo Puglisi. 15-18,* Prearo Editore, Milano.
• Maria Fratelli, *Museion*, in *Omar Galliani, Lorenzo Puglisi. Visioni di luce e tenebra,* catalogo della mostra / exhibition catalogue (Museo Messina, Chiesa di San Sisto, Milano / Milan, 23 maggio / May – 13 giugno / June), Scalpendi Editore, Milano.
• Mark Gisbourne, *Fantasmi nel vuoto. I quadri di Lorenzo Puglisi / Ghosts in the void. The paintings of Lorenzo Puglisi*, in *Lorenzo Puglisi. 15-18*, Prearo Editore, Milano.
• Camillo Langone, *Dipingere il sacro in un tempo profano*, in *L'arte che protegge*, catalogo della mostra / exhibition catalogue (Palazzo dei Capitani del Popolo, Ascoli Piceno, 7 dicembre / December 2018 - 13 gennaio / January 2019), Silvana Editoriale, Cinisello Balsamo.
• *L'oscuro antagonista - Taccuino n. 33*, quattro xilografie con retouches di Lorenzo Puglisi e una poesia inedita di Davide Rondoni / four woodcuts with retouches by Lorenzo Puglisi and an unpublished poem by Davide Rondoni, 99 esemplari numerati / numbered copies: 1/99, 9 esemplari numerati / numbered copies: I/IX , Silvia Editrice, Cologno Monzese.
• Raffaella Resch, *Visioni di luce e tenebra*, in *Omar Galliani, Lorenzo Puglisi. Visioni di luce e tenebra*, catalogo della mostra / exhibition catalogue (Museo Messina, Chiesa di San Sisto, Milano / Milan, 23 maggio / May – 13 giugno / June), Scalpendi Editore, Milano.
• Toti Carpentieri, *Quel nero più nero del nero*, in "Arte&Cronaca", settembre-dicembre / September-December.
• Susanne Capolongo, *Gli elementi di luce di Lorenzo Puglisi allo Studio Guastalla di Milano*, in artslife.com, 17 maggio / May [https://artslife.com/2018/05/17/lorenzo-puglisi-allo-studio-guastalla-di-milano/].
• *Lorenzo Puglisi*, in repubblica.it [https://bologna.repubblica.it/cronaca/2018/04/12/news/gli_appuntamenti_di_venerdi_13_a_bologna_e_dintorni_jovanotti-193690652/].
• *Lorenzo Puglisi dialogo sulla pittura*, in milanotoday.it [https://www.milanotoday.it/eventi/lorenzo-puglisi-dialogo-sulla-pittura.html].
• *Lorenzo Puglisi. Scintille di un fuoco nero*, in arte.it [http://www.arte.it/calendario-arte/bologna/mostra-lorenzo-puglisi-scintille-di-un-fuoco-nero-49741].
• *Lorenzo Puglisi. Scintille di un fuoco nero*, in artribune.com [https://www.artribune.com/arti-visive/arte-contemporanea/2018/04/mostra-lorenzo-puglisi-labs-gallery-bologna/attachment/dig-5/].
• Matilde Teggi, *Lorenzo Puglisi: tra sguardo e ascolto*, in espoarte.net, aprile / April [https://www.espoarte.net/arte/lorenzo-puglisi-tra-sguardo-e-ascolto/].

2017
• Vera Agosti, in *Nero su Nero. Da Fontana e Kounellis a Galliani*, catalogo della mostra / exhibition catalogue (Villa Bardini, Firenze / Florence, 14 april / April – 19 luglio / July), Prearo Editore, Milano.
• Mark Gisbourne, *From the shades to the shadows*, in *Omar Galliani, Lorenzo Puglisi. Caravaggio, la verità nel buio*, catalogo della mostra / exhibition catalogue (Pio Monte della Misericordia, Napoli / Naples, 1-30 aprile / April 2017, Museo Riso, Palermo, 4 dicembre / December 2016 - 2 febbraio / February 2017), Ad Est dell'Equatore Edizioni, Napoli.
• Alessandro Pasca di Magliano, *Introduzione*, in *Omar Galliani, Lorenzo Puglisi. Caravaggio, la verità nel buio*, catalogo della mostra / exhibition catalogue (Pio Monte della Misericordia, Napoli / Naples, 1-30 aprile / April 2017, Museo Riso, Palermo, 4 dicembre / December 2016 - 2 febbraio / February 2017), Ad Est dell'Equatore Edizioni, Napoli.
• Valeria Patrizi Li Vigni, *Introduzione*, in *Omar Galliani, Lorenzo Puglisi. Caravaggio, la verità nel buio*, catalogo della mostra / exhibition catalogue (Pio Monte della Misericordia, Napoli / Naples, 1-30 aprile / April 2017, Museo Riso, Palermo, 4 dicembre / December 2016 - 2 febbraio / February 2017), Ad Est dell'Equatore Edizioni, Napoli.
• Raffaella Resch, *Nero su nero*, in *Omar Galliani, Lorenzo Puglisi. Caravaggio, la verità nel buio*, catalogo della mostra / exhibition catalogue (Pio Monte della Misericordia, Napoli / Naples, 1-30 aprile / April 2017, Museo Riso, Palermo, 4 dicembre / December 2016 - 2 febbraio / February 2017), Ad Est dell'Equatore Edizioni, Napoli.
• Maria Savarese, *Conversazione tra Lorenzo Puglisi e Maria Savarese*, in *Omar Galliani, Lorenzo Puglisi. Caravaggio, la verità nel buio*, catalogo della mostra / exhibition catalogue (Pio Monte della Misericordia, Napoli / Naples, 1-30 aprile / April 2017, Museo Riso, Palermo, 4 dicembre / December 2016 - 2 febbraio / February 2017), Ad Est dell'Equatore Edizioni, Napoli.
• Carlo Vermiglio, *Prefazione*, in *Omar Galliani, Lorenzo Puglisi. Caravaggio, la verità nel buio*, catalogo della mostra / exhibition catalogue (Pio Monte della Misericordia, Napoli / Naples, 1-30 aprile /

April 2017, Museo Riso, Palermo, 4 dicembre / December 2016 - 2 febbraio / February 2017), Ad Est dell'Equatore Edizioni, Napoli.
• Luca Mattei, *Caravaggio Inspires*, in "Trenitalia Magazine La Freccia", gennaio / January.
• *Nero su Nero a Villa Bardini*, TGRai Toscana, 14 aprile / April.
• Olga Scotto di Vettimo, *Incontri al buio*, in "Il Giornale dell'arte", aprile / April.
• Vera Agosti, *Nero su Nero. Da Fontana e Kounellis a Galliani a Villa Bardini*, in artslife.com [https://artslife.com/2017/04/26/nero-su-nero-da-fontana-e-kounellis-a-galliani/].
• *Caravaggio la verità nel buio*, in www.comune.napoli.it.
• *Caravaggio, la verità nel buio*, in comunedinapoli.it.
• *Caravaggio la verità nel buio, Pio Monte della Misericordia, Napoli*, in exibart.com [https://www.exibart.com/napoli/fino-al-30-iv-2017-omar-galliani-lorenzo-puglisi-caravaggio-la-verita-nel-buio-pio-monte-della-misericordia-napoli/].
• *Caravaggio, la verità nel buio*, in arte.it [http://www.arte.it/calendario-arte/napoli/mostra-omar-galliani-lorenzo-puglisi-caravaggio-la-verit%C3%A0-nel-buio-37147].
• *Caravaggio la verità nel buio*, in museoartecontemporanea.it [https://www.museoartecontemporanea.it/museo_Riso/event/omar-galliani-lorenzo-puglisi-caravaggio-la-verita-nel-buio/].
• Paola Carella, *Caravaggio, la verità sta tra luce e buio*, in ilgiornaleoff.it, 4 gennaio / January [https://www.ilgiornaleoff.it/2017/01/04/caravaggio-la-verita-nel-buio/].
• *Omar Galliani, Lorenzo Puglisi. Caravaggio, la verità nel buio*, in comune.napoli.it [https://www.comune.napoli.it/flex/cm/pages/ServeBLOB.php/L/IT/IDPagina/32355/UT/systemPrint].
• *Omar Galliani - Lorenzo Puglisi. Caravaggio, la verità nel buio: la mostra*, in napolitoday.it [https://www.napolitoday.it/eventi/omar-galliani-lorenzo-puglisi-caravaggio-la-verita-nel-buio-.html].
• *Nero su nero. Da Fontana e Kounellis a Galliani*, in arte.it [http://www.arte.it/calendario-arte/firenze/mostra-nero-su-nero-da-fontana-e-kounellis-a-galliani-39011].
• Rossella Farinotti, *Caravaggio, la verità nel buio*, in zero.eu [https://zero.eu/it/eventi/61403-omar-galliani-e-lorenzo-puglisi-caravaggio-la-verita-nel-buio,napoli/]
• Anna Maria Restieri, *Lorenzo Puglisi. Un'oscurità sconosciuta*, in ferraraitalia.it, 11 ottobre / October [https://www.ferraraitalia.it/lorenzo-puglisi-unoscurita-sconosciuta-138594.html]
• Danilo Russo, *La verità nel buio: Omar Galliani e Lorenzo Puglisi dialogano con Caravaggio*, in eroicafenice.com, 4 aprile / April [https://www.eroicafenice.com/napoli/la-verita-nel-buio-omar-galliani-e-lorenzo-puglisi/]
• Valeria Strambi, *Capolavori in mostra, a villa Bardini arriva "Nero su nero"*, in repubblica.it, 14 aprile / April [https://firenze.repubblica.it/tempo-libero/articoli/cultura/2017/04/13/foto/capolavori_in_mostra_a_villa_bardini_arriva_nero_su_nero_da_fontana_e_kounellis_a_galliani_-162907912/1/].
• *Un'oscurità sconosciuta*, in rivistasegno.eu [https://www.rivistasegno.eu/events/un-oscurita-sconosciuta/].

2016
• Roberto Borghi, *La consolazione dell'ignoto*, in *Lorenzo Puglisi. L'ignoto che appare*, catalogo della mostra / exhibition catalogue (Galleria Il Milione, Milano / Milan, 8 marzo / March – 24 aprile / April), Il Bollettino del Milione Edizioni, Milano.
• Mark Gisbourne, *Fantasmi nel vuoto (La pittura di Lorenzo Puglisi)*, in *Lorenzo Puglisi: Peintures*, catalogo della mostra / exhibition catalogue (Galerie Sobering, Parigi / Paris), Sobering Galerie Edition, Paris.
• Giovanni Pintori, *Liquido glocal, un libero pezzo di storia dal dopoguerra alle asimmetrie in corso*, in *Secondo salone della pittura Bolognese dal 1940 ai giorni nostri*, catalogo della mostra / exhibition catalogue (Fondantico Galleria d'arte, Bologna, 30 aprile / April – 30 maggio / May), Fondantico Edizioni, Bologna.
• Riccardo Arena, *Palermo, la Natività perduta di Caravaggio riletta da Galliani e Puglisi*, in "La Stampa", 15 dicembre / December.
• *Lorenzo Puglisi*, in "Flash Art", International Edition, marzo-aprile / March-April.
• Ada Masoero, *Fantasmi neobarocchi*,

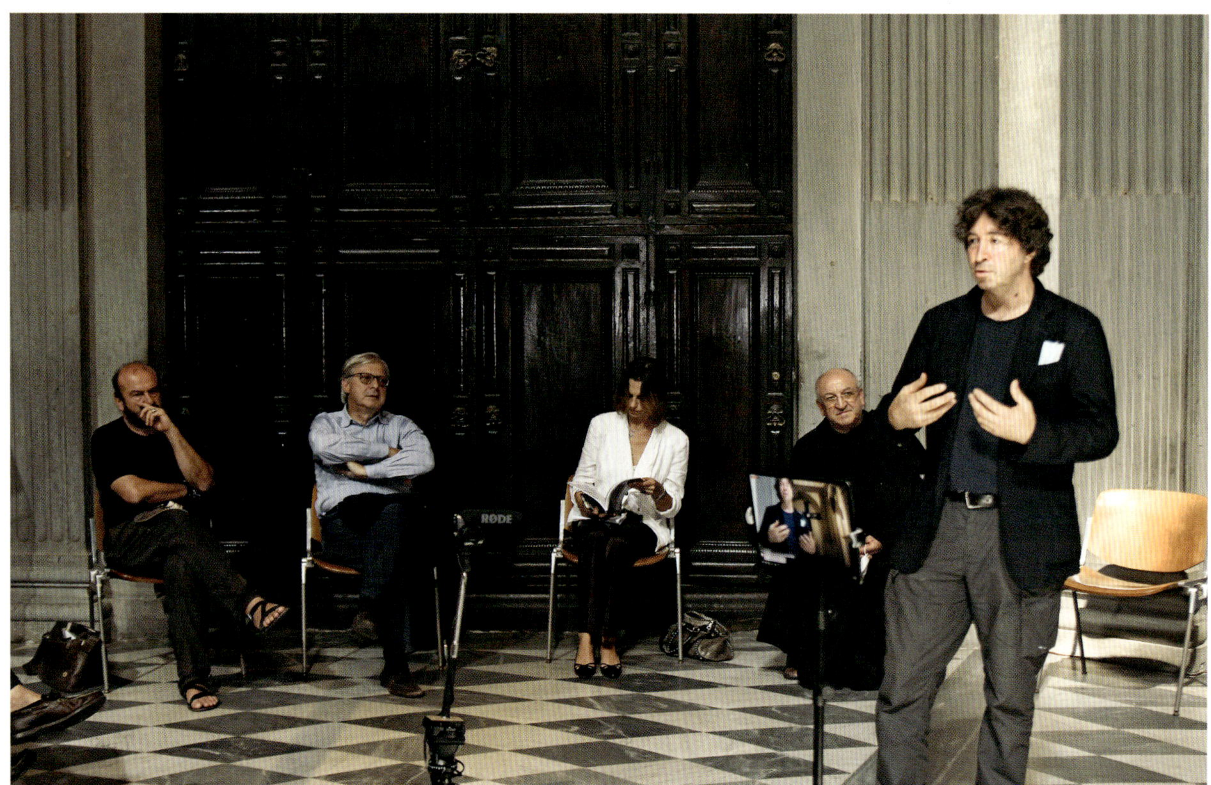

Inaugurazione della mostra / Exhibition opening, *Lorenzo Puglisi. Davanti a Michelangelo. Crocifissione, Umanità, Mistero*, Basilica di Santo Spirito, Firenze / Florence, 2020
Da sinistra / From left: Davide Rondoni, Vittorio Sgarbi, Francesca Tommasi, il priore di / the father prior of Santo Spirito, Lorenzo Puglisi

Lorenzo Puglisi, 2020

in "Il Giornale dell'Arte", aprile / April.
• Daniela Bonanno Conti, *Lorenzo Puglisi. L'ignoto che appare a Milano*, in notizie.it, 9 marzo / March [https://www.notizie.it/486623-2vccbbb/].
• Sara Bovi, *Palermo: La mostra omaggio a Caravaggio*, in viaggicorriere.it, 12 dicembre / December [https://viaggi.corriere.it/weekend/palermo-la-mostra-di-omar-galliani-e-lorenzo-puglisi-in-omaggio-a-caravaggio/].
• Matteo Galbiati, *Lorenzo Puglisi: Ritratti luce/ombra dal passato*, in espoarte.net, 7 marzo / March [https://www.espoarte.net/arte/lorenzo-puglisi-ritratti-luce-ombra-dal-passato/].
• *L'ignoto che appare di Lorenzo Puglisi*, in milanotoday.it [https://www.milanotoday.it/eventi/l-ignoto-che-appare-lorenzo-puglisi.html].
• *Ispirazione Caravaggio: la verità nel buio. Omar Galliani e Lorenzo Puglisi*, in artslife.com, 8 novembre / November [https://artslife.com/2016/11/08/ispirazione-caravaggio-verita-nel-buio-omar-galliani-lorenzo-puglisi/].
• Cristina Manfredi, *A Palermo sulle orme di Caravaggio*, in vanityfair.it, 27 dicembre [https://www.vanityfair.it/viaggi-traveller/notizie-viaggio/news/16/12/27/mostra-palermo-caravaggio-galliani-puglisi?refresh_ce=].
• *L'omaggio a Caravaggio di Omar Galliani e Lorenzo Puglisi*, in arte.sky.it, 12 dicembre / December [https://arte.sky.it/archivio/2016/12/lomaggio-a-caravaggio-di-omar-galliani-e-lorenzo-puglisi].

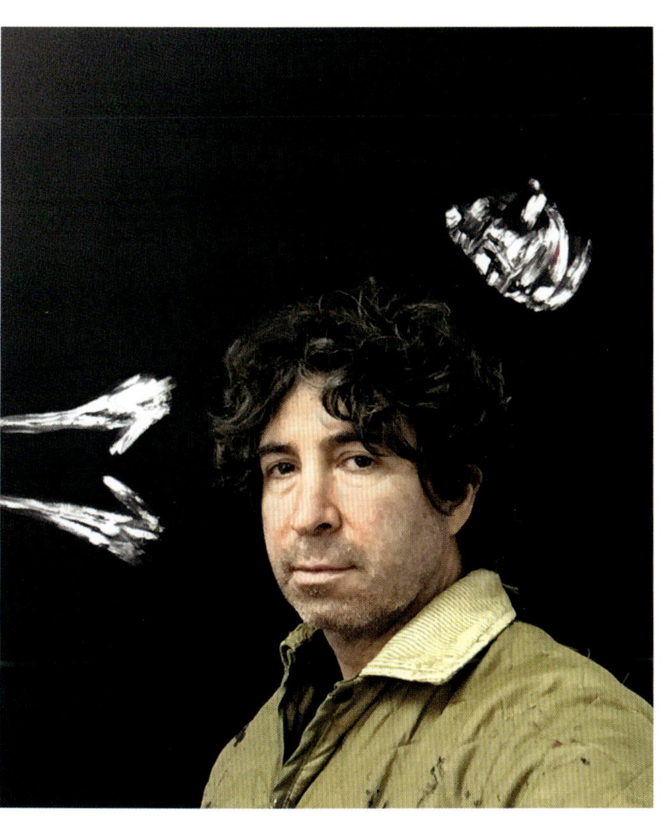

• *Lorenzo Puglisi. L'ignoto che appare*, in arte.it [http://www.arte.it/calendario-arte/milano/mostra-lorenzo-puglisi-l-ignoto-che-appare-24099].
• *Omar Galliani - Lorenzo Puglisi. Caravaggio, la verità nel buio*, in palermotoday.it, 6 dicembre / December [https://www.palermotoday.it/cronaca/omar-galliani-lorenzo-puglisi-caravaggio-la-verita-nel-buio.html].

2015

• Vera Agosti, *Gocce di oro blu*, in *Acqua è. 100 artisti per un solo pianeta*, catalogo della mostra / exhibition catalogue (Padiglione Expo Venice, Marghera, Venezia, 17 settembre / September – 31 ottobre / October), Prearo Editore, Milano.
• Patricia Kishishian, *Introduzione*, in *Je me souviens du génocide arménien… I remember the Armenian Genocide*, catalogo della mostra / exhibition catalogue (Cac La Traverse, Paris, 17 settembre / September – 21 novembre / November), Sobering Galerie Edition, Paris.
• Mikael Nicharian, *Introduzione*, in *Je me souviens du génocide arménien… I remember the Armenian Genocide*, catalogo della mostra / exhibition catalogue (Cac La Traverse, Paris, 17 settembre / September – 21 novembre / November), Sobering Galerie Edition, Paris.
• *Focus / Lorenzo Puglisi*, in annualartmagazine.com, 21 novembre / November [http://www.annualartmagazine.com/focus-lorenzo-puglisi/].
• *Je me souvien*, in cnap.fr [https://www.cnap.fr/je-me-souviens].

2014

• Teresa Barresi, *Introduzione*, in *Lorenzo Puglisi*, catalogo della mostra / exhibition catalogue (Museo del Territorio Biellese, Biella, 4-26 ottobre / October).
• Patrizia Bellardone, *Introduzione*, in *Lorenzo Puglisi*, catalogo della mostra / exhibition catalogue (Museo del Territorio Biellese, Biella, 4-26 ottobre / October).
• Bruno Corà, *Conversazione tra Bruno Corà e Lorenzo Puglisi*, in *Lorenzo Puglisi*, catalogo della mostra / exhibition catalogue (Museo del Territorio Biellese, Biella, 4-26 ottobre / October).
• Angelo Crespi, *Puglisi dipinge solo in nero le ombre sono la sua anima*, in "Il Giornale", 23 marzo / March.
• *I ritratti "interiori" di Lorenzo Puglisi alle pareti del Museo*, in "La Stampa", 2 ottobre / October.
• *Lorenzo Puglisi*, in www.museodelterritorio.biella.it/ [https://www.museodelterritorio.biella.it/lorenzo-puglisi-2/].
• *Lorenzo Puglisi*, in undo.net [http://1995-2015.undo.net/it/mostra/181868].

• *Lorenzo Puglisi, Museo del Territorio Biellese*, in exibart.com [https://www.exibart.com/evento-arte/lorenzo-puglisi-/].

2013

• Valerio Dehò, *La pittura e il suo fantasma*, in *Lorenzo Puglisi. Dimenticare il tempo*, catalogo della mostra / exhibition catalogue (Galleria Il Milione, Milano / Milan, 15 marzo / March - 3 maggio / May), Il Bollettino del Milione Edizioni, Milano.

2012

• *Carlo Bernardini / Lorenzo Puglisi - L'arte di vivere*, in exibart.com [https://www.exibart.com/evento-arte/carlo-bernardini-lorenzo-puglisi-larte-di-vivere/].
• *Corpo a corpo*, in artribune.com [https://www.artribune.com/mostre-evento-arte/corpo-a-corpo/].

2011

• *Lorenzo Puglisi – Presenze*, in exibart.com [https://www.exibart.com/evento-arte/lorenzo-puglisi-presenze/].
• *Lorenzo Puglisi - Grossetti Arte Contemporanea – "Presenze" Solo Exhibition*, in celesteprize.com [https://www.celesteprize.com/eng_artista_news/idu:33528/idn:11384/].

2009

• Alberto Agazzani, *Introduzione*, in *Lorenzo Puglisi. Pitture*, catalogo della mostra / exhibition catalogue (Galleria Obraz, Milano, 29 settembre / September - 30 ottobre / October).
• Emanuele Beluffi, *Exempla informati*, in *Lorenzo Puglisi. Pitture*, catalogo della mostra / exhibition catalogue (Galleria Obraz, Milano, 29 settembre / September - 30 ottobre / October).
• *Lorenzo Puglisi*, in undo.net [http://1995-2015.undo.net/it/mostra/92547].

2008

• Valerio Dehò, *La pittura e il suo fantasma*, in *Lorenzo Puglisi. La pittura e il suo fantasma*, catalogo della mostra / exhibition catalogue (Piccola Galleria, Asolo, 18 luglio / July - 20 agosto / August).

2006

• Stefano Bonaga, *Ectoplasmi umani*, in *Lorenzo Puglisi. Opere 2005 /2006*, catalogo della mostra / exhibition catalogue (Lanificio Pria, Biella, 13-26 giugno / June).
• Umberto Zampini, *Introduzione*, in *Lorenzo Puglisi. Opere 2005 /2006*, catalogo della mostra / exhibition catalogue (Lanificio Pria, Biella, 13-26 giugno / June).
• *Lorenzo Puglisi*, catalogo della mostra / exhibition catalogue (Palazzo della Provincia, Biella).

On Contemporary Art
César Aira

Something Close to Music
John Ashbery

The Salon of 1846
Charles Baudelaire

My Friend Van Gogh
Émile Bernard

Strange Impressions
Romaine Brooks

A Balthus Notebook
Guy Davenport

Ramblings of a Wannabe Painter
Paul Gauguin

Thrust: A Spasmodic Pictorial History of the Codpiece in Art
Michael Glover

Visions and Ecstasies
H.D.

Mad about Painting
Katsushika Hokusai

Blue
Derek Jarman

Kandinsky: Incarnating Beauty
Alexandre Kojève

Pissing Figures 1280–2014
Jean-Claude Lebensztejn

The Psychology of an Art Writer
Vernon Lee

Degas and His Model
Alice Michel

28 Paradises
Patrick Modiano and Dominique Zehrfuss

Any Day Now: Toward a Black Aesthetic
Larry Neal

Summoning Pearl Harbor
Alexander Nemerov

Chardin and Rembrandt
Marcel Proust

Letters to a Young Painter
Rainer Maria Rilke

The Cathedral Is Dying
Auguste Rodin

Giotto and His Works in Padua
John Ruskin

Duchamp's Last Day
Donald Shambroom

Dix Portraits
Gertrude Stein

The Critic as Artist
Oscar Wilde

Oh, to Be a Painter!
Virginia Woolf

Two Cities
Cynthia Zarin

Photography and Belief
David Levi Strauss

Published by
David Zwirner Books
520 West 20th Street, 2nd Floor
New York, New York 10011
+ 1 212 727 2070
davidzwirnerbooks.com

Project manager: Elizabeth Gordon
Proofreader: Chandra Wohleber
Design: Michael Dyer / Remake
Production manager: Jules Thomson
Production coordinator:
Claire Bidwell
Printing: VeronaLibri, Verona

Typeface: Arnhem
Paper: Holmen Book Cream,
80 gsm

Publication © 2020
David Zwirner Books
First published 2020. Second
printing 2024

Text © 2020 David Levi Strauss

Frontispiece: The holy finger of
St. Thomas Apostle. Basilica
of Santa Croce in Gerusalemme,
Rome. Courtesy Glenn W. Most

ISBN 978-1-64423-047-3

Library of Congress
Control Number: 2020911571

Printed in Italy

Photography and Belief
David Levi Strauss

Published by
David Zwirner Books
520 West 20th Street, 2nd Floor
New York, New York 10011
+ 1 212 727 2070
davidzwirnerbooks.com

Project manager: Elizabeth Gordon
Proofreader: Chandra Wohleber
Design: Michael Dyer / Remake
Production manager: Jules Thomson
Production coordinator:
Claire Bidwell
Printing: VeronaLibri, Verona

Typeface: Arnhem
Paper: Holmen Book Cream,
80 gsm

Publication © 2020
David Zwirner Books
First published 2020. Second
printing 2024

Text © 2020 David Levi Strauss

Frontispiece: The holy finger of
St. Thomas Apostle. Basilica
of Santa Croce in Gerusalemme,
Rome. Courtesy Glenn W. Most

ISBN 978-1-64423-047-3

Library of Congress
Control Number: 2020911571

Printed in Italy